# 미치게
# 친절한
# 철학

# 미치게 친절한 철학

개념과 맥락으로 독파하는
철학 이야기

안상헌 지음

행성B

차례

## 2부 중세철학



## 3부 근대철학



## 4부 근대철학의 붕괴



## 5부 현상학과 실존주의

# 프롤로그

**일러두기**

• 철학자 이름은 영어를 기준으로 표기했습니다.
• 책 제목은 겹화살괄호(《 》)로, 영화 제목이나 작품 이름, 단편 글 등은 홑화살괄호(〈 〉)로 표기했습니다.

많은 사람이 철학을 공부하겠다고 결심하고 진지한 마음으로 도전하지만 대부분 고대 그리스 철학자 몇 사람을 살피다가 그만두곤 합니다. 이유가 무엇일까요? 두 가지 이유입니다. 첫 번째는 철학이 너무 추상적이고 현실과는 거리가 멀어 재미를 느끼지 못한다는 것이고, 두 번째는 철학의 맥락을 잡지 못해서 공부의 재미를 놓쳐 버렸기 때문입니다. 주변에서 이런 분들을 자주 만났고 심지어 저 자신도 그런 경험을 했습니다. 이것이 이 책을 써야겠다고 결심하게 된 계기입니다.

이 책은 철학의 맥락을 쉽게 이해하기 위한 것입니다. 그러자면 철학자들의 사유를 명쾌하게 이해하고 정리해야 합니다. 여기에 시대별 철학의 흐름도 읽어야 합니다. 이 두 가지가 가능하다면 맥락을 쉽게 잡을 수 있습니다.

이 목적을 위해서 철학을 고대, 중세, 근대, 근대의 붕괴, 현대로 구분했습니다. 현대는 다시 현상학과 실존주의, 프랑크푸르트학파, 언어철학과 구조주의, 포스트구조주의로 나누었습니다. 이렇게 나눈 것은 순전히 철학의 맥락을 이해하기 위한 것입니다. 책은 두 번 읽는 것이 좋다고 믿고 있습니다. 한번은 큰 맥락을 살피면서 읽고, 한번은 정리된 맥락을 곁에 두고 자세히 읽어 나가는 것입니다. 철학을 공부한다는 것은 시대가 요구하는 사유를 이해하고 다시 그 사유가 극복되는 과정을 살펴본다는 점에 큰 의미가 있습니다. 기존의 사유를 극복하면서 철학은 발전하기 때문입니다. 이 과정을 공부하면서 생각을 확장시키는 연습과 훈련을 할 수 있는 것이 철학 공부의 매력입니다.

고대철학은 고대 그리스의 자연철학자들로부터 시작됩니다. 세상을 구성하는 근본 물질은 무엇인가라는 질문으로 시작된 자연철학은 자연과 우주에 대한 관심을 반영하고 있습니다. 탈레스 같은 사람은 물이라고 주장하기도 했고 불이나 공기라고 주장하는 이들도 있었습니다. 이렇게 자연철학 시대를 거쳐 소크라테스가 등장하면서 철학의 관심이 인간으로 옮겨 오게 됩니다. 그의 철학은 플라톤, 아리스토텔레스로 이어졌고, 헬레니즘 시대를 거치면서 에피쿠로스, 견유학파, 회의주의, 스토아학파 등으로 다양한 모습을 보여 줍니다.

고대의 풍성했던 철학은 중세를 거치면서 신 중심의 세계관으로 집약됩니다. 철학이 신학의 시녀 역할을 하던 때였습니다. 아우구스티누스와 아퀴나스로 대표되는 중세철학은 신의 존재와 인간의 원죄, 믿음과 진리에 대한 사유들을 펼쳤고, 보편논쟁을 거치면서 근대

철학으로 이어지게 됩니다.

근대는 과거의 인습과 신의 권위로부터 해방된 시대였습니다. 과학의 발달과 이성에 대한 신뢰를 바탕으로 세상을 알 수 있다는 자신감으로 충만했습니다. 데카르트, 스피노자, 라이프니츠 같은 철학자들은 이성을 통해 세계를 파악하려 했기에 이들을 합리론자라고 부릅니다. 반면 로크와 흄 같은 영국의 경험론 철학자들은 인간이 세계에 대한 지식을 품고 있다는 본유관념을 거부하고 오직 경험만이 지식을 가져다준다고 생각했습니다. 두 흐름은 칸트에 의해서 종합되고 헤겔에 의해서 정점에 달합니다. 헤겔은 이성의 힘을 바탕으로 인간의 자유가 실현되는 세계의 발전 과정을 철학으로 설명해 냈습니다.

근대가 붕괴되는 시점에 세 철학자가 등장합니다. 마르크스, 니체, 프로이트입니다. 이들은 이성 중심의 근대철학에 반기를 들었고 과감하게 기존의 사유에 망치를 휘둘렀습니다. 마르크스의 토대와 상부구조론, 니체의 계보학, 프로이트의 무의식은 근대적 사유를 허물고 현대적 사유로 안내하는 초석이 되었습니다.

산업혁명을 거치면서 크게 성장한 자본주의는 제국주의 시대로 접어듭니다. 제국주의는 상대방에 대한 약탈과 착취, 홀로코스트, 전쟁이라는 극단적인 상황으로 세상을 몰아갔고 그에 대한 반성의 기운이 싹트게 되었습니다. 이성에 대한 재평가가 그것입니다. 제2차 세계대전을 몸소 체험했던 프랑크푸르트학파는 이성에 대한 비판을 전면에 내세우면서 현대철학을 새로운 길로 안내했습니다. 여기에 후설의 현상학을 이어받은 하이데거와 사르트르가 자신의 존재 근거를 묻는 실존철학을 통해 존재와 실존의 문제를 심도 있게 다루게 됩니다.

현대철학의 독특한 점은 언어에 대한 포착입니다. 인간의 사유 활동이 언어를 통해서 이루어질 수밖에 없다면 언어에 대해 깊이 탐구해 봐야 할 것입니다. 특히 소쉬르의 언어학은 철학에 큰 영향을 미쳐 구조주의를 성립시킵니다. 인간을 자유롭다고 선언했던 실존주의와 달리 구조주의는 인간은 자신이 속한 사회 구조로부터 자유로울 수 없다고 말합니다. 인간은 주체가 아니며 오히려 구조의 효과에 불과하다는 것입니다. 구조주의는 20세기 중·후반에 걸쳐 레비스트로스, 푸코, 라캉 등에 의해 전성기를 구가하게 됩니다. 이후 포스트구조주의 시대가 열리면서 현대철학은 진리와 주체의 문제, 존재의 우연성, 차이와 다양성, 해체와 접속(연결) 등의 키워드로 다채로운 경향을 보이고 있습니다.

철학을 공부하는 이유는 더 나은 삶을 살기 위해서라고 믿습니다. 그러자면 나를 넘어 인간을, 일상을 넘어 시대를 살펴봐야 합니다. 그럴 수 있을 때 지금 살피고 있는 철학이 무엇을 할 수 있는지가 분명해집니다. 철학을 공부함으로써 사유가 커지고 넓어질 수 있는 것은 나라는 개체를 넘고, 순간이라는 시간의 벽을 건널 수 있기 때문입니다. 그러자면 인간과 세계에 대한 관심과 애정이 필수적입니다.

이 책은 하나의 특정한 사상을 강조하려는 것이 아니라 철학의 흐름과 맥락을 이해하면서 인간의 사유가 발전하는 과정을 따라가 보자는 취지로 만들어졌습니다. 그 길을 차근차근 따라가다 보면 지금 우리가 처한 시대적 상황과 철학적 문제가 무엇인지에 도달하게 될 테고 그 사유를 통해 우리의 문제를 깊은 사유로 다룰 수 있게 될 것입니다. 그 여행에 함께하게 된 독자분들을 환영합니다.

# 1부

# 고대철학

# 1강. 왜 철학을 할까

## 철학의 시작

온 세상은 무대이고 모든 여자와 남자는 배우일 뿐이다. 그들은 등장했다가 퇴장한다. 어떤 이는 일생 동안 7막에 걸쳐 여러 역을 연기한다.
–셰익스피어, 《뜻대로 하세요》

셰익스피어는 인생을 연극에 비유하곤 했습니다. 세상은 무대이고, 우리는 그 위에서 연기를 하는 배우라는 것입니다. 어떤 사람은 학생을 연기하고 어떤 사람은 엄마의 역할을 맡습니다. 또 다른 사람은 착한 상사를, 그 반대쪽에서는 능력 있는 부하 직원을 연기하죠. 한 사람이 여러 역할을 연기하는 경우도 있습니다. 직장에서는 성실한 사람, 가정에서는 어깨가 무거운 아빠, 밖에서는 다정한 친구로서 살아가기도 합니다.

연극 말고 다른 것으로 비유하는 경우도 있습니다. 자주 쓰이는 것이 마라톤입니다. 긴 거리를 혼자 완주해야 하는 마라톤처럼 인생길에도 인내와 끈기가 중요합니다. 누구도 대신 달려 줄 수 없는 자기만의 레이스이죠. 그 외에도 '인생은 파도타기다', '등산이다' 등 인생을 비유한 말이 많습니다.

우리는 인생은 '무엇과 같다'는 생각을 가지고 살아갑니다. 이런 생각을 인생관이라 부릅니다. 혹은 세계관이라고도 합니다. 우리는 우리가 인식하든 그렇지 않든 어떤 인생관과 세계관을 가지고 살아갑니다. 자주 바뀌긴 하지만 어떤 관점을 가지고 있는 것은 확실하다고 해야 할 것 같습니다. 가끔 인생관과 세계관을 '철학'이라고 부르기도 합니다.

## 철학의 의미

"너, 인생철학이 뭐야?"

이런 질문을 받을 때가 있습니다. 인생을 어떻게 살 것인지에 대한 생각을 물어보는 질문이죠. 이때 철학이라는 말은 '경험이나 배움에서 얻어진 생각'을 의미합니다. 이것이 우리가 일상생활에서 사용하는 철학이라는 말의 의미입니다. 우리는 일상생활에서 무엇인가를 경험하고 느낍니다. 그 느낌에서 배움을 얻습니다. '이런 상황에서는 이렇게 하는 것이 좋다'는 깨달음이 배움의 시작입니다. 이런 배움이 쌓이면 철학이 됩니다.

일상적 의미 외에도 학문적 의미의 철학도 있습니다. 학문적 의미의 철학은 '인간과 세상에 대한 탐구를 통해 지혜를 얻는 학문'으로 이해됩니다. 우리가 살아가는 세상에는 어떤 원리가 있습니다. 아리스토텔레스는 인간을 사회적 동물이라고 했는데 이 말은 다른 사람과 함께 살아갈 때 사람답게 살 수 있다는 의미입니다. 사람이 어떤 존재인지를 알려 주는 말이죠. 헤라클레이토스가 남긴 '세상 모든 것은 변한다'는 말에도 세상에 대한 이해가 담겨 있습니다. 이렇게 철학은 세상의 원리를 찾아내고 이해하려고 시도합니다.

세상의 원리를 탐구하는 이유는 그것을 알기 전보다 지혜롭게 살아갈 수 있기 때문입니다. 지혜는 세상의 원리를 알고 활용하는 것과 관계가 깊습니다. 다른 사람에게 험담을 하면 자신에게 돌아옵니다. 이것을 알면 험담을 하는 대신 부드러운 말을 사용하게 되어 다른 사람과 갈등하는 일이 줄어들 겁니다. 세상이 움직이는 원리를 알 때 더 행복할 수 있는 것입니다.

철학은 세상의 원리를 발견하고 그 원리를 생활에 활용해서 지혜롭게 살아가기 위한 활동입니다. 철학을 필로소피(Philosophy)라고 하는데 어원을 살펴보면 지혜를 뜻하는 그리스 말인 소포스(Sophos)와 사랑을 뜻하는 필로스(Philos)가 합쳐진 것입니다. 글자 그대로 '지혜를 사랑하는 학문'이 철학입니다.

## 철학의 시작

인간의 생각이 하루아침에 성장한 것은 아니었습니다. 인간이 자신의 능력으로 세상을 이해하는 시대, 즉 철학의 시대가 오기까지 오랜 시간이 걸렸습니다. 그 이전 시대를 우리는 '신화의 시대'라 부릅니다.

신화의 시대는 인간이 논리적 사고력을 활용하기 전, 과학이 발달하기 전에 세상을 이해하기 위해 원시적 사유들이 펼쳐진 시대입니다.

태초의 사람들은 세상에 대한 두려움이 컸을 겁니다. 세상은 놀라운 자연 현상들로 가득 차 있고, 사나운 동물들이 인간을 위협했을 테니까요. 천둥, 번개를 동반한 엄청난 비가 쏟아지는 날 동굴 속에서 웅크린 인간의 모습은 나약함 그 자체였습니다. 두려움을 이겨 내기 위해서 인간은 상상력을 끌어올리기 시작합니다. 하늘에서 쏟아지는 비와 번개를 보며 구름 위에서 지상을 내려다보고 있는 놀라운 존재를 떠올린 것입니다. 비와 번개를 신의 분노로 이해한 것은 서양이든 동양이든 다르지 않습니다. 그리스에서는 그 신을 제우스라고 불렀습니다. 우리나라에서는 옥황상제라고 했죠. 바다를 다스리는 신은 포세이돈이고, 저승 세계는 하데스가 통치합니다. 우리에겐 용왕과 염라대왕입니다. 신화는 세상을 움직이는 힘을 이해하기 위해 상상한 이야기들입니다.

신화는 이야기로 세상을 이해하던 시대의 모습을 보여 줍니다. 왜 하필 이야기였을까요? 인간의 사고력이 발달하지 않았고 학문적 성과들도 축적되지 못했기 때문입니다. 세상을 논리적으로 설명하는 것이 힘들었다는 말이지요. 원시 시대 사람들이 할 수 있는 것이라고는 상상력을 발휘해서 끊임없이 이야기를 만들어 내는 것뿐이었지요. 지금 우리가 읽고 있는 그리스·로마 신화나 우리나라의 많은 신화도 이렇게 해서 만들어진 것입니다. 오늘날 우리가 과학적 지식으로 세계를 이해하는 것처럼 당시 신화는 고대인들이 세상을 이해하도록 돕는 좋은 도구였습니다.

그러다가 신화를 의심하는 사람들이 생깁니다. 제우스는 왜 여름에만 화를 내고 겨울에는 화를 내지 않느냐는 것입니다. 폭우나 번개는 여름철에 주로 발생하지요. 이런 의심이 생긴 것은 사람들이 경험과 관찰을 통해 판단력이 성장했음을 의미합니다. 일어난 일들을 돌아보면 내가 믿고 있는 것들에 대해 의심하는 순간이 찾아오기 마련입니다.

이렇게 신화를 의심하는 사람들에 의해 철학의 시대가 열립니다. 인간이 자신의 생각으로 세상을 이해하는 시대가 찾아온 것입니다. 신화의 시대에는 신탁의 의미가 중요했습니다. 중요한 결정을 할 때 신의 뜻에 의존한 것이지요. 철학의 시대에는 신탁 대신 자신의 판단을 봅니다. 주변을 살피고 경험을 정리하고 지식을 동원해서 스스로 생각하는 사람이 많아진 것입니다. 우리는 그들을 철학자라고 부릅니다.

## 기축 시대

기축 시대(axial age)라는 말이 있습니다. 독일의 철학자 카를 야스퍼스(Karl Jaspers, 1883-1969)는 인류 역사에서 중요한 지식과 사상, 철학이 형성되는 시기를 기축 시대라고 불렀습니다. 대략 기원전 800년에서 기원전 200년 사이를 가리킵니다.

기축(基軸)은 사상이나 제도의 토대 혹은 중심을 말합니다. 인류의 역사에서 중요한 사상들이 출현하여 지식의 축이 형성된 시대가 기축 시대입니다. 서양에서는 철학이 본격적으로 시작되었고, 인도에서는 불교가 출현했고, 중국에서는 춘추전국시대 제자백가가 활동한 시대였습니다. 서양 최초의 철학자라고 불리는 탈레스를 비롯해서 소크라테스와 플라톤, 불교를 창시한 고타마 싯다르타, 페르시아의 차라투스트라, 중국의 노자와 공자 등이 이때 활동을 했습니다. 당시에 등장한 사상들이 현대인에게도 엄청난 영향력을 미치고 있다는 점에서 기축 시대를 살펴보는 것은 중요한 의미가 있다 하겠습니다.

어른을 공경해야 한다는 생각, 장유유서(長幼有序) 같은 정신은 공자를 비롯한 유학자들의 생각과 관련이 깊습니다. 인생은 공수래공수거(空手來空手去)이니 욕심을 버리고 자연과 함께하는 것이 좋은 삶이라는 생각은 노자와 도가(道家) 사상가들의 영향을 많이 받은 것입니다. 세상은 현상과 본질로 구분되고 본질을 파악할 수 있는 힘을 가져야 한다는 생각은 고대 그리스 철학의 핵심 주제였습니다. 지금의 많은 생각이 기축 시대에 기반하고 있습니다. 고전을 공부하거나 철학을 배울 때 고대 그리스의 철학자들이나 중국의 제자백가 등 기축 시대의 사유들을 들여다볼 수밖에 없는 이유가 여기에 있습니다.

### 철학이 필요한 이유

현대 사회에서는 철학이 무력한 것처럼 보입니다. 과학과 기술이 세상을 지배하고 있기 때문입니다. 과거에 철학이 다루었던 문제들 중 많은 것이 과학으로 넘어가 버렸습니다. 예를 들어 예전 철학자들의 주요 이슈였던 인간의 본성에 대한 문제, 물체를 구성하는 근본 단위에 대한 논쟁들이 지금은 유전학이나 양자역학에서 논해지고 있으니까요.

정말 철학은 무용한 것일까요? 아닐 겁니다. 과학이 아무리 발달해도 해결할 수 없는 삶의 문제는 얼마든지 있습니다. 오히려 과학이 발달할수록 철학의 역할은 더욱 중요해진다고 봐야 합니다. 과학은 길들여지지 않은 야생마 같아서 위험하기 짝이 없기 때문입니다. 원자력만 해도 그렇습니다. 원자력은 인간에게 큰 도움을 주는 것이 사실이지만 핵전쟁 같은 인류를 끝장낼 수 있는 위험도 안고 있습니다. 과학이 원자력을 개발했다면 철학은 원자력을 어떻게 다루어야 할지 판단하는 일을 맡아야 합니다.

일상생활에서도 철학은 필요합니다. 누구나 걱정, 고민거리가 있기 마련입니다. 친구와 사이가 나빠져서 고민인 사람도 있고, 돈이 없어 걱정인 사람도 있고, 꿈이 없어서 방황하는 사람도 있습니다. 인간의 삶은 걱정과 고민으로 점철되어 있습니다.

예를 들어 회사 일이 재미가 없고 장래도 불투명해서 괴로운 사람이 있습니다. 지금 회사를 그만두고 새로운 일을 찾아야 할지 고민 중입니다. 문제는 회사를 그만두면 새로운 일을 찾기가 쉽지 않다는 것입니다. 그렇다고 해서 싫은 일을 계속하자니 괴롭기만 합니다. 어떻게 해야 할까요?

이때 인생관이 도움이 됩니다. '인생은 마라톤'이라는 생각을 가진 사람은 힘들고 괴로워도 묵묵히 참으며 회사를 계속 다닐 겁니다. 견디다 보면 목표 지점에 도달할 수 있고 더 좋은 상황을 만날 수도 있기 때문입니다. 반면 '인생은 모험'이라고 생각하는 사람이라면 회사를 그만두고 새로운 일을 찾아 나설 겁니다. 싫은 일을 계속하는 것보다 새로운 일에 도전하는 것이 더 가치 있다고 여기니까요.

이런 고민에 빠진 사람에게 과학은 큰 도움이 못 됩니다. 제품을 개발하거나 우주왕복선을 쏘아 올리는 데는 과학이 중요하지만 일상에서 부딪히는 구체적인 문제들을 해결하는 데에는 과학보다 철학이 필요합니다. 이렇게 보면 철학이야말로 좋은 삶을 위해 꼭 필요한 공부임이 확실합니다. 상사와 갈등이 생겼을 때 어떻게 해야 하는가, 대학을 졸업하고 취업과 대학원 진학 중 어느 길을 선택할 것인가, 친구에게 전화를 지금 할 것인가 나중에 할 것인가 하는 이런 질문들은 과학의 문제가 아니라 인생관 혹은 철학의 문제에 가깝습니다. 인생의 문제를 푸는 것은 과학이 아니라 철학입니다. 과학의 시대를 살아가는 우리가 여전히 철학을 배우고 지혜를 쌓아야 하는 이유입니다.

# 2강. 세상은 무엇으로 이루어졌을까

|

## 자연철학

사람과 동물을 구분하는 기준은 여러 가지입니다. 두 발로 걷는지, 불이나 도구를 사용할 수 있는지 여부 등이 그것입니다. 그중에서 철학이 눈여겨보는 것이 있습니다. 바로 '생각한다는 것'입니다. 사람과 동물을 구분하는 중요한 기준이 사람은 생각할 수 있다는 것입니다.

### 생각한다는 것

그럼 동물은 생각이 없을까요? 개나 고양이, 소 같은 동물도 생각하는 것처럼 보일 때가 있습니다. 주인이 오면 반갑다고 뛰어오고, 새끼를 멀리 떠나보낼 때는 낑낑거리며 슬퍼하기도 합니다. 하지만 이런 모습은 생각과는 차이가 있습니다. 그것은 생각이라기보다 감정을 느끼는 것과 관련이 있기 때문입니다.

생각과 감정은 다릅니다. 감정이 느낌이라면 생각은 논리입니다. 감정이 오감과 관련 있다면 생각은 이성과 관련이 깊습니다. 이리저리 따져 보는 것이 생각입니다. 우리가 흔히 생각한다는 말을 할 때는 머릿속에서 이런저런 것들이 떠오르는 경우를 말합니다. 하지만 철학적인 의미에서 생각한다고 할 때는 그 의미가 다릅니다. 철학에서의 생각은 '질문을 던지고 대답하는 활동'을 의미하기 때문입니다. 이것을 사유(思惟)라고 합니다.

생각이 질문을 던지고 대답을 찾아가는 과정이라면 질문을 던지는 것이야말로 철학의 시작이라고 할 수 있습니다. 철학은 세상에 대한 궁금증을 풀어내기 위해 질문을 던지고 답을 찾는 활동이기 때문입니다.

### 밀레토스학파의 질문

서양철학을 공부하다 보면 고대 그리스를 먼저 살펴보게 됩니다. 고대 그리스에서 서양철학이 시작되었기 때문입니다. 물론 그리스뿐만 아니라 다른 곳에서도 철학 활동이 있었을 겁니다. 그런데도 그리스 철학을 먼저 공부하게 되는 이유는 그리스 문명이 서양 역사 전반에 큰 영향을 미쳤기 때문입니다. 고대 그리스의 철학과 사상은 로마에 영향을 미치고 로마는 유럽 전역으로 자신의 문명을 퍼뜨립니다. 유럽은 중세를 거쳐 근대에 이르면서 아프리카, 아시아, 아메리카로까지 그 영향력을 확대하죠. 그 결과를 잘 보여 주는 것이 지금 우리의 상황입니다. 우리나라는 지리적으로는 동양에 속하지만 생활 방식은 서양의 것을 따르고 있습니다. 사정이 이렇다 보니 서양철학을 공부하는 것이 사대주의적인 것처럼 느껴지기도 합니다. 하지만 서양의 철학도 인류의 보편적인 정신적 유산임에 분명합니다. 부정적으로만 볼 것이 아니라 적극적으로 알아볼 필요가 있다는 말입니다.

고대부터 현재까지 철학자들은 세계와 인생을 자기만의 논리로 설명해 왔습니다. 어떤 철학자의 주장은 너무 완벽해서 빠져들게 되고, 어떤 철학자의 사상은 어렵지만 공감할 수 있는 부분이 많을 때도 있습니다. 이 과정에서 '이 사람도 나와 비슷한 고민을 했구나' 하고 공감도 하고 '이 시대에 이렇게 놀라운 생각을 했구나'라고 감탄하기도 합니다. 공감과 감탄은 철학을 재미있게 공부할 수 있게 합니다. 하지만 새로운 생각으로 확장되는 것은 의문과 탐색에서 오는 경우가 많습니다. 이해되지 않는 주장을 따져 보고 놓쳐 버린 맥락들을 찾아보려는 노력이 생각의 폭을 넓혀 주기 때문입니다.

이때 놓치지 말아야 하는 것이 철학자들의 문제의식, 즉 질문입니다. 철학자들은 세계와 인간에 대해 질문을 던졌고 그 질문에 합당한 답을 얻기 위해 다양한 사유를 펼쳤습니다. 그들이 찾아낸 답들도 중요하지만 그들의 질문을 놓치지 않을 때 사유의 흐름을 제대로 이해할 수 있습니다.

기원전 8-7세기경 지금의 터키 서쪽 해안에 밀레토스라는 항구 도시가 있었습니다. 무역이 발달하여 경제적 풍요를 누릴 수 있는 넉넉한 환경을 자랑하는 곳이었습니다. 여기서 여러 철학자가 등장하게 됩니다. 철학자들이 등장했다는 것은 질문을 던지고 생각하는 활동이 본격적으로 시작되었다는 뜻입니다.

밀레토스에 살던 철학자들이 관심을 가진 것은 '세상은 무엇으로 이루어져 있나', '만물은 어디에서 왔는가'라는 질문이었습니다. 세상에는 많은 사물이 있습니다. 사물들은 쪼개질 수 있지요. 이 사물들을 쪼개고 또 쪼개면 더는 쪼갤 수 없는 어떤 근본 물질을 만나게 될 겁니다. 이것이 무엇인가 하는 것이 당시의 관심사였습니다. 그것을 알 수 있다면 만물이 어디에서 왔는지 해답을 얻을 수 있을 것입니다.

그중 탈레스(Thales, BC 624–BC 545)라는 사람이 있었습니다. 서양 최초의 철학자라고 불리는 사람이죠. 탈레스는 일식을 예언한 것으로도 유명합니다. 그 정도로 천문학이나 수학에 밝았다는 얘기겠지요. 실제로 그림자의 비례 관계를 계산해서 피라미드의 높이를 재기도 했습니다.

탈레스는 세상이 무엇으로 이루어져 있는가에 대한 질문에 이렇게 대답했습니다. "세상은 물이다." 탈레스는 왜 세상의 근본 물질이 물이라고 했을까요? 철학은 질문을 던지고 답을 찾아가는 활동입니다. 탈레스의 주장이 황당하다고 무시할 것이 아니라 왜 그렇게 생각했는지를 생각해 볼 필요가 있습니다. 그것 자체가 철학이기 때문입니다. 이런 생각을 해 보는 것이 고대 그리스 철학을 재미있게 공부하는 방법이기도 합니다.

하늘에서 비가 내립니다. 대지를 적시죠. 그 대지에서 싹이 틉니다. 생명이 자라지요. 만물이 탄생하려면 물이 필요합니다. 식물들의 줄기를 잘라 보면 물관이 보입니다. 동물들의 몸에도 피가 흐르고, 피가 없다면 동물들은 살 수 없습니다. 사람도 몸의 70퍼센트가 물입니다. 식물이든 동물이든 물이 없으면 생존 자체가 불가능합니다. 물은 세상을 순환하며 생명을 불어넣고 유지시키는, 없어서는 안 될 필수 요소입니다. 이런 생각을 하다 보면 탈레스가 왜 만물의 근원을 물이라고 했는지 조금은 이해할 수 있을 것 같습니다.

### 아르케란 무엇인가

아르케(arche)라는 말은 그리스 말로 원리, 원인, 시초, 원소 등을 뜻합니다. 아리스토텔레스는 '철학은 아르케의 학문이다'고 말하기도 했지요. 철학이 세상의 원리 혹은 시초를 찾아가는 학문이라는 뜻입니다. 세상은 무엇으로 이루어져 있는가, 세상을 움직이는 원리는 무엇인가를 찾아가는 학문으로 풀어 볼 수 있겠습니다.

아르케라는 말이 중요한 것은 인간이 세상을 움직이는 근원에 대해 스스로 찾으려고 시도했기 때문입니다. 신화의 시대라면 세상의 근원을 신 혹은 하늘의 섭리에서 찾았을 것입니다. 철학의 시대는 신화만으로 채울 수 없는 궁금증을 해결하기 위해 생각을 활용합니다.

탈레스는 사물을 구성하는 근본 물질이 물이라고 했습니다. 즉 '아르케는 물'인 것입니다. 탈레스는 '세상을 구성하는 근본 물질은 무엇인가'라는 질문을 던지고 '물'이라는 답을 얻었습니다. 그 과정에서 자신의 판단력과 사고력을 활용했습니다. 이것이 철학 활동이며 탈레스가 철학자인 이유입니다.

이제 신의 뜻이나 하늘의 명령이 가지는 힘은 미약해집니다. 물론 신탁을 받거나 신에게 제사를 지내는 모습은 여전히 남아 있었습니다. 하지만 어떤 문제를 판단하거나 중요한 결정을 할 때 신의 뜻에 전적으로 의존하기보다는 논리적 판단을 주로 사용하게 됩니다. 세상을 살펴보고, 자신이 경험한 것들을 정리해 보고, 생각들을 논리적으로 연결하면서 자기 생각을 정리해 나갔던 것입니다. 이것이 철학 활동입니다. 아르케는 세상의 원리와 근원적인 요소를 찾기 위한 인간 활동의 시작이라는 점에서 중요합니다.

이런 학문을 형이상학(mata-physica)이라고 합니다. 형이상학은 세상의 근원을 파악하려는 학문을 말합니다. 세상은 무엇으로 이루어져 있을까? 이런 질문에 대답하기 위한 학문이 형이상학인 것이죠. 사람은 왜 존재하는가? 어떻게 존재하는가? 이런 질문은 세상의 근원에 대한 탐구이며 존재에 대한 물음이라는 점에서 형이상학적입니다.

## 아낙시만드로스와 아낙시메네스

탈레스의 제자 중에 아낙시만드로스(Anaximandros, BC 610-BC 546)라는 사람이 있었습니다. 탈레스에게서 배웠지만 스승과는 생각이 달랐습니다. 아낙시만드로스는 세계 곳곳을 다니면서 여행하기를 좋아했습니다. 여행을 통해서 그곳의 학문을 배웠고 지리를 익혔습니다. 이렇게 배운 지식과 깨달음으로 독특한 우주론을 펼쳤습니다. 그의 우주론에서 놀라운 점은 지구가 우주라는 공간에 떠 있다는 주장입니다. 망원경도 없고, 천체 지식도 부족했던 시절에 어떻게 이런 놀라운 생각을 했는지 감탄할 정도입니다. 게다가 여행을 통해 익힌 지리를 바탕으로 세계지도를 완성하기도 했습니다. 이래저래 탁월한 사람이 아닐 수 없습니다.

아낙시만드로스는 세상을 이루는 근본 물질이 '무한 자'라고 주장합니다. 이것을 아페이론(apeiron)이라고 불렀습니다. 세상에는 시작도 없고 끝도 없는 무한한 것이 있어서 그것이 세상의 근원이라고 생각한 것입니다. 이 무한 자에서 차가운 것과 뜨거운 것이 분리되어 나오는데 이때 두 성질에 다른 것들이 모이고 결합되어 만들어지는 것이 사물입니다.

아낙시메네스(Anaximenes, BC 585-BC 525)라는 철학자도 있습니다. 아낙시만드로스의 제자였습니다. 아낙시메네스는 만물을 구성하는 근본 물질이 '공기'라고 주장합니다. 공기가 변하면 바람과 구름이 되고, 구름이 비가 되어 내리면 물이 됩니다. 공기들이 모이고 굳으면 흙과 돌이 됩니다. 그래서 만물을 구성하는 근본 물질이 공기라는 것입니다. 아낙시메네스의 주장은 스승의 생각에서 많이 힌트를 얻은 것 같습니다. 스승이 주장했던 무한한 것을 공기라는 물질로 구체화한 느낌이 들기 때문입니다.

철학은 세상의 원리와 법칙을 발견하려는 시도입니다. 그러자면 구체적인 사실이나 경험들을 일반화하고 추상화해야 합니다. 사실과 경험을 종합하고 정리하는 과정에서 원리와 법칙이 발견되기 때문입니다. 밀레토스학파는 '세상 만물이 어디에서 유래되었는가'라는 질문에 답하기 위해 철학 활동을 펼쳤습니다. 여기에서 그치지 않고 다양한 분야에 관심을 가져 우주론을 펼치고 세계를 설명하려 했습니다. 이들이 내린 결론은 조금씩 달랐지만 신화에 의존하지 않고 관찰과 추론을 통해서 답을 얻었다는 점에서 철학의 시조로 평가할 수 있을 것입니다.

# 3강. 세상에 변하지 않는 것이 있을까

## 헤라클레이토스

'피타고라스의 정리'라는 것이 있습니다. 중학교 수학에서 다루는 중요한 내용 중 하나죠. 직각삼각형에서 밑변의 제곱과 높이의 제곱을 더한 값은 빗변의 제곱과 같다는 공식입니다. $a^2+b^2=c^2$이라는 것이죠. 이것을 고대 그리스의 철학자 피타고라스(Pythagoras, BC 580–BC 500)가 발견했다고 해서 피타고라스의 정리라고 합니다.

### 철학자 피타고라스

피타고라스는 BC 6세기 사람입니다. 2500년 전에 이런 수학적 원리를 발견했다는 사실에 놀랄 수밖에 없습니다. 피타고라스는 여행을 좋아해서 이집트는 물론 인도까지 다녀올 정도였다는군요. 물론 여행 자체가 목적은 아니었고 세상을 다양하게 공부하기 위한 것이었습니다. 당시 새로운 것을 배우는 방법 중에 여행만 한 것이 없었습니다. 사람은 자신이 보고 배운 대로 생각할 수밖에 없죠. 새로운 생각을 하려면 새로운 것을 보거나 배워야 합니다. 지금처럼 집 안에 앉아서 세상을 두루 살필 수 없었던 시대에는 여행이야말로 새로운 것을 배울 최고의 방법이었습니다.

피타고라스는 페르시아에서 차라투스트라를 만나 철학을 배우기도 했습니다. 차라투스트라는 세상을 선과 악으로 나누고 두 세계의 투쟁으로 설명합니다. 그는 서른 살에 신의 계시를 받고 조로아스터교를 세운 것으로 알려져 있습니다. 조로아스터는 차라투스트라의 영어식 표현입니다.

다양한 여행과 배움을 경험한 피타고라스는 깨달은 것을 바탕으로 자신만의 독특한 교단을 만듭니다. 피타고라스 교단인데, 영혼불멸을 주장할 정도로 종교성이 아주 강했습니다. 수학에 능통한 사람이 종교집단의 교주라는 사실이 얼핏 이해가 가지 않지만 피타고라스에게 수학과 종교는 밀접한 연관을 가지고 있었습니다.

피타고라스는 인간은 사라질 육체와 영원히 변치 않는 영혼으로 이루어져 있다고 생각했습니다. 육체는 죽지만 영혼은 영원해서 다른 육체로 옮겨 간다는 것입니다. 그가 인도를 다녀왔다고 했지요? 인도의 힌두교나 불교에서는 사람이 죽으면 이번 생에서 어떻게 살았느냐에 따라 짐승이나 사람으로 다시 태어난다고 믿었습니다. 그런 점에서 피타고라스의 영혼불멸 사상은 인도에서 영향을 받은 듯합니다.

앞에서 만물의 근원을 아르케라고 한다고 했습니다. 피타고라스는 아르케를 수(數)라고 말합니다. 세상이 수로 이루어져 있다는 것입니다. 지금의 우리 생각으로는 이해하기 어려운 주장입니다. 그는 숫자 10이 가장 완전한 것이라고 믿었습니다. 숫자 1은 점을 뜻하고, 2는 직선을, 3은 면을, 4는 공간을 뜻한다고 생각했습니다.

피타고라스는 사람이 죽어도 영혼은 사라지지 않는다고 생각했습니다. 이때 영혼이 혼탁하면 다시 인간으로 태어날 수가 없습니다. 그래서 수학이 강조됩니다. 수학이 영혼을 정화해 주기 때문입니다. 수학은 순수하고 완벽한 세계입니다. 1+1=2. 완벽하지요. 언제나 변함이 없습니다. 수학을 탐구하다 보면 놀라운 발견을 하게 되는데 그때 우리는 순수하고 맑은 영혼으로 기뻐합니다. 실제로 피타고라스는 피타고라스의 정리를 발견하고는 너무 기뻐 신에게 기도를 드리고 재물도 바쳤다고 전해집니다.

피타고라스는 혼탁한 현실을 사는 인간이 수학으로 영혼을 정화하여 구원받을 수 있다고 믿었던 종교적 신념이 강한 사람이었습니다. 종교와 수학이 만나는 곳이 피타고라스 교단이었던 셈입니다.

### 아르케는 불이다

아르케를 불이라고 말하는 사람이 있습니다. 서양철학에서 중요한 자리를 차지하고 있는 사람이니 잘 기억해 두셨으면 합니다. 그 주인공은 헤라클레이토스(Heracleitos, BC 540-BC 480)입니다. 그가 중요한 것은 세상을 '변화'로 파악했기 때문입니다. 변하는 세상, 즉 현상계를 긍정한 사람이 헤라클레이토스였습니다.

선과 악은 하나다.

헤라클레이토스의 말입니다. 무슨 뜻일까요? 선한 사람도 악한 사람이 될 수 있다는 뜻일까요? 물론 그렇게 볼 수도 있습니다. 여기서 선과 악이 하나라는 의미는 세상에는 선도 있고 악도 있다는 뜻입니다. 선과 악이 결합되어 있다는 것이죠. 세상은 선과 악, 남자와 여자, 해와 달, 아름다움과 추함 등으로 이루어집니다. 서로 대립되는 것들이 모여 하나를 이룬다는 것입니다.

신은 낮과 밤, 겨울과 여름, 전쟁과 평화, 포만과 굶주림이다.

헤라클레이토스의 이 말도 이해가 될 것 같습니다. 낮과 밤이 모여 하루가 됩니다. 겨울과 여름이 모여 일 년이 되고, 전쟁과 평화가 모여 시대가 됩니다. 위는 포만과 굶주림 사이에 있지요. 서로 대립되는 것들이 갈등하면서 세상을 이룬다는 것이 헤라클레이토스의 생각입니다. 대립되는 두 개념의 정도에 따라 상황이 달라진다고 본 겁니다. 낮의 힘이 세면 낮이 되고 밤의 기운이 강하면 밤이 오죠. 전쟁과 평화도 마찬가지입니다. 전쟁 쪽의 힘이 강해지면 싸움이 일어납니다. 싸우다가도 평화의 기운이 강해지면 화해를 하게 되죠. 세상은 대립되는 것들의 갈등으로 설명될 수 있습니다.

세상은 불이다.

헤라클레이토스는 세상을 구성하는 근본 물질이 불이라고 말합니다. 세상을 대립되는 두 영역의 싸움으로 설명하던 그가 세상의 아르케가 불이라고 말한 이유는 무엇일까요?

우리 몸을 가만히 살펴봅시다. 몸에서 열이 느껴집니다. 감기라도 걸려 몸이 아프면 열 덩어리가 되죠. 반면 죽음이 닥치면 열은 사라집니다. 차갑게 식고 말죠. 그렇게 보면 생명은 뜨거운 것의 유지와 관련이 있는 것 같습니다. 열은 곧 불이죠. 불을 대표하는 것이 태양입니다. 따뜻한 태양은 만물을 길러 줍니다. 태양의 열이 없다면 우리는 살아갈 수 없습니다. 불은 고정되어 있지 않습니다. 끝없이 움직이면서 사물을 변화시키고 불태웁니다. 대립물의 투쟁으로 세상을 설명하는 헤라클레이토스에게 불만큼 적절한 요소도 없을 겁니다.

## 우리는 같은 강물에
## 손을 씻을 수 없다

세상은 변할까요? 고정되어 있을까요? 당연히 변합니다. 하지만 고대 그리스의 철학자들 중에는 세상이 변하는지 고정된 것인지에 대해서 생각이 다른 이가 많았습니다. 이런 생각의 차이가 서양철학에서 아주 중요한 문제로 부각됩니다. 그 이유는 차츰 알아보기로 하고 변화를 긍정하는 사람부터 살펴보겠습니다. 이미 살펴본 헤라클레이토스가 그 주인공입니다.

앞에서 우리는 헤라클레이토스가 세상을 대립된 것들의 싸움으로 설명했다는 사실을 알았습니다. 이때 어떤 기운이 강하느냐에 따라서 세상의 모습은 계속 변합니다. 우리의 생각이 늘 변하듯이 세상의 모습도 상황에 따라 달라집니다. 세상은 고정될 수 없고 끊임없는 변화의 과정에 있다는 것이 헤라클레이토스의 설명입니다.

우리는 같은 강물에 손을 씻을 수 없다.

헤라클레이토스가 남긴 유명한 말입니다. 강물에 가서 손을 씻었습니다. 그리고 잠시 후에 다시 그곳에서 손을 씻었죠. 그 강물은 같은 강물일까요? 그렇지 않을 겁니다. 이전의 강물은 이미 흘러가고 새로운 강물에 손을 씻었기 때문입니다. 이처럼 우리가 살아가는 순간은 한 번도 같은 적이 없었습니다. 세상은 늘 변하기 때문이죠.

헤라클레이토스는 세상을 변하는 것으로 파악했습니다. 세상이 변화 그 자체라는 것입니다. 그는 변화를 다스리는 것이 있다고 생각했습니다. 그것을 로고스(Logos)라고 불렀습니다. 로고스는 어떤 것을 움직이는 원리, 법칙, 논리 등을 뜻합니다. 세상은 변화 자체인데 변화에는 그것을 움직이는 원천이 있어 그것을 로고스라고 한다는 것입니다. 이런 주장은 자칫 충돌되는 것처럼 느껴집니다. 세상이 변화 자체라고 했는데 그 변화에는 어떤 근원이 있다면 그 근원이야말로 또 다른 아르케일 수 있으니까요. 이것이 서양철학에서 중요한 문제로 부각됩니다. 세상을 변화 자체로 보느냐, 변화를 일으키는 근본이 있다고 보느냐의 문제가 그것입니다.

철학은 세상의 원리를 파악하고 그것을 통해 지혜를 얻으려는 노력이라고 설명했습니다. 헤라클레이토스는 세상의 원리를 변화로 파악했습니다. 그렇다면 그것에서 얻을 수 있는 지혜도 있겠지요. 세상을 변화하는 것으로 이해함으로써 얻을 수 있는 지혜는 무엇일까요?

## 변화와 속도의 시대

사람은 크게 두 부류로 나눌 수 있다고들 합니다. 변하는 사람, 변하지 않는 사람. 변하는 사람은 세상의 흐름을 받아들이고 새로운 방법을 찾기 위해 고민합니다. 반면 변하지 않는 사람은 세상을 고정된 것으로 파악하는 경향이 있고 자신도 예전의 모습을 유지하려고 합니다. 직장에서도 흔히 볼 수 있습니다. 새로운 전산시스템이 도입되면 '지금도 좋은데 왜 바꾸려고?'라고 투덜대는 사람이 있는가 하면 '진작 바꿨어야 해'라고 환영하는 사람도 있습니다. 세상을 살아가는 우리의 두 가지 태도는 변화에 대한 긍정 혹은 부정으로 분류될 수 있는 것입니다.

21세기의 특징을 설명하는 말이 다양한데, 그중 하나가 '속도'입니다. 세상의 속도가 예전에 비해 상상할 수 없을 정도로 빨라졌습니다. 기술의 발전 속도나 새로운 제품의 보급 속도를 사람이 통제하기 어려운 시대죠. 스마트폰의 경우만 봐도 쉴 새 없이 새로운 제품이 쏟아져 나와 산 지 일 년도 안 된 제품이 바로 구식이 되어 버립니다.

세상 모든 것은 변한다. 변하지 않는 것은 세상이 변한다는 사실뿐이다.

헤라클레이토스가 세상이 변한다는 것을 강조한 말입니다. 세상이 변한다는 사실을 인정하고 빠르게 대응해야 살아남을 수 있다는 것이죠. 다른 사람들은 이메일로 연락을 주고받는데 나는 편지를 사용하고 있다면 다른 사람들보다 늦을 수밖에 없습니다. 다른 사람은 인터넷에서 새로운 정보를 찾아 활용하고 있는데 나는 정보가 어디에 있는지도 모르고 있다면 곤란하겠죠.

이렇게 변화의 속도가 빨라지면서 헤라클레이토스의 철학이 다시 강조되었습니다. 세상을 고정된 것으로 보는 사람은 새로운 것을 배우려고 하지 않을 것입니다. 세상은 빠르게 변하기 때문에 늘 민감하게 그 변화를 살펴야 한다, 그런 변화의 흐름을 감지하고 무엇을 어떻게 대비해야 하는지 깨어 있어야 한다는 생각을 가진 사람들이 필요한 시대가 온 것입니다. 20세기 말부터 변화와 속도에 대한 키워드들이 유행한 것은 이런 시대를 대변한 것이었습니다. 헤라클레이토스의 철학은 이런 변화와 속도의 시대에 잘 어울립니다. 세상이 변하니까 안주하지 말고 달리는 말에도 채찍을 가하라는 위기의식을 심어줍니다.

하지만 시대에 따라 사람들에게 도움을 줄 수 있는 철학도 달라지는 법이지요. 요즘은 변화와 속도를 강조하던 분위기가 차츰 가라앉고 있는 것처럼 보입니다. 혁신에 대한 강조는 여전하지만 변화와 속도보다는 그 변화를 일으키는 본질을 찾아보려는 노력들이 더 강조되고 있기 때문입니다. 그래서 강조되는 것이 인문학입니다. 인문학은 세상과 삶에 대한 원리를 얻도록 돕습니다. 눈에 보이는 현상들 너머에 가려져 있는 본질들을 찾는 통찰력을 키워 줍니다. 어떻게 보면 학문이라는 것이 본래 눈에 보이는 세상을 이해하기 위한 노력이라는 점에서 이미 변화와 보이는 것 너머의 원리를 꿈꾸고 있는지도 모릅니다.

정리하자면 헤라클레이토스의 철학에서 중요한 점은 세계를 변화로 파악했다는 점입니다. 이런 변화에 대한 철학은 현상에 대한 긍정으로 이어집니다. 이것은 불변하는 진리에 대한 탐구라는 서양철학의 주된 흐름과 경쟁하는 또 하나의 큰 흐름으로 작동합니다.

# 4강. 눈에 보이는 것이 다일까

## 파르메니데스

흔히 철학은 개념을 공부하는 학문이라고 합니다. 생각은 어떤 의미의 단위로 이루어지는데 그 기본적인 의미의 단위가 개념입니다. '세상은 변한다'는 것이 하나의 개념일 수 있고, '본질은 변하지 않는다'는 것 또한 하나의 개념이 됩니다. 철학은 개념을 통해서 세상을 이해하고 새로운 개념으로 나아가는 성격을 가지고 있습니다.

철학이 개념을 통해서 세상을 파악한다면 이때 개념을 가능하게 하는 배경이 언어라고 할 수 있습니다. 우리는 언어를 통해 개념을 파악하고 사유 활동을 합니다. 뒤집어 말하면 언어가 없다면 철학이든 과학이든 있을 수 없다는 말이 됩니다. 그래서 철학의 매개자로서 언어가 중요한 위치를 차지하는 것입니다.

아기가 태어나 자라면서 가장 먼저 배우는 개념이 있습니다. 엄마라는 개념입니다. 그러다 아빠, 형, 언니, 책, TV 같은 개념도 알게 됩니다. 학교에 가면 숫자도 배우고 윤리, 민주주의 같은 조금 더 어려운 개념들을 배웁니다. 고등학교에 가면 미분, 적분이라는 난처한 개념도 익히게 되죠. 개념을 통해서 세상을 배워 나가는 것이 인간의 삶이고 공부의 과정입니다.

## 개념과 철학

개념을 통해서 세상을 이해한다는 것에는 다양한 문제가 내포돼 있습니다. 그중 하나가 이해의 차이입니다. 내가 개념을 어떻게 이해하느냐에 따라 개념의 내용이 달라질 수 있다는 것입니다. 죽음이라는 개념이 있습니다. 보통은 생명이 없어지는 것을 죽음이라고 하지요. 생명이 없어지는 것은 어느 순간일까요? 뇌가 죽은 상태일까요? 아니면 숨을 쉬지 않는 순간일까요? 뇌가 죽은 상태가 죽음이라고 생각하는 사람은 뇌사를 인정하는 경우입니다. 반면 뇌가 죽었어도 생명보조장치의 도움으로 숨을 쉬고 있다면 아직 살아 있는 것이라고 보는 사람도 있습니다. 이렇듯 사람의 죽음에 대한 인정 여부도 개념의 차이에서 비롯될 수 있습니다.

카오스는 혼돈을 뜻하는 말입니다. 반대말은 코스모스입니다. 질서를 뜻하죠. 전쟁이 일어나 사람들이 집을 잃고 떠돌며 서로 죽이는 상황이 벌어졌습니다. 이럴 때 카오스 같은 세상이라고 할 수 있을 겁니다. 반면 질서가 잘 지켜지고 일상이 평화롭게 돌아간다면 코스모스가 실현된 것이겠죠. 카오스와 코스모스라는 개념을 우리는 가지고 있습니다.

우리 현대사에서 군사정권이 들어선 적이 있습니다. 그때마다 쿠데타를 일으킨 장본인들은 사회적 혼란과 경제적 난관을 극복하기 위해, 공산주의 세력의 사회 혼란 책동을 막기 위해서 등을 이유로 내세웠습니다. 당시의 한국 사회를 카오스로 본 것입니다. 지금은 카오스 상태이므로 안정을 위해서 코스모스를 세워야 한다는 것이 명분이었습니다. 여러분은 어떻게 생각하세요? 당시의 상황이 무력을 사용해야 할 만큼 심각한 카오스 상태였다고 생각하나요?

우리는 개념으로 세상을 이해합니다. 개념을 어떻게 이해하느냐는 현실과 밀접하게 연관되어 있고 이것 때문에 철학이 중요한 역할을 하게 됩니다. 철학이 실천과 떨어질 수 없는 이유가 이것 때문입니다.

### 현상과 실재

세상에는 원인이 있고 그 원인에 따라 결과라는 것이 생깁니다. 가까운 두 친구가 싸웠습니다. 우리는 왜 싸웠냐고 묻습니다. 싸움의 원인이 궁금한 것이죠. 우리가 살아가는 세상은 원인과 결과의 연속입니다. 비가 오는 것은 결과이고 그 이전에 비를 만들어 내는 원인이 있습니다. 장사가 안 되는 것은 결과이고 그런 결과에는 반드시 원인이 있기 마련입니다. 이것을 인과관계 혹은 인과율이라고 합니다.

고대 그리스의 철학자들은 눈에 보이는 변화의 모습들을 '현상(phenomenon)'이라고 불렀습니다. 전쟁이 일어나고, 비가 오고, 장사가 안 되는 것은 모두 현상이죠. 현상은 우리의 감각으로 느낄 수 있는 것들입니다. 흔히 그 감각들을 오감이라고 합니다. 시각, 청각, 미각, 후각, 촉각으로 파악되는 것이 현상이죠. 이런 현상들은 고정되어 있지 않고 변합니다.

현상은 그 뒤에 원인을 품고 있습니다. 사람들이 지나가는 것은 그들이 어떤 곳으로 가야겠다고 생각했기 때문입니다. 찬바람이 부는 것은 겨울이 되었기 때문일 테고, 차들이 빵빵거리는 것은 갈 길이 바쁘기 때문이겠죠. 이처럼 현상의 뒤에는 눈에 보이지는 않지만 그것을 움직이는 근본 원인이 숨겨져 있습니다. 이것을 '실재(reality)'라고 합니다.

실재를 실제로 있는 것이라고 이해해서는 곤란합니다. 여러 가지 뜻이 있는데 여기서의 실재는 변하지 않고 고정된 절대적인 것, 인식 주체로부터 독립하여 존재하는 것을 말합니다. 반면 현상은 늘 변화하고 움직이죠. 실재는 현상의 너머에 있는 근본 원인, 그것을 일으키는 본질을 설명하는 개념입니다. 고대 그리스 철학자들은 끊임없이 변하는 세상에서 그 변화를 일으키는 어떤 근원이 있으리라고 생각했습니다. 그것이 실재입니다. 자연철학자들이 세상을 구성하는 근본 물질이 무엇인지 찾으려고 노력했다고 했습니다. 이런 노력 또한 변하는 세상을 움직이는 근본 원인, 실재에 대한 탐구라고 할 수 있습니다.

헤라클레이토스 같은 사람들은 실재보다는 현상에 집중한 경우입니다. 세상은 늘 변하는 것이라고 주장했으니까요. 길을 가다가 고양이를 만났습니다. 그 고양이는 살아서 움직이고 돌아다닙니다. 헤라클레이토스는 고양이라는 현상을 인정합니다. 하지만 고대 철학자들 중에는 눈에 보이는 것에 대해서 의심을 품는 사람도 있었습니다. 그가 바로 파르메니데스였습니다. 눈에 보이는 고양이라는 현상 너머에 변하지 않고 고정된 고양이의 실재가 있으리라고 생각했던 것입니다.

### 보이는 것은 모두 허상이다

파르메니데스(Parmenides, BC 515-BC 445)는 기원전 6세기 전후에 살았던 사람입니다. 지금의 이탈리아 남부에 있는 엘레아(Elea)라는 곳에서 태어나 활동을 했습니다. 그의 주장은 아주 독특한 면이 있습니다.

그는 우리가 눈으로 보는 세상, 현상의 세계는 허상에 불과하다고 말합니다. 끊임없이 변하면서 생겼다가 사라지기를 반복하기 때문입니다. 그가 생각한 존재는 변하는 것이 아닙니다. 고정되고 불변하는 어떤 것입니다.

우리가 감각으로 알 수 있는 세계는 변합니다. 변한다는 것은 불완전하다는 것을 의미합니다. 완전한 것은 변할 수 없으니까요. 그는 실재자는 하나이며 영혼불멸하며 생성된 적도 없다고 생각했습니다. 그럼 우리가 눈으로 보고 느끼는 세상은 무엇일까요? 그것은 우리의 감각이 만들어 낸 착각입니다. 실제로 존재하지 않는데 존재하는 것처럼 느끼게 만든다는 것이지요. 파르메니데스에 의하면 우리는 착각에 빠져 살아가고 있습니다.

그런데 변하지 않고 고정된 개념이 존재하는 곳이 실제로 있습니다. 우리 머릿속입니다. 세상 모든 것은 변하지만 변하지 않는 것에 대한 개념을 우리 머리가 가지고 있습니다. 정삼각형, 지구, 토끼, 컵,

아버지 등의 관념은 머릿속에 항상 존재합니다. 우리가 언제든 꺼내 쓸 수 있다는 것은 항상 존재한다는 것을 말해 줍니다. 이렇게 머릿속에 존재하는 어떤 대상에 대한 생각을 '관념(觀念)'이라고 합니다.

조금 전에 고양이 이야기를 했습니다. 길을 가다가 만난 고양이는 분명히 살아서 움직이는 고양이고 이것은 현상입니다. 여기에 또 다른 고양이가 존재합니다. 내 머릿속에 고양이라는 관념, 개념이 존재하는 것입니다. 우리는 고양이라는 말을 들으면 고양이 모습을 떠올릴 수 있습니다. 이때의 고양이는 길을 가다 만난 고양이가 아니라 우리의 머릿속에 고정된 고양이라는 관념입니다. 귀를 쫑긋 세우고, 다리가 네 개이며, 수염이 있고, 날렵하게 뛰어다니는 귀여운 동물이죠.

고정되고 변치 않는 것을 찾으려는 철학적 시도는 파르메니데스에게서 본격화됩니다. 세상의 원리를 찾아가는 것이 학문의 의도인데 그 원리라는 것이 상황에 따라 변하는 것이라면 곤란합니다. 서양 철학의 중요한 동력이라고 할 수 있는 변치 않는 진리를 찾아가려는 끈질긴 의지를 여기서 발견하게 됩니다.

### 눈에 보이는 것이 다는 아니다

파르메니데스의 생각이 금방 이해되지 않을 수도 있습니다. 괜찮습니다. 지금 우리가 가진 생각의 틀로 옛사람들을 판단하는 데는 한계가 있으니까요. 앞으로 공부를 하다 보면 자연스럽게 이해될 수 있는 부분도 많아질 것입니다. 파르메니데스의 생각에 동의할 수는 없다고 해도 그가 던진 메시지는 살펴볼 필요가 있습니다.

그는 눈에 보이는 것이 다는 아니라는 점을 강조합니다. 세상은 시시각각 변하는데 변하지 않는 뭔가가 뒤에 숨겨져 있다는 생각은 현상들 뒤에 그것을 움직이는 근본 원인이나 원리를 발견하도록 시도합니다. 그 원인과 원리를 찾을 수 있다면 세상을 제대로 이해할 수 있겠지요.

이것을 현상과 본질이라는 말로 바꿔 말하기도 합니다. 실재라는 말 대신 본질이라는 말로 바꾸었을 뿐, 달라진 것은 없습니다. 어떤 물건이 잘 팔린다면 잘 팔리는 이유가 있기 때문입니다. 어떤 사람이 인기가 있다면 사람들이 좋아할 만한 어떤 점을 가지고 있기 때문입니다. 공부를 잘하는 친구가 있다면 그럴 만한 이유가 있을 겁니다. 이처럼 눈에 보이는 현상을 넘어서 그 이유와 본질을 생각할 수 있는 힘을 파르메니데스의 철학에서 발견할 수 있습니다.

21세기에는 통찰력이 중요하다고들 합니다. 통찰력은 꿰뚫어 보는 눈을 말합니다. 세상이 변하는 원인을 찾아내는 힘과 관련이 깊습니다. 어떤 사람이 가진 문제를 바로 찾아내고 그 해결 방법을 알려 줄 수 있는 것도 통찰력의 힘입니다. 이런 힘을 가질 수 있다면 놀라운 일을 해낼 수 있을 겁니다.

애플의 스티브 잡스를 비롯해서 많은 현대의 경영자가 통찰력을 강조했습니다. 급격히 변하는 세상에서 무엇을 어떻게 해야 할지 통찰력이 알려 줄 수 있기 때문입니다. 헤라클레이토스의 철학이, 변하는 세상에서 변화에 적응할 수 있는 자세를 갖추라는 메시지를 남겼다면 파르메니데스의 철학은 변하는 세상에서 그 원인을 잘 살펴보고 본질을 이해하는 통찰력을 가져야 한다는 교훈을 던지고 있습니다.

# 5강. 객관적 기준은 있는가

## 프로타고라스

고대 그리스의 역사를 살펴보는 것은 철학 공부에도 도움을 줍니다. 철학 활동은 역사적 흐름과 깊이 연관돼 있기 때문입니다. 고대 그리스에서는 작은 도시들이 모여 있었습니다. 각 도시들이 자치권을 가지고 스스로 국가적 체계를 갖추었습니다. 이것을 도시국가, 폴리스(police)라고 합니다. 일반적으로 기원전 10세기에서 8세기경에 폴리스가 형성되었다고 봅니다. 호메로스(Homeros)의 유명한 작품 《일리아스》도 이 시기에 지어졌죠.

폴리스가 이루어지고 안정화되면서 철학 활동이 본격적으로 시작됩니다. 기원전 7세기경에 등장한 탈레스와 아낙시만드로스, 그의 제자였던 아낙시메네스 같은 사람들이 자연철학의 길을 열었습니다. 이들이 밀레토스라는 도시에서 활동을 했기 때문에 밀레토스학파라고 불렀습니다.

### 철학의 황금기

기원전 6세기경에 등장한 헤라클레이토스와 파르메니데스에 의해서 현상과 본질에 대한 탐구가 이루어집니다. 당시 철학자들은 지금의 터키나 이탈리아 인근에서 주로 활동했는데 페르시아가 그리스 도시들을 점령하면서 자연스럽게 철학의 활동 무대가 그리스 본토로 옮겨집니다.

페르시아가 소아시아를 점령하자 아테네는 페르시아 제국의 영역으로 들어간 옛 그리스의 식민지들이 반란을 일으키도록 은근히 부추깁니다. 이 사실이 알려지면서 페르시아는 아예 그리스 본토를 침공하게 되지요. 이 전쟁을 '페르시아 전쟁'이라고 합니다. 기원전 492년부터 기원전 448년까지 페르시아는 아테네와 스파르타를 비롯한 그리스 도시와 전쟁을 벌입니다. 그 결과 아테네를 비롯한 그리스 군이 승리하고 주도적인 역할을 한 아테네가 이후 그리스 도시국가들 사이에서 주도권을 쥐게 됩니다.

하지만 호시탐탐 주도권을 노리고 있던 또 다른 강국 스파르타에 의해 그리스 본토에서 새로운 전쟁이 발발합니다. 당시에는 아테네가 주도하는 델로스 동맹과 스파르타가 중심인 펠로폰네소스 동맹으로 팽팽하게 나뉘었는데 이 두 세력 간에 발생한 무력 충돌이 '펠로폰네소스 전쟁'입니다. 기원전 431년에서 기원전 404년까지 계속된 전쟁이지요. 스파르타의 승리로 전쟁은 막을 내리고 그리스는 황폐해집니다.

'철학의 황금기'는 페르시아 전쟁과 펠로폰네소스 전쟁 사이의 시기를 말합니다. 이때에는 페리클레스(Perikles, BC 495–BC 429)라는 위대한 정치가가 등장해서 아테네를 개혁했을 뿐 아니라 활발한 토론과 철학 활동이 이루어져 철학을 비롯한 문학, 예술 등의 여러 분야에서 큰 발전을 이루게 됩니다. 우리가 잘 아는 소크라테스와 플라톤은 물론 소피스트라고 불리는 철학자들이 이 시기에 등장합니다.

## 소피스트

"소피스트는 돈을 위해 지식을 파는 사람이다."

철학의 황금기에 소피스트(Sophist)라 불리는 이들이 등장했습니다. 소피스트가 어떤 사람인지에 대한 견해는 다양한데 위의 평가는 소크라테스의 제자였던 크세노폰의 것입니다. 소크라테스를 존경했던 크세노폰은 소피스트와 자신의 스승을 비교하면서 그들은 돈을 벌기 위해 지식을 판다고 평가절하합니다.

플라톤과 아리스토텔레스도 소피스트를 좋게 보지 않았습니다. '논쟁에서 이기기 위해 말싸움을 가르치는 자들'이라고 비꼬았으니까요. 그렇다 보니 후세 사람들도 소피스트를 좋게 평가하지 않았던 것이 사실입니다. 심지어 궤변론자라고까지 폄훼했습니다. 궤변이란 거짓을 진실인 것처럼 꾸미는 것을 말합니다.

소피스트라는 말에는 '현자(賢者)' 혹은 '지식을 가르치는 사람'이라는 뜻이 담겨 있습니다. 실제로 그들은 아테네에서 사람들에게 지식을 가르치던 교사들이었습니다. 어떻게 살 것인지, 공동체에서 제 역할을 하려면 어떻게 해야 하는지 등을 가르쳤습니다. 사람들이 자신의 역량을 최고로 발휘할 수 있도록 돕는 것이 그들의 주된 일이었습니다.

앞서 말했듯이 당시는 철학의 황금기였기 때문에 사람들은 아고라 광장에 모여 자신의 논리를 설파하고 사람들을 설득하는 활동이 자연스러웠습니다. 당연히 말을 잘하는 사람이 인정을 받았겠지요. 수요가 있으면 공급이 발생하는 법, 논리적으로 상대방을 설득할 수 있는 방법을 가르치는 사람들이 생겼습니다. 이들이 바로 소피스트들이었습니다.

이들은 돈을 받고 수사학, 웅변술 같은 지식과 기술을 가르쳤습니다. 이들도 생계를 이어야 하니까요. 그런 점에서 크세노폰이나 플라톤의 평가는 좀 지나친 면이 있습니다. 우리 시대에도 자신의 지식을 사람들에게 전함으로써 혹은 강의를 통해 생계를 유지하는 사람들이 얼마든지 있습니다. 소피스트들은 이익을 위해 지식을 파는 사람으로 평가를 받았지만 아테네의 민주정치가 발전할 수 있는 배경을 조성하는 중요한 역할도 했습니다.

소피스트들의 가장 큰 기여는 인간에 관심을 갖게 했다는 것입니다. 지금까지 살펴본 그리스 철학자는 대부분 자연철학자였습니다. 피타고라스나 데모크리토스처럼 인간의 삶에 대해 이야기한 이들도 있었지만 이들은 '어떻게 살 것인가'에 대한 문제를 구체적인 생활의 문제로 풀어내지는 못했습니다. 반면 소피스트들은 철학의 주된 관심을 인간의 삶으로 옮겨 놓았습니다. 무엇을, 어떻게, 왜 할 것인가에 대해 구체적으로 논의함으로써 인간적 삶의 길을 고민하는 계기를 만들었던 것입니다.

물론 지식을 팔아 돈을 버는 것에만 집착하는 이들도 있었습니다. 지식인들이 오직 판매만을 목적으로 지식을 이용하고 다른 가치를 무시할 때 사람들은 사회 문제를 외면하게 되고, 올바른 지식의 길도 가로막히게 됩니다. 소피스트들의 이런 면은 지금 우리도 돌아볼 필요가 있는 대목입니다.

## 프로타고라스

프로타고라스(Protagoras, BC 485–BC 410)는 아테네에서 활동한 대표적인 소피스트라고 할 수 있습니다. 페리클레스의 친구로 그를 도와 많은 정치 활동을 벌이기도 했습니다. 하지만 정치인이기에 앞서 그는 시대를 대표하는 철학자였습니다. 그가 어떤 사람인지를 알려주는 상징적인 말이 있습니다.

> 인간은 만물의 척도다.

프로타고라스 혹은 소피스트의 철학을 아주 잘 대변해 주는 말입니다. 무슨 뜻일까요? 철학자들을 잘 살펴보면 그들의 생각을 대표하는 말이 있습니다. 그것을 잘 풀어 보면 사유의 맥락을 읽어 낼 수 있는 경우가 많습니다.

척도는 평가의 기준입니다. 위의 말은 인간이 만물의 평가 기준이 된다는 뜻입니다. 세상에는 사물들이 존재합니다. 공기도 있고, 나무도 있고, 강도 있습니다. 그런데 인간이 없다면 이런 세상은 무슨 의미가 있을까요? 세상 만물에 어떤 가치를 부여하는 것은 인간입니다. 공기는 살아가는 데 꼭 필요하고, 나무는 집을 짓는 데 필요하고, 강은 물을 마시는 데 필요합니다. 이런 필요에 의해 인간은 사물에 가치를 부여합니다. 인간이 만물의 척도라는 것은 세상에 대한 가치를 인간이 부여한다는 의미로 인간 중심주의 선언에 다름 아닙니다.

모든 의견이 참이다.

인간이 만물의 척도가 된다면 이제 인간의 생각과 판단이 중요하겠죠. 그런데 인간은 각자 생각이 다릅니다. 제가 가는 곳들 중에 제법 높은 '무학산'이 있습니다. 어떤 사람들은 그 산을 아주 좋아합니다. 산에 올라 맑은 공기를 마실 수 있고 전망이 훌륭하기 때문입니다. 그런데 어떤 사람들은 산을 좋아하지 않습니다. 등산 자체를 싫어하기도 합니다. 또 어떤 사람은 산이 있든 없든 관심도 없습니다. 이렇게 사람마다 산에 대한 생각이 다릅니다.

오늘 날씨가 춥나요, 덥나요? 어떤 사람은 춥다고 하고 어떤 사람은 덥다고 하고 또 어떤 사람은 적당하다고 합니다. 사람마다 느끼는 것이 달라 생기는 현상입니다. 프로타고라스는 사람마다 감각으로 느끼는 것이 다를 수 있다고 인정합니다. 그래서 어떤 사람이 느끼거나 깨달은 것이 있다면 그것은 참이라고 생각했습니다. 모든 의견이 참이라는 말은 사람마다 느끼는 것이 달라 의견이 다를 수 있다는 뜻입니다.

프로타고라스의 생각은 상대주의라고 평가받습니다. 상대주의는 사람마다 중요시하는 가치가 다르다고 인정하는 태도를 말합니다. 어떤 사람은 밥을 좋아하고, 어떤 사람은 빵을 좋아합니다. 각자의 방식이나 취향을 인정한다면 상대주의라고 할 수 있습니다. 상대주의에 반대되는 개념이 절대주의인데 하나의 기준을 고정해 두고 그것을 추구하는 태도를 말합니다. '인생에서 가장 중요한 것이 돈이다. 그러니 돈을 벌려면 공부를 잘해야 하고, 능력을 길러야 하고, 친구도 돈이 많은 친구를 만나야 한다'는 생각을 가지고 살아간다면 절대주의적 태도라고 할 수 있습니다.

프로타고라스는 모든 사람의 생각이 옳다고 했습니다. 그 경우 누구의 생각을 따라야 할지 문제가 생깁니다. 서로 의견이 충돌하는 상황이 발생하는 것이죠. 이럴 때 중요한 것이 말하는 방법입니다. 어떻게 말하느냐에 따라 상대방이 내 의견을 받아들일 수도 있고 거부할 수도 있습니다. 상대방을 설득하는 말솜씨가 중요해지는 겁니다. 이런 배경에서 소피스트들은 상대방을 설득할 수 있는 언변술을 가르치는 데 많은 노력을 기울이게 됩니다. 그것이 수사학의 발달로 이어지죠.

### 소피스트의 의의

프로타고라스 외에도 다양한 소피스트가 있었습니다. 그중 한 사람이 고르기아스(Gorgias, BC 483-BC 376)입니다. 그는 사람들을 설득하는 능력이 뛰어나 웅변가로 널리 알려졌습니다. 여러 도시를 돌아다니면서 사람들에게 말하는 기술을 발휘해서 큰 인기를 누렸습니다.

아리스토텔레스에 따르면 고르기아스는 '세상에 사물은 존재하지 않는다'는 주장을 펼쳤습니다. 설사 사물이 존재한다고 해도 인식할 수 없다고 생각했습니다. 혹여 인식된다고 하더라도 말로 전달될 수 없다고 주장합니다. 그래서 그의 주장은 허무주의라는 평가를 받습니다.

오늘 하루 동안 있었던 일을 친구에게 설명한다고 해 보겠습니다. 사실 그대로 다 설명할 수 있을까요? 불가능할 겁니다. 어떤 사물이나 사건들을 실제와 똑같이 말로 옮기는 것은 있을 수 없는 일이니까요. 그래서 고르기아스는 우리가 사물을 있는 그대로 인식할 수 없고, 인식한 것을 제대로 전달할 수 없기 때문에 사물에 대해서 있는지 없는지조차도 알지 못한다고 말한 것입니다.

말로 전달할 수 없다고 해서 말이 필요 없다는 뜻은 아닙니다. 오히려 말이 더 중요해집니다. 똑같이 전달할 수는 없지만 최대한 잘 전달할 수 있는 수단이기 때문입니다. 그래서 말솜씨, 언변술이 더욱 가치 있는 능력이 됩니다. 이렇듯 소피스트들의 철학과 언변술은 깊이 연관될 수밖에 없었습니다.

안티폰(Antiphon)이라는 소피스트는 '인간은 누구나 평등하다'고 주장했습니다. 알키다마스(Alcidamas)는 '신은 모든 인간을 자유롭게 만들었다'며 노예를 해방시켜야 한다는 생각을 덧붙입니다. 당시 그리스에는 노예 제도가 있었는데 이를 부정한 것입니다. 이런 주장들을 보면 소피스트들은 요즘의 민주주의 지지자들과 비슷한 점이 있습니다.

소피스트들을 어떻게 평가할 것인지를 살피는 것으로 마무리를 하겠습니다. 소피스트들은 철학의 방향을 인간 중심으로 바꾸었다는 점에서 큰 의의가 있습니다. 자연에서 인간에 대한 관심으로 철학의 흐름을 바꾸어 놓은 것입니다. 그들은 '어떻게 살 것인가', '덕(德)이란 무엇인가' 등의 주제에 관심을 가졌습니다. 그 결과 철학의 분야가 다양해집니다. 어떻게 살 것인가의 문제를 다루는 윤리학, 말하는 방법을 연구하는 수사학과 언어학, 세련된 표현을 낳는 시학 등으로 관심 분야를 넓혀 놓았습니다.

또한 소피스트들은 상대주의적인 태도를 확산시켰습니다. 그 탓에 플라톤 같은 이들로부터 많은 비판을 받게 되죠. 플라톤은 사물의 존재를 알 수 없다는 고르기아스의 논리에 맞서기 위해 자신의 철학을 갈고닦았습니다. 세상의 철학은 이렇게 발전합니다. 하나의 철학을 극복하기 위해 새로운 철학이 등장하고 그 철학에 대항하는 또 다른 사유들이 만들어지게 되는 것입니다. 자연에 대한 관심을 넘어서려는 시도가 인간에 대한 관심으로 이어졌고, 상대주의적인 생각에 대항하기 위해 절대주의적인 생각이 발전했습니다. 이것이 철학과 사유가 성장하는 과정입니다.

# 6강. 나는 무엇을 아는가

## 소크라테스

소피스트들에 대항한 대표적인 인물이 소크라테스(Socrates, BC 470-BC 399)입니다. 소피스트들의 특징은 다양성이었습니다. 관심 분야도 다양했고 주장하는 바도 달랐습니다. 소크라테스는 소피스트들과 특히 다른 독특한 면이 있었습니다. 이것이 그를 여느 철학자들과 구분되게 했고 철학사에 널리 이름을 날리게 합니다.

소크라테스의 아버지는 돌 다듬는 일을 하는 석공이었습니다. 당시엔 수입이 좋은 괜찮은 직업이었다고 합니다. 어머니는 아이 낳는 것을 도와주는 산파였다고 알려져 있습니다. 소크라테스는 어른이 되면서 여러 전쟁에 참여해 용맹한 사람으로 이름을 날리기도 했습니다. 하지만 그가 이끌린 것은 사람들과 이야기를 나누고 생각을 펼치는 철학 활동이었습니다. 아고라 광장에서 사람들에게 질문을 던지고 생각할 기회를 주는 것이 가장 큰 낙이었던 것입니다.

당연히 돈을 버는 일에는 관심이 없었습니다. 그의 아내 크산티페는 악처로 알려져 있습니다. 한번은 크산티페가 소크라테스에게 잔소리를 퍼붓고 있는데도 소크라테스는 제 생각에 빠져 있었다죠. 그 모습에 참을 수 없었던 크산티페가 물이 가득 든 양동이를 소크라테스의 머리에다 쏟아부었습니다. 그러자 소크라테스는 "천둥이 치더니 이제 비가 오는구나"라고 태연하게 말했다고 합니다.

이런 이야기들 때문에 크산티페가 악처로 이름을 알리게 되었지만 사실 크산티페의 잘못이라고 보기는 어렵습니다. 아들이 셋이나 있는 가정을 유지하려면 돈이 필요합니다. 남편이 경제적으로 도움을 주지 않으니 크산티페가 살림을 책임질 수밖에 없었겠지요. 그런 어려움에 대한 불만이 소크라테스를 모질게 대하는 모습으로 드러났던 것입니다. 소크라테스도 이것을 알아 크산티페에 대한 고마움을 제자들에게 드러내기도 했습니다.

### 내가 모른다는 것을 안다

소크라테스에게 카이레폰(Chaerephon)이라는 친구가 있었습니다. 한번은 카이레폰이 델포이 신전에 가서 신탁을 받게 됩니다. 델포이 신전은 신탁소로 유명했는데 당시 사람들은 중요한 문제가 생겼거나 국가적으로 결정해야 할 일이 있을 때 그곳에서 신탁을 받곤 했습니다. 물론 신이 직접 대답을 해 주는 것은 아니었고 피티아(Pythia)라는 무녀가 신을 대신해서 답을 주었습니다.

카이레폰은 이 세상에서 누가 가장 지혜로운지 물었습니다. 답은 놀라웠습니다. 바로 소크라테스라고 한 것입니다. 카이레폰은 이 사실을 소크라테스에게 즉시 알렸습니다. 깜짝 놀란 소크라테스는 의구심이 생겼습니다. 자신은 지혜로운 사람이 아니라고 생각하고 있었기 때문입니다. 신탁이 거짓말일 리는 없고 분명히 어떤 이유가 있으리라는 생각이 들었습니다. 그 후 소크라테스는 그 이유를 찾기 위해 노력하게 되는데 이 노력이 그의 인생 방향을 결정짓게 됩니다.

자신이 가장 지혜로운 사람이라는 신탁에 대한 의문을 소크라테스는 어떻게 풀었을까요? 자신보다 더 지혜롭고 현명한 사람을 찾아내는 것이었습니다. 그러면 신탁이 틀린 것이 되고, 그럴 수 없다면 신탁은 옳은 것이 될 겁니다.

소크라테스는 당시 아테네에서 유명한 정치가, 시인, 장인들을 찾아다녔습니다. 자신보다 더 지혜로운 사람을 찾기 위해 그가 쓴 방법이 '질문'이었습니다. 질문을 던지고 대답하면 그것에 대한 질문을 다시 던졌습니다. 질문은 계속 이어졌죠. 이렇게 소크라테스는 질문을 던져 수많은 사람의 지혜를 살펴보았습니다. 하지만 결론은 한결같았습니다.

'그들은 모른다.'

이것이었죠. 질문을 하다 보면 모르는 것이 나오게 마련입니다. 대화는 질문하는 사람 쪽이 훨씬 유리한 법입니다. 몇 번 질문과 대답을 반복하면 상대방은 지식의 한계에 부딪히고 무지를 드러낼 수밖에 없게 됩니다. 이를 통해 소크라테스는 그들이 모른다는 사실을 알 수 있었고 그들이 무지하다는 사실을 스스로 인정하지 않는다는 점도 깨닫게 되었습니다.

자신이 모른다는 사실을 그들은 몰랐습니다. 안다고 생각했기 때문에 앎이 멈춰 있었습니다. 자신이 안다고 생각하는 사람은 더는 알려고 하지 않지요. 모른다는 것을 인정할 때 배움은 시작될 수 있습니다. 우리도 어떤 문제에 대해서 안다고 생각하면 더는 호기심을 갖기 어렵습니다. 모른다는 것을 알 때 궁금해지고 알고 싶어집니다.

이제 소크라테스는 신탁의 의미를 이해하게 되었습니다. 세상 사람들은 자신이 안다고 생각하기 때문에 스스로 지혜를 가리고 있었습니다. 그에 비해 자신은 '나는 모른다'는 사실을 알고 있었습니다. 그런 점에서 소크라테스는 분명 지혜로웠습니다. 지혜는 모른다는 사실을 인정할 때 시작되는 것이었습니다.

그날 이후 소크라테스는 사명감을 가지게 됩니다. 사람들에게 '나는 모른다'는 사실을 깨닫게 해 줘야겠다고 생각합니다. 무지를 깨닫게 해 줄 때 그들이 지혜로워질 수 있을 테니까요. 이제 다시 소크라테스는 정치인들과 시인들을 찾아다닙니다. 그리고 질문을 던지고 대답을 듣는 활동을 통해 그들의 무지를 일깨웁니다.

> 사람들의 무지를 드러내고 국가의 자극제가 되는 것이 신들에 대한 나의 의무이다.

이것이 소크라테스가 밝힌 자신의 의무였고 이를 실천하는 것이야말로 신의 뜻에 어울리는 일이었습니다.

## 산파술

소크라테스는 아주 치밀한 사람이었습니다. 작은 지식 하나도 의심하고 또 의심해서 그것이 옳은 의견인지 아닌지를 가려냈습니다. 이를 위해 상대방에게 질문을 던지고 대답을 듣고 다시 질문을 던지고 대답하는 방법을 썼는데 이 철학적 방법을 산파술 혹은 변증술이라고 합니다. 산파술은 아이 낳는 것을 도와주는 것을 말하는데, 지식 혹은 진리를 얻을 수 있도록 돕는다는 의미에서 산파술이라 부른 것입니다.

'물은 100도에서 끓는다.' '지구는 23.5도 기울어져 있다.' 이런 지식들은 어떻게 만들어진 것일까요? 태초의 지식은 바로 호기심에서 생겨났습니다. 세상이 존재하고 움직이는 원리에 대한 호기심을 풀기 위한 노력이 지식을 만들어 냈습니다. 호기심은 반드시 어떤 형식을 띨 수밖에 없습니다. 그 형식이 바로 질문입니다. 호기심은 '왜 이런 일이 생길까', '사람은 어디에서 왔을까', '비는 왜 어떻게 내리는 걸까' 같은 질문의 형식을 띱니다. 이런 질문들에 대답하다 보니 여러 사실을 알게 되고 그것들이 지식으로 쌓여 왔던 것입니다.

소크라테스는 이 점을 누구보다 잘 알고 있었습니다. 그래서 사람들에게 질문을 던지고 대답을 찾도록 유도한 것입니다. 아고라 광장에서 젊은이들을 가르칠 때도, 정치가나 시인들을 찾아가 그들이 무지를 깨닫게 할 때도 그의 무기는 질문이었습니다. 잠시 그가 광장에서 청년들과 대화 나누는 장면을 상상해 보겠습니다.

| | |
|---|---|
| 소크라테스 | 자네는 용기가 무엇인지 알고 있나? |
| 청년 | 용기는 두려움이 없는 상태입니다. |
| 소크라테스 | 그럼 두려움이 없는 상태가 모두 용기인가? |
| 청년 | 그렇지는 않을 겁니다. 절벽에서 뛰어내릴 수 있는 사람은 두려움이 없는 상태이지만 그런 사람을 우리가 용기 있다고 말하지는 않으니까요. |
| 소크라테스 | 그럼 두려움이 없는 상태 외에 용기는 어떤 것을 더 필요로 한다고 보는가? |
| 청년 | 마땅히 해야 하는 것에 충실할 때가 아닐까요? |
| 소크라테스 | 마땅히 해야 하는 것에 충실할 때는 언제를 말하는가? 예를 들어 보게. |
| 청년 | 페르시아가 침략해 왔을 때 시민들을 구하기 위해 전쟁에 나가는 것이 예가 될 수 있을 겁니다. |
| 소크라테스 | 그럴 수 있겠군. 그럼 전쟁에 나가지 않는 것은 용기가 아닌가? |
| 청년 | 만약 전쟁에 나가지 않는 것이 마땅히 그러해야 하는 상황이라면 그것 또한 용기라고 할 수 있을 겁니다. |
| 소크라테스 | 그렇다면 용기는 상황에 따라 달라질 수 있는 것인가? |
| 청년 | 제 생각에는 그렇습니다. 그런데 선생님과 이야기를 하다 보니 제가 생각하지 못했던 것을 많이 알게 되었습니다. 용기라는 것이 단순히 두려움을 이겨 내는 것을 말하지 않는다는 것을 저는 모르고 있었는데 |

대답을 하는 과정에서 그것을 깨달았습니다.

소크라테스 이제 자네는 모른다는 사실을 알고 비로소 새로운 지식에 도달했네. '나는 모른다'는 사실을 잊지 말게. 그래야 새로운 지식을 얻을 수 있고 진리를 알기 위한 인생을 살 수 있네.

질문은 대답을 유도합니다. 질문을 받은 사람은 대답을 하기 위해 이런저런 생각을 합니다. 생각을 하다 보면 예전과는 다른 생각, 조금 더 나은 생각을 할 수 있습니다. 이때 질문하는 사람이 조금만 도와준다면, 질문의 방향을 잘 잡아 준다면 더 좋은 대답을 찾을 수 있습니다. 이것이 소크라테스가 사용한 산파술이었습니다.

모든 학문의 시작은 질문에 있습니다. 질문이 없다면 대답도 없고, 질문이 없다면 생각도 없습니다. 질문이 없다면 학문과 지식 쌓기는 불가능합니다. 소크라테스가 철학사에서 중요한 인물로 평가받는 것은 질문의 중요성을 누구보다 잘 알았고, 어떻게 사용해야 하는지 깊이 이해하고 있었기 때문이라고 해도 지나친 말이 아닙니다.

## 어떻게 죽을 것인가

이런 소크라테스 활동에 많은 사람이 불만을 품게 됩니다. 자신이 모른다는 것을 인정하라고 다그치는 사람을 좋아할 사람은 없습니다. '너, 무식해. 그걸 알아야 해'라는 말은 상대방을 기분 나쁘게 합니다. 특히 지위가 높거나 사람들로부터 존경받는 위치에 있는 사람들에게는 무척 불편한 일이었습니다.

결국 지위가 높은 몇 사람이 소크라테스를 혼내 줄 결심을 합니다. 자신의 말을 잘 듣는 제자들을 내세워서 소크라테스를 고발한 것입니다. 이유는 국가가 믿는 신을 믿지 않는다, 청년들을 불손한 말로 유혹해서 혼란스럽게 한다는 것이었습니다. 흔히 불경죄라고도 하죠. 당시에는 이런 일이 흔했습니다. 정치가나 철학자들은 여러 사람에게 공격을 받고 고발당해 자주 법정을 오갔으니까요. 프로타고라스와 아리스토텔레스도 고발을 당했습니다.

소크라테스는 책을 쓰지 않았습니다. 자신은 아는 것이 없었기 때문입니다. 그러니 책에 쓸 내용도 없지요. 게다가 글이라는 것은 말과 달리 고정되어 있습니다. 소크라테스가 추구하는 진리를 찾아가는 대화법은 글과 친해지기 어려웠습니다. 말에는 어감이라는 것이 있어서 상대방이 다양한 생각을 할 수 있도록 자극할 수 있지만 글은 그때의 상황이나 어감을 담기 어렵습니다. 글은 소크라테스에게 좋은 수단이 될 수 없었지요. 다행히 스승을 무척 존경한 플라톤이 소크라테스의 재판과 죽음에 대한 내용을 고스란히 책으로 남겨 놓았습니다. 《소크라테스의 변명》입니다.

소크라테스는 재판정에서 자신이 기소될 수밖에 없었던 이유를 설명합니다.

"내가 많은 사람이 적의를 품게 할 만한 일을 했다는 것을 잘 알고 있습니다. 내가 파멸한다면 바로 이것 때문에 파멸하는 것입니다."

그러면서도 소크라테스는 재판을 하는 동안 자신의 정당성을 조목조목 주장합니다. 하지만 끝내 사형선고를 받게 되지요. 당시만 해도 감옥에서는 경비를 허술하게 했습니다. 사형선고를 받아도 간수들에게 돈 좀 쥐여 주고 국외로 탈출하는 일이 빈번했으니까요.

사형 집행을 앞두고 친구 크리톤이 찾아옵니다. 그리고 간수에게 돈을 주었으니 탈출할 것을 권합니다. 소크라테스는 정의를 내세우면서 크리톤이 원하는 것과는 다른 대답을 합니다. 어떤 사람이 국가의 법률과 운영에 대해 잘 알면서도 그 나라에 살고 있는 것은 그 나라와 자연스러운 합의를 한 것과 같은데, 탈옥을 한다면 그 합의를 파기하는 것이고 이는 정의롭지 못하다는 것이었습니다. 게다가 탈옥을 한다면 그동안 해 왔던 활동이 정당성을 잃을 것이 분명하다고 밝힙니다.

"훌륭한 삶은 올바르고 명예로운 삶이라네."

이것이 소크라테스의 대답이었고 선택이었습니다. 훌륭한 사람은 죽느냐 사느냐 하는 위험을 계산하지 않습니다. 그 대신 어떤 것이 올바른 행위냐를 고려합니다. 올바른 일을 해서 죽는 것이 정의롭다고 여기는 것입니다. 결국 소크라테스는 독배를 마시고 70세의 나이로 삶을 마감합니다.

지금 우리가 소크라테스를 공부하고 그의 사유를 살피는 것은 용기 있게 정의와 선, 진리를 추구했기 때문인지도 모릅니다. 그는 올바름을 위해 죽음도 마다하지 않았습니다. 철학사에서 소크라테스의 이름을 지울 수 없는 이유입니다.

# 7강. 왜 철학자가 왕이 되어야 하는가

## 플라톤

'플라토닉 러브'라는 말이 있습니다. 정신적이고 순수한 사랑을 일컫지요. 플라톤(Platon, BC 428-BC 347)은 책 《향연》에서 사랑을 '지혜에 이르는 수단'이라고 말합니다. 무엇인가를 사랑하게 되면 마음이 그것만으로 향해 열정적으로 탐구하게 됩니다. 이런 탐구는 지식을 얻게 하고 지혜에 도달할 수 있는 수단이 될 수 있습니다.

플라토닉 러브라는 말은 플라톤의 정신을 잘 대변하고 있습니다. 스승을 너무도 존경했고, 철학을 열렬히 사랑했던 사람이 플라톤이었기 때문입니다. 진리에 대한 끝없는 사랑과 실천, 이것이 플라톤의 정신이었고 삶이었습니다.

## 스승을 사랑한 제자

플라톤은 아테네 출신으로 부모는 모두 명문 귀족이었습니다. 요즘 말로 금수저였죠. 하지만 당시의 귀족들은 놀고먹기만 하는 사람들이 아니었습니다. 전쟁이나 올림픽 등에 참가해 능력을 시험받았고 그것을 통해 자신을 증명하는 것을 영광으로 생각했습니다. 귀족들은 당당한 전사였고 용기를 최고의 덕목으로 여겼습니다. 플라톤은 레슬링 대회에 나가 여러 번 우승을 했고, 참전 후 훈장을 받을 정도로 전사의 기질도 갖추고 있었습니다.

사람은 자기가 속한 시대를 살아갑니다. 플라톤의 시대는 아테네의 민주정치가 무너지고 시민들이 도덕적으로 타락한 때였습니다. 대표적인 사건이 소크라테스의 죽음이었죠. 플라톤은 스무 살에 소크라테스를 만났습니다. 스승의 모습에 감동하여 그 밑에서 8년을 배웁니다. 아테네는 스승을 죽음으로 내몰았고 그로 인해 플라톤은 충격에 빠집니다. 아테네의 민주정치가 스승을 죽인 것입니다.

플라톤이 소크라테스를 얼마나 사랑했는지는 그가 남긴 책들에서 고스란히 드러납니다. 플라톤의 책은 대부분 사람이 등장해서 서로 대화를 나누는 형식으로 이루어져 있습니다. 이때 중요한 인물로 등장하는 사람이 소크라테스입니다. 플라톤은 자신의 책에 스승을 등장시켜 진리를 알려 주고 사람들을 일깨우는 역할을 맡깁니다. 그만큼 스승에 대한 믿음과 사랑이 강했던 것입니다.

스승의 죽음 이후 플라톤은 이집트 등 여러 곳을 돌아다니면서 철학을 배우고 세상을 경험합니다. 당시에는 여행을 통해 배우는 것을 당연시했습니다. 교통이 원활하지 않아 새로운 공부를 하려면 새로운 곳에서 새로운 사람을 만날 필요가 있었던 것입니다. 죽을 고비도 넘기면서 여러 곳을 여행한 끝에 그는 아테네로 돌아와 학교를 세웁니다. 그것이 '아카데미아(Academia)'입니다. 학교나 학원을 뜻하는 아카데미라는 말이 여기에서 비롯되었습니다. 플라톤은 아카데미아에서 제자들을 양성하는 한편 이상 국가를 건설하기 위해 여러 폴리스의 지도자를 설득하는 일에 매진합니다.

스승 소크라테스를 사랑했기에 플라톤은 스승의 철학을 잘 계승했습니다. 소피스트들과 달리 소크라테스는 진리가 있다고 믿었습니다. 여기서 '진리'는 변하지 않고 고정된 원리로 이해하면 좋을 겁니다. 올바른 것이 무엇인지, 훌륭한 것이 무엇인지 등에 대한 변하지 않는 기준이 있다면 그것이 곧 진리일 수 있습니다. 사람이 세상을 살아가면서 중요시해야 하는 것이 있으며 그것을 추구하는 인생이 좋은 인생이라고 생각한다면 그것은 인생에 진리가 있다는 생각에 동의하는 것입니다. 소크라테스는 진리가 있다고 믿었고 플라톤 또한 이런 스승의 생각을 계승하는 한편 발전시키려고 노력했습니다. 그래서 좋은 인생이란 무엇이며 어떻게 도달할 수 있는가를 깨닫고 가르치려고 했습니다. 이것이 플라톤 철학의 핵심입니다.

플라톤은 사람이 살아가면서 얻어야 할 최상의 모습이 있다고 생각했습니다. 그것을 '아레테(arete)'라고 불렀습니다. 그리스인들에게 아레테는 탁월성이 최고로 발현된 상태를 의미합니다. 모든 사물은 최고 상태가 있습니다. 꽃이 활짝 피었을 때, 과일이 무르익었을 때가 그렇습니다. 인간의 삶에도 아레테가 있습니다. 달리기를 잘하려면 달리는 능력이 뛰어나야 합니다. 축구를 잘하려면 공을 잘 다루어야 하죠. 육상선수 우사인 볼트와 축구선수 리오넬 메시는 그것을 잘할 수 있는 최고의 기량을 갖추고 있습니다. 이런 상태를 아레테라고 합니다. 어떤 것의 가장 좋은 상태, 발달된 상태가 아레테인 것입니다.

호메로스의 《일리아스》에는 아킬레우스가 멋진 말을 타고 무수한 적군을 쓰러뜨리는 장면이 묘사돼 있습니다. 아킬레우스의 실력과 용기는 그리스인들이 동경했던 최고의 아레테가 무엇인지 잘 보여 줍니다. 플라톤은 인간도 아레테를 추구해야 한다고 믿었습니다. 가장 좋은 삶이란 우리의 잠재력이 잘 발현되어 최고의 능력을 발휘하는 것입니다. 우리 모두가 아킬레우스 같은 아레테를 얻을 수는 없지만 각자의 재능과 역할에 맞는 아레테는 얻을 수 있습니다.

### 현상과 이데아

헤라클레이토스와 파르메니데스 이야기를 했었습니다. 세상의 변화를 긍정하고 받아들이는 사람이 헤라클레이토스였고, 변하지 않고 고정된 것이야말로 진리라고 믿었던 이가 파르메니데스였습니다. 플라톤은 이 두 사람의 철학을 수용하고 종합합니다. 특히 파르메니데스의 진리 개념을 적극적으로 받아들입니다. 진리라는 것은 변할 수 없는 것입니다. 상황에 따라 이리저리 모습을 바꾼다면 그것을 진리라고 보기는 어렵습니다.

플라톤에게 헤라클레이토스가 말하는 현상은 진리가 될 수 없었습니다. 하지만 우리는 그런 세상에 살고 있습니다. 그는 세상을 현상계와 이데아계라는 두 세계로 구분합니다. 현상계는 우리가 눈으로 볼 수 있고 감각으로 파악할 수 있는 변화의 세계입니다. 우리가 살아가는 세상이지요. 반면 이데아계는 고정되어 있어 불변하는 세상입니다. 그곳은 참된 진리의 세계입니다. 진리는 변할 수 없는 것이기 때문에 그 진리를 품고 있는 세계가 따로 있다고 생각한 것입니다.

현상계에서 우리는 숨을 쉬고 낙엽을 밟고 버스를 타고 일을 합니다. 모든 것이 변하는 세상을 우리는 눈, 코, 입 등의 오감으로 파악할 수 있습니다. 현상은 우리의 감각으로 알 수 있는 세계입니다. 반면 이데아는 감각으로 파악할 수 없습니다. 감각으로 파악할 수 없다면 무엇으로 알 수 있을까요? 이성입니다. 변하지 않는 진리인 이데아는 이성으로 파악할 수 있습니다. 이성이라는 말이 어렵게 느껴진다면 '논리적인 생각'이라는 말로 바꾸어도 좋을 듯합니다. 이데아의 세계는 감각이 아닌 이성 혹은 관념으로 파악할 수 있습니다.

플라톤의 생각을 이해하기 위해 정삼각형을 그려 보겠습니다. 여러분이 원하는 도구를 자유롭게 사용해서 정삼각형을 그려 보시기 바랍니다. 컴퓨터를 사용해도 좋습니다. 단 정확한 정삼각형이어야 합니다. 과연 그릴 수 있을까요? 비슷하게는 그릴 수 있지만 완벽하게 그리는 것은 불가능합니다. 세 변의 길이가 똑같아야 하는데 종이에 그리는 순간 오차라는 것이 생기게 됩니다. 아무리 정확히 그리려고 해도 똑같은 길이의 변을 만드는 것은 현실세계에서는 불가능합니다. 우리가 그린 정삼각형들은 실제로 정삼각형이 아닙니다. 정삼각형이라고 가정할 뿐이죠. 이것이 현상계입니다. 완전한 정삼각형은 없습니다.

완벽한 정삼각형이 가능한 곳이 있습니다. 바로 우리의 머릿속입니다. 우리는 정삼각형이라는 관념을 가지고 있습니다. 현실에서는 불가능하지만 머릿속에서는 가능합니다. 현실세계에서 정삼각형을 표현할 수 있는 것은 우리의 머릿속에 정삼각형이라는 관념이 있기 때문입니다. 이 관념의 세계를 이데아라고 부른 것입니다.

이데아는 현상보다 중요합니다. 변치 않는 진리의 세계이기 때문입니다. 플라톤은 우리가 살아가는 현상계는 이데아계의 그림자, 복사된 것에 불과하다고 말합니다. 완벽한 것이 이데아계에 있기 때문에 그것을 본떠서 현상계를 만들었다는 것입니다. 말도 안 되는 소리처럼 들릴지 모르지만 플라톤의 생각은 달랐습니다.

사람은 완벽하고 싶은 욕망을 가지고 있습니다. 그것은 자신의 아레테를 완성하는 것과 같은 것입니다. 사람이나 사물의 가장 훌륭한 상태를 아레테라고 했습니다. 곧 이데아입니다. 소크라테스의 표현을 빌리면 진리입니다. 이데아계에 진리가 있기 때문에 우리는 진리가 무엇인지 알 수 있습니다. 그리고 현실세계에서 그 진리를 실천하면서 사는 것이야말로 올바른 삶이고 그것이 곧 아레테를 실현하는 삶이 될 수 있습니다. 가장 훌륭하고 탁월한 상태인 아레테, 진리, 이데아를 위해서 살아가는 것이야말로 인간에게 필요하고 중요한 삶입니다.

### 동굴의 비유

플라톤은 스승의 가르침을 따라 진리를 추구하는 삶, 탁월한 상태에 도달하는 것이 중요하다고 강조했습니다. 안타깝게도 보통 사람들은 진리를 알려고 하지 않거나 아레테를 추구하지 못하고 살아갑니다. 학교에 가서 공부하고, 직장에서 일하고, 친구들 만나서 즐기는 것을 반복할 뿐입니다. 현상계에 눈이 멀어 진리를 도외시하며 살아가고 있다는 말입니다. 플라톤은 동굴의 비유를 통해서 이런 사람들을 일깨우려고 했습니다.

동굴에 갇힌 죄수가 있다고 하겠습니다. 이 죄수는 몸이 꽁꽁 묶여 있어서 오직 앞만 바라볼 수 있습니다. 죄수는 동굴의 벽만을 바라보며 그것이 이 세상의 전부라고 생각합니다. 죄수의 뒤에는 실제 사람과 사물들이 존재하는 세계가 있고 또 그 뒤에는 횃불이 타오르고 있습니다. 횃불이 실제 세상을 비추면 그것이 동굴 벽면에 그림자를 만듭니다. 죄수는 벽의 그림자를 진짜 세계로 알고 살아갑니다. 이 죄수가 누구일까요? 바로 우리 인간입니다. 그림자는 우리가 살아가는 현상계를 뜻합니다. 물론 죄수의 뒤에 있는 진짜 세계는 이데아계를 말하죠. 이것이 플라톤이 말하는 동굴의 비유입니다.

플라톤은 동굴의 비유를 통해서 무얼 말하고자 한 것일까요? 우리는 눈에 보이는 세상이 전부인 줄 알지만 사실은 그보다 더 중요한 이데아가 있다는 것입니다. 그걸 알게 된다면 진리를 추구하는 진정한 삶을 살 수 있게 됩니다.

플라톤의 이데아 사상은 개인적인 삶에 국한되지 않습니다. 인간은 혼자 행복할 수 없는 법입니다. 다른 사람들과 연결되어 있습니다. 개인을 넘어 전체, 국가의 이데아가 실현 가능할 때 모두 행복한 세상을 만들 수 있습니다. 그러자면 우리가 살고 있는 공동체의 이데아를 실현해야 합니다. 내가 아무리 능력 있고 돈이 많아도 나라가 부패했거나 전쟁에 휩싸이면 고통스러운 삶을 살 수밖에 없습니다. 개인의 행복은 전체의 행복에 의존합니다. 그래서 깨달은 사람은 전체의 행복을 위해 노력을 아끼지 않습니다. 플라톤의 이런 생각이 담긴 책이《국가》였습니다.

《국가》에서 플라톤은 국가가 만들어진 이유를 차근차근 설명합니다. 인간은 처음 서로 흩어져서 살았지만 상호 협업이 필요하게 되면서 국가라는 공동체를 만들게 됩니다. 국가는 인구가 많아지고 기술도 발전하면서 점점 복잡한 사회 구조를 가지게 되는데 이때 여러 계층으로 나누어집니다. 생산자 계급, 전사 계급, 통치자 계급이 그것입니다. 생산자는 물건을 생산하고, 전사는 외부의 침략으로부터 공동체를 지키고, 통치자는 국가를 운영합니다.

사람들은 각자 자신의 욕망을 가지고 살아가기 때문에 불화와 갈등이 생기기 쉽습니다. 이런 갈등을 해소하고 서로 행복해지려면 정의가 필요합니다. 정의란 각 계층이 자신의 일에 충실한 것을 말합니다. 각 계급이 자신의 소임을 다하는 것이 정의인 것입니다. 이때 가장 중요한 사람이 통치자입니다. 국가를 어느 방향으로 이끌어 갈지를 결정하기 때문입니다. 참된 통치자는 자신의 이익이 아니라 전체의 이익을 위해서 일합니다. 문제를 해결하는 능력은 물론이고 국가 전체를 살피는 안목도 갖추어야 합니다. 자신의 재산을 가져서도 안 되고 이익을 추구해서도 안 됩니다.

현실적으로 이런 능력과 품성을 가진 통치자를 찾는 것은 무척 힘듭니다. 그래서 뛰어난 사람들을 골라 육성해야 합니다. 이들에게 음악, 수학, 기하학, 변증론 등을 가르치고 지도자 성품도 길러 줘야 합니다. 통치자의 이데아를 깨닫고 실현하는 사람만이 진정한 지도자입니다. 이런 사람이 누구일까요. 바로 철학자입니다. '철학자가 왕이 되어야 한다'고 말한 이유가 여기에 있습니다.

철학에 밝지 않은 사람은 부분만 보고 세계를 판단합니다. 뛰어난 철학자는 사회 전체를 살피고 선의 이데아에서 눈을 떼지 않으면서 훌륭한 국가를 만들어 갈 지혜를 발휘합니다. 뛰어난 철학자가 통치자가 되어 국가의 이데아를 실현하기 위해 노력하고, 생산자와 전사 계급은 자신의 역할에 충실할 때 그 국가는 이상적인 사회가 되어 지상에서나 천상에서나 사람들을 행복하게 할 수 있습니다. 플라톤이 생각한 국가는 모든 사람이 각자 자신이 맡은 일에 충실하며 행복하게 살아가는 이상적인 유토피아였습니다.

## 플라톤의 유산

플라톤은 두 개의 세계가 있다고 보았습니다. 현상계와 이데아계가 그것입니다. 현상계를 살아가는 인간이 이데아를 인지하고 그것에 도달하기 위해 욕망과 용기와 지혜를 잘 발휘할 때 행복한 사회를 이룰 수 있습니다. 그 결과 죽었을 때 이데아의 세계에 갈 수 있다고 보았습니다.

그의 생각은 자연스럽게 영혼과 육체에 대한 구분으로 이어집니다. 영혼과 육체가 결합되는 것은 현실세계입니다. 영혼은 이데아계에 살다가 현실세계에 태어나면서 육체와 결합됩니다. 현상계에 태어난 인간은 이데아계의 진리를 모두 잊어버리게 되는데 현상계는 감각으로만 파악될 수 있는 곳이기 때문입니다. 하지만 우리의 영혼에는 이데아에 대한 관념이 숨겨져 있기 때문에 이성적 활동을 통해서 그것을 발견할 수 있습니다. 이렇게 현실세계에서 살던 영혼은 죽음과 함께 육체와 분리되면서 이데아의 세계로 되돌아가게 됩니다. 영혼과 육체는 분리되며 영혼의 중요성이 강조됩니다. 일종의 '영육 이원론'입니다.

현상보다 이데아가 우위에 있다는 플라톤의 주장은 헤라클레이토스보다는 파르메니데스의 주장에 가깝다고 할 수 있습니다. 파르메니데스는 현상계를 부정한 반면 플라톤은 현상계의 존재를 인정했다는 정도가 다를 뿐입니다. 결국 플라톤은 세상에는 진리(이데아)가 있고 그것을 위해 살아가는 인생이 좋은 것이라는 소크라테스의 생각을 구체화했다고 볼 수 있습니다. 진리, 항상 옳은 것은 없다는 소피스트들의 생각과는 확실히 구분되지요. 어떤 기준을 인정하고 최상의 것을 설정했다는 점에서 플라톤의 생각은 상대적 진리를 주장했던 소피스트들과는 달리 절대주의적인 성격을 가졌다고 할 수 있습니다.

플라톤이 세운 학교인 아카데미아의 입구에는 '기하학을 모르면 이곳에 들어올 수 없다'는 말이 적혀 있었다고 합니다. 기하학, 수학을 아주 중요시했다는 뜻입니다. 왜 이런 말을 적어 놓았을까요? 우리는 이미 피타고라스를 통해서 수학이 어떤 의미를 가지고 있는지 알게 되었습니다. 수학은 머릿속에서 이루어지는 완벽한 공식의 세계입니다. 1+1은 언제나 2가 되는 곳이 수학의 세계입니다. 현실에서는 하나에 하나를 더한다고 해서 반드시 2가 되지는 않습니다. 오차라는 것이 있기 때문입니다. 나무 막대기에 나무 막대기 하나를 더하면 두 개가 되기는 하지만 똑같은 두 개는 아닙니다. 하지만 수학의 세계에서는 똑같습니다.

플라톤은 '현상은 우리의 감각으로 알 수 있고, 이데아는 이성을 통해서만 알 수 있다'고 했습니다. 이때 이성이란 인간의 생각하는 능력, 논리적으로 이해하는 능력을 말합니다. 그 능력은 수학적 능력과 연관되어 있습니다. 1+1을 계산하는 것은 감성이 아니라 생각하는 이성이기 때문입니다. 플라톤에게는 감각적 능력보다 논리적 이성의 힘이 훨씬 더 중요할 수밖에 없었습니다. 이데아를 파악하는 능력이기 때문입니다.

이것은 플라톤 이후의 철학에 큰 영향을 미칩니다. 눈에 보이는 현상계 혹은 감각적 능력보다 눈에 보이지 않는 본질의 세계와 그것을 파악하는 이성의 힘에 대한 강조가 서양철학의 주류를 형성하게 됩니다. 플라톤적 사고는 중세의 스콜라 철학자들과 데카르트를 비롯한 근대의 합리론자들에게로 이어집니다.

플라톤의 철학은 이전 철학자들의 주장을 잘 묶어 정리한 느낌을 줍니다. 변화의 세계를 인정하는 모습은 헤라클레이토스적인 모습이고, 변하지 않는 진리를 받아들이는 것은 파르메니데스적 가치관입니다. 여기에 스승 소크라테스의 인간에 대한 관심과 진리관을 받아들여 그것을 실천하는 삶을 살려고 노력했습니다. 수학과 기하학에 대한 강조는 피타고라스학파에 기반을 두고 있고, 영혼과 육체에 대한 분리와 인정은 오르페우스 교단을 닮아 있습니다. 철학자 플라톤을 만든 것은 이전 철학자들의 노력과 전통이었습니다.

그렇지만 플라톤이 철학사에 기여한 것은 이전 철학을 종합하는 수준을 넘어서 있습니다. 이데아라는 진리의 세계를 탐구하고 그 실현을 위해 노력하는 실천적 삶을 살았기 때문입니다. 현실과 타협하지 않고 끝없이 이상을 지향하고 추구하는 노력이야말로 그의 사상이 후대에 큰 영향을 미칠 수 있었던 배경이었습니다. 철학자 화이트헤드(Whitehead, 1861–1947)의 "서양철학은 플라톤에 대한 각주다"는 말이 이를 잘 대변해 주고 있습니다.

# 8강. 삶의 목적은 무엇인가

## 아리스토텔레스

플라톤은 진리의 세계인 이데아계의 존재를 믿었고 경험적인 현실세계는 이데아의 그림자에 불과하다고 생각했습니다. 우리의 영혼은 원래 이데아계에 있었는데 현실세계로 내려오면서 육체와 결합되는 바람에 현실에 구속되고 말았습니다. 육체와 결합된 영혼은 물질과 신체의 한계로 인해 이데아를 인지할 수 없게 됩니다. 다행히 인간은 이성을 가져 현실세계를 사는 동안 올바른 교육을 통해서 지혜를 연마하고 순수한 삶을 통해 영혼을 정화함으로써 진리를 깨닫게 되어 죽어서 이데아의 세계로 갈 수 있다는 것이 플라톤의 주장이었습니다.

### 스승과 제자

플라톤은 자신의 철학을 실천하기 위해 아카데미아라는 학교를 세웠다고 했습니다. 여기에서 우수한 학생이 많이 배출되었지요. 그 중 가장 탁월한 사람이 바로 아리스토텔레스(Aristoteles, BC 384-BC 322)였습니다. 아리스토텔레스는 열여섯 살 무렵에 아카데미아에 입학해 무려 20년이나 플라톤에게서 철학을 배웠습니다. 얼마나 열심히 공부를 했는지 플라톤이 '좀 쉬면서 하라'고 만류할 정도였습니다. 제자가 자랑스러웠던 플라톤은 아리스토텔레스를 '아카데미아의 정신'이라고 치켜세우기도 했습니다.

아리스토텔레스는 스승인 플라톤이 죽자 여러 가지 이유로 아카데미아를 떠나 새로운 경험을 하게 됩니다. 새로운 경험이란 마케도니아의 알렉산드로스 대왕을 가르치는 일이었습니다. 그 시기를 어떻게 보냈는지는 알 수 없지만 약 3년 후 아테네로 돌아와 학교를 세우고 학생들을 가르치는 일에 전념하게 됩니다. 그 학교가 리케이온(Lykeion)입니다. 당시 아리스토텔레스는 유명한 학자였기 때문에 수많은 학생이 그곳으로 찾아왔습니다. 아리스토텔레스는 정원을 거닐면서 제자들을 가르쳤는데 이런 배경에서 아리스토텔레스와 제자들을 '소요학파'라고 부르기도 합니다.

아리스토텔레스는 플라톤을 존경했지만 스승의 생각을 그대로 추종하지는 않았습니다. 플라톤은 이데아의 세계가 우리의 감각으로 알 수 없는 현실 너머에 존재한다고 믿었습니다. 반면 아리스토텔레스는 우리의 현실 내에 이데아의 세계가 존재한다고 생각했습니다. 육체와 영혼이 분리될 수 없다고 생각했기 때문입니다. 플라톤은 영혼이 육체를 떠나서 존재한다고 믿었지만 아리스토텔레스는 육체가 죽으면 영혼도 소멸한다고 생각했습니다.

아리스토텔레스의 아버지는 마케도니아의 궁중의사였습니다. 아리스토텔레스는 어릴 때부터 아버지 모습을 보면서 생물을 관찰하고 분석하는 일에 익숙했을 겁니다. 하루 종일 개미의 움직임을 살펴보는 아리스토텔레스의 모습을 상상하기는 어렵지 않습니다. 이런 경험은 그의 학문적 방향에도 큰 영향을 미칩니다. 현실세계의 생생한 모습에 기초해서 철학적 사유를 펼치게 되기 때문입니다.

흔히 플라톤을 이상주의자, 아리스토텔레스를 현실주의자라고 말합니다. 라파엘로의 유명한 그림 〈아테네 학당〉을 보면 스승인 플라톤은 손가락으로 하늘을 가리키고 있는 반면 제자인 아리스토텔레스는 손바닥으로 땅을 가리킵니다. 이상 세계를 동경했던 플라톤과 달리 현실세계의 중요성을 강조했던 사람이 아리스토텔레스였습니다.

### 형상과 질료의 철학

플라톤은 고정불변인 진실의 세계가 이데아에 있다고 믿었습니다. 아리스토텔레스는 이데아를 현실세계로 가지고 옵니다. 모든 사물에 이데아가 내재된 것으로 봅니다. 그리고 이데아가 내재된 것을 '형상'이라고 합니다. 형상은 각 사물이 가진 본질입니다. 돌을 돌이게 하는 것, 사람을 사람이게 하는 것이 바로 형상입니다. 예를 들어 개를 개라고 부를 수 있는 것은 개의 특징을 가지고 있기 때문입니다. 다리가 네 개이고, 멍멍 짖으며, 사람을 잘 따르고, 잡식성입니다. 이런 특징들을 종합해 어떤 동물이 개인지 아닌지 구분할 수 있습니다. 이렇게 한 개체를 그것일 수 있게 하는 본질을 형상이라고 부릅니다.

어릴 때 집에서 개를 키웠습니다. 이름이 복실이였습니다. 흔한 똥개였죠. 옆집에는 점박이라는 개가 있었습니다. 눈 위쪽에 점이 있어서 붙인 이름입니다. 복실이와 점박이뿐만 아니라 동네에는 여러 마리의 다른 개도 있었습니다. 이렇게 세상에는 볼 수 있고 만질 수 있는 서로 다른 개체들이 있습니다. 이것을 '실체'라고 합니다. 실체는 구체적으로 현실에 존재하는 사물을 말합니다. 복실이, 점박이 같은 하나의 개체가 실체입니다.

실체들은 어떤 물질들로 구성됩니다. 개는 뼈와 살과 털 같은 물질들로 구성되어 있죠. 이렇게 실체를 구성하는 물질을 '질료'라고 합니다. 복실이와 점박이는 실체지만 둘을 구성하는 질료는 서로 다릅니다. 같은 개이지만 모습이 달라지는 이유는 질료가 조금씩 다르기 때문입니다. 물론 개라서 둘 다 개의 형상을 가지고 있습니다.

아리스토텔레스는 세상 모든 것을 형상과 질료로 설명합니다. 개는 그 본질을 규정하는 형상이 있어서 개가 되는데 현실 속에서의 개는 모두 모습이 다릅니다. 그 이유는 질료가 다르기 때문입니다. 우리는 모두 사람이지만 생김새나 성격이 다 다릅니다. 몸을 구성하는 질료가 다르기 때문입니다. 아리스토텔레스의 철학을 '형상과 질료의 철학'이라고 부르기도 합니다.

형상은 스승인 플라톤의 이데아와 비슷합니다. 어떤 사물의 완벽하고 완성된 면이 이데아, 형상입니다. 그렇다면 모든 사물에는 완벽한 형상이 있겠지요. 강아지 복실이도 완벽한 개라는 형상을 위해서 살아갑니다. 강아지가 성견이 되어 가는 과정이 형상을 실현하는 과정인 것입니다. 사람도 마찬가집니다. 갓난아기가 어른으로 성장해 가는 것은 사람이라는 형상을 완성하기 위한 과정으로 이해됩니다. 이렇게 모든 사물은 어떤 목적을 가지게 되는데 그것을 실현하는 것이야말로 그 사물의 존재 이유라고 할 수 있습니다.

아레테라는 말은 한 사물의 탁월한 상태를 말한다고 했습니다. 아리스토텔레스에게 아레테는 중요한 의미를 갖습니다. 아레테가 실현된 상태야말로 형상의 완성이기 때문입니다. 어떤 사물의 가장 완벽한 상태, 최고의 탁월성에 도달한 것이 아레테고 그것이 형상의 실현입니다. 모든 개체에는 자신의 실현인 형상이 내재되어 있습니다. 그 형상을 실현하는 것이 사물의 목적입니다. 그 목적이란 자신을 가장 좋은 상태로 만드는 것, 바로 아레테의 도달을 통해 형상을 완성하는 것입니다. 요즘 방식으로 표현하자면 자신이 원하는 꿈을 이루는 것, 자신이 이룰 수 있는 최고의 상태에 도달하는 것이라고 할 수 있을 겁니다. 자신의 능력을 최고로 끌어올릴 수 있다면 원하는 것을 이룰 수 있겠지요. 아리스토텔레스는 '세상 모든 것은 존재하는 이유가 있다'고 믿었습니다. 이런 생각을 목적론이라고 합니다. 공기, 물, 강아지, 사람 모두 목적을 가졌습니다. 이때 목적은 형상을 실현하는 것입니다. 우리는 가끔 내가 왜 태어났는지 궁금해합니다. 아리스토텔레스에 따르면 우리가 태어난 이유는 '자신만의 형상을 실현하기 위해서'입니다.

## 최고의 선은 행복이다

국가는 자연의 피조물이며, 인간은 본성적으로 사회적 동물임이 명백하다.

–《정치학》

아리스토텔레스는 스승의 생각을 본받아 국가가 인간의 필요에 의해 만들어졌다고 생각했습니다. 인간은 자신이 가장 좋다고 생각하는 것을 이루기 위해서 행동하고 살아갑니다. 그렇다 보니 혼자 사는 것보다 다른 사람과 함께 사는 것이 자신에게 좋다는 것을 알게 됩니다. 사냥을 하거나 농사를 지을 때 혼자보다 여러 사람이 힘을 합치는 것이 훨씬 유리합니다. 게다가 혼자 있으면 외로움과 두려움을 느끼지만 여럿이 함께라면 그럴 염려가 없습니다. 이런 필요에 의해 만들어진 것이 국가라는 공동체입니다. 이것은 인간이 본능적으로 서로 무리를 지어 살아야 하는 사회적 동물임을 의미하기도 합니다. 사람은 다른 사람과 함께 있을 때 자신을 더 잘 실현할 수 있고 행복할 수 있습니다.

아리스토텔레스의 철학을 목적론이라고 했습니다. 모든 사물이 고유한 목적을 가지고 있다면 인간 또한 자기 목적을 가지고 있을 겁니다. 그것이 무엇일까요? 아리스토텔레스에 따르면 행복입니다. 인간의 존재 이유는 행복이며 이를 위해서 산다는 것입니다. 요즘 사람들에게 왜 사냐고 물으면 행복해지기 위해서라는 대답이 쉽게 나옵니다. 그런 점에서 삶의 목적이 행복이라는 그의 설명은 현대인에게 더욱 설득력이 있습니다.

인생의 목적이 행복이라지만 그것을 얻기는 쉽지 않습니다. 돈이 많으면 행복할 것 같아서 열심히 돈을 버는데 그 과정이 굉장히 괴롭습니다. 공부를 잘하면 행복할 것 같아 공부를 하는데 고통이 따릅니다. 하고 싶지 않은 공부를 하고 마음에 들지 않는 일을 하다가 고통스럽게 죽어 가는 사람도 많습니다.

왜 이런 일이 생기는 것일까요? 그 이유를 아리스토텔레스는 행복해질 수 있는 지성과 성품을 계발하지 못했기 때문이라고 설명합니다. 사람이 행복하려면 최고의 탁월성 즉 아레테를 실현하기 위해 행동할 수 있어야 합니다. 탁월성은 지성과 성품이라는 두 영역으로 나누어 이해할 수 있습니다. 지성은 지식 혹은 지혜를 의미합니다. 성품은 행동과 태도를 말하죠. 행복해지려면 지혜를 기르고 훌륭한 태도를 갖추어 올바른 행동을 반복할 수 있어야 합니다.

PC방에서 게임을 하면 재미있습니다. 하지만 게임에 중독되면 공부에 어려움이 생깁니다. 게다가 오랫동안 게임을 하면 끝났을 때 기분이 좋지 않습니다. 시간을 너무 낭비했다는 자책감이 들기 때문입니다. 게임을 지나치게 즐기는 것은 행복에 방해가 됩니다. 이것을 아는 것이 지성입니다. 게임을 줄이고 더 중요한 활동에 시간을 사용하는 것은 습관입니다. 무엇이 중요한지 알고, 그것을 위해 꾸준히 노력할 수 있는 습관을 갖는 것, 그것이 행복의 비결입니다.

지성과 성품을 갖추기 위한 방법은 무엇일까요? 교육과 습관입니다. 교육을 통해 우리는 지식과 지혜를 얻을 수 있습니다. 훈련을 통해서 좋은 습관을 들일 수 있죠.

## 어떻게 행복할 것인가, 중용

> 한 마리 제비가 왔다고 해서 봄이 온 것은 아니다.
>
> –《니코마코스 윤리학》

제비 한 마리가 왔다고 해서 봄이 온 것이 아니듯이 한 번의 행동으로 원하는 것을 이룰 수는 없습니다. 당연히 한 번의 행동으로 행복해질 수도 없습니다. 좋은 습관과 지혜로운 선택을 꾸준히 반복할 때 행복할 수 있습니다. 스마트폰을 한 시간 동안 사용하지 않았다고 해서 스마트폰 중독에서 벗어난 것은 아닙니다. 지금 웃었다고 해서 인생이 행복한 것은 아닙니다. 행복을 위해서는 꾸준한 노력이 필요합니다.

인간을 다른 동물과 구분시켜 주는 기준이 있습니다. 아리스토텔레스는 그것이 지적인 능력 즉 이성이라고 말합니다. 동물들도 인간처럼 군집을 이루지만 이성을 가지고 있지는 않습니다. 이성은 인간을 인간이게 하는 본성입니다. 행복을 이루는 데 꼭 필요한 능력입니다. 이성을 통해 행복을 추구하는 것이 인간입니다.

행복을 추구하는 과정에서 아리스토텔레스가 강조한 것이 중용입니다. 행복해지려면 탁월함이 필요합니다. 이때의 탁월함이란 칭찬받을 만한 품성이나 상태를 말합니다. 우리는 흔히 '탁월한 선택이었다'는 말을 합니다. 그 상황에서 가장 좋은 선택을 했다는 뜻입니다. 탁월함은 상황에 따라 다른 선택이나 행동을 할 수 있는 능력입니다. 그래서 탁월함은 한쪽으로 치우치지 않습니다. 때에 맞게 무엇이 가장 바람직한지를 선택하고 행동하는 것, 그것이 탁월함이자 아리스토텔레스가 말하는 중용입니다. 중간을 선택하는 것이 아니라 상황에 가장 잘 맞는 것을 선택하는 것입니다. 이것을 꾸준히 실행할 때 궁극적으로 행복에 이를 수 있습니다.

현실에 토대를 둔 아리스토텔레스의 철학은 돈과 같은 물질에 대한 욕망을 인정하는 것으로도 이어집니다. 사람이 행복해지려면 최소한의 물질적 욕구를 충족해야 하고 그럴 때 여유 있는 삶이 가능합니다. 돈이 없다면 돈을 벌기 위해 노력해야 하는데 그렇다 보면 정작 자신이 하고 싶은 것을 못하게 될 수도 있기 때문입니다.

그렇다고 해서 그런 욕망을 한없이 긍정한 것은 아니었습니다. 사람은 끝없이 많은 것을 원하기 때문에 욕망을 다스릴 줄 알아야 행복해질 수 있다고 생각했습니다. 욕망을 다스리기 위해 필요한 것이 중용의 삶입니다. 그런 점에서 중용은 지금 우리의 시대에도 중요한 메시지를 던져 줍니다. 돈과 명예, 승진에 대한 욕망이 가득한 세상에서 지혜와 습관을 통해서 어떻게 행복을 추구해야 할지 생각해 보라고 권하기 때문입니다.

알렉산드로스 대왕은 동방원정을 통해서 그리스는 물론이고 소아시아를 지나 인도의 일부와 이집트까지 정복합니다. 하지만 대제국을 건설한 지 10년 만에 갑자기 죽죠. 그가 죽자 아테네 사람들은 알렉산드로스의 스승이었던 아리스토텔레스에게 반감을 드러냅니다. 위협을 느낀 아리스토텔레스는 그곳에서 탈출하게 됩니다. 자신의 스승의 스승이었던 소크라테스와는 다른 선택을 합니다. 그가 아테네를 떠나면서 했던 말입니다.

“아테네 시민들이 철학에게 두 번 죄를 짓게 하지 않겠다.”

안타깝게도 탈출한 지 일 년 만에 아리스토텔레스는 병에 걸려 세상을 떠나고 말았습니다.

아리스토텔레스의 철학은 플라톤과 함께 서양철학에 엄청난 영향을 미쳤습니다.

# 9강. 그들이 개처럼 살아간 이유는?

## 견유학파

영국의 철학자 러셀(Russell, 1872-1970)은 고대 그리스 문화를 세 시기로 나누었습니다. 첫 번째 시기는 도시국가 시대입니다. 폴리스가 형성되고 자연철학자들이 등장한 이후 소피스트와 소크라테스를 통해 철학의 관심이 인간의 삶으로 옮겨 갑니다. 그리고 플라톤과 아리스토텔레스가 인간에 대한 철학을 정리하고 구체화합니다.

### 헬레니즘 시대

두 번째 시기는 알렉산드로스의 그리스 점령부터 이집트가 로마에 병합되는 기원전 30년까지의 약 300년 동안을 말합니다. 알렉산드로스는 10년의 정복 전쟁 후 후계자도 정하지 않은 채 죽습니다. 당연히 장군들이 권력 다툼을 벌이게 되지요. 결국 제국은 셋으로 나뉩니다. 마케도니아 본토 지역과 동쪽의 시리아, 남쪽의 이집트가 그것입니다. 알렉산드로스가 죽은 기원전 323년에서 클레오파트라 여왕이 자살하고 이집트가 로마에 병합되는 기원전 30년 사이를 '헬레니즘 시대'라고 합니다.

알렉산드로스는 그리스 본토에서 인도에 이르는 거대한 제국을 이루었고 정복지에 수많은 도시를 건설했습니다. 그는 광대한 영토를 통치하기 위해서 토착민들의 문화를 받아들이는 정책을 폈습니다. 그리스 문화와 융화되기 위해서도 노력했지요. 그렇다 보니 인도와 페르시아의 다양한 문화가 그리스적인 것과 융합되어 독특한 문화가 형성되었습니다. 이런 문화를 '헬레니즘'이라고 합니다.

정복당한 처지니 아테네 입장에서는 헬레니즘 시대가 좋았을 리 없습니다. 그 우울한 모습이 마치 전성기가 지나 버린 노인 같다고나 할까요? 더는 젊은 청년의 패기를 찾아보기 어려웠습니다. 그런데도 철학은 위축되지 않았습니다. 오히려 세련된 모습을 띠기 시작했지요. 개처럼 살아가며 자유로운 삶을 추구했던 견유학파, 모든 것을 의심하며 평정심을 지키려 했던 회의주의, 금욕을 추구하며 마음을 가꾸었던 에피쿠로스학파, 이성을 통한 금욕과 절제로 마음의 초월에 이르려 한 스토아학파까지 그야말로 철학의 만찬이 펼쳐졌습니다. 동양으로 치면 춘추전국시대의 제자백가 시대라고 할 수 있을 것입니다. 이제 그 만찬을 즐길 시간입니다.

## 개 같은 내 인생

쾌청한 어느 낮 아테네 시내. 등불을 켜고 이리저리 살펴보며 돌아다니는 사람이 있었습니다. 사람들이 물었습니다.

"왜 대낮에 등불을 들고 다니십니까?"

그가 대답했습니다.

"진정한 사람을 찾고 있다네."

이 사람이 유명한 디오게네스(Diogenes, BC 400-BC 323)입니다. 견유학파(犬儒學派)를 대표하는 인물입니다. 견유학파란 개같이 살아가는 선비 즉 철학자들을 말합니다.

왜 그는 대낮에 등불을 들고 다닌 것일까요? 정말 사람을 찾고 있었던 걸까요? 그렇다면 그가 보기에 당시 아테네에는 사람다운 사람이 없었던 모양입니다. 환한 대낮에 등불을 켜고 다녀도 찾기 어렵다고 했으니까요. 아마 디오게네스는 이런 행위를 통해 사람다운 사람이 되라는 메시지를 사람들에게 보내려고 했는지 모릅니다. 그가 생각한, 사람다운 사람이란 어떤 사람일까요? 그의 삶을 통해서 살펴봐야 할 것 같습니다.

견유학파는 키니코스라고도 합니다. 이 말은 그리스어 '개(Κύνος)'라는 단어에서 유래한 것입니다. 개처럼 살아가는 사람들이 키니코스들인데 실제로 그들은 제대로 입지도 않고 반벌거숭이 상태로 거리를 활보했습니다. 디오게네스의 스승인 안티스테네스의 경우 평생을 망토 하나만 걸치고 살았습니다. 망토 하나가 전 재산이었던 셈입니다. 그런데도 안티스테네스는 자신이 부자라고 생각했습니다.

재산은 집에서 보관할 수 있는 재물이 아니라 그 사람의 마음가짐이다.

재물은 없지만 마음이 부자라는 것입니다. 그는 가진 것은 없었지만 어디에든 갈 수 있었습니다. 어디서든 쉴 수 있었고 어디서든 자신이 원하는 대로 할 수 있었습니다. 온 세상이 자신의 집이자 놀이터이자 쉼터였던 것이죠.

그에 비해 우리는 어떨까요? 영혼을 편히 쉬게 할 수 있는 곳이 있습니까? 언제든 원하는 곳으로 떠날 수는 있나요? 아무 때나 놀 수 있습니까? 전혀 그렇지 않습니다. 우리는 해야 할 일들과 만나야 할 사람들과 지켜야 할 일자리와 가정이 있습니다. 자유와는 거리가 먼 삶입니다.

안티스테네스는 소크라테스의 제자였습니다. 소크라테스는 평생 소박한 모습이었고 진리 이외의 다른 것에 욕심을 내지 않았습니다. 그런 스승의 모습을 고스란히 본받은 사람이 안티스테네스였습니다. 안티스테네스의 제자였던 디오게네스도 더했으면 더했지 덜하지 않았습니다.

신은 아무것도 필요로 하지 않는다.

이것이 디오게네스의 생각이었습니다. 아무것도 필요 없는 사람은 자유롭습니다. 원하는 것이 없으니 구속될 것도 없죠. 필요한 것이 적을수록 신에 가까워집니다. 실제로 그는 집도 없이 통 하나에 의지해서 살았다고 합니다. 통에서 잠을 자고 통에서 쉬며 살았으니 통이 그에게는 집이었던 셈입니다. 집은 통 하나면 충분했고, 옷은 망토 하나면 넉넉했습니다. 가진 것은 없었지만 진정으로 자유로웠던 사람이 디오게네스였습니다.

사람들은 자유롭게 살고 싶어 합니다. 돈을 버는 이유도 자유를 얻기 위해서고, 지위가 높아지려고 하는 것도 자유를 확보하기 위해서인 경우가 많습니다. 그런데 돈을 모으고 지위가 높아졌는데 우리의 모습은 어떻습니까? 예전보다 더 자유롭습니까? 오히려 돈과 지위, 명예를 위해 자유를 희생하고 있지는 않습니까? 디오게네스는 우리의 이런 모습을 비웃고 있는 것 같습니다.

한번은 디오게네스가 동상 앞에서 이야기를 나누고 있었습니다. 사람이 아니라 동상과 말입니다. 사람들이 의아해했겠죠. 어떤 사람이 그에게 동상과 무엇을 하느냐고 물었습니다.

"말이 통하지 않는 사람과 대화하는 연습을 하는 중이라오."

디오게네스가 보기에 사람들은 허례허식과 중요하지 않은 것들에 집착하느라 참된 삶을 살지 못하고 있었습니다. 디오게네스는 이런 사람들에게 진실한 삶의 모습과 자유에 대해 알려 주고 싶었던 것입니다. 소크라테스가 진리를 일깨우기 위해 등에가 되려 했듯이 디오게네스 또한 사람들에게 중요한 깨달음을 주려고 했습니다. 그런 점에서 안티스테네스와 디오게네스 같은 견유학파는 진리를 실천하면서 살아간 진실한 철학자임에 분명합니다.

## 자유로운 삶

디오게네스에 대한 이야기 중에서 가장 유명한 것이 알렉산드로스 대왕과의 일화입니다. 알렉산드로스가 디오게네스의 소문을 듣고 찾아갔던 모양입니다. 그날도 디오게네스는 하는 일 없이 자신의 통 앞에 앉아서 햇볕을 쬐고 있었습니다.

"나는 알렉산드로스 대왕이다. 내가 그대에게 뭘 해 주면 좋겠는가?"

화려한 차림의 알렉산드로스가 가진 것 없는 디오게네스에게 필요한 것이 있느냐고 물었습니다. 그러자 디오게네스는 태연하게 이렇게 대답했다고 합니다.

"햇볕을 가리고 있으니 좀 비켜 주시오."

아무리 큰 권력을 가지고 넓은 땅을 가진 알렉산드로스라도 디오게네스에게 해 줄 수 있는 것이 없었습니다. 디오게네스에게는 필요한 것이 없었기 때문입니다.

"내가 알렉산드로스가 아니라면 디오게네스가 되고 싶다."

돌아선 알렉산드로스 대왕이 한 말이라고 합니다. 아마 알렉산드로스도 그 순간만큼은 디오게네스의 자유가 부러웠던 모양입니다. 헤아릴 수 없을 만큼 많은 것을 가진 자신이었지만 디오게네스처럼 자유롭게 살지 못했으니까요.

우리는 돈, 명예, 지위 같은 세속적인 것들을 추구하면서 살아갑니다. 그 이유가 무엇일까요? 자유롭게 살기 위해서입니다. 그런데 그런 것들을 추구하는 동안 우리는 그것의 노예가 되어 갑니다. 평생을 돈의 노예로 살다가 죽는 순간이 되어서야 삶의 허망함을 깨닫습니다. 견유학파들은 그것을 알고 있었고 그렇기에 자유로울 수 있었습니다.

디오게네스의 제자였던 크라테스(Krates, BC 336–BC 286)라는 인물은 부유한 집안에서 태어나 넉넉하게 살았습니다. 그러다가 디오게네스를 알게 되고 그의 제자가 되기로 결심한 후 가지고 있던 모든 재산을 사람들에게 나누어 주었답니다. 그러고는 이렇게 외칩니다.

"나는 나 자신을 자유롭게 하였다!"

내가 가진 것들이 오히려 나를 구속합니다. 자유를 위해 집착한 것들이 나를 부자유스럽게 만듭니다. 우리는 언제쯤 그것을 깨닫게 될까요.

견유학파의 메시지는 동양의 노장사상과 비슷한 면이 있습니다. 권력, 지위, 돈 같은 세속적인 것에 대한 관심을 내려놓고 자연과 더불어 자유롭게 살아가는 모습이 노장사상에서 그려집니다. 비슷한 시대에 동양과 서양에 비슷한 생각을 가진 철학자들이 있었다는 것은 인간의 삶의 방식과 본성이 다르지 않다는 사실을 보여 주는 듯합니다.

# 10강. 왜 의심하는가

## 회의주의

회사에 가면 컴퓨터가 있다, 우리나라는 아시아의 동쪽 끝에 있다, 해는 동쪽에서 뜬다.

우리는 이것을 사실로 받아들입니다. 그런데 정말로 사실일까요? 회사에 가면 컴퓨터가 있을까요? 우리나라는 아시아의 끝에 있을까요? 해는 정말 동쪽에서 뜰까요? 이렇게 당연한 사실들에 대해 의심을 품은 사람들이 있습니다. 바로 회의주의학파입니다.

### 모든 철학은 의심으로 시작된다

우리는 상식적 세계관을 가지고 살아갑니다. 위에서 언급한 것들은 상식적 세계관을 대표하는 사실들입니다. 이런 사실들을 우리는 당연하게 받아들입니다. 회의주의는 이런 상식적인 사실들에 대해 의심해 보라고 권합니다. 회사에 정말 컴퓨터가 있습니까? 어제까지 있었지만 오늘은 사라지고 없을지도 모릅니다. 우리나라가 아시아의 동쪽 끝에 있다는 증거가 있습니까? 직접 본 적이 있습니까? 직접 보았을 수도 있겠지만 그것이 동쪽이라는 것을 어떻게 확신할 수 있을까요? 나침반으로 확인할 수 있다고요? 나침반을 어떻게 믿을 수 있죠? 이렇게 회의주의는 끝없이 의문을 품습니다. 몇 번만 질문을 반복해도 우리가 알고 있는 사실들이 진리라기보다는 확인되지 않은 생각에 불과하다는 것을 발견하게 됩니다.

철학은 회의주의에 기초해 있습니다. 의심에서 철학이 시작되기 때문입니다. 모든 것을 당연시한다면 생각의 발전은 불가능합니다. 기존의 것을 의심할 때 다른 생각이 가능하고 새로운 생각으로 나아갈 수 있습니다. 소크라테스만 봐도 그렇습니다. 그는 자신이 알고 있다는 사실을 의심했습니다. 차근차근 따져 본 결과 자신은 모른다는 사실을 발견하게 되었습니다. 헤라클레이토스는 고정된 사물에 대해서 의심했습니다. 그 결과 세상 모든 것은 변한다는 결론에 도달했습니다. 파르메니데스는 변하는 현상들을 의심하고 변하지 않는 본질이 있다는 주장을 펼쳤습니다. 이처럼 모든 철학은 의심을 기반으로 성장하고 발전합니다.

알렉산드로스의 지배를 받게 된 그리스의 철학은 예전의 진취적인 기상을 잃어버립니다. 플라톤과 아리스토텔레스가 이상적인 국가를 위한 정치와 사회적 참여를 통한 개인의 완성을 소리 높여 외친 반면, 헬레니즘 시대의 철학은 진리 추구나 명예 같은 허위를 벗어던지고 마음의 평온과 소소한 행복에 집중하는 모습을 보여 줍니다. 철학은 시대를 반영할 수밖에 없기 때문입니다.

회의주의도 이런 분위기를 타고 확산됩니다. 대표적인 회의주의자가 엘리스 출신의 피론(Pyrrhon, BC 360－BC 270)이었습니다. 그는 알렉산드로스의 동방원정에 함께할 정도로 진취적인 사람이었습니다. 멀리 인도까지 다녀오게 되는데 그곳에서 타오르는 장작더미 위에서도 자세 한번 흐트러뜨리지 않고 평온한 모습으로 분신을 하는 수도승을 목격하게 됩니다. 그 장면에 충격을 받은 피론은 모든 것이 마음의 문제라고 확신하게 됩니다.

고향으로 돌아온 그는 제자들을 양성하며 회의주의를 전파합니다.

> 모든 것을 의심하라.

이것이 그의 주장이었습니다. 우리가 알고 있는 모든 것은 사실과 다르며 그러하기에 의심해야 한다는 것입니다. 우리가 안다고 생각하는 것이 조금만 생각해 보면 전혀 그렇지 않다는 사실을 우리는 확인했습니다. 당연하게 여기던 것을 의심하는 것, 이것이 피론의 주장이었습니다.

> 본래부터 아름답고 추하고, 좋고 나쁘고, 옳고 그르고, 참되고 거짓된 것은 없다.

피론의 논리는 상대주의적인 사유로 확장됩니다. 세상 만물은 그냥 그대로 있을 뿐인데 우리가 아름답고 추하고, 좋고 나쁘다고 말합니다. 아름답고 추하고, 옳고 그른 것은 사람의 생각에 따라 달라지는 법입니다. 사람의 생각이라는 것도 지역과 시대, 상황에 따라 달라집니다. 자신의 생각이 옳다는 주관적 판단이기 쉽습니다. 당연히 오류를 범할 수 있습니다.

그럼 어떻게 하자는 것일까요? 피론의 주장은 판단을 멈추라는 것입니다. 좋고 나쁘고, 옳고 그르고의 판단을 멈추면 마음의 평온을 유지할 수 있습니다. 마음의 평온을 유지하면 고통스러운 순간을 피할 수 있습니다. 우리는 사람들의 칭찬을 받으면 기분이 좋아지고, 비난을 받으면 기분이 나빠집니다. 그것은 칭찬이 좋은 것이라고 판단하고 비난을 나쁜 것이라고 여기기 때문입니다. 칭찬이나 비난의 상황에서 판단을 멈출 수 있다면 좋고 나쁨의 감정 없이 평온함을 유지할 수 있습니다. 평온함이야말로 진정한 기쁨입니다. 이런 상태를 아타락시아(ataraxia)라고 불렀습니다.

철학의 황금기와는 다른 소극적인 모습입니다. 적극적인 노력보다 소극적인 멈춤을 통해 마음의 평화를 얻으려는 시도이기 때문입니다. 물론 외부의 자극들로부터 신경을 끊고 살아갈 수 있다면 훨씬 평온하게 살아갈 수 있음은 명백한 진실이기도 합니다.

### 아이네시데모스의 논증

피론의 회의주의를 높은 철학의 수준으로 끌어올린 사람이 있습니다. 아이네시데모스(Ainesidemos, BC 100-BC 40)입니다. 그는 우리가 알 수 있는 세상은 상대적이며 극히 제한적일 뿐만 아니라 왜곡되어 있다는 사실을 몇 가지 논증으로 밝혀냈습니다. 그의 생각은 지금의 우리가 살펴보아도 빈틈이 없어 보입니다.

먼저 사람에 따라 느낌이 다릅니다. 어떤 아이가 지나가고 있습니다. 한 사람은 저 아이가 착하다고 말합니다. 그러자 옆에 있던 사람은 그렇지 않다고 말합니다. 사람이 착한지 그렇지 않은지가 사람에 따라 다릅니다.

감각기관에 따라서도 다른 느낌을 얻습니다. 꿀이 혀에 닿았을 때와 손가락에 닿았을 때는 전혀 느낌이 다릅니다.

상황에 따라 다르게 보이기도 합니다. 밤에 촛불을 보면 밝게 보이는데 낮에 보면 그렇지 못합니다.

이렇게 그의 논증은 다양한 방법으로 세밀하게 진행됩니다. 우리가 무엇인가를 안다고 할 때 정말 우리가 아는지를 되돌아보게 한다는 점에서 그의 논증은 치명적입니다.

### 모든 것은 다른 사물과의 관계 속에서만 존재한다.

아이네시데모스는 사물을 별개의 것으로 보지 않습니다. 서로의 관계에 의해서 사물의 모습과 내용이 달라지기 때문입니다. 낮에는 멋있게 보이던 동상이 밤에는 무섭게 보입니다. 상사에게는 고분고분한 동료가 나에게는 까다롭게 행동합니다. 곧은 젓가락도 물이 담긴 그릇에 넣으면 휘어진 것처럼 보입니다. 사물은 독립적으로 지각될 수 없기 때문에 우리 인간이 그것에 대해 완전히 알 수는 없습니다. 우리가 경험하고 있는 사물과 세상은 왜곡된 것으로 상대적일 수 밖에 없다는 것이 그의 결론입니다.

### 회의주의의 유산

피론과 아이네시데모스의 회의주의는 철학의 역사에서 여러 번 재생산됩니다. 대표적인 회의주의자가 데카르트입니다. 그는 모든 것을 의심하는 '방법적 회의'라는 것을 사용했습니다. 기존의 철학이나 사상이 쌓은 모든 것을 부정합니다. 그의 방법은 회의주의였고 이것을 기반으로 자신의 철학을 펼쳐 나갔습니다. 데카르트 외에도 흄, 칸트, 니체, 후설 등 철학자들 중에 회의주의에 빚을 지지 않은 사람이 없을 정도입니다. 그만큼 회의주의는 새로운 사유의 길을 열 수 있는 중요한 수단이었습니다.

회의주의 덕분에 우리는 내가 옳고 너는 그르다는 독단에서 벗어날 길을 발견하게 되었습니다. 나의 생각, 내 것이 옳다는 믿음을 의심할 수 있게 된 것입니다. 지금 우리 주변에서 일어나고 있는 수많은 갈등과 분쟁을 살펴보면 대부분 내가 옳고 너는 틀렸다는 생각에서 비롯됨을 알 수 있습니다. 친구 사이의 사소한 다툼에서 기독교와 이슬람 간의 역사적 갈등까지 문제 원인은 자신이 옳다는 신념과 독단에 있습니다. 그런 점에서 회의주의는 우리를 되돌아보게 하고 기존의 생각이 가진 한계를 넘어 다른 생각, 더 나은 생각을 할 수 있도록 길을 열어 주는 중요한 사상임에 분명합니다.

# 11강. 진정한 쾌락을 위해 무엇을 해야 하는가

## 에피쿠로스

아침을 먹지 못해서 점심을 맛있게 먹었습니다. 밥 한 공기를 다 비우고도 양이 차지 않아 한 공기를 더 비웠습니다. 먹고 나니 포만감에 거북해졌고 '조금만 적게 먹을걸' 하는 후회를 했습니다.

누구나 하는 경험입니다. 무엇이든 지나치면 문제가 생기는 법입니다. 이런 문제에 대해서 깊이 고민했던 철학자가 있었습니다. 쾌락주의자로 잘 알려진 에피쿠로스(Epikuros, BC 341-BC 270)였습니다.

에피쿠로스는 아테네에서 활동했습니다. 그의 사상을 한마디로 요약하면 이렇습니다.

> 삶의 목적은 쾌락이다.

'쾌락'이라는 말 때문에 그는 많은 오해를 받았습니다. 인생에서 가장 중요한 것은 쾌락이니까 실컷 놀고 즐기자는 식으로 받아들여졌기 때문입니다. 하지만 그가 생각한 쾌락은 전혀 뜻이 달랐습니다.

> 쾌락은 방탕하고 향락적인 것이 아니다. 육체의 쾌락은 고통을 당하지 않는 것이고, 영혼의 쾌락은 번민에 사로잡히지 않는 것이다.
>
> -《쾌락》

그가 말하는 쾌락은 적극적인 것이 아니라 소극적인 것이었습니다. 고통을 당하지 않는 것, 번뇌에 사로잡히지 않는 것이야말로 쾌락인 것이죠. 적극적인 쾌락은 쾌락이 끝난 후에 고통을 가져다주는 것이 많습니다. 맛있다고 많이 먹으면 먹은 후 고생합니다. 먹을 때는 좋지만 뒤끝이 고통스럽죠. 많이 먹기보다는 적당히 먹는 것이 좋습니다. 진정한 쾌락은 금욕의 실천에 있다는 것이 에피쿠로스의 생각이었습니다.

그는 세속적 욕망을 멀리하려고 했습니다. 그래야 마음의 평정을 얻을 수 있기 때문입니다. 이것을 '아타락시아'라고 불렀습니다. 마음의 평정 상태를 유지하면서 고통이나 욕망에 흔들리지 않는 것이 진정한 쾌락인 것입니다.

에피쿠로스는 자신의 생각을 실천하기 위해서 아테네에 정원이 딸린 집을 구입합니다. 그곳에 학교를 세우고 제자들을 가르치죠. 철학을 배우려는 학생들은 물론이고 여자와 외국인들도 받아들였습니다. 심지어 노예들에게도 문을 열어 놓는 등 누구나 입학할 수 있게 했습니다. 당시로서는 아주 획기적인 학교였습니다. 노예와 여자는 이성을 가지지 못한 존재로 취급되었기 때문입니다. 이런 점에서 그의 정원학교는 파라다이스를 실현하는 공동체에 가까웠습니다.

공동체 생활을 하다 보니 당시 에피쿠로스의 경쟁자였던 스토아학파로부터 문란하고 방탕하다는 공격을 받기도 했습니다. 하지만 근거 없는 비판에 가까웠습니다. 철저히 금욕을 실천했고 그것을 통해 평정을 유지하는 삶을 살았기 때문입니다. 따뜻한 햇볕을 받으며 편안하게 대화를 나누는 그들의 모습은 평화 그 자체였을 것입니다.

### 아타락시아

에피쿠로스학파의 선택은 아타락시아였습니다. 마음의 평온 상태야말로 오랫동안 행복을 보장할 수 있는 최상의 방법이기 때문입니다. 욕망을 좇아 채우려 한다면 평온 상태는 깨지고 맙니다. 평온 상태가 깨지면 삶은 소용돌이 속으로 빠져들어 걷잡을 수 없게 됩니다. 우리의 현실만 봐도 알 수 있습니다. 우리는 매일 해야 할 일들과 만나야 할 사람들로 정신이 없습니다. 이래서는 평온한 마음을 유지할 수가 없지요. 그래서 선택한 두 가지 방법이 있습니다. 첫 번째는 금욕이고, 두 번째는 은둔입니다.

에피쿠로스에게 행복은 고통이 없는 상태, 번민이 없는 상태를 말합니다. 고통과 번민은 주로 욕망에서 옵니다. 욕망을 충족시킬 수 없을 때 고통이 찾아옵니다. 그래서 금욕이 중요합니다. 작은 것에 만족할 수 있다면 욕망을 다스릴 수 있습니다.

내게 떡 하나와 물 한 잔을 주면 제우스 신과 행복을 다투리라.

–《쾌락》

에피쿠로스는 떡 하나, 물 한 잔이면 충분히 행복할 수 있다고 말합니다. 보통 사람들에게는 너무 적은 양이지요. 이런 적은 것으로도 행복을 얻을 수 있다며 금욕을 실천했습니다. 사람들은 돈을 많이 벌어야 행복할 수 있다는 생각에 돈을 열심히 벌지만 그 과정에서 엄청난 고통을 감수합니다. 적게 벌고 그걸로 행복할 수 있다면 그럴 필요가 없겠지요. 백세시대를 대비해야 한다는 생각으로 현재를 살지 못하는 우리에게 에피쿠로스가 던지는 경종입니다.

그런데 혼자 아무리 금욕을 실천한다 해도 다른 사람의 도움이 없다면 금욕을 계속하기가 어려워집니다. 사람은 다른 사람에게 영향을 받기 때문입니다. 아이에게 사교육을 시키지 않겠다는 철학을 가진 부모들이 어느새 이런저런 학원을 알아보는 모습을 심심치 않게 볼 수 있습니다. 유명 학원에 보내고 유명 과외선생을 붙여서 명문대에 보냈다는 이야기를 듣다 보면 마음이 흔들립니다. 금욕도 마찬가지입니다. 어제 담배를 끊었는데 다른 사람들이 담배 피우는 모습을 보면 참을 수가 없습니다. 다른 사람들의 생각과 말이 내게 영향을 미칩니다. 사회적 존재인 인간에게 타인의 영향은 절대적이라 해도 과언이 아닙니다.

금욕을 실천하고 싶어도 다른 사람들 때문에 유혹을 견디기 어렵다면 방법은 하나뿐입니다. 바로 은둔입니다. 사람들 속이 아닌 독립된 삶의 영역을 찾아가는 것입니다. 에피쿠로스는 정원이 딸린 집에서 생활했습니다. 그것도 혼자가 아니라 제자들과 함께였습니다. 공동체 생활을 했던 이유는 혼자보다 함께하는 것이 금욕을 실천하는 데 유리하기 때문입니다. 다른 사람이 하면 나도 할 수 있습니다. 주변 사람들이 모두 사교육을 시키지 않는다면 나도 그럴 수 있습니다. 뜻을 함께하는 사람이 있다는 것은 참으로 중요합니다.

## 종교와 죽음이 두려움의 원인

육체적 고통은 금욕으로 이겨 낼 수 있습니다. 하지만 정신적 고통은 쉽지 않습니다. 에피쿠로스는 사람들에게 정신적 번뇌와 고통을 안겨 주는 것이 두려움이라고 믿었습니다. 그리고 그 두려움의 중요한 원인을 종교와 죽음으로 보았습니다.

> 두려움을 일으키는 두 원인은 종교와 죽음이다. 종교와 죽음은 불행이라는 개념을 장려한다.
>
> -《쾌락》

인간에게 가장 큰 두려움이 죽음입니다. 게다가 질병으로 인해 고통스럽게 죽는 모습을 지켜본 사람이라면 그 두려움이 더할 것입니다. 여기에 종교가 두려움을 증폭시킵니다. 죽은 후의 모습을 그려내는 것이 종교입니다. 죽은 후 겪게 될 고통과 지옥에 대한 이야기들은 죽음에 대한 공포를 가중시킵니다.

그럼 종교와 죽음에 대한 에피쿠로스의 철학은 어떤 것일까요?

> 신은 인간의 일에 간섭하지 않는다.

고대 그리스의 신은 지금의 우리가 생각하는 것과는 조금 달랐습니다. 세상을 창조한 신이 아니라 존재 자체로서의 신에 가까웠습니다. 무엇인가를 만든 신이 아니라 세상과 함께 존재하는 신입니다. 에피쿠로스는 신은 존재할 뿐 인간의 일에 간섭하지 않는다고 생각했습니다. 이것은 그의 독특한 우주론과 연관이 있습니다.

> 신이 자연스러운 삶에 개입하는 것이 공포의 원인이다. 영혼불멸은 고통에서 벗어날 수 있는 기회마저 빼앗아 간다.
>
> –《쾌락》

석가모니가 지적했듯이 우리 삶은 고통의 바다입니다. 태어나서 죽을 때까지 육체적 고통과 감정적 상처로 힘겨운 삶을 살아야 하는 것이 인간의 운명입니다. 이때 죽음은 영혼을 소멸시켜서 평안함으로 우리를 안내합니다. 그런데 종교에서 주장하는 영혼불멸은 우리가 쉴 기회마저 빼앗아 갑니다. 소멸할 수 있는 권리를 박탈하는 셈입니다. 에피쿠로스가 종교는 죽어서도 고통받을 수 있다는 두려움을 심어 준다고 비판했던 이유가 여기에 있습니다.

> 신은 악을 막을 능력이 없는가? 그렇다면 신은 무능하다. 신은 악을

막을 능력이 있는데도 그렇게 하지 않는가? 그러하면 신은 악하다. 신은 악을 막을 능력과 그럴 의지가 있는가? 그렇다면 악은 왜 존재하는가?

—《쾌락》

철학의 주요 논쟁 주제였던 신의 존재에 대한 증명과 관련된 논증이 여기서 등장합니다. 전통적으로 신은 모든 것을 할 수 있고 선한 존재로 설명되어 왔습니다. 그런데 우리 세상에는 악이 존재하고 있습니다. 이런 악을 어떻게 설명해야 할까요? 선한 신이 왜 악한 존재를 만들었을까요? 에피쿠로스는 이런 이유를 들어 신이 인간 세상에 개입하지 않는다고 주장합니다. 죽음 또한 인간의 삶에 영향을 미칠 수 없기는 마찬가지입니다.

죽음은 우리가 살아 있을 때는 우리에게 없으며, 죽음이 찾아왔을 때는 이미 우리가 흩어지고 없다.

—《쾌락》

죽음은 우리가 살아 있는 동안에는 찾아오지 않습니다. 죽음이 찾아왔을 때 이미 우리는 존재하지 않습니다. 그러니 죽음에 대해서 두려워할 이유가 없습니다. 종교가 만든 죽음과 사후 세계에 대한 두려움이 없을 때 평정심을 잘 유지할 수 있다는 것이 그의 생각이었습니다. 하지만 그의 생각과 달리 종교가 죽음의 두려움을 자극하기만 하는 것은 아닙니다. 도리어 그 두려움을 덜어 주기도 합니다. 실제로 죽음에 직면한 사람들이 종교에 귀의해 편안해하는 경우를 쉽게 찾아볼 수 있습니다. 문제는 종교 자체가 아니라 죽음의 두려움을 증폭시켜 그것으로 이익을 취하려는 일부 사람들입니다.

### 원자로 이루어진 세계

죽은 후 영혼이 소멸된다는 생각의 근저에는 원자론이 깔려 있습니다. 데모크리토스는 현대적 원자에 가까운 개념으로 세계를 설명했습니다. 고대에 그런 생각을 했다는 것 자체가 놀라운 일입니다. 에피쿠로스 또한 데모크리토스의 영향으로 세상의 모든 것은 원자로 이루어져 있다고 주장합니다. 이때 원자는 어떤 존재에 의해 만들어진 것이 아닙니다. 원래 있던 것입니다. 신이 만든 것이 아니죠. 신은 인간 세상과 동떨어져 삶에 영향을 미치거나 지배력을 행사할 수 없습니다.

이런 생각은 목적론에 대한 회의로 나아갑니다. 신이 세상을 만들었다면 만든 목적이 있겠지요. 당연히 사물이나 사람, 몸의 기관들에도 목적이 있어야 합니다. 하지만 에피쿠로스에게 만물은 목적이 없습니다. 에피쿠로스는 눈도 보기 위해서 만들어진 기관이 아니라고 설명합니다. 우리 몸의 어떤 기관도 목적을 가지고 생겨난 것이 아닙니다. 그럼 어떻게 우리가 눈을 사용하게 된 것일까요? 눈은 보기 위해서 만들어진 것이 아니라 눈이 있기 때문에 우리가 보게 되는 것입니다. 있으니까 사용하게 된다는 말입니다. 이런 생각은 데모크리토스에게 영향을 받은 원자론에 기초하고 있습니다.

이 우주는 물질과 공간으로 이루어져 있습니다. 우주에는 원자가 수없이 많고 그것들이 끊임없이 운동해 사물을 이룹니다. 사물들이 채우지 못하는 영역은 공간으로 구성됩니다. 그리고 이 공간은 끝이 없습니다. 이런 생각은 지금 우리가 가진 상식적인 우주관과 유사합니다. 에피쿠로스주의자들은 데모크리토스적 원자론을 자신들의 철학을 단단하게 만드는 데 적극 활용했습니다.

지식은 합리적이어야 합니다. 어떤 주장이 합리적이려면 논리가 맞아야 하죠. 그래야 사람들이 받아들입니다. 에피쿠로스의 철학은 당시의 사람들에게 인기가 많았습니다. 인기가 많으면 견제하는 사람도 많아집니다. 스토아학파였습니다.

### 에피쿠로스의 의미

에피쿠로스학파의 철학을 정리해 보겠습니다.

헬레니즘 시대에 그리스인들은 삶에 대해 소극적인 태도를 취할 수밖에 없었습니다. 에피쿠로스주의자들이 대표적입니다. 이들은 앞서 말했듯이 적극적인 행복보다는 아타락시아, 평정심을 유지하는 소극적인 행복을 추구했습니다. 에피쿠로스에게 쾌락은 평정심을 유지하는 것을 의미했고 그러자면 현실적 고통으로부터 자유로워져야 했습니다. 그 방법이 금욕과 은둔이었습니다.

끝이 없는 욕망을 다스리려면 적은 것으로 만족할 수 있는 금욕을 실천해야 합니다. 여기에 정신적인 고통인 공포로부터 자유로워지려면 죽음에 대한 두려움과 종교도 극복해야 합니다. 이를 위해 에피쿠로스는 죽음은 우리에게 아무것도 아니며 신은 인간의 삶에 개입하지 않는다는 철학을 천명합니다.

두 번째 방법은 은둔입니다. 사람들과 함께 있으면 금욕을 실천하기 어렵습니다. 세속과 떨어져 은둔 생활을 하면서 철학을 실천할 때 아타락시아를 유지할 가능성이 커집니다. 에피쿠로스가 정원이 딸린 집에서 제자들과 공동체 생활을 한 이유입니다.

에피쿠로스는 금욕을 실천하는 삶을 지향했습니다. 최근의 우리 시대처럼 경제 성장이나 발전을 기대하기 어려운 상황에서 금욕과 은둔이라는 에피쿠로스의 방법들은 재조명될 필요가 있어 보입니다. 시대가 힘겨울수록 적은 것에 만족하며 정신의 풍요를 누릴 수 있는 철학이 필요한 법이니까요.

# 12강. 우주와 조화로운 삶은 어떤 것일까

## 스토아학파

고대 그리스 철학의 중심지였던 아테네에는 네 개의 중요한 철학 학교가 있었습니다. 플라톤의 아카데미아, 아리스토텔레스의 리케이온, 에피쿠로스의 정원, 마지막은 제논의 스토아입니다. 모두 큰 영향력을 미쳤던 학교인데, 여기서는 제논의 스토아를 살펴보겠습니다.

스토아학파를 이해하려면 먼저 생각해 봐야 할 것이 있습니다.

'우리는 감정 때문에 괴로운가, 이성 때문에 괴로운가?'

잠깐만 생각을 해 봐도 느낌이 올 겁니다. 우리가 고통받는 주된 이유는 이성보다는 감정 때문입니다. 누군가 나에게 했던 말이 비수처럼 꽂히면 그 때문에 오랫동안 괴로워합니다. 그때 느끼는 것이 우리의 감정이죠. 이성적으로는 그의 말이 이해될 수 있어도 감정적으로 수용되기는 어렵습니다.

## 이성과 스토아학파

서양철학에서 이성과 감정의 문제는 중요합니다. 이성을 바탕으로 감정을 억제하거나 통제하려는 시도들이 끊임없이 이어졌기 때문입니다. 이미 소크라테스와 플라톤에서 그런 경향을 보았습니다. 이런 노력은 헬레니즘 시대에도 이어졌는데 그것이 스토아학파였습니다.

한 청년이 델포이의 신전으로 가서 물었습니다.

"나는 어디로 가야 합니까?"

그러자 델포이의 무녀가 이런 신탁을 전합니다.

"죽은 이에게 가라."

죽은 이에게 가라니, 무슨 뜻이었을까요? 청년은 신탁의 의미를 죽은 철학자들의 책을 읽으라는 뜻으로 이해했습니다. 이 청년이 스토아학파의 거두가 되는 제논(Zenon, BC 335-BC 263)입니다. 제논은 소크라테스의 제자였던 크세노폰이 쓴 《소크라테스 회상》을 읽고 철학에 매료된 후 크라테스를 만나 제자가 됩니다. 여러 곳에서 공부한 후 자신의 철학을 세상에 알리기 위해서 아테네의 채색 주랑(stoa, 彩色柱廊)에서 가르침을 시작합니다.

그의 철학에서 핵심 키워드라고 할 수 있는 것은 단연 '이성'이었습니다. 우주는 로고스적인 질서로 짜여 있습니다. 로고스는 변하고 움직이는 세상을 구성하는 근본 원리를 의미합니다. 헤라클레이토스는 판타레이(panta rhei, 세상 모든 것은 변한다)라고 말하면서도 로고스를 인정했습니다. 파르메니데스는 고정불변인 세상의 근원을 파악해야 한다고 주장했고, 플라톤은 그 근원을 파악하게 하는 힘이 이성이라고 생각했습니다. 세상에는 어떤 원리가 있고 그것을 파악하는 힘이 이성이라는 것입니다. 그 후 이성의 힘에 대한 믿음은 철학에서 중요한 위치를 차지하게 되었습니다.

## 아파테이아

> 세상의 모든 것은 자연이라는 큰 세계의 부분들일 뿐이다. 개인의 삶도 자연과 조화를 유지할 때 행복해질 수 있다.

제논의 말입니다.

제논은 우주는 로고스라는 원리에 의해 움직인다고 했습니다. 인간도 예외는 아닙니다. 우리 안에는 세상을 파악할 수 있는 이성이 장착되어 있고 이것은 곧 신의 섭리입니다. 우주는 로고스, 이성에 의해 움직입니다. 우주의 원리가 그렇듯이 인간 또한 이성의 질서에 따라야 합니다. 그 상태를 아파테이아(apatheia)라고 합니다. 아파테이아는 감정으로부터 자유로워진 마음의 초월 상태를 말합니다.

감정은 우리를 혼란스럽게 하고 괴롭힙니다. 세상을 감정으로 파악하면 흔들리기 쉽죠. 방송에서 미세먼지가 많은 날이라고 알리면 우리는 인상을 찌푸립니다. 큰소리치는 고객을 보면 분노가 치밀어 오릅니다. 학교에서 돌아온 아이가 양말이나 옷을 아무 곳에나 집어던져 놓으면 소리부터 치게 됩니다. 이것은 모두 감정 때문에 일어나는 현상들입니다. 감정은 우리를 괴롭힙니다.

제논은 이 세상에 존재하는 것들을 세 가지로 나눕니다. 선한 것,

악한 것, 선하지도 악하지도 않은 것들입니다. 선한 것에는 지혜, 용기, 절제, 정의 같은 것들이 포함됩니다. 이런 개념들은 자연스럽게 플라톤을 떠올리게 합니다. 이상 국가를 실현하기 위해 필요하다고 플라톤이 제시한 것이 지혜, 용기, 절제, 정의였습니다. 악한 것은 어리석음, 무절제, 불의 같은 것들입니다. 선한 것들과 반대되는 개념들이지요. 선하지도 악하지도 않은 것에는 부, 명성, 아름다움, 출신 등이 포함됩니다.

제논은 선하지도 악하지도 않은 것들은 우리의 행복과 관련이 없다고 말합니다. 왜냐하면 우리가 어떻게 할 수 없는 것들이기 때문입니다. 의지와 무관하게 '주어진' 것들은 일종의 조건일 뿐입니다. 내가 왜 가난한 집에서 태어났냐고 화를 내 봤자 소용이 없습니다. 얼굴이 못생기고 키가 작은 사람이 있다면 그냥 받아들여야 합니다. 어떻게 할 수 없는 것에 대해 불평하거나 비난하는 것은 힘만 빼는 일입니다. 이성은 우리에게 어찌할 수 없는 것들이 무엇인지를 가려내고 받아들일 수 있는 힘을 줍니다.

이성을 잘 사용할 때 아파테이아에 도달할 수 있습니다. 그런데 아파테이아에 이르는 데 방해가 되는 것이 있으니 바로 정념입니다. 정념은 감정입니다. 주로 고통이나 두려움, 쾌락이나 욕망으로 인한 것들이죠. 제논은 고통, 두려움, 쾌락, 욕망이 정념을 불러일으켜 우리를 이성으로부터 멀어지게 한다고 생각했습니다. 감정이 북받쳐 오르면 이성으로 통제하기 어려워집니다. 감정들은 우리 삶에 큰 장애물이 아닐 수 없습니다. 사람들 사이의 갈등은 대부분 쌓였던 감정들이 폭발하면서 벌어집니다. 이혼하는 부부를 보면 주로 '성격 차이'

때문이라고 말하는데 여기서 성격 차이는 감정을 통제하지 못해서 서로에게 상처를 주는 일이 자주 생긴 결과로 이해됩니다. 기분 나쁜 경험은 불만이라는 감정을 불러옵니다. 이런 경험이 누적되면 감정도 누적되죠. 그러다 그것이 폭발하면 걷잡을 수 없게 됩니다.

제논은 야생마 같은 정념을 다스리려면 고삐가 필요하다고 생각했습니다. 그 고삐가 이성이었습니다. 정념에 좌우되지 말고 이성의 명령에 따라서 산다면 아파테이아에 도달할 수 있다고 본 것입니다.

이성의 명령을 따른다는 말은 어떤 의미일까요? 제논이 보기에 아파테이아를 얻기 위해서 꼭 필요한 것이 금욕이었습니다. 안락함이나 물질적 풍요를 추구하는 일은 오히려 고통을 가져올 수 있습니다. 그것을 추구하는 동안 괴로움으로 고통받고 욕망의 노예로 살아야 하기 때문입니다. 이때 이성은 자신의 마음을 잘 다스리면서 엄격한 금욕 생활을 할 것을 요구합니다. 날뛰는 감정에 고삐를 묶어 통제하며 지성을 훈련시키고 주어진 의무를 충실히 이행하게 해 아파테이아에 도달할 수 있게 합니다. 이성의 명은 곧 로고스, 신의 소리입니다. 우주가 무심히 움직이듯 우리의 삶도 아파테이아 속에서 행복하게 흘러갑니다. 우주의 질서인 이성을 따르는 삶, 이것이 제논이 추구한 행복한 삶이었습니다.

제논의 말을 듣다 보면 에피쿠로스의 철학과 비슷하다는 느낌을 받습니다. 에피쿠로스 역시 마음의 평정을 통한 행복, 금욕과 절제를 강조했으니까요. 하지만 제논은 이성을 강조했다는 점에서 에피쿠로스와 확연히 다릅니다. 우주의 질서를 따르는 삶이 좋은 삶이며 그것을 파악하는 힘이 이성입니다. 이성은 제논에게 철학의 기준이자 목적이었습니다. 이성을 강조한다는 점은 스토아 철학자들의 공통점이기도 합니다.

### 노예 철학자, 에픽테토스

제논 이후 스토아철학은 에피쿠로스학파와 경쟁하면서 전성기를 구가합니다. 그리스가 로마에 점령당한 후에도 오랫동안 살아남아 영향력을 미칩니다. 네로 황제의 스승이자 혼란기를 살며 비운을 맞이한 정치가인 세네카(Seneca, BC 4-AD 65) 같은 사람이 대표적입니다. 노예 출신으로 철학자의 반열에 오른 에픽테토스(Epictetos, 55-135) 또한 후기 스토아철학의 모습을 고스란히 보여 주고 있습니다.

에픽테토스는 노예 출신이었는데 젊은 시절 주인에게 학대를 받아 절름발이가 되었습니다. 다행히 꾸준히 노력해 노예에서 해방되는 기쁨을 누리게 되고 그 후 철학자가 되어 학생들을 가르치게 됩니다.

그가 절름발이가 된 배경은 이렇습니다. 에픽테토스는 노예였는데도 사색하기를 좋아했다고 합니다. 이를 못마땅하게 여긴 주인이 어느 날 에픽테토스를 화나게 하려고 다리를 비틀었습니다. 그러자 에픽테토스가 이렇게 말합니다.

"주인님, 그렇게 계속 비틀면 다리가 부러집니다."

화가 난 쪽은 오히려 주인이었습니다. 태연하게 말하는 모습에 부아가 치민 것이지요. 주인은 더욱 심하게 다리를 비틀었고 결국 다리뼈가 부러지고 말았습니다. 그러자 에픽테토스가 이렇게 말합니다.

"그것 보십시오. 계속 비틀면 다리가 부러진다고 하지 않았습니까."

고통에 태연하게 대처했던 에픽테토스의 모습을 잘 담고 있는 일화입니다.

> 인간은 벌어진 일 때문이 아니라 그것에 대한 자신의 생각 때문에 고통받는다.

에픽테토스의 말입니다. 스토아학파다운 생각이죠. 우리는 매 순간 경험하면서 살아갑니다. 그때 우리가 경험에 어떻게 반응하느냐에 따라 감정이 달라집니다. 상사한테서 쓴소리를 들었다고 해서 모든 사람이 분노하거나 좌절하지는 않습니다. 그것에 어떻게 반응하느냐에 따라 상황은 다르게 이해됩니다. 이처럼 부, 지위, 건강 등을 원하는 과정에서 문제가 생길 때 우리는 결정해야 합니다. 이 문제에 어떻게 반응할 것인지를.

에픽테토스에게 중요한 가치는 자유였습니다. 자유는 인간에게 삶의 목표일 정도로 삶에서 가장 중요한 것입니다. 자유롭게 살려면 마음이 평정심을 유지해야 합니다. 마음속에 욕망이 들끓고 두려움으로 가득 차 있다면 행복해질 수 없습니다. 그래서 필요한 것이 우리가 뜻대로 할 수 없는 것들을 수용할 수 있는 태도입니다.

> 행복과 자유는 한 가지 원리를 분명히 이해하게 되면서 시작된다. 그 원리란 어떤 것들은 우리 뜻대로 할 수 있고, 어떤 것들은 우리 뜻대로 할 수 없다는 것이다.

-《불확실한 세상을 사는 확실한 지혜》

우리는 마음대로 할 수 없는 것에 불만을 품고 그것을 바꾸려고 합니다. 하지만 불가능한 일입니다. 그럴수록 더 애타게 바꾸려 하죠. 그렇다 보면 불만과 분노만 가득 차게 됩니다. 기왕 이야기가 나왔으니 연습을 해 보겠습니다. 다음 중에서 우리가 바꿀 수 있는 것과 없는 것을 구분해 보시기 바랍니다.

IS 격퇴하기, 부자 되기, 상사 바꾸기, 나라 구하기, 생각 바꾸기, 고객의 생각 바꾸기.

'IS 격퇴하기'는 우리가 할 수 없겠지요. 이런 문제는 판단이 어렵지 않습니다. '상사 바꾸기'는 어떨까요? 할 수 있을까요? 물론 할 수 없겠죠. '고객의 생각 바꾸기'도 마찬가지일 겁니다. 그런데 안타깝게도 우리는 바꾸고 싶어 합니다. 실제로 바꾸려고 시도도 하지요. 그 결과가 어떤 것인지는 다 아실 겁니다. 갈등과 괴로움의 연속이지요. 상사나 고객의 생각을 바꿀 수 있다는 생각만 버려도 우리는 훨씬 행복해질 겁니다. 이제 에픽테토스가 할 수 있는 것과 없는 것을 구분하는 것이 중요하다고 말한 이유를 이해할 수 있습니다. 이것만 실천해도 훨씬 행복한 삶이 될 것이 분명합니다.

이 세상에 사는 동안 그대는 특정한 역할을 맡은 한낱 배우일 뿐임을 기억하라. 그대의 역할이 짧든 길든, 걸인이든 재판관이든, 대단한 사람이든 평범한 사람이든 그대의 역할에 최선을 다하라.

-《불확실한 세상을 사는 확실한 지혜》

우리는 삶에 결정권이 거의 없습니다. 출생부터 죽음까지 우리가 결정할 수 있는 것은 없습니다. 에픽테토스는 그것이 우주의 원리라고 말합니다. 태어날 때가 되니까 태어나는 것이고, 죽을 때가 되었기에 죽는 것입니다. 그것이 곧 우주의 원리입니다. 흔히 운명이라고 하죠. 내가 여기, 이곳에서, 이런 사람으로 존재하는 것은 신의 섭리입니다. 그러니 그 역할에 충실해야 합니다. 우리가 어찌할 수 없는 출생이나 신분의 문제로 고민하는 것은 우리를 괴롭게 할 뿐입니다. 그렇다고 해서 수동적으로 살라는 뜻은 아닙니다. 주어진 역할에 최선을 다하는 것 또한 우주가 우리에게 부여한 몫이기도 합니다. 신의 섭리는 만물이 각자의 위치에서 각자의 방식으로 최선을 다하는 것입니다. 그 목소리를 충실히 따르는 것이야말로 우주와 하나가 되는 길입니다.

### 황제 철학자, 아우렐리우스

마르쿠스 아우렐리우스(Marcus Aurelius, 121-180)는 로마의 오현제 중 한 명입니다. 편안한 침대가 아닌 바닥에서 잠을 자며 청빈한 삶을 실천한 철학자이자 주어진 역할에 최선을 다했던 대표적인 스토아적 황제였습니다. 마르쿠스 아우렐리우스는 플라톤의 철인을 떠오르게 합니다. 플라톤이 그렇게 염원했던 철학자가 통치자가 되는 날이 그를 통해서 실현되었습니다. 하지만 그의 시대는 유토피아가 아니었습니다. 이민족의 침입으로 끝없는 전쟁에 시달렸고 로마는 과거의 영광을 더는 되찾기 어려울 듯 보였으니까요.

철학자 황제에게 특이한 면은 무엇보다 배움에 대한 강조입니다.

• 나는 할아버지 베루스 덕분에 순진하고 착한 마음씨를 갖게 되었다.
• 나의 아버지에 대한 평판과 추억 덕분에 나는 겸손과 남자다운 기백을 갖게 되었다.

그가 남긴 《명상록》은 일기에 가깝습니다. 경험하고 배우고 사색한 것들을 글로 남겼습니다. 이 책의 첫머리에는 누구에게 무엇을 배웠다는 식의 이야기가 반복해서 나옵니다. 《논어》가 '학이시습지(學而時習之)'로 시작하듯이 《명상록》 또한 배움의 이야기로 시작됩니다. 그만큼 그에게 배움은 중요한 의미였습니다.

누가 자연의 작용을 두려워한다면 그는 어린아이 같은 사람이다. 죽는다는 것은 자연의 작용일 뿐 아니라 자연에 유익한 것이기도 하다.
－《명상록》

우리를 혼란스럽게 하는 감정을 통제하려면 계속 배워야 합니다. 배움을 통해서 세상의 원리와 나의 의무를 깨닫고 흔들림 없이 살아갈 수 있게 됩니다. 이성은 죽음이 자연의 작용임을 깨닫게 해 줍니다. 배움을 통한 성실한 노력은 세상에 유익함을 남기는 방법이기도 합니다. 새로운 세대에게 길을 열어 주고 몸은 거름이 되어 세상에 뿌려지기 때문입니다. 그 순간까지 우리는 최선을 다해 살아갈 뿐입니다.

> 자신 속의 신성과 사귀면서 그 신성에 진심으로 봉사하면 그것으로 충분하다는 것을 깨닫지 못한 사람보다 더 불쌍한 존재는 없다.
>
> -《명상록》

이런 말만 듣다 보면 사람이 로봇이 아닌데 어떻게 의무만 생각하면서 사느냐고 불만을 가질 수도 있습니다. 하지만 우리 주변에는 의무에 충실하면서 행복하게 살아가는 사람이 꽤 많습니다. 직장에서 책임을 다하는 동료들이 그렇고 우리의 부모님들도 그렇습니다. 자유만이 인생을 의미 있게 하지는 않습니다. 자유는 즐거움을 주지만 의무는 충만감을 줍니다.

> 온 우주는 변화이고 인생은 의견이다.
>
> -《명상록》

자유로운 삶이 행복한지 의무를 다하는 삶이 행복한지는 자신이 결정합니다. 자유가 좋을 수도 있고 의무가 행복의 요인일 수도 있습니다. 우리 스스로 내린 결단이 삶의 모습을 변화시킵니다.

스토아철학은 서로마제국과 운명을 같이합니다. 서로마제국이 멸망하면서 사라지니까요. 476년 서로마제국이 멸망한 시점을 기준으로 중세가 시작됩니다. 아시다시피 중세는 기독교로 대표되는 종교의 시대입니다. 종교가 세상의 중심이 되면서 철학도 그 영향력 아래에 머물게 됩니다. 신학에 월계관의 자리를 내주게 된 것입니다.

# 2부
# 중세철학

# 13강. 어떻게 신의 존재를 증명할까

## 중세철학

중세 하면 뭐가 떠오르시나요? 흔히 암흑기를 떠올릴 겁니다. 십자군 원정으로 대표되는 전쟁과 마녀사냥, 흑사병 같은 어두운 면이 크게 부각되기 때문입니다. 하지만 중세가 우리가 생각하는 만큼 그렇게 어두운 시대는 아니었던 것 같습니다. 지금 우리의 관점으로 중세를 바라보면 민중이 교회와 영주들에게 예속되어 고달픈 삶을 살았을 것처럼 느껴집니다. 그것은 우리의 생각일 뿐 중세인들이 얼마나 불행했는지 행복했는지 우리가 판단하기는 어렵습니다. 무엇이든 할 수 있지만 아무것도 할 수 없는 우리 시대와 달리 제약된 삶 속에서 나름의 편안함을 누렸을지도 모를 일입니다.

## 플로티노스, 고대와 중세의 다리를 놓다

본격적으로 중세에 대해서 알아보기 전에 먼저 살펴봐야 할 인물이 있습니다. 바로 플로티노스(Plotinos, 205-270)입니다. 플로티노스는 그리스 후기 철학자로, 북아프리카의 리코폴리스에서 태어나 로마제국 시대를 살았습니다. 당시 정치, 철학 분야에서 상당한 영향력을 발휘했습니다. 그는 로마에 철학학교를 세우고 플라톤의 철학을 가르쳤습니다. 흔히 그를 신플라톤주의자라고 부르는 배경이기도 합니다. 그의 철학은 플라톤의 사상에 기초해 있었지만, 플라톤과는 조금 달랐습니다.

중세의 철학은 기독교와 떼려야 뗄 수 없습니다. 콘스탄티누스 황제가 313년 밀라노 칙령으로 기독교를 정식 종교로 공인한 이후 기독교는 로마는 물론이고 중세를 지배하는 종교로 성장합니다. 교리를 정리하고 발전시키는 과정에서 고대 그리스 철학 특히 플라톤과 아리스토텔레스의 철학을 적극 활용하게 되죠. 플로티노스는 고대 그리스와 중세철학을 연결하는 가교와 같았습니다.

플로티노스의 철학에서 가장 주목할 만한 것이 삼위일체론(三位一體論)입니다. 그의 삼위일체론은 일자(the one), 정신, 영혼이 하나로 연결되어 있다는 주장으로 정리될 수 있습니다. 그가 말하는 일자란 모든 존재의 근원이 되는 완전한 것을 말합니다. 신 혹은 창조자라고 할 수 있겠네요. 정신은 일자로부터 흘러나온 어떤 관념의 총체를 말합니다. 그 정신으로부터 영혼이 나오게 되는데 영혼은 세상에 존재하는 사물들과 연결되어 있습니다.

플로티노스는 삼위일체를 빛에 비유합니다. 태양은 빛을 뿜어내는 근본적인 존재 즉 일자입니다. 태양에서 나온 빛은 모든 방향으로 자신을 드러냅니다. 그것이 정신이고 영혼입니다. 정신이 영혼보다는 태양에 가깝습니다. 태양과 가까울수록 완전한 것이 되고 멀수록 불완전해집니다. 가장 멀리 떨어진 곳에 있는 것이 물질입니다. 태양-정신-영혼-물질 순서로 이해됩니다. 이런 주장을 유출설(流出說)이라고 합니다. 세상을 근본적인 것에서 유출된 것으로 설명하는 것입니다. 얼핏 들어도 그가 말하는 일자 혹은 정신은 플라톤의 이데아와 비슷해 보입니다.

플로티노스는 정신을 숭상하고 육체 혹은 물질을 비천한 것으로 여겼습니다. 일자로부터 멀어진 것이 육체이기 때문입니다. 육체는 정신이나 영혼을 가두고 한정합니다. 당연히 육체를 벗어나 정신을 고양하는 것이 중요해집니다. 그 방법이 금욕입니다. 육체적 쾌락이나 감각적 욕망에서 벗어날 때 순수한 일자를 관조할 수 있다고 본 것입니다.

플로티노스의 신플라톤주의는 5세기까지 로마와 아테네, 알렉산드리아 등에서 큰 영향을 끼쳤습니다. 플라톤이 세운 아카데미아는 신플라톤주의자들의 활동 근거지가 되기도 했지요. 그 후 유스티니아누스 황제가 비기독교적인 학교를 폐쇄하도록 명하면서 아카데미아는 물론 여러 학교가 문을 닫게 되어 신플라톤주의도 쇠퇴합니다. 하지만 신플라톤주의는 근대에까지 영향을 미칩니다.

## 중세철학의 문제들

중세는 역사적으로 서로마제국이 멸망하던 476년부터 동로마제국이 멸망하는 1453년까지의 약 천 년 동안을 지칭합니다. 이 시대의 철학은 기독교와 함께 놓고 보지 않을 수 없습니다. 철학 활동이 신학자들에 의해서 이루어졌기 때문입니다. 종교와 사상이 결합된 시대가 중세였습니다.

중세의 철학은 크게 두 시기로 구분할 수 있습니다. 교부철학 시기와 스콜라철학 시기입니다. 교부철학은 3-8세기에, 스콜라철학은 9-14세기까지 큰 힘을 발휘합니다. 교부철학을 대표하는 사람이 아우구스티누스(Augustinus, 354-430), 스콜라철학을 대표하는 사람이 아퀴나스(Aquinas, 1225-1274)입니다. 두 사람 모두 기독교에서 성인으로 추앙받는 인물들이죠.

중세철학은 시대 특성상 세 가지 주제에 천착했다고 볼 수 있을 듯합니다.

첫 번째 중세철학은 신의 존재를 증명하려 했습니다. 신이 어떻게 존재할 수 있는지를 형이상학적으로 증명하기 위해 다양한 철학적 노력이 이루어집니다. 이 과정에서 악의 존재는 커다란 걸림돌이 되었습니다. 선한 신이 창조한 세계에 왜 악이 존재하는가 하는 것이 문제가 된 것입니다. 아우구스티누스는 물론이고 아퀴나스 또한 악의 존재를 설명하는 데 많은 노력을 기울입니다.

두 번째는 이성 혹은 지식을 통해 신의 섭리를 이해하려고 시도했습니다. 신이 세상을 창조했다면 신과 인간이 몸담고 있는 세계가 어떤 관계에 있는지를 설명해야 합니다. 이때 이성이 중요한 역할을 하게 됩니다.

세 번째는 첫 번째와 두 번째 문제에 대한 연장으로 발생하는 보편자의 존재 여부에 대해 논쟁했습니다. 흔히 '보편논쟁'이라고 불리는데, 근대철학으로 이어지는 중요한 통로 역할을 한다는 정도만 기억하시고 자세한 내용은 다시 살펴보도록 하겠습니다.

중세에는 전반적으로 신학이 철학 위에 있었다고 할 수밖에 없습니다. 신학을 위한 철학 활동이 주를 이루었기 때문입니다. 중세철학 특징을 말할 때 흔히 "철학은 신학의 시녀"란 표현을 씁니다. 캔터베리 대주교인 안셀무스(Anselmus, 1033-1109)가 남긴 "나는 알기 위해 믿는다"는 말이 이를 잘 보여 줍니다. 그에게는 지식보다 믿음이 먼저였습니다.

확실한 지식이 있은 후에야 믿으려는 지금 우리의 사고방식과는 달라 보입니다. 하지만 사실 알고 보면 우리도 지식보다 믿음이 먼저인 경우가 많습니다. 내가 믿고 있는 사람이 하는 말이라면 의심하지 않고 옳다고 받아들입니다. 일상에서 접하는 정보들 중에서 내가 믿는 것과 관련된 것들만 받아들이기도 합니다. 특히 종교는 지식보다 믿음을 우선시하는 경향이 강합니다.

### 아우구스티누스, 교부의 시대를 열다

교부(敎父)는 기독교 초기에 교리를 정리하고 발전시키려 했던 신학자들을 말합니다. 중세 초기에는 기독교적인 교리를 종합하고 정리할 필요가 절실했습니다. 그 일을 담당한 사람들이 교부였습니다. 이들은 당시 학문의 중심지였던 알렉산드리아를 중심으로 활동을 펼쳤는데 플라톤 철학을 받아들이면서 철학과 신앙의 조화를 추구하려는 모습을 보입니다.

대표적인 교부철학자가 아우구스티누스입니다. 그는 북아프리카 누미디아에서 태어났습니다. 아버지는 이교도이고 어머니는 기독교 신자였지요. 특히 어머니 모니카는 열렬한 신자로 아들에게 큰 영향을 미칩니다. 아우구스티누스는 젊은 시절 난잡한 생활을 했던 모양입니다. 《고백록》에 자신이 저지른 악한 행동을 회개하는 내용들이 자세히 기록되어 있습니다. 다행히 암브로시우스 주교의 영향과 신플라톤주의 책들을 탐독한 덕분에 기독교 신앙을 옹호하고 전도하는 헌신적인 신도로 변신합니다.

아우구스티누스는 기본적으로 플로티노스의 신플라톤주의를 계승했습니다. 플로티노스는 존재의 근원을 일자라고 했습니다. 이 일자는 아우구스티누스에게 와서 하나님이 됩니다. 참되고 선하고 슬기로운 하나님이 세상을 창조했고 그 하나님의 목적에 의해 살아가는 것이 인간입니다.

> 하나님은 사물을 낳는 힘과 사물을 이해시키는 이성과 삶에 도덕적 질서를 부여하는 목적을 갖고 있다.
>
> –《신국론》

아우구스티누스의 주장은 플로티노스의 유출설처럼 하나님이 만물을 낳고 만물에 도덕적 질서를 부여하므로 인간은 하나님을 좇아야 한다는 논리로 연결됩니다. 후대의 연구가들이 사상적 전통을 플라톤–플로티노스–아우구스티누스로 이어 가는 이유가 이것 때문입니다.

기독교에서 아우구스티누스의 영향력은 원죄론의 정립과 관련이 깊습니다. 아우구스티누스 이전까지 죄는 외부에서 기인하는 것으로 보았습니다. 하지만 그는 인간의 죄가 내재된다고 주장했습니다. 그가 이런 주장을 펼치게 된 것은 젊은 시절의 방탕한 생활 때문이었습니다. 《고백록》에는 그의 어린 시절 일화도 담겨 있습니다. 자신의 집에 먹음직스러운 배들이 있었음에도 그는 친구들과 함께 남의 배 밭에서 서리를 합니다. 서리한 큰 배를 한 입 베어 먹은 후 나머지를 돼지에게 던져 줍니다. 배가 고프거나 남의 집 배가 더 크고 맛있어서 그런 것이 아니었습니다. 그냥 재미로 그랬던 것입니다. 그는 《고백록》에서 이렇게 말합니다.

> 그 배에서 내가 만족을 느낀 것은 나의 죄였으며 나는 그것을 즐거워했습니다. 내가 즐기고 싶었던 것은 훔친 물건 자체가 아니라 도둑질 그 자체, 죄 자체였습니다.

지난날의 과오를 뉘우치면서 자기 내면에 존재하는 죄를 인식한 것입니다. 이런 태도를 갖게 된 데에는 시대적 분위기도 한몫했습니다. 아우구스티누스는 서로마제국이 붕괴되던 시대를 살았습니다. 이민족이 침입해 약탈을 일삼고 영원할 것 같았던 대제국의 위엄이

온데간데없이 사라진 시기였습니다. 이런 시대를 어떻게 이해하고 받아들여야 할까? 사람들에게 이것을 어떻게 설명할 수 있을까? 그의 해답은 인간의 원죄였습니다.

아우구스티누스에 따르면 인간이 고통받는 이유는 인간이 죄에 끌리는 경향을 가지고 있기 때문입니다. 한마디로 원죄 때문입니다. 그는 천상의 왕국과 지상의 왕국이라는 개념으로 원죄를 설명합니다. 우리가 살아가는 세상은 지상의 왕국입니다. 이곳에서는 퇴폐와 타락이 펼쳐지고 인간은 탐욕에 빠져서 살아갑니다. 인간이 신을 무시하고 오만해져 자기만을 사랑하기 때문입니다. 반면 천상의 왕국은 신의 사랑이 넘치는 곳으로 인간이 죄를 뉘우치고 신에 대한 인간의 사랑도 넘치는 곳입니다.

인간의 역사는 두 왕국의 투쟁 과정입니다. 이를 통해 인간의 삶은 하나님의 뜻에 의해 신의 영광으로 통합될 것입니다. 로마도 영원하지 않으며 오직 하나님의 도시만이 영원하고 완전합니다. 이런 논리는 붕괴되던 로마의 상황을 이해하는 데 큰 역할을 합니다. 또한 국가에서 교회 혹은 신앙으로 무게중심을 옮겨 가게 합니다. '구원받을 길은 신앙 외에는 없다', '하나님의 도시를 건설하기 위해 교회를 통해 구원에 이르러야 한다', '교회 외에 구원은 없다'는 것이 아우구스티누스의 논리였습니다.

젊은 시절 방황의 경험은 삶에 대한 깊은 회의감으로 이어지는 경우가 많습니다. 향락의 끝에 가 보면 '이게 뭐 하는 짓인가', '무슨 의미가 있는가'라는 의문이 들기 마련입니다. 아우구스티누스는 바로 그 지점에서 반전을 경험합니다. '이렇게 사는 것은 진짜 삶이 아니야', '삶에서 추구해야 할 것이 무엇인지 진정으로 알고 싶어'라는 생각으로 진리를 탐구하기 시작했던 것입니다. 다행히 암브로시우스라는 존경할 만한 스승을 만났고 성경과 철학으로 길을 더듬어 나갔습니다. 확신이 생긴 그는 자신의 전 인생을 진리를 찾는 데 겁니다.

《고백록》에서 그는 신앙의 본질을 사랑이라고 말합니다. 그 사랑으로 무엇을 추구했고 무엇을 얻었는지를 이렇게 밝힙니다.

> 사랑이 진리를 깨닫게 한다.

### 악은 왜 존재하는가

중세철학의 중요한 문제 중 하나가 악의 존재에 관한 것이었습니다. 완전하고 숭고하며 선한 신이 만든 세상에 왜 악이 존재하는가? 이것은 신이 선하다는 것을 전제하는 기독교 신앙에서는 반드시 풀어야 할 문제였습니다.

우리는 이미 에피쿠로스를 통해서 이 문제를 짚어 보았습니다. 에피쿠로스는 이렇게 묻습니다. '창조자는 악을 없앨 수 있는가 없는가?' 이 질문에 대한 대답은 어떤 경우에라도 신에 흠집을 남깁니다. 창조자인 신이 악을 없앨 수 있는데도 그러지 않았다면 신은 선하지 않은 존재가 됩니다. 반면 악을 없앨 수 없다면 그는 전능한 신이 아니게 됩니다. 이것을 '에피쿠로스의 딜레마'라고 합니다.

이 문제에 대해서 가장 쉽게 떠올릴 수 있는 대답은 신이 인간에게 벌을 주기 위해서 악을 만들었다는 것입니다. 이 대답은 '왜 인간에게 벌을 주는가'에 대한 질문에 또 걸립니다. 단순히 인간을 괴롭히기 위해서 악을 만들었다면 그는 선한 신이 아니게 됩니다. 인간이 스스로 죄를 지어서 벌을 주는 것이라면 '왜 인간에게 죄를 짓게 했느냐', '왜 인간을 시험했느냐'의 질문에 대답하기 어려워집니다. 이래저래 대답이 쉽지 않습니다. 만약 여러분이라면 이 문제를 어떻게 설명할 수 있을까요?

아우구스티누스는 젊은 시절 마니교라는 페르시아 종교의 신도였습니다. 마니교는 세상을 선한 신과 악한 신의 대립으로 설명합니다. 빛과 어둠이라는 이원론적 선악 구도로 보았습니다. 당연히 선과 악에 대한 설명이 용이합니다. 이런 시각에 근거해서 아우구스티누스는 악을 다음처럼 설명합니다.

> 악은 작용이 아니고 결함이다.
>
> 선의 결여가 악이다.

그에 따르면 악은 따로 존재하는 것이 아닙니다. 선함이 없는 상태가 악입니다. 빛이 유출로 세상을 비추는 것처럼 하나님의 선함이 세상에 가득하지만 인간이 그 선한 빛을 얻지 못할 때 악이 생깁니다. 어둠이 따로 있는 것이 아니라 빛이 비추지 않은 상태라는 것입니다. 악도 선의 결여입니다.

신은 완전한 선입니다. 선한 신은 인간을 사랑했기에 자유로운 존재로 만들었습니다. 그런데 인간이 그 자유를 잘못 사용해서 악을 불러왔습니다. 그것이 원죄입니다. 아담과 이브의 선악과가 그 기원이지요. 인간이 자유의지를 잘못 사용해서 타락했기 때문에 그 죄에 대한 처벌로 악이 생겼다는 설명입니다. 이 논리로 신의 선함은 악의 존재에도 불구하고 유지됩니다.

하나님을 믿고 신앙에 충실한 삶을 살아야 하는 이유도 이것으로 설명이 됩니다. 하나님의 은총으로 선함을 발견하고 유지하는 것이 악으로부터 멀어지는 길이기 때문입니다. 이를 통해 구원을 얻을 수 있고 천국에 이른다는 것이 아우구스티누스의 생각입니다.

아퀴나스의 생각도 아우구스티누스와 크게 다르지 않습니다. 아퀴나스는 신은 온전히 선하고 신 안에는 어떠한 악도 있을 수 없다고 생각했습니다. 악의 존재가 자유의지를 잘못 사용한 결과로 본 것입니다. 하지만 이런 생각은 '자유의지를 왜 부여했는가'라는 저항을 불러옵니다. 괜히 자유의지를 줘서 타락하게 만들었다는 비난을 피할 수 없게 된 것입니다. 이에 대해 아퀴나스는 '죄를 지을 가능성 또한 완전한 세계의 필요한 한 부분'이라고 반박합니다. 세계가 완전하고 자유로운 것이라면 선택의 여지가 있어야겠지요. 죄를 지을 가능성 또한 자유의 일부라는 주장입니다. 듣고 보니 말이 되는 듯합니다. 아퀴나스는 자유의지의 문제는 개인의 책임이라고 못을 박습니다. 중요한 것은 죄와 악을 멀리하는 인간의 선택과 행동이라는 것입니다.

## 아우구스티누스와 아퀴나스가 바라본 신학과 철학의 관계

교부철학은 플라톤 철학을 바탕에 두고 있습니다. 플라톤의 이데아론이 신을 설명하는 데 적합했기 때문입니다. 플라톤은 참된 세계는 이데아계이고 우리가 사는 현실세계는 그림자의 세계라고 설명합니다. 이런 이원론은 하나님의 세계와 인간의 세계를 설명하는 구도로도 적합합니다. 여기에 플라톤의 형이상학을 유출설로 설명하는 플로티노스의 신플라톤주의가 가교 역할을 해서 교부철학은 플라톤을 자연스럽게 받아들이게 됩니다.

플라톤이 이성을 중요시했던 것처럼 교부들 또한 신에 의해 계시된 진리를 파악하는 데 인간의 이성이 중요하다는 점을 강조합니다. 하지만 아우구스티누스는 인간 스스로 진리를 얻을 수는 없다고 생각했습니다. 전지전능한 신이 인간의 정신에 빛을 비추어 주었기 때문에 이성적으로 사고하고 살아갈 수 있을 뿐입니다. 이런 생각을 조명설(照明說)이라고 합니다. 진리에 도달하는 것은 하나님의 조명에 의해서만 가능하고 인간은 그 빛을 얻기 위해서 신앙과 믿음으로 살아가면 되는 일입니다.

그렇다고 해서 이성을 통한 인간의 지식 활동이 의미 없다는 뜻은 아닙니다. 신의 빛을 인간이 주체적인 활동으로 인식하는 과정이 필수적으로 따라야 하기 때문입니다. 전반적으로 볼 때 아우구스티누스는 진리 인식 문제에서 신에게 의존적인 면이 강했지만 인간의 적극적인 활동 또한 필요하다고 보는 입장입니다. 신앙과 철학의 관계에서 신앙을 중심에 두었을 뿐이지요.

그와 달리 아퀴나스는 이성, 지식, 철학에 무게를 실어 주는 입장입니다. 그는 인간의 지적 활동이 신학에 도움이 된다는 생각이 강했습니다. 이런 생각은 아리스토텔레스 철학을 받아들이면서 얻게 된 결과입니다. 아퀴나스는 아리스토텔레스 철학을 깊이 연구해서 과감하게 신학에 적용한 인물입니다.

헬레니즘 시대 이후 아리스토텔레스는 유럽에서 사라집니다. 그 대신 이슬람권에서 널리 읽혔고 유행했습니다. 바그다드에 그의 철학을 공부하는 학원이 유행할 정도였으니까요. 이렇게 멀어졌던 아리스토텔레스의 저작들이 12세기에 본격적으로 유럽으로 밀려들어 옵니다. 하지만 그의 저작들은 교회와 대학에 의해 금지되었고 평가절하되었습니다. 다행히 지적 호기심과 진리에 대한 열정으로 불타는 학자들이 금지를 뚫고 이 고대의 철학자를 되살려 냅니다.

이런 분위기에서 아퀴나스는 아리스토텔레스를 신학으로 끌고 들어와 신앙에 철학을 더하는 새로운 체계를 구축해 냅니다. 물론 신학에 대한 철학의 우위가 아니라 신학의 본질을 탄탄하게 다지기 위해 철학을 도입한 것이었습니다. 그 결과 지식을 속된 호기심에 불과한 것으로 치부했던 교부들과는 달리 지식이 믿음을 위해서 필요한 것으로 인식되었고 이성의 자율성이 강화됩니다. 이 점은 아퀴나스로 대표되는 스콜라철학이 이전의 교부철학과 다른 부분이기도 합니다.

아퀴나스는 아리스토텔레스의 형이상학을 통해 사물을 피라미드 같은 위계적인 질서로 이해합니다. 이 세계에서는 순수한 형상인 신이 최상위에 위치합니다. 그 아래에 천사가 있고 다시 그 아래에는 인간이, 그 밑에는 생물이, 가장 아래쪽에는 무기물이 있습니다. 무기물은 순수한 질료로만 이루어져 있지요. 이것은 아리스토텔레스의 형상과 질료의 비율에 따른 것으로 신에 가까울수록 형상이, 무기물에 가까울수록 질료의 비율이 높습니다. 이후 이런 위계적 세계관은 근대에까지 영향을 미치게 됩니다.

## 신을 증명하는 데 쓰인 아리스토텔레스의 형이상학

아리스토텔레스 철학이 아퀴나스에게 얼마나 잘 활용되었는지는 신의 존재를 증명하는 데 아리스토텔레스의 형이상학이 쓰인 것만으로도 알 수 있습니다. 아퀴나스는 다섯 가지 이유를 들어 신이 존재한다고 말합니다.

신이 존재하는 첫 번째 이유는 세상의 모든 사물은 변화한다는 것입니다. 변하지 않는 사물은 없습니다. 이런 변화가 있으려면 그것을 처음 움직이게 하는 무엇인가가 있어야 합니다. 그 처음 움직이게 한 존재(원동자)가 신이라는 것입니다.

두 번째, 세상 모든 결과에는 원인이 있다는 것입니다. 세상은 인과관계로 가득 차 있는데 그 결과의 원인이 되는 것이 신입니다.

세 번째, 우연히 발생하는 것도 어떤 필연적인 것이 있을 때 가능하다는 것입니다. 이때 그 필연적으로 존재하는 것이 신입니다.

네 번째, 우리가 사물들을 비교할 수 있다는 것입니다. 이렇게 비교할 수 있는 것은 어떤 완전하고 절대적 기준이 있기 때문에 가능합니다. 그 기준이 되는 것이 신입니다.

다섯 번째, 모든 사물은 어떤 목적을 향해서 나아간다는 것입니다. 이는 목적을 설정해 주는 신이 있음을 말해 주는 것입니다.

이 다섯 가지 논증은 모두 아리스토텔레스의 형이상학을 바탕으로 하고 있습니다. 그럼에도 잊지 말아야 할 점이 있습니다. 이것은 철저히 신학을 위한 것이라는 사실 말입니다.

### 보편논쟁

중세철학을 논할 때 빠뜨릴 수 없는 것이 보편자에 대한 것입니다. 보편자의 문제는 플라톤의 철학이 계승되면서 자연스럽게 발생할 수밖에 없는 문제였습니다. 플라톤은 구체적인 사물에 앞서 그 사물에 대한 이데아가 존재한다고 생각했습니다. 우리는 각자 어떤 이름을 가지고 있는 개별자입니다. 안상헌, 홍길동, 변학도 등 한 사람 한 사람이 개별자입니다. 이런 개별자가 있으려면 인간이라는 보편자(이데아)가 있어야 한다는 것입니다. 현상계는 이데아계의 모방에 불과하기 때문입니다.

보편자가 존재한다는 주장을 실재론(Realism)이라 하고, 보편자는 이름일 뿐 실재하지 않는다는 주장을 유명론(Nominalism)이라고 합니다. 플라톤적 전통에 충실한 중세의 신학자는 대부분 실재론을 주장했습니다. 하지만 아리스토텔레스 철학이 퍼지면서 다르게 인식되기 시작합니다. 아리스토텔레스에게 형상은 독립된 실재로 존재하는 것이 아니라 개별적 사물에 담겨 있는 것이기 때문입니다. 그리하여 이른바 '보편논쟁'이 벌어지게 됩니다.

'보편자가 있는지 없는지가 뭐가 그리 중요할까' 하는 생각이 드실지도 모르겠습니다. 우리의 상식적인 생각에 따르면 보편자는 개별자들을 묶어 놓은 보통명사를 지칭하는 것에 불과하니까요. 보편자라는 것이 사물을 구별 짓기 위해 인간이 만들어 놓은 구분의 체계에 지나지 않는다는 것이죠. 종(種)이나 류(類)처럼 말이지요. 하지만 신학이 주도하고 있는 분위기에서 보편자의 문제는 사소한 것이 아니었습니다. 자칫 신학의 전체 체계를 뒤흔들 수도 있는 중대한 문제였습니다.

기독교 신앙에서 원죄는 신과 인간의 관계를 결정하는 핵심입니다. 태초의 인간이었던 아담과 이브는 선악과를 먹고 신과 멀어집니다. 이로부터 모든 인간은 원죄를 안고 태어나게 되죠. 아우구스티누스의 표현을 빌리면 인간은 '태어나기 전부터 죄인'입니다. 아담과 이브가 죄를 지었기 때문입니다. 아담과 이브의 이야기는 인간이면 누구나 죄를 안고 태어나게 되는, 보편적 인간의 문제를 담고 있습니다.

만약 보편적인 인간이 존재하지 않는다면 어떻게 될까요? 한마디로 원죄는 성립되지 않습니다. 보편자의 존재를 믿지 않는 유명론자라면 이렇게 말할 것이 분명합니다. '아담과 이브의 죄가 왜 나의 죄가 됩니까?' 유명론자들에게 아담과 이브의 죄는 남의 죄, 아무리 잘 대접해도 조상의 죄밖에 되지 않습니다. 이처럼 보편자의 존재에 대한 문제가 기독교 신앙 체계를 뒤흔드는 문제로 발전할 수 있는 것입니다.

## 오컴

여기서 기억할 필요가 있는 사람이 등장합니다. 오컴(Ockham, 1285-1349)입니다. 유명한 '오컴의 면도날'의 주인공이지요. 오컴의 면도날이란 '설명을 할 때 최소한의 필연적인 것 이상을 가정해서는 안 된다'는 것입니다. 우리는 살아가면서 어떤 가정을 하곤 합니다. 예를 들어, 매일 점심을 같이하던 직장 동료가 오늘은 다른 사람과 점심을 먹었습니다. 이럴 때 어떤 사람들은 '다른 동료가 같이 먹자고 했나 보군'이라고 생각합니다. 또 다른 사람은 '저 사람이 나를 피하는 게 분명해. 어제 내가 그의 말을 잘 들어주지 않아서일 거야'라고 생각할 수 있습니다. 어떤 경우가 검증할 수 없는 가설을 많이 사용했을까요? 두 번째 사람입니다. '나를 피하는 게 분명해', '내가 말을 잘 들어주지 않아서일 거야' 등의 검증되지 않은 가설들을 사용해서 문제만 복잡하게 만들었습니다. 오컴의 주장은 단순하게 볼 때 제대로 볼 수 있다는 것입니다.

오컴은 철저한 유명론자였습니다. 그는 세계에는 개별자만 존재하며 보편자는 우리의 정신에 있는 관념일 뿐이라고 보았습니다. 보편자라는 애매한 개념이 오컴의 면도날에 의해 잘려 나가 버립니다. 추상적이고 애매한 개념과 신념들은 믿을 것이 못 됩니다. 사실로 확인된 것이 아니기 때문입니다. 이런 이유로 오컴은 우리의 지식은 감각적 경험에 의존할 수밖에 없다고 보았습니다. 그래서 구체적인 사물을 통해 직접 얻은 지식만을 긍정했습니다. 이런 오컴의 생각은 이후 영국의 경험론으로 이어지면서 철학사에 중요한 흐름을 만들어 냅니다.

## 중세의 종말

중세 초기 교부들이 기독교 교리를 체계화하는 과정에서 플라톤 철학이 활발하게 논의되었습니다. 체계화 과정에서 큰 공헌을 한 사람이 아우구스티누스였지요. 이후 교부들이 아리스토텔레스를 수용하면서 신학과 철학의 조화를 바탕으로 스콜라철학의 시대가 열렸고, 아퀴나스의《신학대전》으로 스콜라철학은 정점에 이릅니다.

중세철학은 신과 세상의 관계를 이해하고 설명하려는 노력, 아울러 철학을 통해 신학을 완성하려는 부단한 노력의 과정이었다고 할 수 있습니다. 이성으로 신의 존재를 증명하고 진리에 접근하려는 탐구의 시간들이었습니다. 이처럼 철학이 신학이라는 큰 테두리 안에 머물러 있었음은 분명한 사실입니다. 중세철학을 '신학의 시녀'라고 정리하는 이유입니다.

하지만 철학이 단순한 시녀 역할만 한 것은 아닙니다. 신학의 그늘 아래에서 언제든 뛰쳐나오려는 물 밑 움직임들이 활발했습니다. 그것은 르네상스와 종교개혁 같은 새로운 운동이 일어나자 곧바로 철학이 등장한 것으로도 쉽게 확인할 수 있습니다. 인간의 생각이라는 것이 조그마한 틈만 생겨도 어느새 비집고 나오는 생기 넘치는 것임을 우리는 근대철학이 시작되는 지점에 새삼 확인하게 됩니다.

# 3부
# 근대철학

# 14강. 내가 존재한다는 것을 어떻게 알 수 있는가

## 데카르트

고대와 중세 혹은 근대를 구분하는 기준이 역사적 성격에만 있는 것은 아닙니다. 철학도 기준이 될 수 있습니다. 특히 중세와 근대의 철학에는 큰 차이가 있습니다. 중세철학이 신학에 의존적이었다면 근대철학은 자연과학에 크게 영향을 받았습니다. 자연과학적 지식의 폭발로 인해 세상을 자신감 있게 바라보게 된 것이 근대철학의 큰 특징입니다.

아리스토텔레스를 받아들인 스콜라철학은 지식의 유용성에 대해 긍정적이었습니다. 이것은 근대의 철학자들이 자신감 있게 세상에 접근하는 중요한 토대가 되었습니다. 신학을 뒷받침하는 도구로 받아들였던 지식이 신학을 밀어내는 일이 벌어진 것입니다. 데카르트와 베이컨에서 그 일은 시작되었습니다.

## 근대의 시작

일반적으로 근대철학의 탄생 배경으로 세 가지를 이야기합니다. 르네상스와 종교개혁, 과학혁명입니다. 르네상스(Renaissance)는 '부활'이라는 말이 의미하는 것처럼 그리스와 로마의 고대적 세계관이 되살아남을 의미합니다. 고대는 인간의 감정과 세계에 대한 다양한 생각이 펼쳐졌던 시대였습니다. 신 중심의 중세적 세계관을 보면 인간의 감정에 대해 부정적인 태도를 취했고 삶의 기준도 교회에 두었습니다. 억눌린 것은 결국 터지게 되어 있는 법입니다. 자유와 욕망에 대한 갈증이 표면으로 터져 나오기 시작합니다.

단테, 페트라르카 같은 이탈리아의 시인들은 스콜라 철학자들이 고전을 대하는 태도에 만족할 수 없어 자신만의 독특하고 개성 있는 해석으로 고전을 탐독합니다. 그리고 고전 속에 담긴 본래적 아름다움과 지혜들을 찬양하며 인간과 삶에 대한 애정을 적극적으로 드러냅니다. 이런 작업들은 개인의 존엄성을 새롭게 자각하게 했고 기존의 권위를 타파하고 관습에 도전하려는 시도를 낳게 했습니다. 당시 르네상스의 중심지였던 이탈리아의 상업도시들은 비잔틴제국에서 망명해 온 철학자들로 넘쳐났고 그들을 중심으로 다양한 철학 활동이 펼쳐집니다. 그 결과 플라톤 아카데미가 설립되어 고대의 세계관을 확산시킴은 물론 많은 철학자도 배출하게 됩니다. 이런 분위기는 종교개혁, 과학의 발달과 맞물려 돌아갔기 때문에 큰 파급력을 가지게 됩니다.

루터(Luther, 1483-1546)에 의해서 촉발된 종교개혁은 개인주의는 물론 사회 전반에 르네상스적인 분위기를 확산시킵니다. 무엇보다 개인에 대한 교회의 영향력을 약화시켜 신학으로부터 철학을 분리시키는 데 큰 역할을 하게 됩니다. 신과 성서에 대한 맹목적인 믿음을 거부하고 현실적 감각에 기초한 합리적인 해석을 요구하여 이성적 사유의 길로 사람들을 안내합니다. 루터는 교황청의 면죄부 판매에 대해 논리적 비판을 가했고, 칼뱅(Calvin, 1509-1564)은 성서 본래의 뜻에 충실한 신앙생활을 강조하면서 기존 교회를 개혁하는 일에 앞장서게 됩니다. 결과적으로 종교개혁은 교회로부터 자유로운 개인의 탄생을 가져왔고 자유로워진 개인은 자신의 욕망을 탐구할 수 있게 되었습니다.

근대철학은 무엇보다 과학혁명의 산물이라고 할 수 있습니다. 코페르니쿠스는 천 년 동안 지지받아 온 프톨레마이오스의 지구 중심설을 일축하고 지구가 행성의 하나일 뿐이라는 태양 중심설을 제기합니다. 여기에 케플러와 갈릴레이가 망원경으로 천체를 관측하고 지동설을 증명합니다. 뉴턴에 의해 펼쳐진 찬란한 과학적 업적들은 세상을 보는 새로운 눈을 갖게 함은 물론 인간에게 강한 자신감을 심어 줍니다. 근대철학의 주된 흐름이 인식론이 되는 것은 이와 무관하지 않습니다. 과학의 발달 덕분에 세계를 알 수 있다는 자신감이 인식론의 형성과 발달을 가져왔던 것입니다.

과학의 발달에서 고려해야 하는 것은 과학이 이성에 무한한 힘을 부여했다는 점입니다. 사람들은 머릿속에서 이루어지는 형이상학을 넘어 관찰과 실험을 통해 논리적 법칙으로 증명되는 지식을 얻는 데 핵심 역할을 한 이성을 깊이 신뢰하게 됩니다. 이성은 인간이 신으로부터 부여받은, 세상을 파악하게 하는 가장 중요한 특성으로 인식되었습니다. 사람들은 이성에 대한 믿음을 토대로 세계를 인식하고 변화시키려는 시도를 하게 됩니다. 한마디로 이성의 시대가 활짝 열린 것입니다.

## 데카르트의 방법적 회의

시대와 시대 사이에는 단절이 있습니다. 그 단절의 시기를 살아가는 사람들은 혼란스러울 수밖에 없습니다. 기존에 내가 알고 있던 것들이 거짓임이 드러나거나 최소한 의심받는 일이 생기기 때문입니다. 일종의 가치관의 혼란을 경험하게 되는데 이럴 때 역사에 획을 긋는 사람들이 등장하곤 합니다. 중세와 근대의 단절기에 등장한 데카르트가 그런 인물이었습니다.

흔히 데카르트를 '근대철학의 아버지'라고 합니다. 중세와 단절된 근대적 철학의 모습을 드러낸 장본인이기 때문입니다. 그는 기존의 지식이 부정되면서 막 새로운 지식이 부상하려는 들뜬 시대에 살았습니다. 교회의 권위가 무너지고 과학적 지식의 가능성이 부각되면서 사람들은 지적 자신감에 충만해져 새로운 시도들을 하게 됩니다. 이런 상황에서 데카르트는 흔들리지 않는 확고한 지식을 얻기 위한 자기만의 독특한 작업에 들어갑니다. 바로 '방법적 회의'입니다.

기존의 지식이 모두 의심받는 상황에서 제대로 된 지식을 쌓으려면 무엇이 진정 믿을 만한 지식인지 가려내야 합니다. 그래서 데카르트는 기존의 모든 지식을 철저하게 검토한 후에 명확하고 자명한 지식을 발견하려고 시도합니다. 의심하고 또 의심해서 더는 의심할 수 없는 것을 찾아내겠다는 것입니다. 사실 데카르트의 방법적 회의는 새로운 것이 아닙니다. 헬레니즘 시대에 회의주의자들이 이미 그 방법으로 철학을 펼친 적이 있으니까요. 하지만 데카르트의 회의는 의심할 수 없는 철학적 원리를 찾아내겠다는 의도에서 이루어졌다는 점에서 그들과 다릅니다. 그래서 그의 방법을 '방법적' 회의라고 부르는 것이죠.

조금이라도 의심의 여지가 있는 것은 배제하고 명확한 근본 지식을 얻기 위해 그가 먼저 의심한 것은 우리의 감각이었습니다. 우리는 크게 감각과 이성, 이 두 가지로 세상을 파악합니다. 감각은 감각기관을 통해 세상에 대한 직접적인 지식들을 제공해 줍니다. 이성은 논리적 추론으로 얻어 내는 지식들의 기반입니다. 먼저 감각을 고려한 데카르트의 결론은 명확합니다.

감각은 변한다. 따라서 불완전하다.

얼마 전 맛집에서 스파게티를 먹었는데 너무 맛있었습니다. 그 기억을 잊을 수 없어 다시 찾아갔는데 예전의 맛이 아니어서 실망하고 말았습니다. 예전의 맛있었다는 감각은 믿을 수 없는 것이 되었습니다. 어느 날 벤치에 앉아 있는데 누군가 나를 쳐다보고 있다는 생각이 들었습니다. 고개를 들어 주변을 두리번거렸지만 아무도 없었습니다. 누군가 쳐다보고 있다는 느낌은 믿을 것이 못 됩니다. 길을 가다가 뒷모습이 친구처럼 보여서 달려갔는데 전혀 다른 사람이었습니다. 멀리서 보이는 모습 또한 믿을 것이 못 됩니다. 이처럼 우리의 감각은 정확하지 않고 변합니다. 한마디로 믿을 것이 못 됩니다.

우리는 피론 같은 회의주의자들의 주장을 통해서 감각이 불완전하며 믿을 만한 것이 못 된다는 사실을 살펴보았습니다. 데카르트의 결론 또한 피론주의자들과 다르지 않았습니다.

그가 두 번째로 검토한 것은 이성적 지식이었습니다. 그중에서 수학이나 과학적 지식은 명확하고 완전한 것같이 보였습니다. 1+1=2라는 명제는 언제나 변함없고 확실합니다. 하지만 이 역시 방법적 회의를 피해 가지 못했습니다. 데카르트가 보기에 수학적 명제 또한 우리의 능력보다 뛰어난 어떤 존재에 의해 왜곡될 수 있었습니다. 우리보다 뛰어난 어떤 악령이 있어서 1+1이 원래 3인데 우리에게 2라고 인식하도록 주입할 수 있기 때문입니다. 뛰어난 악령이 우리를 속이고 있다면 우리는 속을 수밖에 없습니다. 이렇게 '악령의 가설'에 의해 수학적 진리가 진실이라는 보장은 사라지게 되었습니다.

하지만 악령이 나를 속이려면 어딘가에 내가 있어야만 속일 수 있습니다. 내 머릿속에 거짓된 환상을 심어 줄 수는 있지만 그러려면 내가 있어야 합니다. 그래서 그는 이렇게 결론을 내립니다. '내가 생각하고 있다는 것은 내가 존재한다는 증거다.'

> 어떤 기만자 또는 다른 매우 강력하고 교활한 자가 있어서, 그가 사악한 힘을 이용해서 나를 속였을 수도 있다. 하지만 그가 나를 속이려 한다면 나는 존재해야 하지 않을까?
>
> -《성찰》

이것이 데카르트가 "나는 생각한다. 고로 존재한다"는 말을 남긴 배경입니다. 라틴어로 'Cogito ergo sum'이라고 하죠. 간단히 코기토(Cogito)라고도 합니다. 모든 것을 회의한 결과 결코 부정할 수 없는 하나의 원리를 발견한 것입니다. 데카르트는 이것을 철학의 제1 원리로 받아들입니다.

> 나는 생각한다. 고로 존재한다는 명제의 진리는 너무나 확실해서 회의주의자들이 제시한 가장 엄청난 가정조차도 그런 진리를 흔들 수 없다는 사실을 인정하면서 나는 이것을 철학의 제1 원리로 받아들인다.
>
> –《방법서설》

여기서 조심해야 할 것은 데카르트가 말하는 '존재하는 나'가 '몸'이 아니라는 점입니다. 그가 말하는 나는 '생각하는 나'를 말합니다. 악령이 나를 속일 때 속는 것은 '생각하는 나'이지 '내 몸'이 아닙니다. 그래서 나의 몸이 존재하는지는 확신할 수 없고, 나의 생각이 존재한다는 것은 확신할 수 있습니다. 이것 때문에 많은 비판을 받게 되기는 하지만 어쨌든 데카르트는 생각하는 나와 나의 몸을 구분합니다. 내가 존재한다고 할 때 그 존재는 생각하는 나를 뜻합니다.

### 본유관념

이제 데카르트는 '생각하는 나'가 존재한다는 사실을 확인했습니다. 다음 단계로 내가 어떤 사물을 생각할 때 그 사물이 존재하는지 존재하지 않는지 확인해야 합니다. 하지만 사물의 존재에 대해서는 알 수가 없습니다. 여전히 악령이 나를 속일 수 있기 때문입니다. 이 문제를 해결하기 위해서 데카르트는 인간의 관념을 구분합니다. 우리는 세 가지 관념을 가지고 있습니다. 하나는 우리 바깥의 사물에 의해서 생기는 관념으로 '외래관념'이라고 합니다. 두 번째는 우리가 만들어 내는 관념으로 '인위관념'이라고 부릅니다. 세 번째가 중요한데 '본유관념'입니다. 본유관념은 외부의 사물에서 오는 것도 아니고 스스로 만들어 낸 것도 아닌, 인간이 가진 생각하는 능력에 근거하는 관념입니다.

데카르트는 인간이면 누구나 타고날 때 이미 어떤 지식을 가지고 태어난다고 믿었습니다. 그것이 본유관념입니다. 우리가 자신을 느끼는 자아의 관념, 수학적 계산으로 얻어지는 관념 등이 대표적입니다. 플라톤은 이데아계에 있던 인간이 현실세계로 내려오면서 육체와 결합할 때 육체의 감각 때문에 이데아의 진리들을 잊어버리게 된다고 했습니다. 그 잊어버린 진리를 회복하는 방법이 철학이었습니다. 데카르트의 본유관념은 플라톤의 이데아와 깊이 연관되어 있습니다.

데카르트는 본유관념이 너무도 명석판명한 것이어서 재론의 여지가 없는 진리라고 보았습니다. 이제 모든 지식은 명석판명한 본유관념에 기반해야 합니다. 명석판명한 지식에서 나온 것만이 믿을 수 있는 지식이기 때문입니다. 데카르트에게 본유관념에 기초한 탐구는 세계의 진리를 인식할 수 있는 기반인 동시에 지적 자신감의 원천이었습니다.

아직 악령의 문제가 해결되지 않았습니다. 악령이 우리의 본유관념을 속일 수 있기 때문입니다. 이 문제를 해결하기 위해서 데카르트는 신을 데려옵니다. 전지전능하고 선한 신이 인간에게 이성을 심어 주었고 신은 선하기에 이성으로 파악할 수 있는 지식은 거짓이 아니라는 주장입니다.

그럼 신이 존재한다는 것은 어떻게 증명할 수 있을까요? 데카르트는 '무한성'이라는 개념을 활용합니다. 우리는 '무한하다'는 말을 자주 합니다. 끝이 없다는 뜻이죠. 데카르트에 따르면 유한한 인간이 무한한 실체에 대한 관념을 갖는 것은 불가능합니다. 인간에게 무한함에 대한 관념이 있다는 것은 무한한 실체가 나에게 그 관념을 부여했기 때문입니다. 무한성이라는 개념은 본유관념인 것입니다. 인간이 태어나기 전부터 가지고 있던 지식인 셈입니다. 이것을 부여한 것이 신이죠. 본유관념의 존재는 신의 존재를 증명하는 근거로 제시됩니다.

중세 이래로 신은 절대로 선한 존재입니다. 선한 존재는 거짓을 행하지 않죠. 당연히 인간을 속이지도 않습니다. 그 결과 인간은 감각으로 느끼는 사물의 존재를 긍정할 수 있습니다. 우리가 보고 만지는 것이 실제로 존재하는 이유는 신이 우리를 속이지 않기 때문입니다. 이렇게 선한 신의 존재를 증명함으로써 악령에게 속을 걱정은 사라지게 됩니다.

### 정신과 물질 분리

데카르트는 정신과 물질(extension)이라는 두 실체를 모두 인정합니다. 앞에서 우리는 '생각하는 나'가 존재한다는 사실을 알았습니다.

하지만 육체가 존재한다는 사실은 여전히 의심스럽습니다. 다행히 우리가 육체를 감각할 수 있다는 것은 육체가 존재한다는 증거가 될 수 있습니다. 나의 몸은 전능한 신이 존재하도록 해 놓았고 신은 우리를 속이지 않기 때문입니다. 이제 정신과 물질(육체)은 서로 다르게 존재하는 실체가 됩니다. 그래서 데카르트의 철학은 이원론(두 개의 근본적인 실체를 인정한다)입니다. 그에게 정신은 물질의 작용이 아니며, 물질 또한 정신의 인식 결과가 아닙니다. 정신은 사유하지만 공간을 차지하지는 않고, 물체는 공간을 차지하는 연장이라는 성질이 있지만 사유하지는 않습니다. 인간은 두 실체의 영역에 걸쳐 있습니다.

이렇게 되면 문제가 생깁니다. 인간은 정신과 육체를 가졌는데 그것들이 따로 놀게 된 것입니다. 이 문제를 해결하기 위해 데카르트가 제시한 것이 '송과선(松果腺)'이라는 독특한 기관입니다. 우리 뇌의 한가운데에 송과선이라는 기관이 있는데 여기에서 정신과 육체를 연결하는 작용이 일어난다는 것입니다. 물론 송과선이 그런 역할을 하는지는 아직 알려져 있지 않습니다. 이 점 또한 데카르트가 비판받는 부분이기도 합니다.

신이 부여한 본유관념을 가진 인간은 자신의 이성을 활용해서 세상을 본격적으로 알아 갈 수 있습니다. 세상에는 사물들이 존재하고 있고 인간에게는 그것을 분석할 이성의 힘이 있기 때문입니다. 이것은 근대철학의 성격을 결정하는 중요한 결론이기도 합니다. 근대철학은 이성을 바탕으로 자연을 분석하고 연구해서 진리에 도달할 수 있다는 적극적 자신감으로 무장했습니다. 인간이 근대철학을 상징하는 합리적 이성으로 세계에 적극 개입하는 것이 여기에서 시작되었습니다.

흔히 데카르트의 철학을 합리론(Rationalism)이라고 합니다. 합리론이란 인간의 이성이 세상을 인식하고 진리를 파악하는 제1의 근원이라는 주장입니다. 인간이 경험하는 감각은 지식을 제공할 수 없습니다. 그것은 불완전하고 믿을 만한 것이 못 되기 때문입니다. 하지만 이성은 신이 자신을 닮은 인간에게 제공한 본유관념에 기초한 것이기에 믿을 수 있습니다. 그런 점에서 데카르트의 사유는 플라톤과 신플라톤주의, 중세철학과 맥을 같이하고 있습니다. 신이 인간에게 자신과 닮은 이성을 심어 놓았고 이것으로 세상을 알 수 있다는 믿음이 그것입니다. 하지만 데카르트가 근대 이전의 철학자들과 다른 점은 인간을 중심에 두었다는 점입니다. 이성을 사용하는 인간이 주체로 부각된 것입니다.

### 데카르트의 의미

폴란드의 정치철학자 코와코프스키(Kołakowski, 1927-2009)는 "근대철학은 데카르트의 각주다"는 유명한 말을 남겼습니다. 그만큼 데카르트가 근대철학에 끼친 영향력이 크다는 뜻입니다. 실제로 근대 이후 데카르트의 이름을 거론하지 않으면 철학을 펼치기 어려울 지경이 되었습니다. 그의 철학사적 의미를 짚어 보겠습니다.

먼저 방법적 회의를 제시한 것입니다. 그의 철학은 철저한 방법적 회의에 기초해 있습니다. 철학은 기존의 생각에 의문을 제기하는 것에서 시작됩니다. 다른 사람과 비슷한 생각을 하고 매일 같은 생각으로 살아가는 사람을 철학자라 부르지는 않습니다. 철학은 언제나 의심하고 의문을 제기하면서 새로운 생각의 길을 개척해 왔습니다. 데카르트 이후 방법적 회의는 필수불가결한 철학자의 징표가 되었습니다. 회의하지 않는 철학자는 철학자라고 할 수 없을 정도로 회의에 대한 근본적인 재인식이 이루어진 것입니다. 그런 점에서 그가 철학사에 끼친 영향력은 소크라테스가 철학에 미친 영향에 대비될 수 있을 것입니다. 소크라테스 또한 철학적 방법으로 끊임없이 질문하는 산파술을 강조했으니까요.

또 하나의 의미는 이성에 대한 신념으로 합리론의 길을 열었다는 것입니다. 감각적으로 얻어지는 경험은 불완전하기에 진리를 얻는 수단이 되기 어렵습니다. 오직 이성만이 세상을 판단하고 종합하여 진리에 이르게 할 수 있습니다. 이런 자신감은 과학과 문명의 급격한 성장이 가져다준 것에 힘입은 바가 크지만, 이성에 무한한 권능을 부여한 것은 데카르트 철학의 중요한 기여 중 하나라고 하겠습니다. 이후 대륙의 합리론은 스피노자와 라이프니츠로 이어지면서 근대철학의 주류를 형성하게 됩니다.

# 15강. 앎은 어디에서 오는가

## 로크

데카르트는 인간이 세상에 대한 지식을 가지고 태어난다고 생각했습니다. 이것을 본유관념이라고 했죠. 물론 본유관념은 감추어져 있어서 한번에 모습을 보여 주지 않습니다. 꾸준히 사유해 신이 새겨준 세상의 지식을 하나씩 되살려 내야 합니다. 본유관념의 존재는 인간 스스로 세상을 제대로 인식할 수 있다는 확신을 가져다주었습니다. 이런 자신감으로 세상을 합리적으로 이해하려고 시도하게 되지요. 19세기 이후 사상가들은 이런 생각에 합리론이라는 이름을 붙입니다.

### 합리론과 경험론

반면 본유관념의 존재를 비판하고 인간이 현실에서 얻을 수 있는 지식은 오직 경험에 의해서만 가능하다고 생각하는 사람들이 있었습니다. 영국의 베이컨, 홉스, 로크, 버클리, 흄 같은 사람들이었습니다. 이들은 인간은 감각을 통해서 지식을 얻을 뿐이며 우리가 얻는 사물에 대한 인상이나 관념들도 오직 경험에 의해서만 가능하다고 생각했습니다. 우리가 이성적으로 파악한 법칙이라는 것도 알고 보면 경험의 종합에 불과할 뿐이라는 것이죠. 이런 생각들은 주로 영국을 중심으로 발달하게 되는데 대륙의 합리론과 대비해서 영국의 경험론(Empiricism)이라고 부릅니다.

경험론은 단순히 경험을 통해서 세상을 인식한다는 정도에 그치지 않고 사회철학으로 발전하게 됩니다. 경험론자들에게는 절대적인 진리나 완전한 존재 같은 것은 의심받아 마땅한 것이었습니다. 그렇다 보니 왕이나 군주, 신 같은 중세적 권위에 대해 거부하는 모습을 보였고 인간이 서로 협상, 타협하여 이루어 내는 자유주의와 민주주의에 깊은 관심을 보였습니다. 개인주의의 등장과 사회계약론, 공화제 같은 다양한 이론과 제도적 장치가 탄생하게 된 것은 경험론자들의 활약에 힘입은 바 큽니다.

합리론과 경험론은 인간의 지식이 어디에서 오는지 그 원천을 알기 위한 철학적 시도였습니다. 고대에도 이런 시도들은 있었습니다. 감각보다 이성에 기초한 지식을 지지하는 합리론적 입장이 주류를 이루었습니다. 감각에 의한 경험은 착오나 실수를 일으켜 잘못된 판단을 하게 할 위험이 있었습니다. 반면 수학이나 논리적 지식은 오류 가능성이 낮습니다. 서양철학이 이성 중심의 합리적 논리를 중요시한 것은 이런 배경과 관련이 있습니다.

합리론자들은 이성으로 얻은 지식이 확실하며, 이를 기초로 다른 지식들을 확장해야 한다고 믿었습니다. 당연히 수학, 과학, 논리학 같은 학문을 기초에 두어야겠지요. 이런 영향 때문에 근대 이후 과학은 수학적 성격을 강하게 드러냅니다. 아무리 훌륭한 과학 이론도 수학적으로 증명할 수 없다면 헛된 주장으로 간주되었습니다. 오직 수식으로 증명된 것만을 진리로 간주하겠다는 것입니다. 실제로 데카르트는 수학적 지식을 모든 지식의 원형으로 생각했습니다. 철학도 수학적 지식의 바탕에서 이루어져야 한다고 믿었으니까요. 명확한 진리를 바탕으로 다른 지식들을 연역적으로 도출해 낼 수 있다면 그 지식들은 믿을 수 있는 것이 되겠지요. 이것이 합리론자들의 의도였습니다.

합리론과 경험론은 오늘날 우리 삶의 방식에서도 그 잔재를 확인할 수 있습니다. 이성과 합리성을 믿고 뭐든 할 수 있다는 자신감으로 세상을 사는 방식과 우리가 알 수 있는 것에는 한계가 있고 만물은 상대적인 것이기에 완전하거나 절대적인 것은 없다는 생각이 그것입니다. 전자는 절대자에 대한 무한 신뢰나 자연에 대한 인간의 우위를 주장하고, 후자는 독단을 거부하고 타협과 합의를 강조하며 인간도 자연의 일부일 뿐이라는 생각으로 연결됩니다.

## 베이컨과 우상의 붕괴

경험론의 전통은 중세의 신학자 오컴과 경험론의 선구자 베이컨으로 거슬러 올라갑니다. 중세의 보편논쟁에서 오컴은 보편자는 존재하지 않으며 구체적인 사물만 있을 뿐이라는 유명론을 주장했습니다. 보편자는 사물을 감각하면서 우리의 정신이 인지한 것일 뿐이라는 입장이죠. 그의 주장은 우리의 지식은 구체적인 경험과 관찰에 의존할 수밖에 없다는 생각으로 이어집니다.

베이컨(Bacon, 1561–1626)도 사람들이 자주 그릇된 판단을 한다는 사실을 잘 알고 있었고 그것이 잘못된 선입견과 어리석음에 기초하고 있다고 보았습니다. 그가 보기에 모르면서도 아는 척하고, 틀렸으면서도 맞는 것으로 착각하며 살아가는 사람들은 일종의 우상에 빠져 허우적거리는 것과 다름없었습니다. 이른바 베이컨의 '4대 우상론'입니다. 여기서 우상이란 인간을 잘못된 생각이나 판단으로 이끄는 경향들을 말합니다.

첫 번째 우상은 종족의 우상입니다. 이성은 한계가 있고, 인간은 감정의 동물이기에 오류를 범하기 쉽습니다. 예를 들어 우리는 무엇인가를 이루고자 하는 목적을 가지고 살아갑니다. 이런 목적의식으로 인해 세계 또한 어떤 목적에 의해서 움직인다는 생각을 가지게 됩니다. 꽃이 피는 것도 목적이 있고 태양도 목적이 있으며 심지어 돌멩이도 목적이 있다는 식입니다. 이렇게 자기 생각에 갇혀 다른 것들을 추측함으로써 잘못된 확신이나 신념을 가질 수 있습니다. 종족의 우상은 인간 종족이 가진 한계와 오류를 지적합니다.

두 번째는 동굴의 우상입니다. 종족의 우상이 인간 전체의 문제라면 동굴의 우상은 개인적인 것입니다. 사람은 누구나 자기만의 동굴을 가지고 있습니다. 이 동굴은 경험이기도 하고, 환경이기도 합니다. 어떤 사람이 자라면서 경험한 것이나 그가 처한 환경은 그의 생각에 영향을 끼칩니다. 예를 들어 한 사람이 읽은 책은 그의 생각에 영향을 미치고, 그가 속한 당파는 그가 어떤 주장을 하도록 만듭니다. 한마디로 주관적 입장으로 인한 우상이라고 할 수 있습니다.

세 번째는 시장의 우상입니다. 시장은 인간의 의사소통이 일어나는 대표적인 공간입니다. 이곳에서 인간은 말을 통해서 생각하고 의사소통을 합니다. 그렇다 보니 언어라는 것에 기만당하기 쉽습니다. 아테나 여신이라는 말이 있으니 실제로 아테나 여신이 존재하는 것으로 생각합니다. 추상적이고 관념적인 말에 속아 그것의 존재를 믿거나 확신하는 경우가 시장의 우상인 것입니다.

네 번째는 극장의 우상입니다. 인간은 역사를 통해서 많은 유산을 축적해 왔습니다. 사상, 종교, 예술 등이 그렇습니다. 나약한 인간은 제대로 생각해 보지도 않고 그것을 믿고 따르는 경향이 있죠. 베이컨은 '일반 사람들이 믿고 따르는 체계는 모두 무대의 연극에 불과하다'며 비판 없는 사상과 신앙을 공격합니다. 이런 공격은 철학에도 해당됩니다. 플라톤이나 아리스토텔레스의 사상이라면 일단 옳다고 보는 생각들이 그것입니다.

4대 우상론을 통해 베이컨은 인간은 오류를 저지르면서도 그것을 제대로 알지 못하고 살아간다고 비판합니다. 이런 우상에서 벗어나려면 과학적 사고와 명확한 근거에 의한 판단이 필수적입니다. 이를 위해 자연을 자세히 관찰하는 것과 관찰된 사실을 정리하는 방법이 중요하다고 강조합니다. 그 방법이 바로 귀납법입니다. 어떤 결론을 먼저 내려 놓고 그것에 대해 검증해 나가는 것이 아니라 다양한 경험적 사실로부터 원리를 추론해 나가는 방법입니다. 개별적 사실들에서 일반적 진리를 얻는 과정이라고 할 수 있습니다.

베이컨의 4대 우상론과 귀납법은 기존의 권위를 부정하는 것으로 시작합니다. 인간의 인식에 오류가 있음을 인정하고 어떤 절대적 진리를 전제로 하지 말고 경험에 기반한 관찰을 통해 지식을 찾아갈 것을 권합니다. 그런 점에서 베이컨은 기존의 것을 부정하는 데카르트의 취지에 공감하면서도 데카르트와는 다른 방법으로 진리를 탐구했다고 할 수 있습니다. 데카르트가 사색과 성찰을 통한 연역적 방법을 사용했다면 베이컨은 과학적 관찰과 귀납법으로 접근했다는 점에서 명확한 차이를 보입니다.

### 인간은 백지다

로크(Locke, 1632-1704)라는 인물은 사상가로 알려져 있습니다. 자유주의 사상의 시조이자 영국의 명예혁명을 성공시킨 주역이었으니까요. 사회 교과서에서 그는 의회민주주의를 주창하고 저항권을 인정한 인물로 설명되는 등 철저히 정치적인 활동만 부각됩니다. 하지만 그는 사상가이기 이전에 경험론을 대표하는 철학자였습니다.

경험론의 대가인 만큼 그는 합리론자들의 본유관념에 대해 날카롭게 비판합니다. 세상에 대한 지식이 우리에게 선천적으로 내재되어 있다면 아이들이나 백치들도 그 이치를 알고 있어야 하는데 그렇지 못합니다. 아이들은 성장 과정에서 경험과 교육을 통해 세상을 배웁니다. 백치는 배움에 어려움이 있기 때문에 세계를 인식하는 데 한계가 있습니다. 이런 비판을 통해 로크는 모든 관념과 지식은 오직 경험에서만 나온다고 주장합니다. 경험을 통해 감각을 얻고, 감각된 것을 숙고하는 과정에서 사물에 대한 관념이 생긴다는 것입니다. 예를 들어 비가 오면 어쩔 수 없이 비를 맞게 되는 경우가 있습니다. 이때 차갑다거나 축축하다는 감각을 얻게 됩니다. 이런 경험을 통해서 사람은 비를 맞으면 차갑고 축축하다는 것을 알게 되고 비는 피해야겠다고 생각합니다. 비에 대한 본유관념(비는 차갑고 축축하다)을 가지고 있지 않다는 것이죠.

로크의 생각은 '타불라 라사(Tabula Rasa)'라는 유명한 말로 이해됩니다. '깨끗한 서판'이라는 뜻의 라틴어입니다. 로크는 타불라 라사로 사람의 본래 상태를 설명합니다. 갓 태어난 사람의 상태는 한마디로 백지입니다. 아무것도 새겨지지 않은 깨끗한 서판 혹은 백지 위에 살아가면서 겪는 경험을 통해서 관념을 형성해 나가는 것이 사람의 삶입니다.

로크의 주장에 대해 합리론자들은 모든 사람이 인정할 만한 지식이나 원리가 존재한다는 사실로 반박합니다. 그러자 로크는 사람들이 일반적으로 믿는 지식이나 원리들은 어린 시절 남의 말을 받아들이고서 시간이 없거나 소심해서 비판적으로 검토해 보지 못한 것이라고 설명합니다. 자신이 믿는 것을 어떻게 알게 되었는지를 잊고 그 내용만 본유관념이라고 생각해서는 안 된다는 것입니다. 로크에 따르면 우리의 지식 중에서 선천적인 것은 없으며 모든 것은 경험에 의해 얻어질 뿐입니다.

철학 공부는 비판적 사고를 통해서 스스로 판단해 보는 과정입니다. 여러분은 합리론자입니까, 경험론자입니까? 합리론자라면 왜 그렇게 생각합니까? 경험론자라면 그 근거가 무엇입니까? 합리론과 경험론을 공부하면서 우리가 해야 할 작업이 이런 연습입니다. 단순히 합리론과 경험론의 주장과 근거를 외우는 것은 별 의미가 없습니다. 스스로의 판단으로 생각의 폭을 넓히는 일이야말로 철학을 통해 우리가 얻어야 할 것입니다. 베이컨이 말하는 우상에 빠지지 않기 위해서라도 스스로 판단하는 힘을 길러야 하겠습니다.

### 복합적 지식은 어디에서 오는가

모든 지식이 경험에서 얻는 감각에 기초한다면 우리가 가진 복잡한 지식들은 어떻게 해서 얻을 수 있는 것일까요? 이것을 설명하기 위해서 로크는 관념을 단순관념과 복합관념으로 구분합니다. 단순관념이란 우리가 감각을 통해서 직접적으로 얻게 되는 관념들을 말합니다. 사과는 둥글게 보입니다. 색은 빨간색이고 한입 베어 물면 단맛이 납니다. 이것들은 우리가 일차적, 직접적으로 알 수 있는 관념들입니다. 우리 마음은 이런 것들을 수동적으로 받아들이는 데 익숙합니다. 사물을 감각할 때 우리의 감각은 단순관념들을 거부하거나 수정할 수 없습니다. 설탕을 맛보면 달고 소금을 맛보면 짠 것은 이것 때문입니다.

복합관념은 두 가지 이상의 단순관념들로 이루어진 관념을 말합니다. 우리는 유니콘을 떠올릴 수 있습니다. 유니콘은 말처럼 생겼는데 머리에 뿔이 달렸습니다. 말이라는 단순관념과 뿔이라는 단순관념이 결합되어 유니콘이라는 복합관념이 만들어집니다. 인간은 단순관념들을 결합하고 종합해서 복잡한 관념들을 만들어 낼 수 있는 능력을 가지고 있습니다. 이것을 로크는 '지성'이라고 불렀습니다.

그렇다면 단순관념들은 어떻게 생기는 것일까요? 로크는 사물은 두 가지 성질을 내재하고 있다고 보았습니다. 사물은 관념을 생성시키는 힘을 가졌는데 사물이 가진 성질은 제1 성질과 제2 성질로 나눌 수 있습니다. 제1 성질은 사물 본래의 성질로, 변하지 않고 고정된 것입니다. 반면 제2 성질은 우리가 사물을 인식할 때 경험하여 알게 되는 것으로 가변적이고 우연적인 성격을 갖습니다. 사과를 경험할 때 빨간색, 단맛, 향긋한 냄새 같은 것은 모두 제2 성질에 해당됩니다. 로크는 제2 성질을 이렇게 설명합니다.

> 불에 손을 대면 뜨겁다는 감각을 갖게 되고, 불을 바라보면 빨간색이라는 것을 알 수 있다. 그러나 고통이 그 불 속에 있다고 주장할 사람은 없다. 색깔 또한 그 속에 있다고 할 수 없다.
>
> –《인간지성론》

우리는 제1 성질에 대해서는 알기 어렵고 제2 성질에 대해서만 인식할 수 있습니다. 사물에 대한 지식이 우리의 관념 내에서 이루어지기 때문입니다. 로크에게 인간은 사물의 본질을 제대로 인식할 수 있는 한계를 품고 있는 존재입니다. 그렇다고 해서 사물 자체가 존재하지 않는 것은 아닙니다. 이와 비슷한 이야기를 칸트에서 다시 발견할 수 있을 겁니다.

고대 이래로 철학은 발전을 거듭해서 나름의 성과를 남겼습니다.

인식론에서 얻은 결과를 요약해 보자면 '사물은 있는 그대로 자신을 보여 주지 않는다', '인간은 감각기관들을 통한 개념으로만 사물을 이해할 수 있다', '우리가 이해한 개념을 우리는 관념이라고 부른다', '우리는 사과가 아닌 사과에 대한 관념을 가진다'는 정도로 정리할 수 있습니다. 결론적으로 인간의 인식은 사물을 부분적으로 이해할 수 있을 뿐 직접 만날 수 없는 한계를 가집니다. 로크의 인식론은 이런 점을 잘 보여 주고 있습니다.

근대에 들어 인식론이 철학의 중심으로 등장한 것은 그만큼 세상을 바라보는 인간의 태도가 적극적으로 변했음을 의미합니다. 의기소침해 있을 때는 밖에 나가고 싶은 마음도, 바깥세상을 알고 싶다는 마음도 생기지 않죠. 세상에 대한 관심과 앎에 대한 적극적 태도는 인간의 태도 변화를 잘 보여 준다고 하겠습니다. 이런 경향은 본격적인 사회철학의 발달로 이어집니다.

# 16강. 사회와 국가는 어떻게 시작되었는가

|

## 홉스

인간은 함께 살아가야 하는 존재입니다. 그런데 그것이 괴로움을 줍니다. 갈등과 충돌이 빈번합니다. 인간이 왜 사회를 이루고 어떻게 살아가야 하는지 철학이 놓칠 리 없습니다. 인간 사회의 운영 규칙이나 원리에 대한 본격적인 탐구는 개인주의가 싹트는 근대에 본격적으로 전개됩니다. 플라톤의 《국가》나 아리스토텔레스의 '사회적 존재'라는 말 속에 사회철학적인 요소가 담겨 있는 것은 분명하지만 사회 운영에 대한 구체적인 논의와 실천이 주된 관심으로 떠오른 것은 근대 이후의 일입니다.

### 사회철학의 전개

사회철학에 대한 관심이 본격적으로 나타난 것은 홉스(Hobbes,

1588-1679)의 책 《리바이어던》이었습니다. 종교전쟁으로 인한 혼란의 시대에 살았던 그는 무질서하고 광포한 세상을 혐오하게 되었습니다. 특히 종교가 주는 폐단을 지적하고 국가가 이를 철저하게 통제해야 한다고 주장했습니다. 홉스가 경험한 세상은 카오스였고 이런 세상을 안정시킬 절대적인 힘이 필요함을 느꼈던 것입니다.

'리바이어던'은 구약성서 〈욥기〉에 나오는 거대한 괴물입니다. 인간이 만든 무기로는 죽일 수 없는 영원히 사는 존재입니다. 홉스는 국가가 리바이어던 같은 존재여야 한다고 생각했습니다. 개인이 죽일 수 없는 절대권력을 가진 힘의 상징이 리바이어던입니다. 국가의 절대적 힘과 우월성을 인정한다는 점에서 요즘 우리의 생각과는 다를 수 있습니다. 중요한 것은 왜 홉스가 절대적인 힘을 가진 국가를 필요로 했느냐는 것입니다.

홉스의 사회철학은 자연 상태에 대한 가정에서 출발합니다. 그가 생각한 자연 상태는 어떤 시기의 역사적 상황이 아닙니다. 원시 시대에 실제로 그렇게 살았다는 것이 아니라 '자연 상태의 인간은 그렇다'는 홉스의 생각입니다. 그 점을 고려하면서 자연 상태에 대한 홉스의 견해를 살펴보겠습니다.

홉스의 자연 상태는 무정부적인 혼란의 상태입니다. 한마디로 야만과 폭력이 지배하는 사회입니다. 이것을 홉스는 '만인에 대한 만인의 투쟁' 상태라고 표현합니다.

> 인간은 모두를 두렵게 하는 '공통의 힘'이 없이 사는 동안에는 투쟁의 상태에 있으며, 그러한 투쟁은 만인에 대한 만인의 투쟁이라고 할 만

하다.

—《리바이어던》

아무런 제약 없이 자유롭게 살아가는 인간을 상상해 보면 홉스의 생각을 이해할 수 있습니다. 도덕이나 법률에 의한 제약이 없으면 어떻게 될까요? 자기가 하고 싶은 대로 할 겁니다. 힘이 센 사람들이 큰소리를 칠 것이고 무리를 지어 이익을 위해 불합리한 행동도 서슴지 않고 저지를 것입니다. 이성적 판단 대신 동물적이고 이기적인 본성이 앞서는 세상, 이것이 홉스가 생각한 자연 상태의 삶입니다. 그는 이런 상황이 발생하는 이유를 인간의 본성에서 찾았습니다. 경쟁심과 자신감 부족, 명예욕이 그것이었습니다.

경쟁심은 사람들로 하여금 무언가를 얻기 위해 타인을 침략하게 만들며, 자신감의 결여는 안전을 위해, 명예욕은 명성을 위해 타인을 침략하게 만든다.

—《리바이어던》

자연 상태에서 사람은 자연권을 행사할 수 있습니다. 자신의 생명을 보존하기 위해 원하는 대로 자신의 힘을 사용할 수 있는 것이 자연권입니다. 홉스는 자연권을 '자연 상태에서는 무엇을 갖고 무슨 짓을 하든 나쁠 것이 없다'는 말로 정리합니다. 만인은 만인에 대하여 적인 상태라서 적으로부터 자신을 보호할 권리를 가지는 것입니다.

잊지 말아야 할 것은 홉스가 이런 상태를 혐오했다는 사실입니다.

전쟁 탓에 혼란한 세상에서 살아갔던 홉스가 갈구한 것은 전쟁이 아니라 평화였습니다.

### 홉스의 사회계약

그럼 어떻게 해야 평화를 이룰 수 있을까요? 개인들이 계약을 하면 됩니다.

> 인간은 자연 상태에서 빠져나올 가능성이 있는데, 그 가능성의 일부는 정념에 있고, 일부는 이성에 있다.
>
> –《리바이어던》

홉스가 자연 상태에서 빠져나오기 위해 강조한 것이 이성이었습니다. 점점 더 혼란스러워질수록 안정을 갈망하는 것은 당연합니다. 비참한 전쟁을 경험하면 평화를 갈구하게 됩니다. 이런 이유로 인간은 자연적으로 부여받은 권리를 평화와 사회적 안정을 위해 양도하는 일종의 계약을 맺게 됩니다. 이것이 '사회계약(Social contract)'입니다.

사회계약은 자연적 권리를 포기하고 양도하는 것입니다. 개인이 자기를 위해 사용할 권리를 양도하는 이유는 그것이 자신에게 더 이로우리라는 이성적 판단 때문입니다. 계약을 통해 개인은 폭력이나 혼란의 위협으로부터 안심하고 살아갈 수 있습니다. 하지만 계약을 했다고 해서 모든 사람이 그것을 지키리라 확신할 수는 없습니다. 그래서 계약을 담보하는 힘이 필요해집니다. 그것이 리바이어던 즉 국가입니다.

홉스는 국가에 개인들이 계약을 지켜 낼 수 있도록 담보할 수 있는 강력한 힘을 부여합니다.

> 다수 사람의 평화와 공동의 방어를 위해 편리하다고 생각하는 대로 그들의 힘과 수단을 끝까지 사용할 수 있다. 칼에 의해 뒷받침되지 않는 계약은 단지 말에 불과하며 사람을 구속할 수 있는 아무런 힘도 갖지 못한다.
>
> -《리바이어던》

국가는 개인들이 자신의 생명과 평화를 지켜 내기 위해 서로 계약해 탄생한 것으로 그 정당성의 원천이 개인들에게 있습니다. 하지만 국가의 통치자(군주)가 무엇을 하든 개인은 그것에 대해 항의할 수 없습니다. 통치자의 방식이 마음에 들지 않는다고 저항하거나 거부하는 경우 계약 자체가 위험해질 수 있기 때문입니다. 물론 통치자가 나쁜 마음을 먹고 권력을 악용해 히틀러 같은 독재자가 되거나 전체주의 국가를 만들 수도 있습니다. 이런 위험의 존재를 홉스도 분명히 인지하고 있었습니다. 그럼에도 통치자에게 강력한 권한을 위임한 것은 계약을 담보해 내려면 강력한 힘이 절실했기 때문입니다. 힘이 없는 평화는 헛된 희망에 머물 뿐입니다. 통치자가 절대적 권력을 휘두르는 것이 무질서한 혼란과 전쟁 같은 상황보다는 낫다는 것이 홉스의 생각이었습니다. 게다가 통치자는 도덕의 원리인 자연의 법칙, 이성의 명령을 따를 의무를 지켜야 합니다. 그 의무를 충실히 이행하리라는 믿음도 한몫하고 있습니다.

홉스가 생각한 사회계약과 국가의 존재 이유를 간단히 정리해 보겠습니다. 자연 상태에서 인간은 서로에게 늑대인 상태입니다. 경쟁심과 자신감 부족, 명예욕 같은 본성으로 인해 서로 남의 것을 빼앗아 '만인에 대한 만인의 투쟁' 상태를 만들게 됩니다. 이런 자연 상태를 경험한 인간은 생존에 대한 강한 욕망을 품고 평화도 바라게 됩니다. 그 결과 이성을 발휘해 자연권을 포기하고 함께 평화롭게 살기 위한 사회계약을 맺습니다.

사회계약을 통해 개인이 자신의 권한을 위임한 대상이 바로 국가입니다. 계약을 체결한 개인은 평화와 안전을 원하지만 모든 사람이 계약을 지키리라 확신할 수는 없습니다. 그래서 개인에게 계약을 이행하도록 강제할 수 있는 강력한 힘을 국가에 부여한 것입니다. 이제 국가는 그 힘으로 개인의 생명과 사회의 평화를 보장할 수 있게 되었습니다.

### 로크의 사회계약론

홉스의 리바이어던은 큰 위험을 안고 있습니다. 절대권력을 탄생시킬 수도 있기 때문입니다. 실제로 20세기에 등장한 파시즘은 국민이 선출한 대표자가 독재권력의 중심이 되어 세상을 피로 물들이고 세계를 광란으로 몰아넣은 사상이었습니다. 리바이어던이 얼마나 폭력적일 수 있는지 실제로 체험하게 된 것입니다. 이런 문제를 미리 알았던 것일까요? 로크는 홉스와 다른 사회계약을 이야기합니다.

로크는 홉스보다 조금 늦게 태어났지만 그와 비슷한 사회적 분위기에서 살았습니다. 시민계급의 요구가 분출하는 시대였기에 권력이 어떠해야 하는가에 대한 고민도 컸습니다. 자본주의가 발달하는 과정에서 부르주아들의 요구는 넘쳐 나는데 기존의 사회적 담론으로는 문제를 해결할 수 없었습니다. 그 상황에서 등장한 현실적 대안이 사회계약론이었습니다.

로크 역시 자연 상태의 인간에 대한 이야기로 시작합니다. 그는 자연 상태에서 인간은 모두 자유롭고 평등한 상태라고 생각했습니다. 홉스가 생각한 자연 상태와는 정반대의 모습이죠. 그의 생각을 따라가 보겠습니다. 자연 상태의 인간은 자유롭고 평등하게 태어납니다. 물건을 소유하고 재산을 유지하면서도 다른 사람에게 피해를 끼치지 않으려고 합니다. 하느님이 인간에게 부여한 이성을 통해 자연법을 깨닫고 스스로 행위를 통제하기 때문입니다. 하지만 이런 상태는 언제 깨질지 모르는 평화와 같습니다. 이성을 잃은 인간이 권리를 침해하거나 전쟁과 같은 소요를 일으킬 수도 있기 때문입니다.

인간은 이런 불안을 해소하기 위해, 재산을 소유하고 자유를 누리는 안전한 삶을 보장받기 위해서 사회를 형성합니다. 서로 계약을 맺는 것입니다. 각자의 의사에 따라 하나의 공동체를 이루기로 동의하고 스스로 국가의 구성원이 됩니다. 이렇게 탄생하는 것이 국가입니다. 이 계약을 통해 개인은 자연 상태에서 누렸던 권리를 공동체인 국가에 양도하게 됩니다. 국가는 계약을 구체화하고 분쟁을 해결하는 동시에 구성원들의 권리가 침해되지 않도록 조치를 취할 수 있는 기구들을 구성합니다. 이렇게 구성된 기구가 입법권과 집행권입니다.

홉스와 로크는 자연 상태의 인간에 대한 견해가 서로 달랐습니다. 하지만 인간 스스로 안정과 평화를 위해서 사회계약을 맺어 국가라는 공동체를 형성한다는 점에서는 의견이 같습니다. 두 사람의 생각이 크게 다른 지점은 이것입니다. 국가권력에 저항할 수 있느냐 아니냐. 로크는 계약에 의해 형성된 국가와 그 기구들이 맡겨진 임무에 반한 행동을 할 경우 국민이 입법부를 폐지할 수 있다고 주장합니다. 국가권력에 대한 국민의 저항권을 인정한 것이지요. 반면 홉스는 리바이어던의 힘을 강조하기에 저항을 인정하지 않습니다.

## 근대국가와 철학

국가 모습에는 여러 가지가 있습니다. 고대 그리스의 도시국가가 있고 중세의 봉건국가가 있고 근대 초기의 절대주의국가도 있습니다. 여기에 지금 우리가 살고 있는 근대국가도 있습니다. 근대국가란 시민계급이 주동해 형성된 국가로, 의회가 자유주의와 민주주의를 기반으로 제정한 법률에 근거해 권력을 행사합니다. 근대국가에서 주인은 국민이고, 국가는 국민의 자유와 권리를 최대한 보장합니다. 왕이 중심이 되는 봉건국가와는 전혀 다른 모습입니다. 이 근대국가의 형성과 직접 관련된 것이 사회계약론입니다.

홉스와 로크의 사회계약은 루소로 계승됩니다. 루소는 사회계약이 인간의 자유를 보장해 주어야 한다고 생각했습니다. 개인이 가진 의지 중에서 공동의 선을 지키고자 하는 의지들이 모여 '일반의지(General will)'가 이루어진다고 보았고, 일반의지에 의해 창출된 것이 국가이며 국가는 기구와 법을 통해 일반의지를 집행합니다. 따라서 주권은 국민에게 있고 개인은 법에 복종해야 합니다. 이런 인민주권론과 공화주의 사상은 프랑스혁명의 사상적 기초가 됩니다. 한편, 루소는 제한적으로 저항권을 인정했습니다. 권력이 정당성을 갖추지 못했을 때는 복종할 필요가 없다고 본 것입니다.

이처럼 홉스, 로크, 루소로 이어지는 사회계약론은 근대국가의 탄생을 설명하고 국가의 정당성을 뒷받침하는 이론으로 쓰였습니다. 당시 등장한 시민계급의 사회적 요구를 철학적으로 담아내는 과정에서 만들어진 담론이지요. 사회계약론은 인간이 사회를 바라보는 시각을 바꾸었고 자유민주주의를 정착시키는 데 크게 기여합니다.

철학을 형이상학으로만 이해하는 사람들은 철학을 생활과 무관한 공허한 것으로 여기기 쉽습니다. 그런 사람들도 사회철학을 만나게 되면 생각이 달라지죠. 사회철학은 인간이 좋은 삶을 살기 위해서 사회를 어떻게 구성하고 운영해야 하는지에 대한 사유들을 담고 있기 때문입니다.

이후 사회철학은 계몽주의의 흐름을 타고 사회 전반에 대한 관심으로 이어집니다. 이런 관심은 칸트와 헤겔에 의해 적극적으로 논의되다가 마르크스에 이르러 인간의 역사에 엄청난 영향을 미치게 됩니다. 사회철학이 단순히 사회를 이해하고 해석하는 데 그치지 않고 사회를 변혁하는 힘으로 이해되면서 말이지요.

# 17강. 인간은 세상을 알 수 있는가

|

흄

근대철학은 인식론에 깊은 관심을 가졌습니다. 데카르트에 의해 시작된 인간의 홀로서기가 과학의 힘으로 탄력을 받으면서 '세상을 어떻게 알 수 있는가'에 대한 관심이 증폭되었습니다. 인식론은 신으로부터 독립한 인간이 반드시 풀어야 할 숙제 같은 것이었습니다. 숙제를 하는 과정에서 데카르트처럼 인간은 타고난 이성의 힘으로 세상을 알 수 있다고 믿었던 합리론자들과 로크처럼 경험을 통해서만 인식이 가능하기 때문에 인간의 앎에는 한계가 있다는 경험론자들이 등장하게 되었습니다.

## 흄의 목표

로크의 경험론을 계승하면서 발전시킨 사람이 영국의 철학자 흄

(Hume, 1711–1776)이었습니다. 그가 살았던 18세기는 그야말로 계몽주의 시대였습니다. 당연히 그도 계몽주의의 한가운데에 있었고 과학에 대한 무한한 신뢰를 바탕으로 철학을 밀어붙였습니다. 기존의 형이상학과 종교적 교리에 대해 비판적이었고, 경험과 관찰을 통한 엄격한 과학적 지식을 추구하는 것이 중요하다고 생각했습니다. 데카르트처럼 과학적 지식을 기반으로 철학을 전개하면서 불확실한 것을 비판적으로 검토해서 확실한 진리에 도달하려고 시도한 것입니다. 데카르트가 이성에 의한 연역적 방법을 사용했다면 흄은 경험과 관찰이라는 귀납적 방법을 신뢰했다는 점이 다를 뿐이었죠.

흄 철학의 목표는 인간의 의식 작용이 일어나는 원리와 과정을 설명해 내는 것이었습니다. 우리는 세상에 사물들이 존재한다는 것을 알고 있습니다. 또한 세상을 움직이는 어떤 원리 혹은 인과관계가 있다는 사실도 확신하고 있습니다. 아울러 생각하는 나가 있다는 사실 또한 믿어 의심치 않습니다. 흄은 우리가 가진 이런 사고, 믿음, 관념 같은 의식 작용들이 발생하는 원리를 설명하려고 했습니다. 우리가 무엇인가를 알거나 확신하고 있다면 그것이 정말 믿을 만한 것인지를 확인할 필요가 있다는 것입니다.

### 인상과 관념

흄은 인간의 정신은 현실의 다양한 경험이 쌓인 지각들로 이루어져 있고 이 지각들은 인상과 관념으로 구성된다고 생각했습니다. 이때 인상이란 구체적인 경험을 말하고, 관념이란 인상을 통한 기억이나 숙고에 의해서 생기는 지각을 말합니다. 예를 들어 고양이를 만지다가 발톱에 긁혀 상처가 났다면 이것은 하나의 인상에 해당됩니다. 이런 인상의 경험은 우리에게 어떤 생각을 갖게 하는 계기가 될 수 있습니다. '고양이는 사나운 동물이다', '고양이의 발톱을 조심해야 한다'는 식의 관념이 그것입니다. 사물을 구체적으로 경험하면서 인상이 생기고, 이런 인상들이 결합하여 관념을 낳게 됩니다. 그렇게 본다면 이렇게 말할 수 있습니다. '인상이 없으면 관념도 없다.' '인간의 정신이란 인상과 관념의 결합이다.'

인상과 관념을 구분하는 것은 우리의 정신 작용이 어떤 과정으로 이루어지는지를 밝히는 데 중요합니다. 흄은 인간이 본유관념을 가지고 태어난다고 생각한 데카르트와는 달리 모든 지각은 경험을 통해서 이루어진다고 보았습니다. 앞서 살펴보았듯이 인상과 관념은 지각이 형성되는 과정이자 원리였습니다. 이것을 바탕으로 흄은 우리가 당연시하는 문제들 중에서 중요한 것들을 하나씩 검토해 보게 됩니다. 그 중요한 문제들이란 세계에 사물이 존재한다는 생각, 원인과 결과가 있다는 인과율, 우리 안에 변치 않는 자아가 있다는 확신, 도덕이나 종교에 대한 믿음 그리고 지식의 문제 같은 것들이었습니다.

먼저 사물의 존재에 관한 문제부터 살펴보겠습니다. 우리는 세상에 사물들이 존재한다는 것을 당연시합니다. 눈으로 보고 손으로 만질 수 있으니 당연한 일입니다. 그런데 흄은 우리가 감각하지 않는 동안에도 사물이 존재하는 것이 확실한가를 묻습니다. 그리고 우리가 사물의 존재를 믿게 되는 근거와 원인을 추적합니다.

흄에 따르면 사물이 객관적으로 존재한다는 근거를 확인하기 위해서는 세 가지를 고려해야 합니다. 감각, 이성, 상상력입니다. 모두 우리가 세상을 인식하는 수단들입니다. 그런데 감각은 그 근거가 될 수 없습니다. 왜냐하면 우리가 어떤 사물을 중단 없이 계속 감각할 수는 없기 때문입니다. 눈을 감지 않고 어떤 나무를 계속 볼 수는 없습니다. 영원히 나무를 만지고만 있을 수도 없습니다. 그런 점에서 감각은 사물이 계속 존재한다는 근거가 될 수 없습니다.

이성 또한 원인이 될 수 없습니다. 우리의 지각은 이성적 추론을 통해서 얻을 수 있는 것이 아니기 때문입니다(흄은 경험론자입니다). 그렇다면 이제 남은 것은 하나입니다. 상상력. 사물이 존재한다는 우리의 믿음은 상상력의 작용이라는 것이 흄의 결론입니다.

우리는 조금 전에 보았던 나무가 조금 후에도 그 자리에 있으리라고 상상합니다. 실제로 눈을 감았다가 떴을 때, 잠깐 다른 곳에 다녀왔을 때, 조금 전 보았던 나무는 그 자리에 그대로 있습니다. 이런 일이 계속 반복되면 우리는 나무가 늘 그 자리에 있다고 확신합니다. 반복되는 인상이 사물의 존재를 믿게 만드는 것입니다. 하지만 눈을 감은 동안, 다른 곳에 다녀오는 동안, 사물을 직접 보는 인상이 없는 동안, 사물이 존재한다는 보장은 없습니다. 단지 우리가 있다고 상상하고 확신할 뿐입니다. 그래서 흄은 우리가 감각하지 않을 때에도 사물이 존재한다는 확실성은 얻을 수 없다고 말합니다. 변하지 않는 인상을 얻을 수 있는 방법이 없기 때문이기도 합니다. 우리는 '존재할 것'이라는 믿음을 '존재한다'고 착각하면서 살아갑니다. 결론적으로 말하면 사물의 존재에 대한 우리의 확신은 믿음일 뿐 사실이라고 볼 증거는 없습니다. 존재에 대한 지식은 추측 혹은 믿음에 불과합니다.

그렇다고 해서 흄이 실제 사물이 존재하지 않는다고 말하는 것은 아닙니다.

> 사물의 존재 여부를 따지는 것은 헛되다. 이것은 우리가 모든 추론에서 당연하게 인정해야 하는 요점이기 때문이다.
>
> -《인간 본성에 관한 논고》

사물이 항상 존재한다고 증명할 수 없더라도 그 존재는 인정할 수밖에 없습니다. 현실 생활과 철학적 탐구는 다른 문제일 수 있기 때문입니다. 흄의 의도는 관념의 형성 과정에 대한 탐구이지 사물 자체에 대한 부정이 아닙니다. 우리가 만지고 느끼는 사물이 존재하지 않는다고 말하는 것은 비현실적입니다.

### 인과관계에 대한 착각

우리는 지식을 가지고 있습니다. 이 지식에는 어떤 원인과 결과가 담겨 있습니다. '나이가 들면 사람은 죽는다'는 것이 대표적입니다. 나이가 드는 것은 원인이고, 죽는다는 것은 결과입니다. '투수가 던진 공을 타자가 치면 공은 날아간다'는 것도 마찬가지입니다. 우리가 알고 있는 지식은 원인과 결과를 연결한 것입니다. 이것을 '인과율(因果律)'이라고 합니다. 어떤 원인과 그로 인한 결과가 필연적으로 연결되어 있다는 법칙성을 말합니다.

흄은 인과율을 의심하고 분석합니다. 공을 치면 날아간다는 것을 우리는 당연하게 여깁니다. 이런 관념을 우리는 어떻게 가지게 되었을까요? 사실 공을 치고 날아가는 모습을 보기 전까지 우리는 둘 사이의 필연적 결합을 관찰할 수 없습니다. 투수가 던진 공을 타자가 쳤을 때에야 비로소 알 수 있을 뿐인데 우리는 이미 그런 생각을 하고 있습니다.

'사람은 나이가 들면 죽는다'는 관념도 마찬가지입니다. 나이가 들어서 죽을지 죽지 않을지 알 수 없습니다. 그런데도 이런 생각을 하는 것은 지금까지 모든 사람이 죽었다는 사실에 근거를 두고 있습니다. 하지만 우리는 지구에 살았던 모든 사람이 죽는 모습을 지켜보지 않았습니다. 추측 혹은 상상력의 작용으로 그렇게 생각할 뿐이죠. 우리가 보지 못했을 뿐 죽지 않고 수천 년을 살아온 사람이 있을 수도 있습니다.

2015년 개봉한 영화 〈맨 프럼 어스(The man from earth)〉에는 14000년 전부터 살아온 사람이 등장합니다. 대학교수인 그는 대학의 종신교수직 제안도 거절하고 이사를 가려 합니다. 10년 동안 한 곳에 머물렀는데 자신이 늙지 않는다는 사실을 사람들이 알아채기 전에 떠나려는 것입니다. 그의 환송회에 참여한 다양한 사람의 대화가 영화의 대부분을 차지합니다. 지구상에 이런 사람이 존재하지 않는다는 것을 우리는 어떻게 확신할 수 있을까요?

흄은 필연적으로 그렇게 될 것이라는 관념을 가져다주는 인상은 찾을 수 없다고 주장합니다. 그런데도 우리는 필연적으로 그렇게 된다고 믿고 있습니다. 이유가 무엇일까요? 흄은 우리가 아직 경험하지 못한 것들을 경험했던 것들과 비슷하리라고 상상하는 경향이 있다고 확신합니다.

> 우리가 경험하지 못한 사례들이 우리가 경험했던 사례들과 유사할 때, 자연에서는 늘 같은 일이 생긴다는 신념에 기초한다.
>
> -《인간 본성에 관한 논고》

인간은 상상력을 작동시켜 그렇게 될 것이라고 확신하는 경향이 있고, 이것이 인간의 본능적 경향성이라는 것입니다. '마음의 자연적 성향'이라는 개념은 흄에게 아주 중요합니다. 우리가 알고 있는 지식이 이성의 지적 능력의 발휘가 아니라 자연적 본능 혹은 경향에 불과할 수 있기 때문입니다. 결국 우리의 지식이란 상상력의 결과일 뿐 완전한 진리가 아닙니다.

### 자아, 도덕 그리고 종교

흄의 탐구는 우리가 당연하게 여기는 '나'에 대한 것으로도 이어집니다. 우리는 나라는 관념, 자아가 일생 동안 하나의 단일하고 불변하는 것으로 지속해서 존재한다고 생각합니다. 흄은 이런 관념이 어디에서 오는가를 묻습니다. 어떤 인상이 자아의 관념을 불러온다면 그 인상은 일생 동안 변함없이 지속되어야 합니다. 그런데 불변하면서 계속 유지되는 인상을 찾을 수가 없었습니다. '나'는 끊임없이 새로운 것을 경험하고 다른 생각을 하기 때문에 불변하면서 유지되는 인상을 얻는 것은 불가능합니다.

이 과정을 통해 흄은 '그것은 마음을 구성하는 연속되는 지각들에 지나지 않는다'는 결론에 도달합니다. 우리의 자아가 단일하고 불변하게 존재한다는 근거를 찾을 수 없다는 것입니다. 그런데도 우리가 자아에 대한 신념을 가지게 되는 것은 연속되는 지각들이 동일성을 가진다는 하나의 신념 혹은 경향 때문입니다. 우리가 살아가면서 경험하는 것들이 가지는 유사성과 인과성에 상상력이 결합되어서 고정된 자아라는 관념을 만든다는 것이죠. 방금 아침을 먹었습니다. 그리고 양치를 했습니다. 친구에게 전화를 걸었고, 지금은 책을 읽고 있습니다. 이런 것들은 '내가' 하는 행동들입니다. 무언가를 하는 나, 여러 경험을 이어 붙이고 상상해서 만들어 낸 것이 '나'라는 관념입니다.

도덕이나 종교 또한 흄의 날카로운 분석을 피할 수는 없었습니다. 우리가 가진 도덕은 어떤 경험에서 얻게 되는 쾌락 혹은 고통에 대한 인상에서 온다는 것이 흄의 분석입니다. 양보운전을 해야 한다는 신념은 접촉사고가 나서 상대방과 옥신각신해 본 경험이 있거나 그와 유사한 다른 사건들을 겪으면서 생깁니다. 그것이 오랫동안 사회에서 통용되고 교육으로 가르치다 보니 마치 변치 않는 도덕처럼 우리가 인식하게 된 것이죠.

하느님을 믿는 마음도 마찬가지입니다. 하느님이 존재한다는 관념을 지지해 주는 인상을 얻는 것은 불가능합니다. 내가 천국에 다녀온 것도 아니고, 신들을 만나 본 것도 아니고, 신이 성경을 기록하는 장면을 본 것도 아닙니다. 그런데도 하느님을 믿고 신에게 기도를 드리는 것은 모두 인간이 가진 상상력 때문이라는 것이 흄의 결론입니다.

## 흄의 방법적 회의

모든 것을 의심한다는 방법적 회의를 통해서 흄은 사물의 존재와 인과율, 자아에 대한 신념, 도덕과 종교에 대한 믿음 등에 대해 분석한 후 우리가 가진 관념이 모두 상상력의 작용이라는 최종 지점에 도달합니다. 인간 의식의 작동 원리를 설명해 내려는 흄의 목표는 이렇게 예상하지 못했던 결과로 이어졌습니다. 그 결과 인간이 이성을 사용하여 지식을 얻는다는 합리적 사고에 큰 충격을 주게 됩니다. 우리가 알고 있는 진리라는 것이 사실은 상상일 뿐이라는 절망적인 상황과 직면시키기 때문입니다.

다행히 흄의 작업이 허무로 끝난 것은 아니었습니다. 작업 과정에서 관념이 결합되고 새로운 사고가 형성되는 원리를 발견해 냈기 때문입니다. 그의 분석에 따르면 인간은 유사성과 인접성, 인과관계라는 세 가지 원리에 의해 관념을 형성합니다.

유사성은 두 사물이 유사하면 하나에 대한 사고가 다른 사고로 연결된다는 것입니다. 축구공을 보면 야구공이 떠오르거나 축구라는 말을 들으면 손흥민이 떠오르는 것이 그 예가 될 수 있습니다. 축구공을 발로 차면 날아가듯 배구공도 차면 날아간다는 생각을 하는 것도 유사성 때문입니다.

인접성이란 두 사물이 서로 가까이 있거나 시간적으로 가까이 있다면 하나의 관념이 다른 관념으로 연결될 가능성이 크다는 것입니다. 흥선대원군 하면 고종이나 명성황후를 떠올리게 되는데 이것은 시간적 인접성 때문입니다. 광화문 하면 세종대왕상이 떠오르는 것은 장소적 인접성의 결과입니다.

여기에 인과관계가 작용합니다. 인과관계는 하나가 다른 것의 원인이 되어 결과에 대한 관념으로 연결되는 것을 말합니다. 당구공을 치면 다른 공이 움직인다는 것을 우리는 관찰과 경험으로 알고 있습니다. 투수가 던진 공에 맞은 타자를 보면 '아프겠다'는 생각이 드는 것은 원인과 결과를 연결하는 우리 마음의 경향성 때문입니다.

이렇게 흄은 인간의 마음속에 관념이 형성되는 원리를 찾아냈습니다. 상상력과 마음의 습관에 의해 우리의 지식과 자아와 믿음이 형성되었음을 경험론적으로 증명합니다. 그에 따르면 우리의 지식은 습관의 결과 혹은 감각에서 얻은 추론일 뿐 절대적인 것이 아닙니다. 합리론자들이 주장하는 본유관념, 이성이라는 것도 우리 안에 있는 특수한 본능에 불과할 뿐입니다. 결국 '인간은 세상을 알 수 없다', 이것이 흄이 도달한 결론이었습니다.

여기서 주의할 것은 흄의 결론이 우리의 지식이 쓸모없다는 뜻은 아니라는 것입니다. 우리가 아는 지식이 완전하지 않다는 것, 우리 마음의 경향이 그렇다는 것일 뿐입니다. 절대적 지식은 불가능하지만 상대적인 지식은 가능합니다. 실제로 우리가 일상을 살아가는 데는 상대적인 지식만으로도 충분할 수 있습니다. 인간은 죽는다는 것이 절대적인 지식은 아닐 수 있어도 그것으로 세상을 이해하는 데 큰 도움을 얻을 수 있는 것은 분명합니다. 물론 철학자들은 절대 그것에 만족하지 않을 테지만 말입니다.

### 철학의 쌍두마차, 회의와 확신

고대 이래로 철학은 회의와 확신의 반복을 통해 발전해 왔습니다. 고대 그리스의 철학자들은 세상을 구성하는 근본 실체가 있다고 믿고 그것을 탐구했습니다. 소피스트들은 이런 확신에 회의를 가졌습니다. 반면 소크라테스와 플라톤은 절대적인 진리와 실체를 다시 확신했습니다. 근대에 접어들면서 데카르트는 방법적 회의를 통해 모든 지식에 의심을 품었고 이를 통해 '나는 생각한다. 고로 존재한다'는 확신을 이끌어 냈습니다.

흄 역시 기존의 지식에 대한 철저한 회의를 바탕으로 자신의 철학을 전개하여 우리가 아는 지식은 상상력과 마음의 습관적 작용일 뿐이라는 점을 밝혔습니다. 이렇게 우리는 데카르트의 확신이 다시 회의로 바뀌는 순간을 경험하게 되었습니다. 철학은 회의와 확신 또 다른 회의와 확신의 연속 과정입니다. 마치 우리의 생각이 의심과 확신의 반복을 통해 성장하는 것처럼 철학도 그렇게 발전해 왔고 또 발전해 갈 것입니다.

# 18강. 왜 선하게 살아야 하는가

## 칸트

직관 없는 개념은 공허하고, 개념 없는 직관은 맹목적이다.

–《순수이성비판》

칸트(Kant, 1724–1804) 하면 떠오르는 말입니다. 칸트 철학이 추구했던 바를 그대로 반영하고 있죠. 직관(直觀)이란 감각을 통해 대상을 직접적으로 파악하는 것을 말합니다. 눈으로 직접 보거나 귀로 듣고 손으로 만져 보는 것이 직관이죠. 반면 개념(槪念)은 구체적인 것들을 일반화해 만들어 낸 지식 혹은 관념을 뜻합니다. 각각 열한 명인 양편이 공을 차고 있는 모습을 보는 것은 직관이고, 이런 경기를 축구라고 이름 짓는 것은 개념입니다.

'직관 없는 개념은 공허하다'는 말은 직접적인 관찰이나 경험이 없이 개념만 가지고 있다면 그 개념은 텅 비어 있는 것이나 마찬가지라는 뜻입니다. 뭔가를 안다는 것은 그것에 대해 떠올릴 수 있고 말할 수 있고 활용할 수 있다는 것을 의미합니다. 축구의 규칙을 아무리 정확하게 안다고 해도 실제로 축구를 해 보지 않았다면 그 개념은 공허할 뿐이죠. 연예인의 이름을 안다고 해서 그 연예인의 됨됨이나 생활까지 다 아는 것은 아니기에 이름만 아는 것은 공허할 뿐입니다.

개념 없는 직관이란 지식으로 정돈되지 못한 감각이나 경험들을 말합니다. 우리는 평생 수많은 경험을 하면서 살아갑니다. 그런데 그것들이 어떤 개념이나 지식으로 묶이지 못한다면 제대로 이해될 수 없습니다. 지식은 개별적인 경험들을 묶어서 일반화한 것입니다. 비가 내리고, 나뭇잎이 떨어지고, 발로 찬 축구공이 땅으로 떨어지는 모습을 개념적 지식으로 묶은 것이 만유인력의 법칙입니다. 어떤 현상을 분류하고 개념으로 정리하지 않으면 체계화된 지식이 될 수 없습니다. 그래서 개념 없는 직관은 맹목적이라고 한 것입니다.

이제 칸트가 어떤 작업을 해냈는지 이해되실 겁니다. 칸트가 말하는 직관 없는 개념이란 합리론을 말합니다. 당연히 개념 없는 직관이란 경험론을 말하겠지요. 이 둘을 종합해서 제대로 된 철학을 완성하려는 것이 칸트의 시도입니다. 결론부터 말씀드리자면 지식을 얻으려면 경험이 필요하고, 이성을 통해 이 경험을 정리해야 필연적인 지식을 얻을 수 있다는 것입니다. 경험론과 합리론의 종합입니다.

합리론은 이성의 절대성을 신뢰하고 그것으로 세상을 알 수 있다고 믿었으나 그 결과 독단론으로 치닫고 말았습니다. 데카르트만 보더라도 '나는 생각한다'는 제1 원리를 발견했지만 본유관념의 강조와 정신과 물질의 분리라는 이원론으로 인해 현실과는 거리가 먼 주장을 펼치고 말았습니다. 반면 경험론은 모든 지식이 경험에서 출발한다고 했으나 이성적 지식에 대해 간과하는 바람에 인간은 세상을 알 수 없다는 회의주의에 빠지고 말았습니다.

합리론과 경험론의 한계를 인식한 칸트는 그만의 방식으로 방법적 회의를 실천합니다. 인간이 세상을 인식할 때 절대적으로 필요한 이성의 능력 자체를 체계적으로 비판해서 검토하는 것이었습니다. 여기서 말하는 이성은 감성과 오성(지성)까지 포괄한 개념입니다. 한마디로 인간의 인식 능력을 비판적으로 다시 살펴본다는 것입니다. 그래서 칸트의 철학을 '비판철학'이라고 합니다.

칸트는 독일 쾨니히스베르크 출생으로 평생 그곳에서 살다가 묻혔다고 알려져 있습니다. 그가 산책하는 시간에 사람들이 시계를 맞추었다는 이야기가 있을 정도로 아주 규칙적으로 생활했습니다. 근대철학을 정리하는 거대한 작업은 이런 반복적인, 따분한 일상 속에서 완성되었습니다.

### 선험적 종합판단

칸트의 철학에 접근하려면 먼저 몇 가지 개념을 정리해 볼 필요가 있습니다.

먼저 '선험적(先驗的)'이라는 말의 의미입니다. 선험적이라는 말은 경험 이전에 가지고 태어난다는 뜻입니다. 합리론자들이 말하는 본유관념은 인간이면 누구나 가지고 태어나는 것입니다. 본유관념은 선험적인 것이죠. '경험적'이라는 말은 선험적인 것과는 반대로 감각적 경험을 통해서 얻는다는 의미입니다.

분석판단(分析判斷)이라는 말도 기억해야 합니다. 분석판단은 주어가 이미 술어의 내용을 포함하고 있는 경우를 말합니다. 주어를 잘 살펴보면 술어의 내용을 알 수 있지요. '작가는 글 쓰는 사람이다.' 이 경우 작가라는 말 속에 글 쓰는 사람이라는 내용이 포함되어 있습니다. 당연히 분석판단은 필연성을 가지고 있습니다. 분석판단은 지식을 포함하고 있지만 새로운 지식이 생겨날 수는 없습니다. 게다가 선험적입니다. 경험으로 아는 것이 아니라 개념 속에 이미 내용이 담겨 있습니다. 합리론자들이 말하는 본유관념이 분석판단입니다.

종합판단(綜合判斷)은 주어가 술어의 내용을 포함하고 있지 않는 경우를 말합니다. '안상헌은 글 쓰는 사람이다.' 이 경우 주어를 아무리 분석해도 글 쓰는 사람이라는 사실을 알 수는 없습니다. 종합판단은 새로운 지식으로 연결되는 판단입니다. 종합판단은 선험적이지 않고 경험적입니다. 경험을 통해서 알게 되는 판단들은 새로운 지식을 더해 주는 종합판단입니다. 경험론자들이 말하는 지식은 종합판단에 해당됩니다.

기존의 합리론으로 얻는 지식은 항상 옳지만 새로운 지식을 얻을 수는 없습니다. 경험론으로는 새로운 지식을 얻을 수 있지만 항상 옳다고는 할 수 없습니다. 여기서 칸트는 '선험적 종합판단'이 필요하다고 생각합니다. 항상 옳으면서도 지식을 생산하게 해 주는 판단이 선험적 종합판단입니다. 이것이 가능할 때 새로운 지식을 쌓아 갈 수 있고 세상에 대한 종합적인 이해도 가능할 것입니다.

혼란스러운 분들을 위해서 선험적 종합판단이 무엇인지 자세히 살펴보겠습니다. 선험적 종합판단은 항상 옳은 필연적인 지식이면서도 새로운 지식을 더해 주는 것입니다. 칸트는 수학의 명제를 대표적인 예로 들었습니다. 4+7=11이라는 명제가 있습니다. 이 명제에서 '=11'이라는 술부에는 '4+7'이라는 개념이 들어 있지 않습니다. 그래서 종합판단입니다. 새로운 지식을 알게 해 주니까요. 그리고 이것은 항상 옳은 명제입니다. 선험적 종합판단의 가능성 덕분에 인간은 세상을 하나씩 알아 갈 수 있는 능력을 가진 존재가 됩니다.

그런데 '4+7=11'이라는 것은 우리가 세상을 인식하는 '수학적 형식'인데 이것은 우리 인간이 이미 가지고 있는 것들입니다. 인간은 세상을 인식할 때 본래 가지고 있는 어떤 형식들을 이용하고 활용합니다. 사과 하나를 보면 '둥글다', '하나다'는 식으로 인식을 하는데 그 인식의 형식은 인간이면 누구나 가지고 있습니다. 그것을 칸트는 '범주(範疇)*'라고 합니다. 칸트가 선험적이라고 말하는 것은 인간이면 누구나 가진 인식의 형식이 선험적이라는 말입니다. 선험적인 형식을 가지고 있는 인간이 경험을 통해 들어온 현상들을 판단하는 과정이 인식 과정입니다.

* 칸트는 범주를 양의 면에서 전체성·다수성·단일성, 성질의 면에서 실재성·부정성·제한성, 관계의 면에서 지속성·인과성·동시성, 양상의 면에서 가능성·현존성·필연성 등 12개로 제시했다.

## 앎에는 한계가 있다

칸트는 인간이 세계를 인식할 때 사용하는 형식으로 시간과 공간 그리고 12개의 범주를 제시합니다. 인간이면 누구나 시간과 공간을 인식하고 12개의 범주를 통해 세계를 분석한다는 것입니다. 이때 분석할 수 있는 재료들은 경험이 제공합니다. 칸트에게 지식은 시간과 공간, 범주에 의해 종합된 것입니다.

> 인간은 일정한 형식에 의해서만 사물을 인식할 수 있다.
>
> -《순수이성비판》

이것을 칸트는 '코페르니쿠스적 인식의 전환'이라고 말합니다. 코페르니쿠스적 인식의 전환이란 천동설에서 지동설로 인간의 인식이 바뀌는 것처럼 크고 중요한 변화라는 의미입니다. 좀 과장된 느낌이 들지만 그만큼 그에게 인간 인식의 조건에 대한 이해는 중요했습니다.

이전의 인식론은 내가 인식한 것이 사물의 원리와 같은가를 살폈습니다. 같다면 진리이고 아니라면 거짓입니다. 내가 본 사과가 빨갛다는 것을 확인해서 사과가 실제로 빨갛다면 그것은 진리입니다. 칸트의 인식론에서는 그렇지가 않습니다. 내가 빨갛게 보는 것은 내가 가진 인식의 조건, 즉 시간과 공간, 범주에 의해서 종합된 것입니다. 우리는 세상을 볼 때 눈을 사용하고 사물을 만질 때 손을 사용합니다. 인간이면 누구나 세상을 인식하면서 겪을 수밖에 없는 인식의 형식이요 수단입니다. 이것을 칸트는 '대상이 인식을 만드는 것이 아니라 인식이 대상을 만든다'고 말합니다. 인식의 중심이 세상과 사물이 아니라 인간과 그 인식 형식이 되었습니다.

그 결과 인식 형식을 넘어서는 사물 그 자체는 경험할 수 없는 것이 됩니다. 우리가 살고 있는 이 세계는 우리가 선험적으로 갖는 인식 형식에 의해 포착된 것이며 그 너머를 우리는 알 수 없습니다. 수학적, 자연과학적 진리도 인간이 인식하는 현상계에서만 타당할 뿐입니다. 사물 자체는 경험할 수 없는 비감각적인 세계인 것이지요. 인간은 감각에 의해 제한된 존재입니다.

칸트가 말하는 사물 자체는 무엇을 말하는 것일까요? 그것은 인간의 인식 형식을 통해서 판단할 수 없는 사물 혹은 세계를 말합니다. 대표적인 것이 신과 영혼, 세계 자체입니다. 이런 것들은 현상 사물이 아닙니다. 눈으로 보고 만지고 감각할 수 없습니다. 당연히 우리의 인식 형식에 의해 포착될 수가 없겠지요. 그래서 사물 자체로 남겨지게 됩니다. 기존의 철학자들은 형이상학이라는 이름으로 신과 영혼에 대해 수많은 이야기를 했습니다. 그것 때문에 철학이 골치 아파졌지요. 칸트는 그것이 소용없는 일이라고 미소 짓습니다. 우리 앎의 영역이 아닌 것이죠. 인식할 수 있는 영역 밖에 있기 때문입니다.

### 순수이성비판

칸트가 철학으로 풀고자 했던 주제는 인간이었습니다. '인간은 어떤 존재인가?' 이것이 칸트의 주된 관심사였습니다. 고대 이래로 철학자들은 인간은 동물들이 가지지 못한 이성을 가졌다고 믿어 왔습니다. 칸트 또한 그들의 생각과 다르지 않습니다. 인간은 세상을 판단할 때 이성을 사용할 수밖에 없고, 그래야 인간이라고 할 수 있을 것입니다. 그런 점에서 칸트의 탐구 대상은 이성입니다. 인간 이성에 대한 비판적 탐구, 이것이 칸트가 평생 걸었던 길이었습니다.

그는 세 가지 구체적인 물음으로 철학을 밀고 나갑니다. '나는 무엇을 인식할 수 있는가', '나는 무엇을 행해야만 하는가', '나는 무엇을 바랄 수 있는가' 이 세 가지 물음을 3대 비판서인《순수이성비판》,《실천이성비판》,《판단력비판》에서 풀어냈습니다. 칸트가 말하는 순수이성은 감각이나 경험으로부터 독립해서 선천적으로 인식하는 능력을 말합니다. 한마디로 이성의 세계에 대한 인식 능력 자체를 재검토해 보겠다는 것이《순수이성비판》입니다. 이에 대해서는 이미 선험적 종합판단의 가능성과 인간의 보편적 인식 형식을 다루면서 살펴보았습니다. 결론적으로 말하면 인간은 선험적인 판단 형식인 시간과 공간, 범주를 통해 감각적으로 주어지는 경험들을 종합하여 새로운 지식을 얻을 수 있습니다. 그러나 그 인식은 판단 형식의 한계로 인해 제약받을 수밖에 없습니다. 인간이 인식할 수 없는 사물 자체는 남겨지게 되고요.

여기서 실천이성의 중요성이 대두됩니다. 인간은 자연에 속하는 존재입니다. 그렇다고 해서 자연에 구속되어 식물이나 동물처럼 환경의 제약을 받아들이기만 하는 것은 아닙니다. 자연의 법칙에 속하면서도 그 법칙을 뛰어넘는 존재가 인간입니다. 그래서 순수이성이라는 인식 능력만으로는 설명될 수 없습니다. 대표적인 예가 양심입니다. 우리는 각자의 양심에 따라 행동합니다. 어떤 일을 하고 후회하는 경우도 있고 자랑스러워하는 경우도 있습니다. 이것은 우리가 어떤 상황에서 어떤 행동을 취할지를 결정할 수 있음을 의미합니다. 한마디로 자유라는 것입니다. 칸트가 말하는 실천이성이란 무엇을 할 것인가라는 물음에 대답하는 이성을 말합니다. 자유로운 인간이 올바른 선택을 하도록 돕는 이성이 실천이성입니다.

하늘을 나는 종달새를 보며 부러워하는 사람이 있습니다. 하늘을 날 수 있으니 얼마나 자유롭겠느냐는 것입니다. 그런데 칸트의 대답은 그렇지 않습니다. 종달새는 감각적 본능에 따라서 살 뿐입니다. 날 수 있도록 태어났으니 날고 있을 뿐이죠. 그에 비해 인간은 감각적인 본능과 함께 이성을 가지고 있습니다. 이성은 무엇을 하는 것이 올바른지 알 수 있는 힘입니다. 선함과 악함을 구분할 수 있고 선함을 선택하고 실천할 수 있습니다. 그래서 선택의 능력이 없는 동물들에게는 선악을 물을 수 없지만 인간에게는 물을 수 있는 것입니다. 우리는 매 순간 선택의 상황에서 도덕적 물음에 직면하게 됩니다. '무엇을 할 것인가, 무엇을 하는 것이 올바른가.'

그 순간 선택을 도와주는 것이 실천이성입니다. 실천이성은 인간이 도덕적 의무를 따르도록 명령합니다. 우리는 직관적으로 무엇이 올바른지를 인식할 수 있습니다. 우리 마음이 그것을 알고 있기 때문이죠. 무엇이 선한 것인지를 알려 주는 것이 실천이성이고 그것에 따라 행동하는 것을 선의지(善意志)라고 합니다. 그때 인간은 자유로워질 수 있습니다. 자신이 스스로 선의지를 선택했기 때문입니다. 할 수도 있고 하지 않을 수도 있다면 그것은 선이라고 할 수 없습니다. 선은 무조건 행해야 하는 것입니다. 이것을 정언명령(定言命令)이라고 합니다. 조건 없이 무조건 행하는 명령이 정언명령입니다.

가언명령(假言命令)은 조건적인 것입니다. '만약 –한다면 –하겠다'는 것이 대표적입니다. 《맹자》에 우물의 비유가 있습니다. 길을 가던 사람이 우연히 아이가 우물에 빠지는 장면을 보게 되었습니다. 이때 사람이라면 누구나 달려가 아이를 구할 겁니다. 아이가 불쌍하다, 구해야 한다는 일념으로 아이를 구하기 위해 달려갑니다. 그것이 정언명령입니다. 반면 '저 아이를 구해 주면 사람들이 나에게 칭찬을 해 줄 것 같다'는 생각으로 아이를 구한다면, '부모가 돈을 줄 것이 틀림없어'라는 생각으로 구한다면 가언명령입니다. 칭찬을 듣지 못하거나 돈을 받지 못한다면 하지 않았을 것이기 때문입니다. '성공할 수 있다는 보장이 있다면 열심히 노력할게', '용돈을 많이 주면 심부름을 할게' 등도 대표적인 가언명령입니다. 이것은 도덕적이지 않습니다.

칸트에게 도덕은 의무와 책임을 다하는 것입니다. 마땅히 해야 할 일을 조건 없이 하는 것이 이성의 명령을 수행하는 것이며 그것이 곧 자유의지의 실천입니다.

> 의무와 책임을 다할 의지가 없다면 자유는 없다.
>
> –《실천이성비판》

### 존엄한 인간

> 네 의지의 준칙이 항상 보편적인 입법의 원리로서 타당하게 행동하라.
>
> –《실천이성비판》

칸트는 실천이성의 명령을 이렇게 요약합니다. 우리는 선의지대로 항상 선한 행동을 하면서 살 수는 없습니다. 현실 속에서 그렇게 사는 것은 무척 괴로운 일이고 엄청난 난관에 직면할 가능성이 큽니다. 어떤 상황에서도 올바른 말만 하고 작은 불의도 참지 않고 사사건건 나서서 개입하는 사람을 좋아할 사람은 없으니까요. 그렇다고 해서 포기해 버린다면 도덕적일 수 없습니다. 오히려 상황이 어려울수록 더욱 지키고 실천할 때 도덕이 진정 빛나는 법입니다.

밤 12시. 아무도 보지 않고 지나가는 차도 없는 시골 마을의 한 횡단보도 앞에 서 있습니다. 빨간불입니다. 지나가야 할까요? '아무도 보는 사람 없으니 신호는 무시하자'는 생각이 듭니다. 또 다른 마음은 '지킬 것은 지켜야 한다'는 생각으로 초록불을 기다리자고 합니다. 이때 어떤 선택이 도덕적일까요? 당연히 초록불을 기다리는 것입니다. 그리고 그것을 실천했을 때 도덕적인 인간이 되고 그 순간 우리는 올바른 행동을 했다고 느낍니다. 자연적 성향은 우리에게 편한 대로 살 것을 권합니다. 하지만 인간은 자연적 성향을 따르지 않고 자기 스스로 명령을 통해 선을 실천하려는 의지를 가지고 있습니다. 이것이야말로 인간을 선하게 만들고 숭고하게 만드는 실천입니다.

인간은 선의지를 가졌고 그것을 통해 자연계에 자신의 의지를 실현합니다. 이것이 인간을 자유롭게 합니다. 자유로운 삶이란 자기 마음대로 하는 것이 아니라 이익이나 욕망에서 벗어나 도덕의 법칙을 따르는 것을 말합니다. 선의지에 따른 실천을 통해서 인간은 자연을 인식하고 도덕을 실천하며 올바른 세상을 만들어 나갈 수 있습니다. 칸트에게 인간은 도덕적입니다. 어려운 현실에도 불구하고 끊임없이 도덕을 실천하는 삶이 자유로운 삶이며 그럴 수 있을 때 세계는 올바른 목적을 향해 나아갈 수 있습니다.

자연에 속한 인간이 세계를 인식하고 도덕을 실천하면서 자유롭게 살아가는 모습을 칸트는《실천이성비판》에서 이렇게 기록하고 있습니다.

> 생각하면 할수록 새로운 감탄과 함께 공경심으로 마음을 채우는 두 가지가 있다. 별이 빛나는 하늘과 내 안의 도덕법칙!

'별이 빛나는 하늘'이란 자연(순수이성)이고, '내 안의 도덕법칙'이란 자유(실천이성)입니다.

### 모든 사람에게 빛을

인간은 자연법칙을 인식하는 순수이성을 가졌습니다. 도덕법칙을 직관하는 실천이성도 품고 있습니다. 전혀 다른 두 성질의 이성을 칸트는《판단력비판》에서 통합합니다. 칸트가 말하는 판단력이란 아름다움을 느끼는, 숭고한 감정을 경험하는 이성을 말합니다. 그래서 순수이성, 실천이성, 판단력을 진·선·미의 관계로 파악하기도 합니다. 이때 판단력은 순수이성과 실천이성을 연결하고 통일하는 중요한 역할을 맡게 됩니다.

살다 보면 아름답다거나 숭고하다는 느낌이 생길 때가 있습니다. 칸트에 의하면 그것은 세상이 자신의 목적에 맞게 움직이는 순간을 우리가 포착했을 때입니다. 자연의 순환에서 완전한 원리를 발견했을 때, 도덕적으로 훌륭한 행동을 보거나 실천했을 때가 그 예입니다. 이것은 칸트가 세상을 움직이는 어떤 것을 전제하고 있음을 의미합니다. 그 존재는 당연히 불멸의 신이겠지요.

고대 이래로 서양철학에서는 신이 자신을 닮은 인간을 만들었다고 믿었습니다. 그 증거가 이성입니다. 인간은 다른 사물과 달리 이성을 가졌습니다. 동물은 감성은 지녔지만 이성은 갖고 있지 못합니다. 이성은 인간만의 몫입니다. 철학이 감성보다 이성을 중요시한 까닭은 이성이 세상을 파악하고 진리를 알게 해 주는, 신이 부여한 것이라는 믿음 때문입니다. 그 이성으로 인간은 수학과 과학을 발전시켰고 문명을 일구었습니다. 인간이 이성으로 세상을 파악하고 문명을 일구는 것은 이성의 목적에 부합하는 일입니다.

인간에게 바람직한 삶은 동물적 감각의 충동을 극복하고 합리적 이성에 따라 감정을 억제하는 것입니다. 그래야 신이 부여한 이성에 따른 합목적적 삶이 가능합니다. 자연의 법칙을 이해하고, 도덕에 충실한 삶을 살 수 있는 것은 우리 안의 이성이 무엇이 바람직한지 알려 주기 때문입니다. 이성에 충실한 삶은 역사를 발전시키는 원동력입니다.

칸트는 인간의 삶이 끊임없이 성장해 왔다고 믿었습니다. 영국의 명예혁명과 프랑스혁명을 통해 자유가 증진되고 평등이 보편화되는 광경을 지켜보았습니다. 특히 프랑스혁명은 칸트에게 보편적 이성의 모습으로 나타났습니다. 인간이 이성을 충실하게 따르면서 얻게 된 삶이 자유와 평등이 보장되는 시민사회임을 확신하게 된 것입니다.

인간은 본디 이성에 충실하기 어려운 존재입니다. 게으르고 용기 없고 쉽게 좌절합니다. 그럴수록 이성적 판단을 통해서 결단을 내리고 자신이 옳다고 믿는 일을 성실히 수행할 수 있어야 합니다. 칸트가 보기에 당시의 사람들은 그렇지 못했습니다. 그래서 이성의 눈을 뜨지 못한 사람들에게 어둠에서 벗어날 수 있는 빛을 심어 주어야 한다고 생각했습니다. 이것이 계몽주의(啓蒙主義)입니다. 계몽주의는 17-18세기에 전개된 사회운동으로, 전근대적인 권위와 인습, 편견과 미신 등을 몰아내고 이성적인 사회를 꿈꾸었습니다. 칸트는 계몽주의를 정점에 올려놓은 철학자였습니다.

### 칸트 철학의 의의

칸트의 작업을 비판철학이라고 하는 이유는 기존의 이성을 비판적으로 재검토했기 때문이었습니다. 칸트는 기존의 경험론과 합리론을 통합해 근대철학을 정리해 냈고 자본주의와 시민사회가 형성되는 중요한 사상적 기반을 마련하는 데도 일조했습니다. 무엇보다 '어떻게 살 것인가'라는 도덕적인 문제에 대해 '실천이성의 명령을 따르라'는 지침을 줌으로써 도덕적 삶의 기준을 마련했습니다.

그는 이런 자신의 철학을 평생 실천하면서 살았습니다. 매일 새벽 5시에 일어나 오전에는 강의를 하거나 연구 및 집필을 하고 오후 1시에는 친구들과 점심을 먹으면서 토론을 즐겼습니다. 이후에는 산책을 했습니다. 저녁에는 책을 읽다 10시쯤 잠자리에 들었습니다. 방은 항상 깨끗하게 정돈되어 있었고 약속을 어기는 일도 없었습니다.

반복되는 일상에도 지치지 않았고 평생 독신으로 살면서도 외로움을 몰랐으며 친구들과도 유쾌하게 지냈습니다. 철학과 생활이 일치하는, 순수이성과 실천이성, 판단력이 조화를 이룬 성숙한 인간이 칸트였습니다. 삶에서 선택의 자유를 가진 인간이 어떻게 내면의 도덕적 명령에 철저히 따르면서도 기쁨과 행복을 만끽할 수 있는지를 삶으로 보여 주었습니다.

> 인간은 끊임없이 행복을 추구하지만 도덕적으로 살아가려고 하는 이성을 따를 때 비로소 이기적인 행복이 아닌 진짜 행복을 얻을 수 있다.
> –《실천이성비판》

지금 우리가 칸트를 읽어야 하는 이유입니다.

# 19강. 역사는 어떻게 발전하는가

## 헤겔

나는 절대정신을 보았다.

독일에 군대를 몰고 온 나폴레옹을 본 헤겔이 한 말입니다. 자기 나라를 침략한 사람을 칭송한 이유가 무엇일까요? 도대체 헤겔이 말하는 절대정신이란 무엇일까요?

### 절대정신을 만나다

헤겔(Hegel, 1770-1831)이 살던 시대의 독일은 후진성을 면치 못하는 나라였습니다. 로마는 독일을 '말이 통하지 않는 야만인들'이 사는 곳이라고 치부해 버렸고, 그 탓에 발달한 로마의 문명이 미치지 못하는 지역으로 남습니다. 당시의 독일은 통일을 이루지 못하고 분열을 거듭해 작은 영주국가들로 나뉘어 중세의 봉건적 분위기에서 벗어나지 못하고 있었습니다. 청년 헤겔은 조국의 현실에 개탄했고 나폴레옹을 개인의 자유와 소유권의 불가침이라는 근대 시민사회의 이상을 구현해 줄 영웅으로 보았습니다.

헤겔이 보기에 나폴레옹은 단순한 영웅이 아니었습니다. 그는 절대정신의 반영이자 그것을 실현할 구세주였습니다. 역사는 이성의 성장과 함께 발전하고, 그것이 절대정신의 자기실현 과정이라고 생각한 헤겔에게 나폴레옹이야말로 절대정신 그 자체였습니다.

흔히 '역사는 발전한다'고 합니다. 역사에는 발전 과정이 있고 그 과정을 어떤 보편적 목적이 실현되는 것으로 이해하는 것입니다. 발전한다는 것은 기준이나 목적을 전제로 하기 때문입니다. 이렇게 역사가 전개되는 원리나 과정을 탐구하는 분야를 '역사철학'이라고 합니다. 헤겔과 마르크스 같은 사람들이 대표적인 역사철학자입니다.

### 의식의 성장 과정

역사가 발전한다는 생각은 칸트에게서도 발견됩니다. 칸트는 자신의 시대가 계몽이 이루어지는 시대라고 생각했습니다. 구습과 종교, 사회적 제약 등 과거의 예속에서 벗어나려면 사람들이 자신의 이성으로 미숙한 정신 상태에서 벗어나야 합니다. 이런 정신을 일깨우는 것이 계몽이었습니다. 칸트가 '자신의 이성을 사용할 용기를 가지라'고 외쳤던 이유가 여기에 있습니다.

칸트와 헤겔은 이성의 힘에 의해 역사가 발전한다고 생각했습니다. 세상은 인간이 가진 이성의 힘을 깨닫게 하고 그것을 발휘하여 실현하도록 설계되어 있습니다. 인간은 이성의 능력을 발휘하여 왕정을 타파하고 자유와 평등이 실현되는 시민사회를 만들고 국제연맹을 통해 세계평화를 유지할 것입니다. 그 역사의 발전 중심에 이성이 있습니다.

헤겔은 이성을 통해 자유가 확대되고 평등과 평화가 실현되는 위대한 과정이 인류의 역사라고 보았습니다. 그 과정에서 정신의 역할은 절대적입니다. 세상을 이끄는 것은 절대정신이고 그 절대정신의 실현이 역사의 발전을 이끌어 가기 때문입니다.

> 세계의 역사란, 정신이 본래의 자기를 차츰 정확하게 알아 가는 과정을 서술하는 것이라고 할 수 있다.
>
> –《역사철학강의》

그렇다면 그가 말하는 절대정신은 무엇일까요? 한마디로 인간이 가진 보편적 이성입니다. 인간은 누구나 이성을 가지고 있습니다. 이성은 합리적으로 생각하고 판단하게 해 줍니다. 어린아이에서 어른으로 성장하면서 이성이 발달하는 것처럼, 이성은 성장을 거듭하며 역사를 이끌어 나가게 되는데 이 이성이 헤겔이 말하는 절대정신입니다. 헤겔이 보기에 역사 발전 과정에서 이성의 역할은 결정적입니다.

헤겔의《정신현상학》은 인간의 정신이 어떤 과정을 거쳐 성장하고 완성되는지를 설명하는 책입니다. 인간은 누구나 '의식'을 가지고 있습니다. 의식은 정신이 완성되기 이전의 어린 상태라고 보면 이해가 쉽습니다. 인간의 의식은 세상을 살피고 연구하면서 진리를 탐구합니다. 아이들이 '이건 뭐예요?'라고 끊임없이 질문하는 모습에서 의식의 본성을 들여다볼 수 있습니다. 의식은 대상을 탐구하여 인식하고 그것을 통해 세상을 파악합니다. 한마디로 의식은 대상을 인식하는 주체입니다.

의식이 대상을 인식할 때 기초가 되는 것이 '감각적 확신'입니다. 가장 단순하고 명확한 방법이지요. 하지만 명확하다고 믿었던 감각적 확신은 단순한 개별자를 파악하는 것에 그칩니다. 보편적 대상을 인식하는 것은 '지각'입니다. 지각은 사물의 여러 성질을 통일적으로 묶어 하나의 사물로 이해합니다. 지각 또한 사물 자체를 이해하는 것으로 그치기 때문에 사물들의 관계와 과학적 법칙을 인식할 수 없다는 한계를 가집니다. 이것을 가능하게 하는 것이 '오성'입니다. 감각에서 지각으로, 지각에서 오성으로 성장한 의식은 중요한 도약을 감행합니다.

헤겔은 세계의 법칙을 이해하는 지식보다 중요한 것이 생명에 대한 지식이라고 봅니다. 우리가 아는 과학적 법칙의 세계는 구체적인 현실세계를 설명하는 이론일 뿐입니다. 정작 중요한 것은 이론이 아니라 그 이론을 만들어 내는 구체적이고 살아 있는 현실입니다. 이것을 깨달은 의식은 생명이라는 새로운 대상으로 옮겨 갑니다. 자기 자신을 의식하기 시작한 것입니다. 이것을 '자기의식'이라고 합니다. 자기의식은 타인의 시선을 의식하고 타인으로부터 인정받으려 합니다. 여기서 또 다른 자기의식을 가진 타인과 서로 인정받기 위한 투쟁을 벌이게 됩니다. 그로 인해 주인과 노예의 관계가 탄생하는데 주인은 노예에 의존하고 노예는 노동을 통해 주인의식을 가지게 되어 결국 관계는 해체됩니다. 이 과정을 통해 주인만이 자유롭다는 개인적 자기의식은 모두가 주인이라는 보편적인 자기의식으로 발전합니다. 자기만을 생각했던 의식이 상대방의 자기의식을 인정하여 '우리'라는 보편적 자기의식이 되는 것입니다. 이 보편적 자기의식이 '이성'입니다.

보편적 자기의식, 이성은 인간이면 누구나 갖는 의식입니다. 이성적 인간은 자신을 실현하기 위해 다양한 시도를 하게 되는데 그 과정에서 개인적 삶이 아닌 인간 전체의 삶에 대해 깨닫게 되고 '정신'으로 도약합니다. 세계는 내 마음대로 되는 것이 아니며 내가 세계에 맞출 때 더 자유롭게 살 수 있다는 사실을 발견하게 됩니다. 그래서 정신은 개인적 차원의 이성을 넘어 개인과 공동체가 조화를 이루는 상태, 모든 진리가 담겨 있는 근거입니다. 이렇게 의식은 감각, 지각, 오성, 자기의식, 이성의 과정을 거쳐 최종 단계인 정신으로 완성됩니다. 이것이 헤겔이 말하는 의식의 성장 과정, 절대정신의 탄생 과정입니다.

### 변증법과 총체성

정신의 발전 과정은 변증법적 과정입니다. 변증법은 세상을 변화로 파악하고 그것을 설명하려는 사유입니다. 그런 점에서 변증법은 헤라클레이토스 이후 변화를 긍정하는 철학의 연장선에 있습니다. 헤겔의 변증법에서 사물들은 별도로 독립된 것이 아닙니다. 서로 영향을 미치면서 작용합니다.

사람이 성장하는 과정을 보면 알 수 있습니다. 부모님의 영향을 받고, 선생님과 친구들의 말을 듣고, 직장 동료들과 어울리며 살아갑니다. 자신을 둘러싼 다양한 것과 상호 작용을 하면서 '나'라는 개체를 형성해 나갑니다. 이것을 헤겔은 '총체성(總體性)'이라는 개념으로 설명합니다. 자신이 성장하면서 겪은 여러 국면과 단계가 모두 영향을 미쳐 지금의 내가 되었듯이 나를 만든 그 모든 국면과 단계가 총체적으로 나를 구성하고 있다는 것입니다. 어떤 사람을 판단할 때 그 사람과 관련된 하나의 사건만으로는 그 사람을 제대로 알 수 없습니다. 전체를 봐야 합니다. 헤겔이 '진리는 전체이다'고 말할 때 세계를 총체성으로 이해해야 함을 강조한 것입니다.

변증법은 세상 모든 것은 변하며 그것은 서로 영향을 미치는 총체적인 과정이라고 이해합니다. 그런 점에서 변증법은 총체성을 전제로 합니다. 그렇다면 세계와 역사는 어떤 법칙에 따라 변하는 것일까요? 이것을 설명하는 것이 변증법의 기본 법칙들입니다.

### 변증법의 기본 법칙

변증법은 세상이 움직이는 기본적인 법칙이 있다고 설명합니다.

첫 번째, 대립물의 통일과 투쟁의 법칙입니다.

헤라클레이토스는 "신은 낮과 밤, 겨울과 여름, 전쟁과 평화, 포만과 굶주림이다"고 했습니다. 세상을 대립자의 쌍으로 이해합니다. 낮과 밤은 대립되는 것인데 그것이 하루를 이룹니다. 겨울과 여름이 일년을 이루고 전쟁과 평화, 포만과 굶주림이 우리의 일상을 구성합니다. 그의 말은 변증법에서 말하는 대립물의 통일과 투쟁을 아주 잘 설명해 줍니다. 세상은 대립되는 것으로 이루어져 있어 그것들은 서로 투쟁합니다. 낮의 힘이 강하면 정오가 되고 밤의 힘이 강해지면 자정이 됩니다. 이 과정은 서로 갈등하는 과정이지만 통일되어 있고 이를 통해서 변화를 계속합니다.

헤라클레이토스가 "전쟁이 모든 것의 아버지이자 모든 것의 왕이다"고 말했던 것은 대립과 투쟁을 통해 사물이 변화를 이룬다는 뜻이었습니다. 대립자들의 갈등은 필연적이며 이것이 세상을 움직이는 원리입니다. 한 사물에는 대립하는 두 가지 요소가 담겨 있습니다. 서로 배척하고 갈등하면서 투쟁하는 관계에 있지만 사실 두 요소는 서로에게 의존하고 있습니다. 하나가 없으면 다른 하나는 존재할 수 없습니다. 그래서 대립물의 통일과 투쟁 관계를 '모순(矛盾)'이라고도 합니다. 사물은 대립물의 투쟁에 의해서 하나가 다른 하나를 극복하고 기존의 자기를 뛰어넘어 새로운 자기로 질적 변화를 이루어 냅니다.

헤겔은 의식과 대상이 변증법적으로 통일되어 있다고 말합니다. 의식은 대상을 전제로 하고 대상은 의식이 없다면 의미를 가질 수 없기 때문입니다. 둘은 서로를 필요로 하고 서로에게 의존하는 관계입니다. 의식은 대상을 파악하여 인식을 얻습니다. 이때 인식이 올바른 것이라면 그 인식은 진리가 됩니다. 의식이 목표로 하는 것은 진리입니다. 의식이 대상을 올바로 인식하여 진리를 얻었다면 그때 의식은 대상과 하나가 됩니다. 이것이 의식과 대상이 통일되는 변증법적 과정입니다. 이미 살펴보았듯이 의식이 정신이 되는 과정이기도 합니다. 대상과 통일된 의식이 정신이기 때문입니다.

두 번째, 양질 전화의 법칙입니다.

양질 전화의 법칙은 양적으로 변화가 축적되면 질적인 변화가 일어나는 것을 말합니다. 사물은 그 안에 대립을 품고 있습니다. 그 안에서 서로 투쟁을 하게 되는데 그 대립이 양적으로 격화되다가 어느 순간 질적인 변화를 일으키고 그 결과 사물의 성격 자체가 바뀌게 됩니다.

양질 전화의 법칙을 보여 주는 대표적인 예가 물이 끓는 과정입니다. 물이 담긴 냄비를 가열하면 온도가 올라갑니다. 얼마 동안은 온도의 변화만 있을 뿐 물 자체에는 변화가 없습니다. 그러다가 100도가 되면 물이 끓기 시작하고 수증기라는 질적으로 다른 성질의 것으로 변합니다.

'참을 만큼 참았다'는 말이 있습니다. 평소에 누적된 스트레스가 어느 순간 폭발합니다. 양적으로 축적되다 보면 질적으로 변화를 일으킵니다. 양질 전화의 법칙이 작동한 것입니다. 영어회화를 공부하는 사람들은 꾸준함을 강조합니다. 몇 달 하다가 지쳐 그만두면 소용없기 때문입니다. 꾸준히 공부하다 보면 어느 순간 귀가 뚫리고 입이 열리는 순간이 옵니다. 공부의 양이 축적되어 질적인 능력으로 변하는 것입니다. 양적인 축적이 질적인 변화를 불러오는 사례들은 얼마든지 찾아볼 수 있습니다.

세 번째, 부정의 부정의 법칙입니다. 이 법칙은 사물의 변화 방향을 설명해 줍니다. 사물은 부정의 부정을 거쳐 변합니다. 변화는 한마디로 나를 부정하는 것입니다. 과거의 나를 부정하기 때문에 새로운 내가 탄생할 수 있습니다. 새로 탄생한 나는 다시 자기를 부정해서 또 다른 새로운 것이 됩니다. 이 과정은 멈추지 않고 반복되죠. 부정의 반복을 통해 사물은 더 나은 상태로 나아갑니다.

부정의 부정은 정반합의 과정으로 설명되기도 합니다. 정(正)은 어떤 것에 대한 개념입니다. 반(反)은 그것에 대한 반대 개념입니다. 합(合)은 정과 반을 수용해서 하나의 새로운 개념이 되는 것입니다. 일종의 종합입니다. 오래되고 부정적인 것을 버리고 더 나은 것으로 나아가는 과정이 정반합입니다. 이를 통해 사물과 역사는 발전합니다.

예를 들어 보겠습니다. 조선시대에 노비는 과거시험을 볼 수 없었습니다. 이것을 정이라고 하겠습니다. 그런데 어떤 사람이 '노비라고 과거를 보지 못하는 게 말이 되느냐'고 따집니다. 능력이 있으면 기회를 줘야 한다는 주장이지요. 이것은 기존의 생각과 반대되는 것으로 반이 됩니다. 이제 두 생각이 서로 다툽니다. 그러다 어느 시점에 노비에게도 시험 기회를 줘야 한다고 생각하는 사람이 많아집니다. 논쟁 끝에 기술 분야의 시험이라도 보게 하자는 쪽으로 결론이 납니다. 이것이 합입니다.

이것으로 끝이 아닙니다. 이제 노비도 기술 분야의 시험은 볼 수 있다는 것이 정이 되었습니다. 그런데 또 누군가가 노비도 양반과 차이가 없는데 왜 기술 분야의 시험만 인정하느냐고 항의를 합니다. 반이 형성된 것이죠. 이런 생각을 지지하는 사람이 점점 많아지면 결국 모든 사람이 과거시험을 볼 수 있게 하자는 결론에 이르게 됩니다. 새로운 합이 형성된 것입니다.

### 자기의식과 노동

헤겔은 의식이 성장하면서 오성의 단계에 이른다고 했습니다. 오성은 생명, 즉 자기를 인식하면서 자기의식으로 넘어갑니다. 헤겔은 자기의식이 인간을 동물과 구분해 주는 중요한 본질이라고 보았습니다. 동물도 대상은 인식할 수 있습니다. 하지만 자기를 인식하는 것은 인간만의 특성입니다. 이 자기의식 때문에 중요한 문제가 생깁니다. 그것이 주인과 노예의 변증법입니다. 주인과 노예의 변증법은 헤겔의 독특하면서 중요한 주제와 관련되어 있습니다.

고대 사회의 전쟁은 침략 전쟁이었습니다. 당시에는 땅이나 재화를 차지하는 것도 필요했지만 무엇보다 노예를 확보하는 것이 중요했습니다. 한 무리가 다른 무리를 침략했습니다. 침략한 무사들은 죽음을 무릅쓰고 토착민들과 전쟁을 벌여 승리합니다. 토착민들은 목숨을 부지하기 위해 항복하고 노예가 됩니다. 주인과 노예가 탄생하는 순간입니다.

주인이 된 침략자들은 노예를 부리고 노예는 주인을 섬기면서 노동력을 제공합니다. 헤겔은 사람의 의식이 두 방향의 흐름을 가지고 있다고 했습니다. 하나는 대상을 인식하는 의식이고, 다른 하나는 자기를 바라보는 의식입니다. 전자를 대상의식(對象意識), 후자를 자기의식(自己意識)이라고 합니다. 인간은 다른 존재와는 달리 자기를 바라보고 판단하는 자기의식을 가지고 있습니다. 이때 내가 어떤 존재인지를 확인하는 것은 다른 사람들의 의식을 통해서만 가능합니다. 타인의 평가가 나의 존재감을 결정하는 것입니다. 자기 혼자 자기를 인정하는 것은 의미가 없습니다. 인간은 다른 존재에게 인정을 받아야 자기에 대한 확신을 얻을 수 있습니다. 인간 사회에서 욕망은 다른 사람들에게 인정받기 위한 욕망에 다름 아닙니다.

인간은 다른 사람들과의 관계를 통해 자신의 존재를 증명합니다. 주인은 많은 노예를 거느리고 그들에게 명령함으로써 자신의 존재감을 드러냅니다. 그런데 내가 다른 사람에게 인정받고 싶어 하듯 다른 사람도 나에게 인정받고 싶어 합니다. 서로 인정받으려고 하는 관계가 성립되는 것입니다. 이것을 '인정투쟁'이라고 합니다. 주인과 노예의 관계는 인정투쟁에서 주인이 승리했음을 말해 줍니다. 상대방에게 굴복해서 노예가 된 것 자체가 인정투쟁에서 진 것입니다.

이제 주인은 노예를 물건처럼 소유하면서 그들에게 명령을 내리고 일을 시키며 생산물을 독점합니다. 노예의 노동으로 주인은 편하게 호의호식하며 삽니다. 그런데 노예의 생명을 좌우하고 있는 주인이지만 노예와 그 노예가 제공해 주는 물건이 없으면 주인 노릇을 할 수 없습니다. 조선시대 양반들처럼 어디를 가더라도 하인을 앞장세워야 하고 물건을 들 때도 하인이 있어야 하고 밥을 먹을 때도 하인이 차려 줘야 합니다. 자세히 보면 주인이 노예에 의존하고 있는 모습입니다. 주인과 노예의 관계도 변증법적으로 통일되어 있습니다.

여기서 노동이 중요한 역할을 합니다. 주인과 달리 노예는 노동을 합니다. 어쩔 수 없이 하는 노동이지만 그 과정에서 자연의 재료를 사용해서 새로운 결과물을 만들어 냅니다. 흙을 빚어 그릇을 만들고, 풀무질해서 낫과 호미를 만들고, 씨를 뿌려 추수를 합니다. 이런 노동을 통해 노예는 세계를 변화시키는 힘을 발휘합니다. 노동을 통해서 문명을 발전시키는 창조자가 되는 것입니다. 이제 노예는 자신이 대단한 존재임을 알게 됩니다. 무엇인가를 만들고 변화시키고 발전시킬 수 있는 존재이기 때문입니다. 그런 점에서 노동은 인간을 변화시키는 힘의 원천입니다.

점점 주인과 노예의 관계가 역전되는 일이 벌어집니다. 주인은 노예가 없으면 할 수 있는 것이 없고 노동에서 소외되기 때문에 존재가치를 발견하기 어렵습니다. 반면 노예는 사물을 변화시키고 문명을 일구는 세상의 주인이 됩니다. 이것이 주인과 노예의 변증법입니다. 사회를 발전시키는 노동의 힘이 관계를 역전시킨 것입니다. 노예는 노동을 통해 높은 자의식에 도달하고 세상을 변화시키는 주인공이 되며 자기 자신을 재창조합니다. 노동이 인간을 창조하는 것입니다. 헤겔에게 노동은 단순히 먹고사는 데 사용되는 힘이 아니라 자신이 누구인지를 이해하고 문명을 성장시키는 근원적 활동이었습니다. 인간은 노동을 통해 자유를 실현합니다.

### 이성의 탄생과 인류

주인과 노예의 변증법적 과정이 지향하는 곳은 어디일까요? 주인은 노예들의 자유를 빼앗아 혼자 자유롭게 살고자 합니다. 그런 주인을 보며 노예는 자신도 자유롭고 싶다는 욕망을 키우고 주인의 용기와 결단, 자유를 간접적으로 익혀 나갑니다. 여기에다 노동을 통해 세상을 변화시키는 힘을 발휘하면서 자아를 확신하고 주체성도 얻습니다. 주인의 자유를 간접적으로 느끼며 부러워하던 노예가 노동을 통해 삶의 자유를 쟁취해 나가는 것입니다. 그 결과 노예는 노동을 통해 세상을 바꾸는 주인으로 탈바꿈하면서 주인으로 우뚝 서게 됩니다.

헤겔에게 노동은 인간의 본질이자 역사 발전의 원동력입니다. 노예는 노동을 통해 의식이 성장하고 성장한 의식은 보편적 자유의 이념을 획득할 수 있는 단계로 발전합니다. 혼자 자유롭고자 했던 주인과 달리 노예는 인간은 누구나 자유로워야 한다는 보편적 자유를 추구하여 시민사회를 탄생시킵니다. 서구의 시민사회는 노동을 통해 생산한 상품을 시장에 판매하여 자신을 실현하고 시장의 상품을 구매하여 삶을 향유하는 구조를 띠고 있습니다. 이때 노동을 통해 상품을 생산하여 다른 사람에게 공급한다는 점에서 노예적이며, 다른 사람이 생산한 상품을 소비한다는 점에서 주인입니다. 주인과 노예의 변증법적 관계가 질적 변화를 일으켜 새로운 국면으로 드러난 것이 시민사회입니다.

여기서 살펴봐야 할 개념이 '인륜(人倫)'입니다. 헤겔은 '인간이 살고 있는 사회에 이성이 현실화되어 나타난다'고 말합니다. 역사가 이성, 즉 절대정신의 실현 과정이라면 우리의 현실에 그 이성이 작용하고 있어야 하겠지요. 이때 사회적으로 이성이 구현된 모습이 여러 제도와 관습 같은 것입니다. 구체적인 사회제도와 관습 속에는 개인의 주관적 의식과 전체의 객관적 의식이 작용하고 있습니다. 헤겔은 사회제도나 관습을 만들어 내는 인간의 공동체 정신을 '인륜'이라고 불렀습니다. 인륜은 가족, 시민사회, 국가라는 세 단계를 거쳐 변증법적으로 발전합니다.

가족은 혈연과 사랑으로 이루어진 기초 공동체입니다. 서로 아끼고 보호하는 관계죠. 사랑이라는 주관적 감정, 도덕이 가족을 유지합니다. 시민사회는 개인들의 인격이 인정되고 정체성이 강조되는 공동체입니다. 각자 자신의 일을 해서 욕구를 실현하려 합니다. 인간은 자연에서 얻은 재료를 노동을 거쳐 가공합니다. 그 가공물들이 사회적으로 승인받으면 재산이 됩니다. 시민사회의 근간이 되는 재산은 노동에 기초한 것입니다. 그런 점에서 노동은 중요한 의미를 갖습니다.

가족과 시민사회를 변증법적으로 통일한 것이 국가입니다. 국가는 가족의 공동체성도 유지하면서 각자 자신의 자유와 의지를 실현하기 위한 활동도 허용하는 공동체입니다. 시민사회는 사적 성격이 강해 개인주의로 인한 충돌이 발생하기 쉽습니다. 부의 불평등, 유행의 변화나 발명에 의한 가격 폭락과 파산 등의 사회 문제들을 해결하기 어렵습니다. 종국에는 개인들이 충돌하게 되고 적대관계로 발전하여 공동체가 파괴될 수 있는 위험을 안고 있습니다.

시민사회는 이런 내재적 위험을 안고 있기 때문에 공적이고 보편적이며 안전한 체계를 갖춘 국가가 필요합니다. 국가는 보편적 원리에 의해 운영되는 곳이고 개인들의 갈등과 계급 갈등을 중화시킬 수 있습니다. 개인의 욕구와 전체의 공공성을 조화시키고, 보편적 원리에 의해 경제를 운영하며, 노동과 분배의 갈등을 해소할 수 있는 곳이 국가입니다.

간단히 보자면 가족, 시민사회, 국가로의 이행은 인간의 공동체 의식, 즉 인륜이 성장하는 과정입니다. 자기 가족만 생각하던 사람이 시민사회를 통해 욕망의 실현을 시도하면서 공동체 의식을 갖게 되고 국가에 의해 인륜이 최종적으로 완성되는 것입니다.

## 개인과 전체의 조화

자기의식은 타인으로부터 인정받기 위해 인정투쟁을 벌입니다. 그 과정에서 주인과 노예의 변증법적 과정을 거치게 되고 결국 보편적 자기의식에 도달하게 된다고 했습니다. 이 보편적 자기의식이 헤겔이 말하는 이성입니다. 혼자만의 자유를 추구하는 것이 아니라 다른 사람의 자유도 수용하는 공동체적 의식이 이성인 것입니다.

보편적 자기의식은 '나'를 넘어 '우리'를 생각할 수 있는 의식입니다. 내 입장에서만 보는 것이 아니라 우리의 입장에서 보는 것입니다. 주인과 노예, 자본가와 노동자, 부모와 아들, 관료와 시민이 함께 갖는 공통된 의식입니다. 우리가 흔히 말하는 이성, 칸트가 말하는 이성의 개념이 이것입니다. 칸트는 이성을, 자연을 파악하는 의식을 순수이성, 세상을 변화시키는 이성을 실천이성으로 나누어 파악했을 뿐입니다.

인간의 이성은 세계를 파악하고 그것을 바탕으로 세상을 바꾸려고 시도합니다. 하지만 인간은 자기가 보고 싶은 대로 세상을 보고 자기가 하고 싶은 대로 세상을 바꾸려는 경향이 강합니다. 하지만 사람이 나이가 들면서 점점 알게 되는 것은 세상은 내 마음대로 할 수 없다는 것, 세상 나름의 이유를 가지고 법칙에 따라 움직인다는 것을 알게 됩니다. 이성 또한 자신의 판단에 오류가 있음을 인정하고 공동체의 인륜을 받아들입니다. 헤겔은 이것을 '정신'이라고 부릅니다.

우리는 내가 윤리적으로 행동할 때 여러 사람이 따르고 그것이 결국 우리 사회의 도덕과 윤리를 형성한다고 생각합니다. 하지만 헤겔은 공동체의 윤리는 내가 존재하기 이전부터 있던 것이고 그것에는 이미 역사 발전에 의해 축적된 합리적 윤리가 담겨 있기 때문에 그것을 배워야 한다고 말합니다. 기존 사회의 규범이 개인의 윤리적 판단보다 더 크고 결정적이라는 것입니다.

이런 생각은 전체주의적인 느낌을 줄 수 있습니다. 하지만 헤겔이 강조하고 있는 것은 개인과 공동체의 조화입니다. 노동을 통해 자기를 실현하는 개인들의 노력이 사회와 역사의 발전을 가져오고, 그 결과가 개인의 이익으로 돌아갈 수 있는, 개인과 공동체가 조화를 이루어 모두가 자유로울 수 있는 사회를 바라본 것입니다.

### 자유의 성장 과정

헤겔에게 역사의 발전은 인간 자유의 증진 과정입니다. 헤겔은 그 과정을 세 단계로 설명합니다.

첫 번째 단계는 한 사람만이 자유로운 사회입니다. 고대 이집트나 동양의 왕조국가가 이것을 잘 보여 줍니다. 이집트의 파라오나 중국의 춘추전국시대를 통일한 진나라의 진시황은 철권통치를 펼쳐 무소불위의 권력을 행사했습니다. 왕은 자신이 하고 싶은 대로 정치를 했고 그야말로 자유로웠습니다. 반면 신하들과 백성들은 전권을 휘두르는 왕의 명령에 복종하는 삶을 살아야 했습니다. 오직 한 사람만이 자유로운 사회가 왕조국가 혹은 전제국가입니다.

두 번째 단계는 구성원의 일부만 자유로운 사회입니다. 고대 그리스와 로마의 문명에서 자유민들이 누린 자유가 그 예입니다. 그들은 육체노동으로부터 자유로웠고 광장에 모여 토론을 하고 정치를 논했습니다. 하지만 그보다 더 많은 노예는 속박과 예속에서 벗어나지 못하고 고통스러운 삶을 견뎌야 했습니다. 그런 점에서 그리스, 로마인들은 특정 사람들만 자유롭다고 보았고 모든 사람이 자유롭다는 생각은 하지 못했습니다.

세 번째 단계는 기독교의 탄생에서 프랑스혁명에 이르는 동안의 사회입니다. 시민이 주인이 되어 국가를 형성하고 자유와 평등이 실현되어 모든 사람이 자유로울 수 있는 사회입니다. 헤겔은 기독교 이념을 수용한 게르만 국가 안에서 인간은 그 자체로 자유로울 수 있으며 이후 정신의 자유야말로 인간의 가장 고유한 본성이라는 의식이 생겼다고 본 것입니다.

역사적 분석을 통해 헤겔은 인간의 자유가 증진되는 과정을 설명합니다. 한 사람만 자유로운 사회에서 일부만 자유로운 사회로, 최종적으로 모든 인간이 자유로운 사회로 나아가는 것이 역사의 발전 과정이라고 본 것이지요. 이것이 가능한 것은 인간의 의식이 성장하고 발전하면서 자유를 확대해 나가기 때문입니다.

### 미네르바의 올빼미

역사를 절대정신의 자기실현 과정으로 이해하는 헤겔의 철학은 관념론(觀念論)입니다. 관념론은 정신이 일차적임을 강조하는 철학입니다. 반면 물질의 일차성을 강조하는 철학을 유물론(唯物論)이라고 합니다. 헤겔의 철학이 관념론인 것은 의식이 역사 발전의 원동력이라고 보았기 때문입니다. 인간의 의식은 사물을 인식하는 능력을 가지고 있습니다. 그런 의식이 성장하면서 학문을 낳고 사물에 대한 탐구와 철학적 탐색을 통해서 정신의 단계로 나아갑니다. 이 과정은 절대정신이 구현되는 과정이며 역사를 이끌어 가는 힘의 작용입니다. 결국 세상을 만들고 변화시키고 성장시키는 힘은 의식의 작용, 절대정신인 것입니다.

이제 헤겔이 나폴레옹을 보고 '절대정신을 보았다'고 외쳤던 이유를 이해할 수 있을 것 같습니다. 역사는 변증법적 법칙에 따라 발전하는데 그 흐름을 파악한 위대한 개인, 즉 영웅이 역사의 발전을 실현시킵니다. 영웅은 역사의 발전이라는 임무를 떠안은 걸어 다니는 이성입니다. 헤겔이 본 것은 인간 나폴레옹이 아니라 걸어 다니는 절대정신이었습니다.

미네르바의 올빼미는 황혼이 깃들 무렵에야 날기 시작한다.

《법철학》에서 헤겔이 남긴 유명한 문장입니다. '미네르바의 올빼미'는 '철학' 혹은 '지혜'를 상징합니다. 올빼미가 저녁이 되면 날기 시작하듯이 철학은 역사적 일들이 일어난 후에 이루어집니다. 이런저런 역사적 사건을 종합하고 정리하는 철학 활동을 통해서 우리는 역사의 법칙도 알 수 있고 방향도 예측할 수 있습니다. 우리에게 미네르바의 올빼미가 필요한 이유는 우리가 누구인지 어디로 가는지 알지 못하기 때문일 것입니다. 헤겔은 철학을 통해 그 길을 밝히고 있습니다. 기존 사유를 비판하고 수용하는 것은 우리 자신의 올빼미가 해야 할 일입니다.

헤겔은 근대철학을 정점에 올려놓은 혹은 완성시킨 철학자로 불립니다. 데카르트에서 시작된 이성에 대한 확신이 칸트의 종합을 거쳐 헤겔에 의해 최종 단계에 오르기 때문입니다. 이제 이성은 세상을 이끌어 가는 최고의 권좌에 올랐습니다. 정상에 오른 다음에는 무슨 일이 생길까요? 내려가야 합니다. 정점에 오른 이성과 계몽을 아래로 끌어내리는 사람들이 등장합니다. 마르크스, 니체, 프로이트가 그 주인공입니다.

# 4부
# 근대철학의 붕괴

# 20강. 어떻게 인간을 자유롭게 할 것인가

## 마르크스

헤겔의 철학은 관념론이었습니다. 헤겔은 역사의 발전을 절대정신의 실현으로 이해함으로써 정신을 우선시하고 물질을 부차적인 것으로 이해했습니다. 그에 비해 유물론은 세상의 근원을 물질로 보는 사유 방식입니다. 물질이 우선이기 때문에 정신은 물질에 의해서 일어나는 작용에 불과한 것이 됩니다. 정신은 뇌의 작용이며 뇌가 죽으면 그 작용인 정신도 사라진다는 것이죠.

### 관념론과 유물론

유물론의 역사는 고대 그리스의 데모크리토스에게로 올라갑니다. 그는 세상을 구성하는 근본 물질을 원자(atomos)로 이해했습니다. 현대 물리학에서 사용하는 원자(atom)라는 개념도 여기서 기원합니다. 데모크리토스는 만물은 모두 원자로 구성되어 있고 정신 또한 원자의 작용으로 이해했습니다. 이런 유물론은 플라톤의 이데아 철학을 필두로 하는 관념론에 밀려 서양철학의 주류를 형성하지는 못합니다. 그러다가 근대 말에 이르러 화려한 부활을 신고합니다. 그 주인공이 바로 마르크스(Marx, 1818–1883)입니다.

마르크스는 칸트와 헤겔을 잇는 독일 출신의 철학자입니다. 그는 헤겔에게 큰 영향을 받았는데 특히 변증법을 적극 수용합니다. 하지만 모든 것을 절대정신의 힘으로 설명하는 관념론은 따를 수 없었던 모양입니다. 헤겔의 관념론을 버리고 당시 영향력을 미치고 있었던 포이어바흐(Feuerbach, 1804–1872)의 유물론을 받아들입니다. 포이어바흐는 영혼불멸을 부정하고 세상이 물질로 이루어져 있다는 무신론을 주장했는데 그의 유물론을 마르크스가 수용한 것입니다.

이렇게 헤겔의 변증법과 포이어바흐의 유물론을 결합한 마르크스는 자신만의 철학인 '변증법적 유물론'을 완성하여 세상에 큰 영향을 미치는 철학자로 우뚝 서게 됩니다.

### 역사의 발전 단계

흔히 마르크스 하면 공산주의를 떠올립니다. 지금도 공산주의 체제를 유지하는 국가가 있는 것을 보면 그의 영향력이 어느 정도였는지를 실감하게 됩니다. '지금까지 철학은 세계를 해석해 왔지만 중요한 것은 세계를 변혁하는 것이다'는 말은 그가 품었던 철학적 이상을 분명히 말해 줍니다.

그는 헤겔의 변증법과 포이어바흐의 유물론을 수용하여 세계의 변화를 설명하는 변증법적 유물론과 역사적 유물론을 정립합니다. 마르크스는 역사의 발전 동력을 물질에 기초한 생산력과 생산관계의 모순으로 파악합니다. 역사가 인간의 의식이나 관념에 의해 발전하는 것으로 본 헤겔과 달리 물질적 생산양식이 역사 발전의 동력이라고 본 것입니다. 마르크스에 따르면 역사는 다섯 단계를 거쳐 발전합니다.

첫 번째 단계는 원시 공산제 사회입니다. 원시 공산제 사회는 가족이나 부족과 같은 자연적으로 발생한 공동체를 기초로 형성된 사회입니다. 역사 발전의 초기 단계에서 인간은 자연에서 채집이나 수렵을 통해 삶을 유지했습니다. 당시에는 생산력이 급격히 낮았기 때문에 어른부터 아이까지 일할 수 있는 사람은 모두 나와 합심해서 일을 해야 했습니다. 그래야 생활을 유지할 수 있었기 때문입니다. 당연히 사유재산제도가 형성되지 않았기에 불평등이라는 개념도 있을 수 없습니다. 먹고 남은 잉여생산물이 없기 때문에 사유재산이나 불평등의 여지도 없었습니다.

두 번째 단계는 고대 노예제 사회입니다. 사회의 생산력은 발전합니다. 생산을 위한 도구가 발전하고 생산을 위한 인간의 기술도 축적되기 때문입니다. 원시 공산제 사회에서 사용되던 도구인 석기가 철기로 바뀌면서 시간당 노동생산력이 높아지고 우경(牛耕)이 도입되면서 예전에 여러 사람이 해야 할 일을 소 한 마리의 힘으로 가능하게 되었습니다. 이렇게 생산력이 발전하면 여러 사람이 먹고 남을 만큼의 잉여생산물을 얻을 수 있게 됩니다.

잉여생산물의 출현은 중요한 의미가 있습니다. 잉여생산물은 그것을 관리하는 수장의 권한을 크게 강화시켰을 뿐만 아니라 생산물을 사유화할 수 있는 길을 열어 놓았기 때문입니다. 이제 잉여생산물을 독점하는 세력이 형성되었고 토지 같은 생산수단을 사유화하는 권력이 발생하게 되었습니다. 그 결과 노예와 노예주라는 계급이 등장합니다. 고대 노예제 사회는 노예의 노동으로 생산하고 그 생산물을 노예주가 독점하는 체제입니다. 고대 그리스·로마가 대표적인데 헤겔이 말한 것처럼 귀족이나 자유민 같은 일부만 자유롭고 다수의 노예는 비참한 삶을 살아야 했습니다.

비참한 삶에 대한 노예들의 저항 방법은 도망이나 봉기였습니다. 견디지 못한 노예들은 멀리 달아나거나 함께 모여 반란을 일으켰습니다. 고대 로마의 스파르타쿠스의 반란이 대표적이지요. 노예들의 반란은 안정된 노동의 공급을 차단시켰고 노예제에 기반을 둔 경제 구조를 뒤흔들었습니다.

그로 인해 역사의 무대에 새롭게 등장한 사회가 중세 봉건제 사회입니다. 이 사회에서 생산을 담당한 계급은 농노였습니다. 이들은 영주의 토지에서 노역을 하고 수확물의 일부를 바쳤습니다. 토지를 소유할 수는 없었지만 토지를 점유해 사용하는 것은 가능했습니다. 물론 농노는 영주에게 신분적, 경제적으로 예속되어 있어 자유롭지 못했습니다. 하지만 자기 생산물을 가짐은 물론 가족을 이루고 생산수단들도 가질 수 있었다는 점에서 노예와는 달랐습니다. 노예보다 지위는 향상되었다고 할 수 있습니다.

그런데 수공업과 상업이 발달하면서 농노는 자기 생산물을 판매하게 되었고, 여기에서 생긴 화폐 중 일정액을 영주에게 납부하게 됩니다. 이 방식이 성행하면서 봉건적 생산방식이 흔들리기 시작합니다. 여기에 영주들이 농노들을 무자비하게 착취하면서 다양한 형태의 봉기도 일어나죠. 즉 상업의 발달과 농노들의 반란이 봉건제의 기반을 흔들어 새로운 사회를 탄생시킵니다.

농노는 어느 정도의 점유를 인정받고 일부 생산수단도 가질 수 있었기에 노동과 생산에 대한 관심이 깊었습니다. 그 덕분에 중세는 고대에 비해 생산력의 발전 속도가 훨씬 빨랐습니다. 중세 말 생산수단을 제조하는 수공업이 발달하고 농업 생산물이 다양하게 출현하면서 이를 교환, 판매하는 상업의 발달이 촉진됩니다. 그러자 기존의 주문생산방식을 넘어 상품생산으로 상업의 성격이 변화합니다. 농노들도 생산물을 시장에서 판매할 권리를 요구하게 되었고 영주들 또한 부를 축적할 새로운 방식을 인식하게 됩니다.

이렇게 급격하게 증가된 생산력을 기존의 봉건적 생산관계가 수용할 수 없게 되어 등장한 것이 자본주의 사회입니다. 중세 말의 수공업자들 중에는 상품의 교환과 판매를 통해 자본을 축적한 이들이 있었고 또 한편에서는 몰락하여 노동을 통해 임금을 받아 근근이 생계를 유지해야 하는 이들도 있었습니다. 이제 부유한 상인과 수공업자들은 산업자본가가 되고 몰락한 이들과 빈곤한 농노들은 임노동자로 전락하게 됩니다. 자본가와 노동자라는 자본주의적 생산양식을 대표하는 계급이 탄생한 것입니다.

자본가는 공장과 기계 같은 생산수단을 소유하고 노동자들은 그들에게 자신의 노동력을 제공하는 대신 임금을 받아 생활하게 됩니다. 인간의 노동은 그 과정에서 잉여가치를 창출하는 힘을 가지는데 자본가들은 그 잉여가치를 착취하여 부를 축적합니다. 노동자들은 생산수단을 소유하지 못했기 때문에 먹고살 정도의 임금을 받으며 열악한 조건에서 살아갈 수밖에 없습니다.

자본은 끊임없이 자기를 증식하려 합니다. 이런 자본의 본성으로 인해 자본가들 간의 경쟁이 격화됩니다. 그 과정에서 자본이 소수의 자본가들에게 집중되지요. 게다가 사회의 대부분을 차지하는 노동자들은 더욱 궁핍하게 되어 물건을 구매할 수 있는 여력조차 없게 됩니다. 이런 자본주의의 모순으로 발생하는 현상이 경제공황입니다. 결국 더는 견딜 수 없게 된 노동자들은 단결하고 혁명을 일으킵니다. 그 결과 탄생하는 것이 공산주의 사회입니다.

공산주의 사회는 사유재산제도가 사라진 세상입니다. 혁명으로 생산수단을 장악한 프롤레타리아가 사적 소유를 폐지하고 사회에 필요한 것을 공동으로 생산하고 공동으로 분배하기 때문입니다. 생산수단을 공동으로 소유하고 공동으로 생산해서 필요에 따라서 분배하는 방식이기 때문에 누가 누구를 억압하거나 착취하는 관계가 아닙니다. 착취당하고 소외된 노동자들이 노동 해방을 이루고 참다운 삶을 살 수 있는 사회가 공산주의 사회입니다.

### 역사의 발전 동력, 모순

마르크스는 역사의 발전 단계를 이렇게 다섯 단계로 규정했습니다. 원시 공산제, 고대 노예제, 중세 봉건제, 자본주의, 공산주의 사회가 그것입니다. 이런 분류는 마르크스의 철학을 인정하지 않는 역사학자들조차도 자주 인용할 만큼 역사를 이해하는 중요한 틀이 되었습니다.

여기서 중요한 것은 역사가 생산력과 생산관계의 모순에 의해 변증법적으로 발전한다는 것입니다. 인간은 노동을 하면서 그 어려움을 극복하기 위해 노력합니다. 그로 인해 생산수단이 개선되고 숙련도도 향상되어 생산성이 높아집니다. 그에 비해 생산관계는 한번 형성되면 잘 변하지 않고 오랫동안 계속되는 경향이 있습니다. 그런데 생산성이 높아지면 기존의 생산관계로는 더는 사회 체제를 유지하기 어려워집니다.

예를 들어 중세 봉건제 사회는 농노와 영주라는 두 계급의 생산관계를 기반으로 하고 있습니다. 처음에 농노는 영주의 토지에서 일을 하고 남은 시간에 자신의 점유지에서 일을 하게 되는데 겨우 먹고살 정도의 농산물만 얻을 수 있었습니다. 하지만 생산수단이 발전하고 생산력이 높아지면서 자신과 가족이 먹고도 남을 수확물을 얻게 됩니다. 이 생산물들을 다른 사람들에게 팔게 됩니다. 이 과정에서 상업이 발달하게 되고 교환을 넘어 상품을 대량생산하는 단계에 이릅니다. 공장이 만들어지고 상업이 발달하게 되는 것입니다. 이제 농노들은 더는 영주에게 예속되어 생활하려고 하지 않습니다. 과거의 생산관계로는 생산력을 감당할 수 없는 상태에 이른 것입니다. 그 결과 농노들의 반란과 같은 혁명의 시기가 도래합니다. 이것이 생산력과 생산관계의 모순이 격화되는 과정입니다.

자본주의 사회 또한 마찬가지입니다. 기존의 생산관계가 감당할 수 없는 정도로 생산력이 발전하면서 모순으로 인해 붕괴되고 공산주의 사회가 도래합니다. 이런 생각은 한 사회의 생산력과 생산관계 같은 경제적 요인이 그 사회의 성격을 결정하고 발전을 좌우한다는 점에서 경제결정론이라고 할 수 있습니다. 마르크스는 생산력과 생산관계를 합쳐 '생산양식' 혹은 '토대'라고 부릅니다. 이런 물적 토대에 의해서 형성되는 것이 상부구조입니다. 상부구조란 한 사회의 정치권력, 국가 형태, 법이나 윤리를 포함한 사회의식 등을 말합니다. 토대가 뿌리라면 상부구조는 줄기와 잎이라고 할 수 있습니다.

자본주의 사회에서는 생산력의 발달에도 불구하고 자본가와 노동자의 생산관계는 변함이 없습니다. 생산수단을 소유한 자본가는 실질적 가치를 생산하는 노동자에게 저임금을 지급하고 잉여가치를 독점하여 부를 축적하게 되는데 이 과정에서 끊임없는 독점이 일어나고 소수의 자본가에게 부가 집중됩니다. 그럴수록 노동자들의 삶은 궁핍해지고 급기야 노동자, 즉 프롤레타리아 혁명을 불러오게 됩니다. 자본주의가 가진 모순이 공황을 불러오고 각성한 프롤레타리아의 혁명으로 공산주의가 탄생하게 되는 것입니다.

역사의 발전에서 계급 간의 갈등은 필연적입니다. 사유재산제도가 발생한 이래 부를 독점하려는 세력은 늘 존재해 왔고 생산수단을 소유한 계급은 스스로 부와 권력을 내놓으려고 하지 않습니다. 그래서 마르크스는 "지금까지의 모든 역사는 계급투쟁의 역사다"고 말합니다. 실제로 그는 노동자들의 혁명 활동에 적극 동참한 혁명가였습니다.

## 노동이 인간을 만들었다

역사의 발전 과정과 자본주의를 철저하게 분석했던 마르크스는 그 과정에서 기존의 철학과는 다른 인간에 대한 개념을 정립하게 됩니다. 마르크스가 말하는 인간이란 어떤 존재일까요?

> 인간은 사회적 관계의 총체다.

이것이 마르크스가 말하는 인간입니다. 아리스토텔레스의 말처럼 인간은 다른 인간과 함께 있어야만 인간다운 삶을 살 수 있습니다. 어릴 때 늑대에게 길러진 아이를 인간으로 보기 어렵듯이 인간은 사회 내에서만 인간이 될 수 있습니다. 다른 사람과의 관계가 그 사람을 규정짓는 것입니다.

어린 시절 시골 장터에 가면 어른들이 저에게 이렇게 묻곤 했습니다. "네가 이발소 집 막내아들이냐?" 아버지께서 이발소를 했기 때문에 저는 이발소 집 막내아들이었습니다. 어린 시절 저를 규정하는 것은 누구 아들이었고 누구 동생이었습니다. 저를 둘러싼 사회적 관계가 제가 누구인지를 말해 주고 있었던 것입니다. 사회적 관계는 하나만 존재하는 것이 아닙니다. 친구 관계, 직장 관계 등 다양한 관계가 있고 그 모든 것이 나에 대해 말해 주고 있습니다. 그래서 마르크스는 인간은 고정된 본질을 갖는 것이 아니라 그를 둘러싼 사회적 관계 속에서 본질이 결정된다고 말합니다.

여기에는 중요한 의미가 있습니다. 인간은 사회적 관계와 역사적 상황 속에서 자신을 변화시키고 만들어 갈 수 있는 존재라고 말하고 있기 때문입니다. 어린 시절의 제 모습과 성장했을 때의 제 모습은 다릅니다. 자라는 동안 자신을 변화시켜 왔기 때문입니다. 인간은 단순히 환경에 적응하기만 하는 동물이 아닙니다. 자연에 적응하면서 자신을 둘러싼 환경도 변화시키는 힘을 가지고 있습니다. 그 힘이 노동입니다. 인간이 자신과 환경을 변화시킬 수 있는 힘의 원천이 노동입니다. 그래서 마르크스는 이렇게 말하죠.

> 노동이 인간을 만들었다.

원시 공산제 사회에서 인간은 지적인 능력이나 도구를 만드는 능력 등이 발달하지 못했습니다. 인간은 주변의 자연을 점점 변화시키려 시도하면서 자신의 능력을 계발해 나갑니다. 나무를 꺾기도 하고, 창을 만들기도 하고, 불을 지피기도 합니다. 이렇게 초보적인 기술과 낮은 지능에 머물렀던 인간이 지금의 거대한 문명을 일구었습니다. 그것이 어떻게 가능했을까요? 오랫동안 노동을 통해서 도구를 만들고 지능을 발전시킨 덕분이었습니다. 그 과정의 핵심에 노동이 있었습니다. 노동이 인간을 만들었다는 말은 그런 의미입니다.

> 철학자들은 단지 세계를 해석해 왔을 뿐이다. 중요한 것은 세계를 변혁하는 것이다.
>
> —〈포이어바흐에 관한 테제〉

노동의 힘에 대한 믿음은 마르크스의 철학을 적극적이고 실천적인 것으로 만들었습니다. 그가 보기에 지금까지의 철학은 세상을 해석하기에 급급했습니다. 정작 중요한 것은 인간이 노동을 통해서 스스로 역사를 만들어 가는 것입니다. 마르크스에게 철학은 현실과 괴리될 수 없는 실천 그 자체였습니다.

### 노동의 소외

현대 자본주의 사회에서 노동의 모습은 인간을 새롭게 창조하는 역할을 담당하지 못하는 것처럼 보입니다. 인간은 노동을 통해서 자신을 확인하고 실현하게 되는데 현대의 노동자들은 출근을 힘들어하고 일터에서 보내는 시간을 고통스러워합니다. 자신의 노동으로 만들어진 생산물이 다른 사람들에게 도움이 되는 것을 자랑스러워하던 인간의 모습은 사라진 지 오래입니다. 왜 이런 일이 생긴 것일까요? 그 이유를 마르크스는 인간이 노동으로부터 소외되었기 때문이라고 말합니다.

자본주의 사회에서 노동은 먹고살기 위해서 어쩔 수 없이 하는 강제노동에 가깝습니다. 게다가 자신이 일한 결과물을 자신이 가져오지 못합니다. 일의 결과가 자신의 것이 되지 못하기 때문에 일에서 소외될 수밖에 없습니다. 모든 원인은 사적 소유에 기반한 자본주의적 생산구조에 있습니다.

자본주의 사회에서 노동자들은 자신이 만든 생산물로부터 소외됩니다. 자신이 만든 것이 자신의 소유가 되지 못합니다. 생산물에서 소외된 노동자들은 생산 과정에서도 소외됩니다. 생산수단을 소유하지 못해 자본가가 시키는 대로 일을 해 임금을 받기 때문입니다. 일할 때 주도성을 발휘할 수 없습니다. 노동이 인간을 만든다는 인간 고유의 모습에 대한 소외이기도 합니다. 창조적이어야 할 노동이 생존의 수단에 불과하게 된 것입니다. 마지막으로 노동은 다른 인간으로부터도 소외시킵니다. 인간은 다른 사람들과 함께 일하면서 자신이 사회적 존재임을 확인받는데 자본주의적 노동은 노동자를 파편화하여 단순하고 반복적인 일에 매몰시킵니다.

실제로 마르크스가 살았던 시대의 노동자들이 처한 상황은 처참했습니다. 산업혁명을 거치는 동안 생산수단인 각종 기계가 발명되면서 공장에서 수많은 노동자가 참혹한 노역에 시달렸습니다. 당시 영국의 노동자들은 12-16시간씩 일을 했고 심지어 여섯 살이 되지 않는 어린아이들조차 탄광에서 10시간이 넘도록 일을 했습니다. 탄광에서 어린아이들이 일을 하게 된 것은 체구가 작아서 갱도를 좁게 파도 되었기 때문입니다. 아이들은 석탄에서 돌을 골라내는 일을 했는데 자본가들이 아이들을 선호한 것은 무엇보다 싼 임금과 적은 유지비용 때문이었습니다. 당시 런던 노동자들의 평균수명은 20대 초반 정도에 불과했고 다른 지역에서도 28세를 넘기지 못했습니다. 마르크스의 평생 동지였던 엥겔스(Engels, 1820-1895)는 《영국 노동자계급의 상태》에서 이런 처참한 현실을 고발하며 이렇게 개탄했습니다.

> 도둑조차 훔쳐 갈 것이 없는 이 불행한 이들의 가난을 유산계급은 합법적인 방법으로 얼마나 착취하는가!

당시 노동자들의 상황과 자본주의 분석을 통해서 마르크스는 진정한 인간의 자유는 '노동 해방'에 있다고 확신합니다. 소외된 노동으로부터 해방되는 것, 노동을 통해 자신을 확인하고 자신이 만든 결과물을 통해 보람과 긍지를 느끼는 존재로 귀환하는 것이야말로 진정한 철학의 과제였습니다. 그가 철학자를 넘어 혁명가의 길을 갈 수밖에 없었던 이유가 여기에 있습니다.

> 흡혈귀는 착취할 수 있는 한 조각의 근육, 한 가닥의 힘줄, 한 방울의 피라도 남아 있는 한 노동자를 놓아주지 않는다. 따라서 노동자들은 자신을 괴롭히는 뱀으로부터 자신을 방어하기 위해 단결하지 않으면 안 된다. 노동자들은 자본과의 자유로운 계약에 의해 자신과 가족을 죽음과 노예 상태로 팔아넘기는 것을 막아 줄 법률을 제정하기 위해서 하나의 계급으로 단결해야 한다.
>
> -《자본론》

《공산당 선언》에서 그는 이렇게 외칩니다.

> 만국의 노동자여 단결하라.

### 마르크스의 유산

한 사회의 토대라고 할 수 있는 생산력과 생산관계는 대립물의 통일과 투쟁의 관계를 잘 보여 줍니다. 생산력과 생산관계가 하나로 묶여 토대를 이루는데 서로 조화로울 때는 문제가 없습니다. 하지만 역사의 발전으로 생산력이 높아지면 문제가 생깁니다. 생산관계가 이를 수용할 수 없게 되어 모순의 상황에 직면하기 때문입니다. 모순이 극대화되면 노예, 농노, 노동자들이 혁명을 일으켜 생산관계를 무너뜨리고 새로운 생산관계를 수립합니다. 이것이 새로운 사회 탄생의 변증법입니다.

역사의 발전에서 인간의 역할은 필수적입니다. 인간은 모순에 대한 인식과 새로운 사회에 대한 강렬한 열망(칸트나 헤겔이라면 보편적 이성 혹은 절대정신이라고 했을 겁니다)으로 혁명적 변화에 동참하고 행동합니다. 하지만 상부구조를 장악한 노예주, 영주, 자본가는 이런 혁명에 반동을 가하며 기존의 체제를 유지하려 합니다. 계급 간의 갈등은 필연적입니다. 모든 역사는 계급투쟁의 역사입니다. 마르크스는 이렇게 말합니다.

> 인간의 역사에서 가진 자가 스스로 자신의 것을 내놓은 적이 있었던가?

역사적 유물론으로 인간 역사의 발전 법칙을 제시한 마르크스는 자본주의 사회가 모순으로 붕괴되고 프롤레타리아 혁명을 통해 공산주의 사회로 전환되리라고 확신합니다. 그의 사상에 자극을 받은 수많은 사상가가 등장했고 레닌에 의해 러시아혁명이, 마오쩌둥에 의해 중국혁명이 성공하는 등 사적 소유를 철폐하고 공산주의를 지향하는 국가들이 건설됩니다. 실로 20세기는 마르크스주의의 시대였고 세계의 삼분의 일이 공산주의의 깃발로 펄럭였습니다. 하지만 소련은 붕괴되었고 중국의 사회주의도 자본주의적 생산양식을 받아들여 변화를 도모하고 있는 상황입니다. 지금 마르크스의 사상에 기반한 공산주의 실험은 실패한 것으로 보입니다. 마르크스의 철학이 틀린 것이었을까요?

마르크스의 사상은 현대철학에도 깊은 영향을 미치고 있습니다. 20세기 철학사에서 마르크스라는 이름을 빼면 논의가 불가능할 정도입니다. 그의 사상은 레닌·루카치·그람시 같은 혁명가와 호르크하이머·마르쿠제·하버마스 같은 프랑크푸르트학파, 프랑스의 알튀세르에게로 이어졌습니다. 그리고 여전히 인간적인 사회를 만들기 위한 운동의 중심에 그의 사상이 자리 잡고 있습니다.

우리 사회에서도 1980년대에 마르크스주의에 기반한 사회운동이 활발하게 펼쳐졌습니다. 그 시대를 살아간 사람들은 자신의 미래를 포기하고 비뚤어진 사회를 바로잡기 위한 일에 청춘을 바쳤습니다. 지금 그 시절 민주주의와 혁명을 노래하던 사람들이 세상에 흩어져 각기 자신의 역량을 발휘하고 있습니다. 하지만 크게 나아진 것이 눈에 보이지 않습니다. 오히려 인간과 역사의 발전에 대한 회의주의적인 분위기가 만연해진 듯합니다.

다행히 허무해진 세상살이에 희망의 이야기를 들려 줄 사람이 있습니다. 반복의 긍정과 극복을 노래하는 철학자 니체입니다. 철학은 시대의 산물입니다. 1980년대에 마르크스가 되살아난 것은 우리 시대가 그를 필요로 했기 때문이고, 최근 니체의 철학이 주목받는 것은 그의 사상이 시대를 건너는 일엽편주가 될 수 있을지 모른다는 기대 때문입니다.

어떤 철학을 만나든 그것이 나의 현재와 영혼의 길잡이가 되도록 가슴으로 느끼길 권해 봅니다. 현실과 영혼에 작은 흠집도 낼 수 없는 철학은 쓰레기입니다. 헤겔을 읽고 지평이 넓어진다면, 마르크스를 읽고 식은 가슴이 용광로처럼 뜨거워진다면, 니체를 읽고 뒤통수를 얻어맞고 코피를 흘리는 것 같다면 우리의 공부는 괜찮은 것이 될 것입니다.

# 21강. 왜 신을 죽였을까

## 니체

독일의 철학자 니체(Nietzsche, 1844–1900)는 '망치를 든 철학자'로 알려져 있습니다. 기존의 진리와 사유들을 과감히 두드려 부순 인물에게 어울리는 수식어지요. 그의 철학을 대표하는 것이 "신은 죽었다"는 말입니다. 이 말이 중요한 이유는 그의 철학 자체가 신을 죽이고 인간의 삶을 회복하자는 것으로 점철되어 있기 때문입니다.

### 왜 신을 죽여야 했나

니체를 만나 보려면 먼저 풀어야 할 과제가 있습니다. 그의 철학을 대표하는, 신은 죽었다는 말의 의미입니다. 단순하게 보자면 인간이 떠받들었던 신의 죽음을 선언했다는 것으로 이해됩니다. 여기서 니체가 말하는 신이 기독교적 의미에서의 신을 지칭하는 것은 분명합니다. 자신의 저작 곳곳에서 기독교를 맹렬하게 공격했기 때문입니다.

그의 대표작《차라투스트라는 이렇게 말했다》의 주인공 차라투스트라는 산에서 10년간 고독한 생활을 마치고 속세로 돌아옵니다. 그리고 사람들에게 이렇게 말합니다.

"신은 죽었다."

사람들은 그의 말이 무엇을 뜻하는지 이해하지 못합니다. 신이 죽다니, 그것은 있을 수 없는 일입니다. 신은 불멸의 존재입니다. 신이 없다면 내가 어디에서 왔으며 무엇을 기준으로 어떻게 살아가야 할지 알 수도 없습니다. 고대 이래 중세와 근대까지 신이 미친 영향력은 절대적이었습니다.

사실 니체가 말하는 신은 기독교적 의미의 신을 넘어서 있습니다. 그가 말하는 신은 그동안 인간이 만들어 놓은 종교, 학문적 진리, 도덕과 가치 등을 모두 포괄하는 개념입니다.《우상의 황혼》에서 니체는 이렇게 밝히고 있습니다.

> 우상이 의미하는 바는 아주 간단하다. 그것은 이제껏 진리라고 불리어 오던 것이다. 우상의 황혼－치장하지 않고 말하자면 : 옛 진리가 종말로 다가간다이다…

니체는 기존에 우리가 믿었던 종교와 알게 된 진리, 도덕까지 모조리 죽었다고 선언합니다. 왜 이런 선언을 해야만 했을까요?

니체는 신이 인간을 만든 것이 아니라 인간이 신을 만들었다고 생각합니다. 인간은 지극히 가련하고 약한 면과 강하고 놀라운 두 가지 면을 갖고 있는데, 인간이 전자에서 인간을, 후자에서 신이라는 개념을 만들었다는 것입니다. 자신이 도달할 수 없는 놀라운 상태를 신으로 숭배한다는 것이죠. 이런 생각은 "인간이 신의 자식이 아니라 신이 인간의 자식"이라고 말한 포이어바흐의 생각과 닮아 있습니다.

니체에게 신은 인간의 자기비하와 다름없습니다. 불완전한 자신에 대한 혐오이고 인간적 삶에 대한 부정입니다. 신의 죽음은 삶의 가치를 부정하는 자기혐오에 사형선고를 내리는 것이고, 자기 삶을 위한 독립선언입니다. '너는 할지니'라고 말하는 신의 명령을 따르기만 한다면 자기 삶은 불가능합니다. 새로운 삶을 살려면 삶에 대해 명령하는 존재를 죽일 수밖에 없습니다. 신은 죽었다는 말은 그동안 인간을 규율하고 통제해 왔던 모든 종교와 사상과 도덕에 대한 사형선고였습니다.

### 도덕의 계보를 밝히다

두 친구가 길을 가다가 힘들게 손수레를 밀고 가는 할머니를 발견했습니다. 한 친구가 달려가서 할머니를 도와주었습니다. 그러는 동안 곁에 있던 친구는 괜히 미안한 생각이 들었습니다. '나는 왜 저 친구처럼 친절하지 못할까?'라고 자괴감에도 빠집니다.

우리는 자라면서 '다른 사람을 도와주는 것은 착한 행동이다'고 배웁니다. 이것을 도덕적인 행동이라며 칭찬합니다. 그런데 과연 도덕적이라는 것이 무엇을 의미할까요?

니체에 의하면 원래부터 도덕적인 것은 존재하지 않습니다. 도덕이란 특정한 현상에 대해 훌륭하다고 해석한 것에 불과합니다. 그것은 특정 시대, 특정 인간이 다른 인간에게 영향력을 행사하기 위해 만들어 낸 것으로 일종의 이데올로기입니다. 마약이자 세뇌장치 같은 것이죠. 충, 효, 예 같은 것이 모두 그렇습니다. 도덕뿐만 아닙니다. 우리가 옳다고 믿는 진리들, 신념들도 마찬가지입니다. 원래 올바른 것은 없는데 어떤 사람들이 그것이 올바르다고 말했기에 올바른 것이 되었습니다.

그것을 어떻게 알 수 있을까요? 도덕과 진리가 허구라는 것을 어떻게 증명할 수 있을까요? 이것을 위해 니체가 사용한 것이 계보학(系譜學)이었습니다. 계보학이란 어떤 개념이나 주장을 역사적으로 되짚어 보는 학문을 말합니다. 어떤 행동에 대해 도덕적이라고 말했을 경우 우리는 도덕적인 것이 어떤 것인지에 대한 합의를 가지고 있습니다. 니체는 도덕적이라고 믿는 것이 역사적으로 어떻게 만들어졌는지를 살펴보자고 합니다. 그것이 시작되는 모습과 변하는 모습을 통해 진면목을 알 수 있을 테니까요.

과거의 철학은 '진리란 무엇인가', '도덕적인 행동이란 무엇인가'를 물어 왔습니다. 이런 물음으로는 진리의 본모습, 도덕의 뒤에 숨겨진 힘이나 권력의 작용을 알아낼 수 없습니다. 니체가 제시하는 질문은 '어떤 것이 진리인가', '왜 도덕인가'라는 낯선 방식입니다. 이런 질문에 답하려면 과거에는 무엇이 진리였고 지금은 무엇이 진리로 인정받고 있는지를 살펴야 합니다. 고려시대에는 어떤 것이 도덕이었고 조선시대에는 어떤 행동이 도덕적이며 지금은 그 행동이 어떻게 달라졌는지를 살펴보는 것입니다. 이 과정에서 왜 그런 행동을 도덕적이라고 말하는지도 발견할 수 있습니다.

이것이 계보학적 접근입니다. 계보학을 통해 도덕이 고정된 것이 아니라 시대마다 달라지는 것이며 어떤 특정 계급이 자신의 이익을 담보하기 위해 강조한 것임을 발견할 수 있습니다. 계보학적 접근은 우리가 당연하다고 여기는 것들을 재평가하고 그 뒤에 숨겨진 권력 작용을 발견하게 돕습니다. 도덕과 진리가 일종의 만들어진 것임을 깨닫게 되는 것입니다. 그 결과 데카르트가 말한 '나는 생각한다'는 니체에 이르러 '나는 주입받는다'로 바뀌게 됩니다.

### 주인의 도덕과 노예의 도덕

니체에 따르면 고대 그리스에서는 선과 악이라는 개념이 없었습니다. 그 대신 좋음과 나쁨이라는 관념만 있었습니다. 좋음은 우수한 것을 말하고 나쁨은 열등한 것을 의미했습니다. 노예 제도를 바탕으로 유지되는 고대 그리스에서 좋음과 나쁨은 자연스럽게 주인과 노예의 속성을 대변했습니다. 좋음은 주인의 속성이 되고, 나쁨은 노예의 속성이 되는 것입니다.

좋음과 나쁨이라는 도덕관념은 주인이 자신의 지위를 유지하기 위해 자신에게 유리한 어떤 행동이나 태도를 훌륭한 것으로 만든 것에 불과했습니다. 고대 그리스에서는 전사계급이 지배층이었으니 용맹이 주인 도덕의 중심이 되었을 겁니다. 주인은 결단력을 가지고 주도적으로 결정하고 용감하게 살았습니다. 반면 노예들은 근면하고 순종했습니다. 이것이 곧 주인의 도덕과 노예의 도덕이었습니다.

힘이 없는 노예들은 주인, 즉 강한 자들에게 일종의 원한 감정을 품게 됩니다. 주인들이 시키는 대로 일을 하고 자유를 구속당하면서 살아야 했으니까요. 현실적으로 대항할 힘이 없으니 마음속으로 '두고 보자'는 불만만 품게 되었습니다. 이런 불만으로 노예들은 자신을 괴롭히는 주인은 악하고, 묵묵히 일하는 자신들은 선하다는 생각을 하게 됩니다. 선과 악이라는 도덕관념은 이렇게 만들어집니다. 힘이 부족해서 어쩔 수 없이 노예로 살아가는 이들이 선악이라는 도덕으로 주인에게 복수를 하는 것입니다. 니체가 선악 관념은 노예가 주인에 대한 원한으로 만든 도덕이라고 말한 것이 이런 이유입니다.

선악의 관념, 노예의 도덕은 역사적으로 유대민족과 기독교를 통해서 퍼져 나갑니다. 고대 사회의 유대민족은 오랫동안 노예 상태에 머물렀는데 나중에 기독교가 형성되면서 자신들의 특성인 순종과 근면 같은 것들을 선으로 규정하고 적극적이고 진취적이며 창의적인 것들은 악으로 규정합니다. 그리고 선과 악의 개념을 널리 퍼뜨리면서 세계적인 종교로 거듭납니다.

이 과정에서 사제(司祭)들은 대중의 원한 감정을 이용해서 세력을 키웁니다. 주인을 이길 힘이 없었기에 현실적으로 쾌락을 누릴 수 없었던 대중은 쾌락을 악으로 규정하고 금욕을 실천하여 내세에서 구원받는 것을 선으로 만듭니다. 간접적으로 주인에게 복수하는 것입니다. 그 복수의 핵심이 금욕적 이상이었고 이런 금욕적 이상을 주장한 사제들에 의해 노예의 도덕은 세상을 장악하게 됩니다. 그것이 기독교의 본모습이라는 것이 니체의 주장입니다.

노예의 도덕이 승리할 수 있었던 것은 힘이 강했기 때문이 아닙니다. 그것은 강한 자들을 약하게 만듦으로써, 병균을 퍼뜨림으로써 얻어 낸 승리였습니다. 노예의 도덕은 원한에 기초한 것입니다. 자신의 힘이나 가치에 기초한 것이 아니죠. 오히려 노예는 자신의 도덕이나 가치를 부정합니다. 자기 생각을 말하지 못하고 다른 사람의 생각이 틀렸다고 말함으로써 승리하려 합니다. 현실적 고통과 모순, 갈등을 회피하고 자기를 기만하죠.

노예의 도덕은 두려움 혹은 동정심에 기반을 둔 것입니다. 자신의 도덕이 아니라 힘이 세거나 세력이 강한 자의 도덕을 수용합니다. 지옥 가는 것이 무서워서 교회에 다니거나 괴롭힘을 당하는 것이 싫어서 힘센 친구가 시키는 대로 하는 것입니다. 혹은 불쌍해서 도와준다는 동정입니다. 스스로에 대한 자신감이나 확신에서 나오는 것이 아닙니다. 강한 자들은 기존 사회가 만들어 놓은 윤리적 선악 개념을 넘어 자기 욕망과 본능에 충실합니다. 부모나 사회가 시키는 대로가 아닌 내가 살고 싶은 대로 사는 것입니다. 이런 삶이야말로 살아 있는 것이고 이런 자세야말로 주인의 도덕이 넘치는 삶이라는 것이 니체의 생각입니다.

그의 철학은 우리 시대에도 중요한 의미가 있습니다. 주인의 도덕을 회복한다는 것은 자신에 대한 긍정, 자신감으로 살아간다는 것입니다. 자기 삶에 가치를 부여할 줄 알고 다른 사람의 삶도 수용합니다. 자기를 긍정하기에 타자도 받아들일 수 있게 되죠. 반면 노예의 도덕은 자기를 부정합니다. 자기 가치를 의심하죠. 우리 사회는 일명 루저들을 양산하고 있습니다. 공부에서 소외된, 회사에서 내몰린, 사회에서 내쫓긴 사람들이 넘칩니다. 자기 부정으로 노예의 도덕이 지배하기 쉬운 시대입니다. 자기 부정은 타자에 대한 부정으로 이어질 수 있습니다. 힘든 삶에 대한 상대적 박탈감 때문에 타자를 무차별적으로 공격하는 것입니다. 차이를 부정하고 공격합니다. 명문대, 고소득 자영업자라는 가치 기준을 무너뜨리고 자기 가치에 따라 주인의 도덕을 회복할 때 문제는 극복될 수 있습니다. 그것이 다양한 삶을 가능하게 해 주고 우리 사회에 생명력을 넘치도록 불어넣어 줄 것입니다.

### 정신의 세 가지 변용

니체는 자기 가치를 창조하는 삶을 위한 정신의 세 가지 변화에 관해 말합니다. 낙타, 사자, 아이가 그것입니다.

> 나는 그대들에게 정신의 세 가지 변화에 대해 말하고자 한다. 어떻게 하여 정신이 낙타가 되고, 사자가 되며, 사자는 마침내 아이가 되는가를.
> –《차라투스트라는 이렇게 말했다》

낙타는 무거운 짐을 지고 강한 인내심으로 살아가는 정신을 상징합니다. 낙타가 등에 무거운 짊을 지고 사막을 건너가는 장면을 떠올리시면 이해가 빠릅니다. 낙타에게 필요한 것은 짐을 지는 힘과 오래 견딜 수 있는 정신력입니다. 우리 삶은 낙타의 정신을 칭송합니다. 사람들은 책임감으로 무장하고 엄청난 인내심을 발휘하며 삶을 끌고 갑니다. 낙타의 인내는 우리 삶을 지탱시켜 주는 중요한 버팀목이기도 합니다.

낙타의 삶은 괴롭습니다. 사람들은 더는 의무감과 책임감으로 삶을 살고 싶지 않다는 생각을 자주 합니다. 삶을 향한 욕망은 죽지 않습니다. 낙타는 짐을 내려놓으려고 합니다. 그러자면 사자가 되어야 합니다. 짐을 내려놓지 못하게 하는 목소리들이 존재하기 때문입니다. 목소리의 주인공은 거대한 용입니다. '너는 해야 한다'고 말하는 용을 낙타는 섬기지 않으려 합니다. 그 대신 '나는 원한다'고 말합니다. 자기 삶을 살려고 하는 것입니다. 그러자면 사자가 되어야 합니다. 사자의 용기가 필요합니다. 사자의 날카로운 발톱과 이빨이 필요합니다. 광폭한 사자야말로 용을 죽이고 자기 가치를 실현할 수 있는 힘을 가졌습니다.

살다 보면 '이게 아닌데…' 싶을 때가 있습니다. 용기를 내서 하고 싶었던 것에 도전하기로 합니다. 그러면 주변에서 '그건 위험해', '넌 안 돼', '가족들 생각도 해야지' 하는 말들을 듣게 됩니다. 이것이 용입니다. 자기 가치를 죽이고 창조적 삶을 해치는 용의 이빨들입니다. 니체에게 기존의 도덕은 모두 용입니다. 이 용을 죽이지 않으면 결코 새로운 세계로 뛰어들 수 없습니다. 그래서 사자가 되어야 합니다.

이제 사자는 곧 아이가 되려 합니다.

> 아이는 순진무구함이며 망각이고, 새로운 출발, 놀이, 스스로 도는 수레바퀴, 최초의 움직임이며, 성스러운 긍정이 아닌가.
>
> –《차라투스트라는 이렇게 말했다》

아이는 순진무구합니다. 아이의 눈동자는 기존의 도덕에 얽매이지 않습니다. 하고 싶은 것이 있으면 그냥 합니다. 말려도 소용이 없습니다. 아이에게 삶은 놀이입니다. 신나게 한판 노는 것이 아이의 하루입니다. 스스로 도는 수레바퀴처럼 신나게 놀고 지겨우면 다른 곳으로 달립니다. 아이의 삶에는 의무도 없고 도덕도 없고 오로지 놀이와 유희만 있습니다. 아이는 자신의 의지대로 살아갑니다. 도덕이 아닌 자기 욕망으로 춤을 춥니다.

세 가지 정신의 변화를 통해서 니체는 우리가 어떤 상황에 있고, 우리의 발목을 잡는 도덕과 윤리를 극복하기 위해 무엇을 해야 하며, 자기 삶에 이르기 위해 어떤 정신을 가져야 하는지를 말하고 있습니다. 삶은 한바탕 놀이입니다.

## 나는 몸이다

세상을 놀이로 만드는 아이 같은 천진난만함은 어디에서 오는 것일까요? 그것은 몸에서 옵니다. 니체의 철학은 한마디로 몸의 철학입니다.

> 나는 전적으로 몸이며, 그 밖의 아무것도 아니다. 그리고 영혼은 몸에 속하는 그 어떤 것을 표현하는 말에 지나지 않는다.
>
> —《차라투스트라는 이렇게 말했다》

니체에게 인간은 몸입니다. 당연히 삶 또한 몸입니다. 몸에서 시작해서 몸으로 끝나는 것이 니체의 인간입니다.

플라톤 이래 최고의 지위를 누려 온 것이 이성 혹은 영혼이었습니다. 근대까지 철학자들은 인간을 영혼과 몸(신체)으로 분리하고 영혼에 신적인 권위를, 몸에 불완전성과 타락성을 부여했습니다. 영혼은 고귀하고 몸은 더러운 것이라는 관념이 그것입니다. 이성과 영혼의 고귀함을 찬양하고 몸을 무시 혹은 경멸하는 것은 철학의 전통이 되어 버렸습니다. 그런데 니체는 이성과 영혼조차 몸에 속하는 것이며 몸의 도구에 불과하다고 말합니다. 기존의 철학자들이 말하는 이성은 작은 이성이며 몸이야말로 커다란 이성이라고 주장합니다. 그에게 영혼이나 정신은 몸의 장난감에 불과합니다.

사람들은 정신이나 영혼을 가진 것에 대해 큰 자부심을 느끼는 만큼 몸을 경멸합니다. 플로티노스 같은 철학자들은 몸을 경멸한 나머지 학대까지 했습니다. 영혼이 잘 정돈되어 질서 있는 모습이라면 몸은 충동과 욕망을 상징하는 카오스적인 것입니다. 인간은 정돈되고 안정된 것에 편안함을 느낍니다. 자연스럽게 이성과 정신을 좋은 것으로 여기는 경향이 있습니다. 하지만 이런 경향은 충동과 욕망의 창조적 에너지를 잃어버린, 통제되고 사육되는 삶으로 우리를 이끕니다.

니체는 몸을 경멸하는 자들에게 경멸은 존경에서 나오는 것이라고 말합니다. 우리가 무엇인가를 경멸할 때 그것은 강한 질투심의 발로인 경우가 많습니다. 경멸이 극단적일수록 질투와 경외감은 강하게 도사리고 있습니다. 심지어 몸을 경멸하고 있을 때조차 몸의 명령에 따르고 그것에 봉사하고 있다고 말하는 것이 니체입니다.

그렇다면 정신과 영혼은 도대체 무엇일까요? 그것은 몸이 자신의 의지를 실현하기 위해 창조된 것들로 몸의 도구에 불과합니다.

> 창조하는 몸이 자신의 의지의 손으로 삼기 위해 정신을 창조했다.
> –《차라투스트라는 이렇게 말했다》

몸이 정신 혹은 영혼을 창조한 이유는 자신의 의지를 행동하기 위해서입니다. 정신을 통해 목적을 달성하려 합니다. 몸은 정신을 움직이는 주인입니다. 여기서 몸은 정신을 포함한 몸입니다. 정신은 작은 이성이며 몸이야말로 큰 이성입니다. 우리 몸 안에는 수많은 힘이 넘실거리고 있습니다. 힘들은 자신이 최고의 자리를 차지하기 위해 싸움을 거듭합니다. 아침에 눈을 뜨면 푹 자고 싶고, 자극을 받으면 도전해서 성공하고 싶고, 책을 읽으면 공부가 중요하다는 생각이 강해집니다. 이런 경쟁들이 우리 몸 안에서 벌어지는 전쟁입니다. 몸은 다툼을 벌이는 다양한 힘이 있는 곳입니다. 일시적으로 하나의 힘이 승리하는 순간이 오면 안정되고 정체성이 강해지는 시기를 경험합니다. 하지만 언제든 다른 힘이 분출되어 주인의 자리를 차지할지 모릅니다. 몸은 언제나 자기를 극복하려는 그 무엇이기 때문입니다.

니체는 기존의 철학이 만들어 낸 수많은 사유, 형이상학적 논의를 몸의 징후로 봅니다. 철학자는 자신의 몸에 따라 그에 맞는 철학을 만들어 냅니다. 그래서 강조되는 것이 건강입니다. 건강한 몸을 가진 자는 건강한 철학을 생산합니다. '수많은 건강 상태가 있는 만큼 다양한 철학이 존재'하는 것입니다.

이런 사유는 생활 속에서도 쉽게 근거를 찾아볼 수 있습니다. 몸이 아프면 소극적으로 생각하게 됩니다. 큰 병에 걸릴수록 부정적으로 생각하기 쉽고요. 반면 몸이 건강하고 활기찰 때는 적극적이고 개방적인 생각과 행동을 하게 됩니다. 물론 병이나 고통을 겪는 과정에서도 창조적 활동은 가능합니다. 육체적, 정신적 고통을 이겨 내면 큰 지혜를 얻을 수 있기 때문입니다. 역경을 이겨 낸 사람이 평범하게 살아온 사람보다 강한 이유입니다. 몸의 건강은 병에 걸렸느냐가 아니라 몸이 병을 극복하려 하는가에 달려 있습니다.

니체는 평생 병에 시달렸습니다. 두통과 근시가 그를 괴롭혔고 우울증과 발작이 이어졌습니다. 건강할 때보다 아플 때가 훨씬 더 많았습니다. 그런 그가 누구보다 삶을 긍정하는 철학을 탄생시켰다는 것은 놀라운 일입니다. 니체의 말처럼 고통에는 쾌락과 동일한 분량의 지혜가 담겨져 있기 때문인지도 모릅니다. 몸이 병을 이겨 낼 의지를 가졌다면 우리의 철학은 더 밝고 명랑해질 것입니다. 병과 싸워 그것을 극복해 온 니체는 "나는 병에서 더 높은 건강을 얻었다"고 말합니다. 병으로 인한 고통에서 더 높은 건강, 더 나은 철학을 얻었고 고통이 자신을 심오하게 만들었다는 것입니다.

사실 니체가 말하는 병은 우리가 생각하는 질병과는 거리가 있습니다. 그가 말하는 병은 기존의 관념에 얽매이고 삶이 고착되어 버린 것을 말합니다. 건강이란 같은 행동과 생각을 반복하며 무기력하게 살아가는 삶에 반기를 들고 변신의 잠재력으로 몸이 들끓는 상태를 말합니다. 새로운 탄생을 위한 힘의 의지가 넘치는 삶이야말로 건강하며 가치 있는 삶입니다. 끊임없는 자기 극복의 힘으로 넘치는 삶이야말로 니체 철학의 정수입니다.

### 힘에의 의지, 니체의 존재론

> 건강한 몸, 완전하고 반듯한 몸은 정직하고 더 순수하게 말한다. 그리고 바로 이러한 몸이 대지의 뜻을 전해 주었다.
>
> -《차라투스트라는 이렇게 말했다》

니체의 존재론은 몸에 기반하고 있습니다. 이때의 몸은 현실적이고 동물적이며 관능적이고 역동적인 몸입니다. '몸이 대지의 뜻을 전해 준다'는 표현에서 알 수 있듯이 모든 것을 생산해 내는 대지의 무한한 에너지를 품고 있는 것이 몸입니다. 니체에게 역동성은 생명의 징후이고 대지의 뜻이며 살아 있음입니다.

《우상의 황혼》에서 기존의 모든 진리와 철학을 망치로 깨부순 니체지만 유일하게 고대 그리스의 철학자 헤라클레이토스만큼은 예외적으로 인정합니다. 이미 살펴보았듯이 헤라클레이토스는 세상을 변화 그 자체로 파악합니다. 끊임없는 역동적 변화 그 자체가 세계의 본질이고 변화는 사물 간의 관계로 이루어집니다. 세계를 역동적인 변화로 본다는 점에서 헤라클레이토스와 니체는 관점이 같습니다.

반면 기존의 철학은 고정된 하나의 아르케를 찾으려 했습니다. 변치 않고 고정된 실체, 진리를 찾아 헤맨 것이 서양철학의 지적 전통이었습니다. 니체는 고정불변한 진리의 세계를 허용하지 않습니다. 세상과 사물을 끊임없이 생성되고 변용되는 것으로 보기 때문입니다. 세상은 '힘들의 바다'입니다.

> 이 세계란 시작도 끝도 없는 거대한 힘, 증대하는 일도 없으며 감소하는 일도 없고 소모하는 것이 아니라 변전하기만 하는, 전체로서는 그 크기를 바꾸는 일이 없는 청동과 같이 확고한 힘의 양, 지출도 손실도 없으며 또한 증가도 없고 수입도 없으며 자기 스스로의 한계를 갖는 이외에 그것을 에워싸는 것은 '무'인 가계(家計), 전혀 엷어지지 않고 소비되지 않는 것, 결코 무한한 확장을 갖는 것이 아니라 일정한 힘으로서 일정한 공간 속에 가두어지고 있으나 어딘가 '공허'할지도 모르는 공간 속에서가 아니라 오히려 힘들로서 편재하고, 여러 힘과 힘의 파랑의 유희로서 하나인 동시에 허다하고, 여기에 집적되는가 싶으면 저기서는 감소하는 것, 자기 스스로의 속으로 광포하게 밀려들고 넘쳐 나는 여러 힘의 바다.
>
> -《권력에의 의지》

'세계는 힘들의 바다이다.' 이것이 니체가 바라본 세계입니다. 세계에는 하나의 사물만 존재하는 것이 아닙니다. 여러 사물이 서로 영향을 미칩니다. 게다가 하나의 사물이 되려면 다른 사물이 필요합니다. 오직 하나만 존재한다면 그 하나를 설명할 방법이 없습니다. 개념은 하나와 다른 하나를 비교할 때 가능해집니다. 세계는 이런 사물들이 서로 영향을 주고받는 힘의 바다 그 자체이지 하나하나의 개체가 따로 존재하는 것이 아닙니다. 관계가 있을 뿐 우리가 생각하는 고정된 사물은 없습니다.

생명은 힘에의 의지 그 자체입니다. '권력의 의지' 혹은 '위력의 의지' 등으로 번역되기도 하는데, 같은 말입니다. 살아 있는 모든 것은 자신의 힘을 발휘하려 합니다. 힘은 사물의 존재 이유이자 존재 양식입니다. 사람도 세계에 영향을 미치려 합니다. 다른 사람을 만나고 일에서 성공하고 자기 뜻을 이루려는 모습이 모두 자신의 힘을 발휘하려는 경향입니다. 그것이 불가능할 때 고뇌와 좌절이 찾아옵니다. 모든 존재는 힘에의 의지이고 세계는 힘들의 바다입니다.

《차라투스트라는 이렇게 말했다》의 머리말에서 니체는 차라투스트라의 입을 빌려 태양에게 말합니다.

> 그대 위대한 별이여! 그대가 빛을 비추어 준다 하더라도 그것을 받아들일 존재가 없다면, 그대의 행복은 무엇이겠는가!

차라투스트라가 아무리 깨달은 자라고 해도 자신의 깨달음을 나눠 줄 사람이 없다면 행복을 찾을 수 없습니다. 십 년의 세월을 고독하게 살면서 깨달음을 얻은 차라투스트라는 다시 사람들 속으로 들어갑니다. 자신이 깨달은 것을 알리기 위해, 이 땅에 초인을 탄생시키기 위해서입니다. 힘에의 의지를 품고 힘들의 바다로 걸어 들어간 모습은 니체 자신을 비유하는지도 모릅니다. 세상은 사물들이 서로의 힘을 펼치는 힘들의 바다이고 생명은 힘에의 의지를 실현하려는 역동적인 운동 그 자체라는 것, 이것이 니체가 보는 세상 혹은 존재론입니다.

## 디오니소스와 아폴론

세상을 힘들의 바다라고 했습니다. 자신의 힘을 발휘하기 위한 의지들이 넘치는 곳이 바로 세상입니다. 세상은 끊임없이 창조와 파괴가 반복되는 곳입니다. 생명이 탄생하는 그 순간에 어떤 생명은 죽습니다. 세상 모든 것은 변하고 움직이며 하나로 고정되어 멈춰 있지 않습니다. 이렇게 고착되지 않은 새로움들이 영원히 반복해서 일어나는 모순된 생성을 니체는 '디오니소스적'이라는 말로 표현합니다.

> 오, 세상이여, 너무도 뻔뻔하고 사악하구나!
> 기르고 가르치면서 또한 죽이기도 하니.

이란의 시인 피르다우시(Firdawsi)의 표현처럼 세상은 뻔뻔하고 사악합니다. 생명을 낳고 기르고 가르치는 곳이 세상입니다. 그 생명을 죽이는 것 또한 세상입니다. 이런 잔인하고 모순적인 세상에 대해 우리는 자주 환멸을 느낍니다. 붓다는 인생을 '고통의 바다'라고 표현했습니다. 우리의 고통과 달리 세상은 아무렇지도 않다는 듯 저절로 움직입니다. 이런 모순적인 세상을 어떻게 이해해야 할지 난감할 때가 많습니다. 철학자들은 세계를 자기만의 논리로 설명하는 사람들입니다. 니체는 세상을 어떻게 설명할까요?

> 삶의 가장 낯설고 가장 가혹한 문제들에 직면해서도 삶 자체를 긍정한다 ; 자신의 최상의 모습을 희생시키면서 제 고유의 무한성에 환희를

느끼는 삶에의 의지-이것을 나는 디오니소스적이라고 불렀다.

-《이 사람을 보라》

디오니소스는 그리스 신화에 등장하는 술과 축제의 신입니다. 어린 시절 디오니소스는 거인들에 의해 온몸이 찢겨 죽임을 당합니다. 그리고 되살아납니다. 디오니소스는 죽음을 통해 다시 살아난 신입니다. 이것은 무엇을 의미할까요? 우리의 삶은 매 순간 재탄생합니다. 오늘의 나와 내일의 나가 다르고 일 년 후의 내 모습은 지금과 다릅니다. 한시도 머물러 있지 않고 새로운 나를 만들어 갑니다. 마치 디오니스스소의 죽음과 탄생처럼.

디오니소스는 자신의 죽음에 대해서 책임을 묻거나 따지지 않습니다. 새로운 모습으로 다시 태어나 새로운 삶을 영위합니다. 소멸과 죽음은 누구의 책임도 아니며 우주적 원리일 뿐입니다. 그 원리를 품고 다시 탄생하는 것이 삶입니다. 사자가 토끼를 잡는 것이 사자의 잘못은 아닙니다. 그것은 우주의 방식일 뿐입니다. 생명은 다른 생명을 죽이고 새롭게 탄생합니다. 죽음과 삶은 하나이며 그것은 세상을 움직이는 역동적 작용입니다. 우리 자신 또한 단 한순간도 멈춰 있지 않습니다. 세포가 멈춘 순간이 있을까요? 쉼 없이 생성하는 삶의 방식에 대한 지독한 인정, 지금의 자신을 극복하고 새로운 자신으로 끊임없이 나아가는 힘에의 의지가 디오니소스적 긍정입니다.

니체는 아폴론과 디오니소스를 대비시킵니다. 아폴론은 태양의 신으로 밝음, 질서를 상징합니다. 밝음과 질서는 인간의 이성을 대변하기도 하죠. 이성은 세상에 대한 지식을 가져다줍니다. 무엇인가를 안다는 것은 그것에 대한 개념을 가진다는 뜻입니다. 인간은 분류를 통해 갈래를 짓습니다. 개념과 갈래를 통해 지식이라는 것을 얻게 됩니다. 토끼는 초식동물이고 포유류라는 식입니다. 이런 지식을 통해서 우리는 세상을 이해하고 질서를 익힙니다. 그 역할을 담당하는 것이 이성입니다.

디오니소스는 이성과 개념을 넘어섭니다. A를 분석해서 B로 설명하는 것이 아폴론이라면 디오니소스는 A가 무엇이든 될 수 있게 합니다. 디오니소스적 방식은 예술에 가깝습니다. 고착된 것을 경멸하고 죽음을 긍정하면서 새로운 생성을 염원하며 도취와 황홀, 광기를 불러들입니다. 기존의 도덕을 위반하는 쾌감을 통해 새로운 탄생으로 나아갑니다. 이런 모습은 마치 예술가들의 작업과 유사합니다. 아폴론이 수학과 과학이라면, 디오니소스는 예술일 수 있는 것입니다.

예술은 기존의 도덕과 금기에 도전합니다. 아니 무시합니다. 도덕과 금기는 노예적 삶의 산물입니다. 생명은 긍정과 능동의 넘치는 힘으로 금기를 넘어 자유와 도취에 이르려 합니다. 그래서 니체의 철학은 망치에 비유됩니다. 기존의 것을 깨부수는 망치, 새로운 깨달음으로 안내하는 망치, 다른 미래를 위해 현재를 파괴하는 망치가 니체의 철학이고 그 무한 반복에 대한 긍정이 디오니소스입니다.

### 영원회귀와 초인의 철학

생성과 파괴, 소멸이 반복되는 힘들의 바다에서 삶은 무한히 반복됩니다. 오늘 힘든 하루를 끝냈지만 내일 그런 하루가 또 시작될 겁니다. 'Tomorrow is another day'라는 말은 새로운 내일에 대한 기대가 담긴 말이지만 우리의 현실은 그런 기대를 저버리고 고된 반복만이 기다리고 있을 가능성이 큽니다. 이것이 우리가 직면한 솔직한 현실이고, 일상의 진실입니다.

이런 삶은 자칫 니힐리즘(Nihilism)이라는 허무를 불러오기 쉽습니다. '아무 의미 없다'는 무력감이 삶을 지배합니다. 무력감을 견디지 못하는 사람은 종교에 의존하거나 욕망을 포기하려 합니다. 이런 모습은 생명력이 사라져 버린, 죽은 삶입니다. 니체는 니힐리즘과 대결합니다. 그것은 힘에의 의지를 추구하는 생명의 진면목이 아니기 때문입니다. 니체가 기독교와 불교를 거부하는 이유도 이것과 맞닿아 있습니다. 인간의 욕망을 부정하고 죄를 묻는 종교는 삶을 병들게 합니다. 니체에게 삶이란 생명력 그 자체이기 때문입니다. 니힐리즘은 순종에 빠지게 하고 명령하는 것을 어렵게 만듭니다.

이제 니체는 초인(超人)의 탄생을 외칩니다. 그가 외치는 초인은 어떤 존재일까요?

> 초인은 대지의 뜻이다. 그대들의 의지로 하여금 말하게 하라. 초인이 이 대지의 뜻이 되어야 한다고!
>
> –《차라투스트라는 이렇게 말했다》

초인은 대지의 뜻으로 움직이는 존재입니다. 대지와 하나이며 대지 그 자체입니다. 대지는 우리가 살아가는 세상입니다. 세상은 생성과 소멸을 반복하며 힘의 바다로 일렁입니다. 초인 또한 탄생과 죽음을 반복하며 무한한 생명력으로 자신을 극복합니다.

> 보라, 나는 항상 스스로를 극복해야 하는 존재이다.
>
> -《차라투스트라는 이렇게 말했다》

초인은 반복되는 삶을 긍정합니다. 아니 긍정할 수밖에 없습니다. 초인에게 반복은 죽음과 탄생의 새로운 연속이기 때문입니다. 오늘은 어제와 다른 하루입니다. 어제의 내가 아니기 때문입니다. 어제의 나를 극복하고 오늘의 새로운 나를 만드는 존재가 초인입니다. 초인은 자기를 죽입니다. 자기를 보존하는 것이 아니라 자기를 죽임으로써 새로운 자기를 만들어 갑니다. 이것이 자기를 극복하는 초인의 방식입니다.

초인은 차이를 긍정합니다. 과거와 다른 현재, 자기와 다른 타자를 인정하고 환영합니다. 죽음은 새로운 탄생입니다. 여기서 탄생하는 '차이'는 고통이 아닌 놀이와 즐거움입니다. 이런 차이의 놀이는 어떤 목적을 가진 것이 아닙니다. 우연한 것이고 사건적인 것입니다. 그래서 놀이가 될 수 있고 즐거운 대상이 될 수 있습니다.

아리스토텔레스는 모든 사물은 목적을 가지고 존재한다는 목적론적 사유를 펼쳤습니다. 니체는 이런 사유에 사형을 선고합니다. 세계는 어떤 목적이나 도덕의 실현을 위해서 존재하는 것이 아닙니다. 세계는 아무런 목적 없이 탄생하고 변화하고 소멸하는 끊임없는 과정의 연속입니다. 그것은 하나의 우연이고 하나의 놀이일 뿐입니다. 이 놀이를 통해서 다양한 개체가 탄생하고 다른 삶들이 펼쳐집니다.

사람들은 자신과 다른 것을 무의식적으로 두려워합니다. 반면 비슷하고 익숙한 것은 친근해합니다. 그래서인지 사람들은 차이를 인정하지 않습니다. 주변에서 자신과 다른 것들에 대한 경계와 혐오를 드러내는 사람들을 쉽게 볼 수 있습니다. 나와 다른 생각, 나와 다른 종교, 나와 다른 피부색이라는 이유로 수많은 차별이 존재합니다. 니체는 차이를 인정하지 않으려는 태도를 '부정'으로 이해합니다. 기존의 것에 머무르기 위해 새로움을 거부하는 일종의 퇴행적 행동인 것입니다. 삶은 끊임없이 용솟음치면서 창조적 작용을 반복하는데 부정은 그 삶을 가로막습니다. 이것은 힘에의 의지에 대한 반동이고, 건강을 저해하는 질병이며, 춤을 방해하는 중력의 영(靈)입니다.

초인은 부정을 넘어 차이의 긍정으로 나아가는 존재입니다. 인간은 '짐승과 초인 사이에 놓인 밧줄'이며 인간이 위대한 이유는 그가 '다리일 뿐 목적이 아니라'는 데 있습니다. 정해진 목적지 없이 방랑하는 총잡이는 오늘 무슨 일이 일어날지 모르기 때문에 즐겁습니다. 그에게는 어느 마을에 머물 것인지 누구를 만날 것인지가 정해져 있지 않습니다. 해야 할 일이 정해진 삶은 아무런 재미도 유쾌함도 없습니다.

초인은 파괴하는 자이고 스스로 죽는 자입니다. 이때의 파괴는 새로운 창조를 위한 것이며 죽음은 새로운 탄생을 위한 것입니다. 초인의 탄생을 선언한 니체는 이렇게 외칩니다.

> 무엇보다도 나는 서고 걷고 달리고 뛰어오르고 올라가고, 그리고 춤추는 법을 배웠다.

—《차라투스트라는 이렇게 말했다》

## 니체의 유산

니체의 철학을 접하면서 무척 혼란스러워할 분들이 계실 겁니다. 그의 글쓰기가 다른 사람들과 다르기 때문입니다. 그의 글은 한마디로 시 혹은 아포리즘입니다. 엄청난 비유와 놀라운 상징들로 가득한 은유의 묶음입니다. 세계를 말로 표현하는 것은 어렵습니다. 그 어려운 일을 위해 니체는 아포리즘을 빌려 왔습니다.

> 아포리즘과 잠언은 '영원'의 형식들이다. 나의 야심은 다른 사람들이 책 한 권으로 말하는 것을 열 문장으로 말하는 것이다—다른 사람들이 한 권의 책으로도 말하지 않는 것을….
>
> —《우상의 황혼》

아포리즘은 상징으로 말합니다. 짧은 은유로 숨겨진 세계를 드러냅니다. 이해하기가 쉽지 않습니다. 일상적인 용어가 아니기 때문입니다. 그래서 약간의 노력이 필요합니다. 여러 번 숙고해야 하고 익숙해져야 합니다. 하지만 일단 그 맛을 알게 되면 쉽게 헤어날 수 없게 됩니다.

그래서였을까요? 니체의 철학은 근대철학의 종말을 가져오는 한편 현대철학자들에게 엄청난 영향을 미쳤습니다. 현대철학에서 니체에게 직간접적인 영향을 받지 않은 철학자를 찾기가 어려울 정도입니다. 니체는 그동안 서양철학이 떠받들어 온 이성과 신, 두 거인을 쓰러뜨렸습니다. 거인이 쓰러진 자리에 니체는 새로운 철학의 씨앗을 뿌립니다. 생과 욕망, 그 자체를 전면에 내세우는 철학입니다.

이제 인간은 신이 자신의 본성인 이성을 나누어 주고 만든 창조된 존재가 아니라 바다, 나무, 토끼, 돌멩이 같은 것이 되었습니다. 모든 권위를 내려놓고 생명 그 자체로 살아갈 수 있게 된 것입니다. 만물의 영장이라는 짐을 내려놓은 인간은 그 홀가분함으로 춤추고 노래합니다. 비로소 삶 그 자체를 즐기게 된 것입니다.

인간이 그동안 쌓아 놓은 도덕과 이성을 무너뜨린 니체는 몸으로 돌아가 생명 그 자체로 살아갈 것을 권하고 있습니다. 니체에게 큰 빚을 졌다고 고백한 들뢰즈의 말이 니체의 철학적 위상을 잘 보여줍니다.

> 현대철학은 대부분 니체의 덕으로 살아왔고 여전히 니체의 덕으로 살아가고 있다.

# 22강. 인간은 의식적인가 무의식적인가

## 프로이트

근대철학의 붕괴를 바라보는 시점에서 만나야 할 또 한 사람이 있습니다. 프로이트(Freud, 1856-1939)입니다. 오스트리아의 정신과 의사였던 프로이트는 히스테리를 치료하는 과정에서 무의식을 발견하고 연구하여 정신분석학을 창시한 인물로 알려져 있습니다. 왜 정신분석학자인 프로이트가 철학과 관련되어 논의되는지 궁금하신 분들이 계실 겁니다. 이유는 그가 발견한 무의식이 철학에 엄청난 파장을 몰고 왔기 때문입니다. 철학은 인간의 사유 활동입니다. 당연히 인간이 어떤 존재냐에 따라 사유의 성격과 방향이 달라집니다. 프로이트는 무의식 개념을 통해 인간을 새로운 관점에서 바라보게 했습니다.

## 무의식의 발견

데카르트에 따르면 인간의 본질은 생각하는 것이고 그것이 곧 '나'라는 존재의 근거입니다. 그런데 프로이트는 내 생각이 무의식에 의한 것이라고 합니다. 그의 말처럼 우리의 의식이 무의식에 의존한다면 인간은 더는 주체적인 존재로 설 수가 없습니다. 무의식은 본능적인 것이기에 본능에 충실한 존재가 될 뿐입니다. 본능에 이끌려 사는 동물과 다른 점을 찾기가 어려워지는 것입니다. 프로이트의 무의식은 인간과 자연, 주체와 객체를 구분했던 근대철학의 뿌리를 흔드는 결과를 가져왔습니다.

사실 프로이트가 처음 무의식을 자각한 것은 아니었습니다. 이미 여러 철학자가 제기했던 문제인데 대표적인 사람이 쇼펜하우어(Schopenhauer, 1788-1860)입니다. 쇼펜하우어는 《의지와 표상으로서의 세계》에서 세계의 본질이 '의지'라고 말합니다. 그에 따르면 세계는 의지가 실현되는 과정이며 인간은 의지의 움직임을 표상으로 인식하여 세계를 받아들입니다. 주의할 것은 그가 말하는 의지는 우리가 일상적으로 생각하는 '무엇인가를 하겠다'는 의지가 아니라 우주를 관통하는 맹목적인 충동을 설명하는 개념이라는 점입니다. 모든 사물은 우주적 의지를 품고 있으며 그것이 실현되게 작용하는 것이 의지입니다. 세계는 하나의 거대한 의지이며 그것이 펼쳐지는 과정에서 무생물과 식물, 동물, 인간이 현상하게 됩니다. 이렇게 본다면 인간은 하나의 우주적 의지가 투영된 존재이고 자신의 목적의식이 아닌 스스로 인식하지 못하는 의지(프로이트적 의미로 무의식에 가깝습니다)

에 의해 지배당하는 존재입니다.

쇼펜하우어 시대에는 절대정신을 외치던 당대의 거장 헤겔이 철학의 중심에 서 있었습니다. 인간을 이성이 아닌 의지에 따른 존재라는 쇼펜하우어의 철학은 이성 중심의 주류 철학에 밀려 큰 빛을 보지 못했습니다. 하지만 그의 철학은 니체와 프로이트로 이어지면서 철학의 흐름을 바꾸는 중요한 역할을 담당하게 됩니다.

이제 프로이트가 어떻게 무의식을 발견하게 되는지 과정을 살펴보겠습니다. 정신과 의사였던 프로이트는 한 여성의 히스테리를 치료하게 됩니다. 그녀는 물을 마시지 못하는 증상으로 고통받고 있었습니다. 무려 6주 동안 물을 마시지 못할 정도로 심각한 상황이었습니다. 그녀를 치료하던 프로이트는 최면을 통해서 그녀가 어떤 이유로 물을 마시지 못하게 되었는지 살펴보게 됩니다.

그녀는 영국에 있는 친구의 집을 방문한 적이 있는데 그곳에서 친구의 개가 컵의 물을 핥아 먹는 장면을 보게 됩니다. 아주 불쾌했겠지요. 그녀는 이 사실을 친구에게 말하지 못하고 돌아옵니다. 그날 이후 불쾌했던 경험이 강박이 되었고 물을 마실 수 없게 된 것입니다. 이런 사실을 알게 된 프로이트는 최면을 통해 그녀가 울분을 토하게 했고 다행히 치료를 끝낼 수 있었습니다.

이 여성의 치료 과정을 통해 프로이트는 사람의 정신 안에는 스스로 의식하지 못하는 영역이 있음을 알게 됩니다. 이른바 무의식입니다. 이후 무의식을 연구해 억압에 의해 무의식이 형성되고 그것이 우리의 의식을 지배하고 있음을 확신하게 됩니다.

우리는 살아가면서 다양한 경험을 합니다. 그중에는 기분 좋은 것도 있지만 불쾌한 것도 있습니다. 감정적으로 받아들이기 어렵거나 윤리적으로 바람직하지 못한 경험도 많습니다. 불쾌한 경험을 오랫동안 기억하고 싶은 사람은 없습니다. 대부분 의도적으로 지우려고 합니다. 그 과정에서 억압이 일어납니다. 억압된 것들은 사라지지 않고 무의식 속에 잠재됩니다. 잠재된 억압은 우리가 생활하는 현장에서 여러 가지 모습으로 드러납니다. 농담, 실언, 꿈 같은 것이 대표적입니다.

## 무의식은 숙명이다

인간이 인간으로 살기 위해서는 기본적으로 인간과 함께 살아야 합니다. 동물들은 태어나자마자 걷지만 사람은 누군가의 보살핌을 받지 못하면 살아남을 수 없습니다. 일 년이 지나야 걷기 시작하고 기본적인 의사소통이 되는 데도 수년이 걸립니다. 인간은 동물적 본능을 가진 존재입니다. 어린아이를 보면 알 수 있습니다. 원하는 것을 얻지 못하면 떼를 쓰며 울거나 소리를 지릅니다.

자기중심적이던 아이도 자라면서 어른들의 세계가 요구하는 것들을 점점 받아들이게 됩니다. 타고난 동물적 본능을 억누르고 자신의 요구가 관철될 수 있도록 수위를 조절하고 방법도 찾아 갑니다. 그 과정에서 본능은 억압될 수밖에 없는데 그것이 신경증이나 여러 문제로 드러납니다. 인간의 사회화 과정에서 필연적으로 발생할 수밖에 없는 것이 억압이며, 억압으로 인해 무의식이 발생하게 되는 것입니다.

프로이트의 《꿈의 해석》은 억압된 무의식이 꿈을 통해서 드러나는 과정을 분석한 정신분석학의 고전입니다. 그는 꿈을 단순하고 무의미한 것이 아니라 무의식에 잠재된 욕망이 드러나는 것으로 이해했습니다. 그리고 이런 꿈이나 히스테리는 성적인 것과 긴밀하게 연결되어 있다고 보았습니다. 성적 충동은 인간 삶의 가장 본질적인 요소인데, 이것이 억압되는 과정에서 꿈과 같은 형태로 전환되어서 드러난다는 것입니다.

무의식의 발견은 이성을 강조하던 철학계에 일종의 혁명과 같은 폭풍을 몰고 왔습니다. 인간이 가진 생각하는 능력인 이성이나 의식은 사회화 과정에서 발달된 것일 뿐이며 무의식이야말로 인간의 본질임이 드러났기 때문입니다. 플라톤 이후 떠받들어지던 이성의 몰락, 이것이 프로이트의 무의식이 가져온 결과였습니다.

무의식 개념은 삶의 역동적인 생명력을 강조하는 니체의 철학과 함께 인간이 어떤 존재인가에 대한 인식의 대전환을 가져옵니다. 더는 인간은 신의 모습을 닮은 탁월한 이성을 가진 존재가 아니라 동물적 본능에 이끌리고 갈등과 좌절을 반복하는 나약한 존재일 뿐입니다.

### 오이디푸스 콤플렉스

프로이트의 무의식을 이해할 수 있도록 돕는 중요한 열쇠가 있습니다. 바로 오이디푸스 콤플렉스입니다. 오이디푸스 콤플렉스를 이해하려면 그리스 신화의 주인공 오이디푸스 이야기부터 살펴봐야 합니다.

테베라는 나라에 라이오스라는 왕이 살고 있었습니다. 마침 아들이 태어나 신탁을 받았는데 신탁을 듣고는 크게 놀랍니다. 아이가 아버지를 죽이고 어머니와 결혼할 운명이라고 했기 때문입니다. 이런 비극을 두고 볼 수 없었기에 라이오스는 부하에게 아이를 죽이라고 명령합니다. 하지만 그 병사는 차마 아이를 죽이지 못하고 숲속에 버리고 옵니다.

얼마 후 이웃 나라의 양치기가 숲에서 아이를 발견하고 왕에게 아이를 바칩니다. 마침 아들이 없었던 왕은 아이를 왕자처럼 키웁니다. 이름을 오이디푸스라고 지었지요. 시간이 흘러 아이는 건장한 청년이 되었습니다. 어느 날 왕자는 우연히 자신이 아버지를 죽이고 어머니와 결혼할 운명이라는 사실을 알게 됩니다. 이런 불행을 막을 수 있는 방법은 아버지와 멀리 떨어지는 것뿐이었기에 오이디푸스는 떠납니다.

세상을 떠돌던 어느 날 오이디푸스는 자신의 앞길을 막는 사람과 다투게 됩니다. 마차를 타고 가다가 서로 길을 비켜 주지 않아서 옥신각신하게 된 것입니다. 화가 난 오이디푸스는 결투를 하게 되고 상대방을 죽입니다.

한편 그 나라에는 사람을 잡아먹는 스핑크스라는 괴물이 있었습니다. 나라에서는 이 괴물을 죽이는 자는 왕비와 결혼할 수 있음은 물론 왕위도 물려받을 수 있다고 알립니다. 스핑크스는 사람 얼굴에 몸은 사자이고 날개가 달린 괴물이었습니다. 지나가는 사람에게 수수께끼를 내서 못 맞히면 죽였습니다. 오이디푸스에게도 수수께끼를

냅니다.

"아침에는 네 발, 낮에는 두 발, 저녁에는 세 발로 걷는 것이 무엇이냐?"

오이디푸스는 지혜로운 사람이었습니다. 그의 대답입니다.

"사람!"

오이디푸스가 정답을 맞히자 스핑크스는 부끄러움을 참지 못하고 벼랑으로 몸을 던져 죽고 맙니다. 이렇게 스핑크스를 죽인 오이디푸스는 약속대로 왕비와 결혼하고 그곳의 왕이 됩니다. 그리고 두 아들과 두 딸을 낳게 되지요.

어느 날 테베에 가뭄이 계속되고 전염병까지 번지자 오이디푸스는 신탁을 받게 됩니다. 테베에 부정한 자가 있다는 내용이 나옵니다. 오이디푸스는 그가 누구인지 추적하다가 자신이 길에서 죽인 사람이 라이오스 왕이라는 사실을 알게 됩니다. 그리고 자신을 숲에 버린 병사와 양치기를 찾아내 사건의 전말을 듣습니다. 이 사실을 알게 된 오이디푸스의 어머니이자 아내인 이오카스테는 자살을 하고, 오이디푸스는 운명을 슬퍼하며 자신의 눈을 찔러 장님이 된 후 세상을 떠돌다가 죽게 됩니다.

그리스 비극을 대표하는 오이디푸스 이야기는 우연이 지배하는 세상에서 인간이 겪을 수밖에 없는 극단적인 비극을 보여 주고 있습니다. 고대 그리스인들의 세계관을 들여다볼 수 있는 이 이야기에서 프로이트는 아버지를 죽이고 어머니와 동침하려는 욕망을 포착합니다. 이름하여 '오이디푸스 콤플렉스'지요. 오이디푸스 콤플렉스는 프로이트에게 중요한 의미가 있습니다. 가다듬어지지 않은 인간의 동물적 본성과 관련이 있기 때문입니다. 오이디푸스 콤플렉스로 상징되는 동물적 본성을 억압하면서 우리는 비로소 사회적 인간이 됩니다. 물론 그 과정에서 억압이 발생하고 억압은 무의식을 만들어 내는 원인이 됩니다.

### 이드, 자아, 초자아

프로이트는 한 단계 더 나아가 정신을 이드와 자아, 초자아로 구체화합니다. 인간은 인간이기 이전에 동물입니다. 당연히 동물적 본능이 인간을 지배하고 있습니다. 이드(id)는 먹고 자고 쉬면서 자신이 하고 싶은 대로 하려는 동물적 본능을 상징하는 영역입니다. 인간은 누구나 쾌락을 추구하고 불쾌감을 없애려는 경향을 가지고 있습니다. 이것을 '쾌락 원리'라고 합니다. 이드는 철저하게 쾌락 원리를 따릅니다. 욕망의 충족이 이드의 유일한 목표입니다. 이드에게 도덕이나 사회 규범, 선과 악은 무의미합니다. 한마디로 막무가내입니다.

현실세계는 내가 원하는 것을 무한정 제공해 주는 곳이 아닙니다. 거부당하거나 욕망의 충족을 연기해야 할 때도 있습니다. 이런 상황과 직면하면서 자아가 발달합니다. 쾌락 원리에 따라 본능을 충족시키는 것이 이드의 역할이라면 자아(ego)는 즉각적인 욕구 충족이 불가능한 상황에서 충족을 지연시키거나 조절하는 기능을 담당합니다.

학교 수업 시간에 잠이 올 때 이드는 잠잘 것을 요구합니다. 하지만 선생님이 지켜보고 있어 그럴 수가 없습니다. 이때 자아는 참도록 유도하거나 잠에서 깰 수 있는 방법을 모색하게 합니다. 이드를 억제하고 조절하면서 현실적 한계 내에서 본능의 충족을 시도하는 것이죠. 그런 점에서 자아는 외부세계와 상호 작용하게 된 결과입니다. 한 번의 타협을 경험한 자아는 경험의 반복과 교육, 훈련 등에 의해서 더욱 강화됩니다.

자아가 이드와 현실세계가 타협하는 과정에서 발달한 영역이라면 초자아(super ego)는 이상적인 세계를 설정하고 그것을 완전하게 추구하려는 영역이라고 할 수 있습니다. 대표적인 것이 도덕, 규범, 법 같은 것입니다. 우리는 어릴 때 부모님에게서 '남의 물건을 함부로 가져오면 안 돼!'라는 훈육을 받습니다. 절대적 권위를 가진 부모의 말이기에 아이는 그래야 한다고 믿게 되죠. 초자아의 하위 영역에 있는 양심이 감시 역할을 합니다. 만약 남의 물건에 손을 대면 양심의 심판을 받게 됩니다. 이런 과정을 통해 나쁜 행동은 하면 안 된다는 도덕을 내면화합니다.

이드, 자아, 초자아에 대한 이해가 힘들다면 횡단보도를 떠올려 보면 됩니다. 깊은 밤 횡단보도를 건너려고 합니다. 신호등은 빨간불입니다. 마침 지나가는 차들이 없습니다. 이런 상황에서 이드는 어떤 역할을 할까요? 신호등을 무시하고 막무가내로 건너려고 합니다. 도덕적인 초자아는 신호가 바뀔 때까지 기다려야 한다고 훈계를 하죠. 이드와 초자아 사이에서 자아는 둘에게 타협안을 제시합니다. 지나가는 차들이 없는지, 교통경찰관은 없는지를 살핀 후 안전하다 싶을 때 지나가자고 합니다.

이드는 인간의 진화 과정에서 얻은 본능의 산물입니다. 자아는 현실적인 어려움에 대응하면서 발달하게 됩니다. 초자아는 사회적 인간으로 살아가야 하는 인간이 기성세대의 문화와 가치관을 만나면서 만들어지는 영역입니다. 한 사람의 내면에는 이드, 자아, 초자아라는 이질적인 영역이 서로 대립하고 있으며 조율을 통해 다양한 문제에 대처합니다.

프로이트의 주장이 철학과 어떤 관련이 있는지 생각해 보겠습니다. 그동안 우리가 중요시해 온 합리적 이성이라는 것이 이드가 현실적 한계를 만나 발달하는 자아를 말하는 것은 아닐까요? 혹은 철학이 그토록 숭상하던 영혼, 도덕, 양심, 숭고함 같은 것들은, 기존의 사회 규범들을 내면화하면서 얻게 되는 초자아적인 모습을 그럴듯하게 포장한 것은 아닐까요? 프로이트의 정신분석이 철학을 뒤흔든 이유를 여기서 다시 발견할 수 있습니다.

### 프로이트의 의의

프로이트가 의도하지는 않았지만 결과적으로 그의 작업은 인간이 동물적 본능에 가까운 존재임을 드러내는 결과를 가져왔습니다. 리비도(libido)라는 개념이 그것을 뒷받침하고 있죠. 리비도는 무의식적 구조인 이드에 담겨 있는 본능적 에너지를 말합니다. 한마디로 성적 본능입니다. 에너지의 원천을 성적인 것에서 찾았다는 점에서 프로이트는 인간이 동물과 크게 다르지 않음을 말하고 있습니다. 그리고 리비도에 자기 보존을 위한 생존 본능을 더해 '에로스(eros)'라고 불렀습니다.

니체는 인간을 힘에의 의지로 보았고, 프로이트는 생존 본능을 위한 에너지가 삶을 지배한다고 주장했습니다. 삶을 위한 끊임없는 충동이 생명의 본질이며 인간도 예외일 수 없다는 것입니다. 동물적 생명력 혹은 본능의 발견과 강조야말로 니체와 프로이트가 근대철학을 붕괴시킨 결정타라고 할 수 있겠습니다.

결국 데카르트가 말한 '생각하는 나'는 프로이트에게로 와서 '무의식에 지배되는 나'로 역전됩니다. '생각하는 나'가 '알지 못하는 나'가 있으며 그것이 무의식 혹은 이드였던 것입니다. 게다가 우리를 움직이는 것이 나의 의식적인 생각과 판단이 아니라 동물적 본성 혹은 사회적 윤리나 도덕 같은 초자아였다는 사실이 충격적으로 드러납니다. 근대철학이 탄생시킨 주체라는 개념도 초자아의 요구를 수용해서 만들어진 결과물입니다. 이로써 근대철학은 새로운 국면을 맞이하게 됩니다. 인간을 전혀 다른 눈으로 보게 된 것이죠.

프로이트를 마무리하면서 생각해 볼 점이 있습니다. 그가 정신분석을 통해서 '무엇을 말하고자 했는가' 하는 것입니다. 프로이트는 인간 에너지의 원천이 이드에 있다고 보았습니다. 가다듬어지지 않은 동물적 본성으로, 무한한 창조력의 근원이 되는 것이 이드입니다. 문명화는 이드의 창조적 에너지를 잃어버리는 과정입니다. 사회적 인간에게 문명화는 거부할 수 없는 운명입니다. 사회화를 거치지 않으면 인간으로 살 수 없으니까요. 그렇다고 해서 허무주의에 빠질 이유는 없습니다. 이드가 생명력과 창조력의 원천임을 알고 있는 사람이라면 이드의 요구를 창조적으로 수용할 방법들을 찾아 나설 것이기 때문입니다. '욕망을 무시하지 마라!' 이것이 프로이트를 통해 우리가 살펴봐야 할 메시지입니다.

# 5부

# 현상학과 실존주의

# 23강. 의식은 어떻게 대상을 파악할까

|

## 후설

근대는 이성의 시대였습니다. 르네상스와 종교개혁, 과학혁명을 거치면서 신으로부터 자유로워진 인간은 신을 밀어내고 그 자리에 자신을 세웁니다. 과학의 발전에 고무된 인간은 이성의 힘으로 세상을 알 수 있다고 확신했고 이런 경향은 인식론의 발전으로 나타났습니다. 이를 대변하는 두 흐름이 합리론과 경험론이었습니다. 합리론은 본유관념을 기반으로 의심할 수 없는 중요한 근본 원리를 파악한 후 하나씩 인식의 지평을 넓혀 가는 연역적 방식을 강조했고, 경험론은 경험이라는 구체적인 사실에서 지식을 얻어 세계에 대한 이해로 접근하는 귀납적 방법을 신뢰했습니다. 이 두 흐름은 칸트에 의해서 비판적으로 종합되고 헤겔에 의해서 절대정신으로 완성되었습니다.

한편 신적 세계관에서 벗어나 인간 이성에 대한 믿음으로 무장한 철학은 사회철학에 관심을 기울입니다. 홉스와 로크, 루소로 이어지는 사회계약론이 그것입니다. 사회계약론은 개인은 국가가 생기기 이전부터 자유롭게 살 수 있는 자연권을 가지고 있으며 안정되고 자유로운 삶을 위해 자신의 자유를 위탁하는 계약을 맺어 국가가 성립되었다는 주장입니다. 왕의 권력은 신이 내린 것이라는 왕권신수설에 정면으로 배치되는 생각이었고 왕과 시민계급의 갈등을 불러왔습니다. 그 과정에서 인간의 권리와 자유를 쟁취하기 위해서는 미몽에 빠진 사람들을 일깨워야 한다는 계몽주의가 큰 역할을 했습니다. 계몽주의자들은 미신과 구습을 타파하고 자기 스스로 세상을 판단하고 행동을 결정할 수 있는 성숙한 사람이 되어야 한다고 부르짖었습니다. 이런 움직임은 시민들이 집단행동을 할 수 있는 동인이 되었고 그 결과 영국의 명예혁명과 프랑스혁명을 거쳐 공화제의 수립을 가져옵니다. 이른바 근대국가가 탄생한 것입니다.

근대국가는 인구가 폭발적으로 증가하고 산업혁명을 계기로 부를 축적하면서 내외적 성장을 거듭합니다. 팽창된 자본은 국외로 눈길을 돌리고 19세기 후반의 식민지 경영이라는 모습으로 드러납니다. 영국, 프랑스, 스페인 등 제국주의 국가들은 아시아와 아프리카 등에 많은 식민지를 건설하고 그곳의 자원과 값싼 노동력을 바탕으로 엄청난 부를 축적해 나갑니다.

이런 급속한 팽창 정책은 제국주의 국가 간의 충돌을 낳고 결국 전쟁으로 비화됩니다. 그것이 제1차 세계대전이었습니다. 비극은 한 번으로 그치지 않았습니다. 제국주의가 파시즘으로 전락한 민족주의와 연결되면서 인류는 또 한번의 거대한 전쟁으로 고통받아야 했습니다.

두 번의 세계대전이 끝나고 나서야 인류는 그동안 어떤 일을 저질러 왔는지 돌아보게 됩니다. 이성과 계몽이라는 이름으로 행해진 일들이 약탈과 전쟁, 홀로코스트라는 반인간적인 모습이었음을 깨닫게 된 것입니다. 이런 성찰은 근대성에 대한 반성과 비판으로 이어졌습니다. 인간이 이룩해 놓은 과학과 문명이라는 빛에 가려진 어두운 그림자에 주목합니다. 그래서 현대철학은 성찰과 반성으로 시작됩니다.

### 철학의 위기와 현상학

현대철학의 흐름에서 빼놓을 수 없는 사람이 후설(Husserl, 1859-1938)입니다. 후설은 현상학을 통해 철학의 위기를 극복하려 했던 철학자입니다. 그를 현대철학자라고 보기에는 어려운 점이 있지만 그의 제자였던 하이데거에 의해 본격적으로 현대적 사유가 시작된다는 점에서 후설을 자세히 살펴볼 필요가 있습니다.

후설을 이해하려면 먼저 그가 살았던 19세기 후반과 20세기 초반의 분위기부터 알아봐야 합니다. 우리는 이미 형이상학에 대해서 공부했습니다. 형이상학은 존재의 근거를 다루는 학문이라고 할 수 있죠. 근대에 들어서 철학의 관심은 인식론과 사회철학, 윤리학 등에 집중되었지만 그 바탕에는 여전히 형이상학이 깔려 있었습니다. 형이상학은 철학의 바탕이기 때문입니다. 하지만 형이상학은 현실과 동떨어진 느낌을 주는 고리타분한 학문으로 점점 대중의 외면을 받고 있었습니다.

여러분은 형이상학이라는 말을 들으면 뭐가 떠오르십니까? '머리 아픈 것', '막연한 것', 심지어 '말도 안 되는 이야기'라는 생각이 떠오르지 않습니까? 우주의 본질은 무엇인가? 나는 누구인가? 인간은 어떤 존재인가? 이런 질문들이 형이상학적 탐구의 대상이라고 할 수 있습니다. 그렇다 보니 논의가 추상적이고 비현실적인 경우가 많았습니다. 자연스럽게 대중에게 철학은 아무런 도움도 되지 않는 학문으로 치부되었습니다. 이런 경향은 과학이 발달하고 산업이 성장하면서 더욱 두드러집니다. 과학이 해내는 현실적인 역할에 비해 철학은 고리타분하고 쓸모없는 학문에 불과한 듯 보였으니까요. 한마디로 철학이 위기를 맞은 것입니다. 이것이 19세기 후반 후설이 활동하던 시대의 전반적인 상황이었습니다.

그럼 형이상학을 밀어내고 등장한 것은 무엇이었을까요? 실증주의(Positivism)였습니다. 실증주의는 형이상학적인 논리를 거부하고 사실을 근거로 과학적 탐구를 통해 진리를 추구하려는 경향입니다. 실험과 관찰을 통한 증명을 중요시했지요. 실증주의를 대표하는 사람이 콩트(Comte, 1798-1857)입니다. 그는 인간의 인식이 신화적 단계에서 형이상학적 단계로 발전하고 마침내 실증적 단계로 성장한다고 생각했습니다. 고대인들은 신화적 세계관을 가졌습니다. 신화를 밀어낸 것은 철학이었고 당시의 철학은 형이상학이었습니다. 이 형이상학을 극복한 것이 과학과 같은 실증주의라는 것이죠. 이런 생각은 실증주의가 형이상학을 대체하리라는 당시의 분위기를 잘 말해 주고 있습니다.

실증주의의 침투는 심리학 분야에서 두드러지게 나타났습니다. 실험심리학이 그것입니다. 실험을 통해서 인간의 심리를 객관적이고 과학적으로 탐색하려는 시도가 실험심리학입니다. 과학의 발달과 실증주의 철학에 고무된 결과였습니다. 우리는 흔히 심리학을 사람의 마음을 탐구하는 인문적 성향이 강한 학문으로 생각하지만 사실 그 기반은 실험심리학이었습니다. 과학에 기초한 실험으로 정신을 탐구하려는 시도가 심리학의 뿌리였던 셈입니다. 20세기를 전후한 시점에서 심리학은 그야말로 학문의 중심으로 여겨졌고 시대의 한가운데에 우뚝 서는 것처럼 보였습니다.

이렇게 철학이 위기에 처한 상황에서 당당히 등장한 것이 후설이었습니다. 그는 철학자이기 이전에 수학자였고 또한 심리학자였습니다. 그는 오랜 학문적 탐험 끝에 모든 학문의 기초가 철학이라고 확신하게 됩니다. 학문이 시작되는 기초는 인간의 의식인데 그 의식을 철저하게 다룰 수 있는 학문은 철학밖에 없다는 결론에 도달했기 때문입니다. 후설에게 철학은 다른 학문의 토대가 되는 가장 엄밀한 학문이었습니다.

### 철학의 참된 소명

그동안 철학자들은 세상을 이해하기 위해 다양한 관점에서 세상을 탐구해 왔습니다. 후설이 보기에 그들의 탐구는 기본에 충실하지 못한, 불완전할 수밖에 없는 작업이었습니다. 인간의 탐구 활동은 의식을 통해서 이루어지는데 지금까지의 철학자들은 의식에 대해 충분히 탐구하지 못했기 때문입니다.

예를 들어 김정은 국방위원장의 사진이 있습니다. 이 사진을 볼 때 무슨 생각이 드십니까? 어떤 사람은 핵무기를 떠올렸을 것이고, 어떤 사람은 독재자 이미지를 떠올렸을 것이고, 어떤 사람은 통일을 떠올렸을 것입니다. 같은 사진을 보고 우리는 각자 다른 생각을 합니다. 왜 이런 일이 생기는 것일까요?

배고플 때 만두가게를 지나가면 '맛있겠다'는 생각이 들고 침도 삼키게 됩니다. 같은 가게인데도 배가 부를 때는 아무 생각 없이 지나치게 되죠. 배가 고프니까 만두가 맛있어 보이는 것이 당연하다고 생각할 수 있지만 후설은 당연하게 받아들이지 않았습니다. 그는 왜 배가 부를 때와 고플 때 다른 생각이 들 수 있는지를 명확하게 밝히고자 했습니다.

우리의 일상은 대상(對象)을 경험하는 과정입니다. 눈을 뜨면서 하루를 시작하고 잠드는 순간까지 무엇을 보고 듣고 맛보고 만지는 일을 합니다. 매 순간 만나는 대상에 대해 이렇다 저렇다는 느낌을 갖게 되죠. 그것이 이루어지는 곳이 바로 우리의 의식(意識)입니다. 우리의 의식 앞에 세상은 대상으로 주어지고 그에 대해 우리는 이런저런 판단을 하는데 그것을 주관하는 곳이 의식인 것이죠.

후설의 문제의식은 여기에서 시작됩니다. 대상이 의식에게 어떻게 주어지는가? 우리는 대상을 어떻게 의미 있는 것으로 파악하게 되는가? 이것이 현상학(Phenomenology)이 다루는 주제입니다. 사물과 세상은 우리에게 어떤 현상으로 주어집니다. 그 현상이 우리의 의식과 만나서 의미 있는 것으로 이해됩니다. 후설이 왜 자신의 연구를 현상학이라고 불렀는지 알 수 있는 대목입니다.

현상학이 중요한 이유는 모든 앎의 기초가 사물과의 첫 만남에서 시작되기 때문입니다. 우리는 무엇인가를 인지하고 그것에 대해 판단하는 동안 그것의 의미를 해석합니다. 그렇게 다양한 현상에 대한 해석들이 모여 지식이 형성되죠. 눈앞에 강아지 두 마리가 나타났습니다. 어떤 사람은 강아지를 보고 특성을 분석하려 합니다. 강아지를 생물학의 대상으로 생각한 것입니다. 다른 사람은 숫자 2를 떠올리며 수학의 대상으로 봅니다. 강아지를 안으면 마음이 편해질 것이라고 생각하는 사람은 심리학과 관련지어 현상에 의미를 부여합니다.

이처럼 우리는 강아지라는 현상을 생물학, 수학, 심리학 등으로 다양하게 이해합니다. 어느 쪽으로 파악하는가에 따라서 현상의 의미는 달라지고 그 달라진 의미는 각각의 학문적 기초가 됩니다. 그래서 어떤 대상을 보고 그것에 의미를 부여하는 의식 활동이야말로 모든 학문의 토대가 되는 것입니다. 후설은 현상의 의미를 파악하는 현상학이야말로 그 역할을 할 수 있다고 생각했습니다. 그래서 '엄밀한 학문으로서의 철학'을 해야 하며 그럴 수 있을 때 철학은 소명을 다할 수 있다고 믿었습니다.

### 판단 중지, 사태 그 자체로

앞서 우리는 강아지 두 마리에 대해 이야기했습니다. 어떤 사람은 강아지의 특성을 분석했고 어떤 사람은 두 마리에 집중해서 숫자 2를 생각했습니다. 이렇게 우리는 각자의 관점에서 사물의 가치를 판단합니다. 이때 그 사람의 경험이나 관심, 욕구에 따라서 대상을 보는 관점이 달라집니다. 문제는 여기서 시작됩니다. 우리는 자신이 보는 것, 경험한 것을 실재라고 믿지만 알고 보면 그것은 나의 관심과 욕구에 의해서 파악된 것일 뿐입니다. 사실과 다를 수 있는데도 주관적 편견에 사로잡혀 그것이 전부인 것처럼, 진리인 것처럼 생각하는 것입니다.

이것은 아주 곤란한 일입니다. 진리를 추구하는 사람들이 하나의 현상을 다르게 본다는 것은 진리 탐구 자체를 위험에 빠뜨리는 일입니다. 그래서 학문을 하는 사람들은 '객관적으로 보라'는 말을 합니다. 주관적인 관점을 버리고 객관성을 얻을 때 진정한 진리를 탐구할 수 있기 때문입니다. 하지만 후설은 주관적 관점을 버리고 객관적으로 살피라는 말을 강하게 비판합니다. 무엇이 객관적인지 알 수 없는 상황에서 객관적으로 본다는 것은 불가능하기 때문입니다.

생물학자는 생물학자의 관점에서 현상을 봅니다. 수학자는 수학자의 입장에서 보죠. 이렇듯 하나의 현상에 대해서 각자 보는 관점이 다르다면 어떤 것이 객관적인 것일까요? 주관적 관점들 중에서 하나의 객관적인 것을 발견하는 것은 진정한 객관성의 확보가 아닙니다. 후설이 생각하는 진정한 객관성이란 하나의 현상에 대해서 다르게 인식되고 의미가 부여될 수 있는 가능성을 열어 두는 것입니다. 현상의 의미는 사람에 따라 상황에 따라 달라질 수 있는 것이기에 성급하게 판단하지 말자는 것입니다. 이것을 그는 '판단 중지' 혹은 '사태 그 자체로'라는 말로 강조합니다.

'사태 그 자체로'라는 슬로건은 후설 현상학을 대표하는 표현입니다. 우리가 겪는 사태들을 있는 그대로 보자는 현상학적 태도를 대표하는 말이기 때문입니다. 사태를 그 자체로 보려면 기존의 습관적 태도로 세상을 판단하는 것을 멈추어야 합니다. 한마디로 판단을 중지해야 하는 것입니다. 이것을 후설은 '괄호를 친다'고 표현합니다. 물론 괄호는 내용이 정해져 있지 않다, 비어 있다, 가능성이 열려 있다는 의미입니다.

후설의 판단 중지는 아주 엄격합니다. 얼마나 엄격한지 모든 사람이 당연시하는 세계의 존재에 대해서도 의문을 제기합니다. 우리는 이 세상이 당연히 존재한다고 생각합니다. 하지만 후설은 이 세상이 존재한다는 생각은 우리의 '자연적 태도'에 의한 판단이라고 봅니다. 자연적 태도에 따라 습관적으로 늘 그래 왔으니 이럴 것이라고 판단하는 것입니다. 우리가 세계가 존재한다고 믿는 것은 그렇게 생각하게 만드는 일들이 일어나고 사물들을 경험해 왔기 때문입니다. 하지만 정말 세계 전체가 존재한다는 것을 직접 보거나 알게 된 적은 없습니다. 눈앞에 사람들이 있고 땅이 있고 사물이 있으니 예전에도 있었고 앞으로도 있으리라고 유추할 뿐입니다. 하룻밤만 자고 일어나도 전날 있던 것이 사라지는 일이 흔합니다. 그런데도 세계의 존재를 믿는 것은 사물들이 꾸준히 존재해 왔다는 관찰의 결과가 축적된 탓입니다. 후설은 세계가 존재한다는 판단 자체도 중지해야 한다고 말합니다. 그래야 진정한 엄격함으로 사태를 제대로 볼 수 있기 때문입니다.

세계가 존재한다는 사실까지 판단 중지를 요구하는 것이 지나치게 느껴질지도 모릅니다. 하지만 이렇게까지 엄격할 때 진정한 객관성에 이를 수 있다고 보는 것이 후설의 입장입니다. 이처럼 판단 중지는 현상학의 중요한 학문적 방법이자 태도입니다. 있다 없다, 좋다 나쁘다, 기쁘다 슬프다 등의 모든 입장에 대해서 판단을 중지합니다. 이것을 '에포케(epoche)'라고 합니다. 에포케는 그리스에 어원을 둔 말로 '멈추다', '판단을 중지하다'는 뜻을 담고 있습니다. 헬레니즘 시대의 회의주의자들이 판단 중지를 주장했다는 사실을 살펴본 적이 있습니다. 당시의 회의주의자들이 사용했던 개념이 에포케였습니다. 판단 중지를 통해 사물과 현상을 제대로 보자는 시도였습니다. 후설에 의해 되살아난 에포케는 현상학이 여타의 학문에 기여하게 만든 중요한 방법론입니다. 이후 학자들이 에포케를 자기 학문의 중요한 방법이자 전제로 받아들였으니까요.

그렇다면 이렇게 판단을 중지해서 무엇을 하자는 것일까요? 판단을 중지하면 어떤 대상에 대한 의미가 생기기 이전의 상태로 돌아가 현상과 의식이 만나는 지점에서 상황을 살펴볼 수 있습니다. 대상이 의식과 어떻게 만나게 되는지를 발견할 수 있다는 말입니다. 결국 에포케는 대상과 의식이 만나는 지점을 탐구하기 위한 방법인 것입니다.

### 의식의 지향성

현상학은 현상을 탐구할 때 어떤 전제도 가지지 않고 현상을 있는 그대로 볼 것을 요구합니다. 이렇게 무전제성의 원리에 따라서 현상의 의미를 해명하는 것이 현상학의 과제입니다. 그렇다면 현상은 어떻게 우리의 의식과 관계를 맺고 또한 의미를 만드는 것일까요? 그 비밀은 한마디로 지향성(志向性)에 있습니다.

지향성은 의식이 대상을 만날 때 관계를 맺는 방식을 말합니다. 우리가 어떤 것을 보고 의식하기 위해서는 반드시 어떤 대상을 전제로 합니다. 대상이 있어야만 그것과 관련된 의식이 가능한 것입니다. 무엇을 인식하거나 상상하거나 감정을 느낄 때 반드시 그에 상응하는 대상이 필요합니다. 한마디로 대상이 없다면 의식도 없습니다.

잠깐 상상을 해 보겠습니다. 슬프거나 좋거나 그립거나 두려워하는 등의 의식을 가질 때 아무런 대상이 없이 의식이 생길 수 있을까요? 의식 자체만으로 존재할 수 있을까요? 쉽지 않을 겁니다. 어떤 의식은 반드시 그와 관련된 대상을 필요로 합니다. 이것을 '의식의 지향성'이라고 표현합니다. 의식은 '어떤 것에 관한 의식'일 수밖에 없는 것입니다.

데카르트는 '나는 생각한다. 고로 존재한다'고 했습니다. 후설이 보기에 데카르트에게는 뭔가 부족한 것이 있습니다. 데카르트는 이렇게 말했어야 합니다. '나는 '무엇을' 생각한다. 고로 존재한다.' 이것이 후설이 생각하는 의식의 지향성입니다. 생각은 반드시 무엇을 향한 생각이어야 한다는 것입니다.

의식은 단순히 대상과 만나는 것으로 끝나지 않습니다. 의식의 지향성이라는 개념에는 대상을 만나는 것 이상의 의미가 숨겨져 있습니다. 우리는 길을 가다가 친한 친구의 뒷모습만 보고도 누구인지 알 수 있습니다. 의식이 대상(뒷모습)을 만나 의미 판단(내 친구다)을 한 것입니다. 뒷모습이 비슷한 사람은 많은데 어떻게 그 친구가 맞다고 확신할 수 있을까요? 우리는 뒷모습을 보면서 여러 가지를 판단합니다. 헤어스타일, 키, 몸매, 옷 입는 스타일 등. 이 모든 것을 종합해서 '내 친구'라는 결론을 내립니다. 이것은 의식이 대상을 만나 의미 작용을 할 때 어떤 의지를 가지고 있음을 말해 줍니다. 주어진 대상을 통해 상황을 판단하고 해석해서 종합적인 의미로 연결시키는 것입니다. 그래서 지향성을 '대상을 향한 하나의 의지'라고 말하기도 합니다. 대상을 만나 의미를 부여하는 과정에서 의지라는 능동성이 발휘된다는 것입니다. 이런 과정을 통해서 의식은 대상과 만나고 종합을 통해 의미를 부여함으로써 세계를 이해하고 받아들입니다. 이것이 후설의 현상학이 발견해 낸 의식 작용의 비밀입니다.

다시 정리해 보겠습니다. 우리의 의식은 대상을 만나서 어떤 의미를 형성하게 됩니다. 의식이 사과를 보았을 때 '먹고 싶다'는 의미가 형성되는 것입니다. 이때 우리의 의식을 노에시스(Noesis)라 하고, 대상을 힐레(Hyle)라고 합니다. 의식이 대상을 만나 형성된 의미를 노에마(Noema)라고 합니다. 우리가 책을 읽는다고 가정할 때 책에 쓰인 글자는 대상이 될 것이고 그것과 우리의 의식이 만나 의미를 찾아내게 됩니다. 이때 글자에 대한 판단을 중지하고 그 자체로 받아들이면 선입견이나 습관적인 의미 해석을 넘어 다양한 의미 발견이 가능해질 것입니다.

이렇게 우리의 의식은 대상을 만나 의미를 형성하고 그 과정에서 어떤 의지가 작동해서 순간순간 다양한 노에마를 형성하게 됩니다.

이런 작용이 계속되면 세계에 대한 다양한 노에마를 얻게 되고 그에 따라 의식 작용도 복잡해질 것입니다.

## 의식의 지평과 생활세계

우리는 시간과 공간을 배경으로 살아갑니다. 우리의 의식이 대상을 만나 의미 작용을 할 때도 시간과 공간의 영향을 받게 됩니다. 의식이 한 번의 의미 작용으로 끝나는 것이 아니라 연속되는 시간을 배경으로 반복적인 작업을 벌이게 된다는 것입니다. 친구의 뒷모습을 보고 단번에 알아볼 수 있는 것은 의식이 정보를 종합하는 의지를 발휘했기 때문이지만 그것을 가능하게 해 주는 것은 이전에 보았던 친구의 모습 덕분입니다. 한 번의 의미 작용이 다른 의미 작용에 영향을 미치고 또다시 연결되는 역사성이 의식 작용의 특성입니다. 의식에 의해 구성된 노에마는 사라지지 않고 내 의식 안에 녹아 있다가 다른 의식 작용에 영향을 미치게 되는데 이것이 반복되면 나에게 친숙하고 자연스러운 것으로 세계가 다가오게 됩니다. 한마디로 나의 '주위 세계'를 구성하는 것입니다.

우리는 흔히 '지평을 넓혀라'고 말합니다. 지평(地平)이란 한 사람이 세계를 볼 때 갖게 되는 시야의 한계를 표현하는 말입니다. 지평이 좁으면 볼 수 있는 것이 적고, 넓으면 그만큼 많은 의미를 찾아낼 수 있습니다. 의식이 대상을 만나 의미를 찾아내는 과정이 반복되고 그것이 시간을 통해 누적되면 자기만의 지평을 가지게 됩니다. 후설은 의식의 작용을 설명하기 위해 지평이라는 개념에 주목합니다. 그가 말하는 지평은 시야의 한계를 넘어서 대상을 연관 관계로 파악하는 것을 의미합니다.

친구의 뒷모습을 볼 때 오직 뒷모습만을 보지는 않습니다. 헤어스타일, 키, 몸매 등을 둘러싸고 있는 주변도 동시에 봅니다. 그가 서 있는 길거리는 어디인지, 시간은 몇 시쯤인지, 어느 방향으로 가고 있는지 등을 동시에 고려합니다. 이렇게 하나의 대상을 포함하여 그것을 둘러싸고 있는 배경을 가리켜 '지평'이라고 부릅니다. 이때 우리가 과거에 경험한 의식 작용이 지평의 형성에 큰 영향을 미치는 것은 당연할 것입니다.

그런 점에서 세계는 지평의 형식으로 우리에게 주어집니다. 하나의 대상으로만 주어지는 것이 아니라 그 대상과 관련된 배경 전체가 의식에게 주어지고 이를 의미 작용을 통해 파악하는 것입니다. 우리가 낯선 상황에서도 자기만의 인식 틀로 의미를 부여할 수 있는 것은 지평으로 세계를 이해하기 때문입니다. 그 덕분에 긴장감을 낮추고 낯선 세계와 조화를 이룰 수 있는 이해에 도달하게 되는 것이죠.

지평은 수없이 다양한 상황에 따라 다르게 존재할 수 있습니다. 사람은 각자 수많은 경험을 통해 대상의 의미를 파악해 왔기 때문에 세계를 이해하는 다양한 지평을 품고 있습니다. 이제 수많은 사람의 지평이 종합된, 보편적인 지평의 세계를 생각해 볼 수 있습니다. 이것을 후설은 '생활세계'라고 부릅니다. 생활세계는 우리가 살아가는 일상을 구성하고 거기에 의미를 부여하는 배경으로 작용합니다.

21세기 대한민국의 서울에 살고 있는 30대들은 비슷한 생활세계를 경험할 가능성이 큽니다. 40대들에게는 또 다른 생활세계가 주어지겠지요. 조금 넓게는 서울시에 사는 사람들 전체가 공유할 수 있는 생활세계가 있을 수 있습니다. 이렇게 한국 사람들의 생활세계, 일본·중국인들의 생활세계는 물론 전 세계인에게 주어지는 생활세계도 생각해 볼 수 있습니다. 우리는 이런 생활세계가 배경으로 주어진 다양한 지평 안에서 의식 작용을 통해 살아가고 있는 것입니다.

후설은 생활세계를 대상으로 하는 새로운 학문의 방향을 기획했습니다. 안타깝게도 결실을 맺지 못하고 삶을 마감하고 말았지만 그의 철학을 위한 엄격한 노력은 현상학적 방법론과 지향성, 지평이라는 개념을 통해 널리 알려졌고 그의 사유는 이후의 철학자들에게 큰 영향을 미치게 됩니다. 특히 갈등이 많았던 제자 하이데거를 통해서 본격적으로 드러납니다.

# 24강. 존재란 무엇인가

## 하이데거

독일의 철학자 하이데거(Heidegger, 1889-1976)는 후설의 제자였습니다. 후설은 그의 탁월한 재능을 발견하고 자신의 대를 이어 현상학을 완성할 인재로 생각했습니다. 자신의 대학교수 자리까지 물려줄 정도였으니까요. 하이데거 또한 스승에 대한 존경을 아끼지 않고 드러냈는데 그를 세계적인 철학자로 만든 《존재와 시간》에 '존경과 우정을 담아 에드문트 후설에게 바친다'는 헌사를 담을 정도였습니다. 하지만 스승 후설은 《존재와 시간》을 읽고는 하이데거와 절교를 선언합니다. 하이데거가 다른 길로 가고 있음을 발견했기 때문입니다. 무엇이 사이좋았던 스승과 제자를 갈라놓았을까요? 그것은 현상학을 바라보는 관점이 달랐기 때문입니다.

### 존재의 현상학

후설의 현상학은 현상에 의미를 부여하는 의식의 작용을 탐구합니다. 이 점은 하이데거도 다르지 않습니다. 후설의 현상학은 모든 학문의 기초가 될 수 있는 엄밀한 학문으로서의 철학을 정립하는 데 목적이 있었습니다. 현상과 의식이 관계 맺는 비밀을 파헤치려 했던 것입니다. 이것은 현상과 의식의 관계를 인식론적 측면에서 탐구하려는 경향을 보여 줍니다. 그에 비해 하이데거의 현상학은 인식론이 아니라 존재론이었습니다. 존재의 근거를 현상학적으로 탐구하겠다는 것이었죠. 하이데거에게 현상학은 인간의 삶에서 소외된 존재를 드러낼 수 있는 중요한 방법론이었습니다.

우리는 흔히 무엇이 '존재한다'는 말을 합니다. 어떤 것이 '이 세상에 있다'는 뜻으로 하는 말입니다. 그런데 과연 '존재한다'는 것이 무엇을 의미할까요? 있다는 것의 의미는 무엇일까요? 하이데거에 따르면 우리는 그것에 대해서 무지합니다. 지금까지의 형이상학이 존재를 잘못 다루어 왔기 때문입니다. 그래서 하이데거는 그동안의 형이상학을 '존재 망각의 역사'라고 말합니다.

'왜 세상에는 아무것도 없지 않고 무엇인가 있는가?' 이런 질문을 '존재 질문'이라고 합니다. 존재 자체를 문제 삼는 질문이죠. 왜 세상에는 뭔가가 있는 것일까요? 하이데거에게는 있음이라는 사태, 존재라는 현상이야말로 가장 중요한 철학적 과제였습니다.

존재의 의미를 드러내는 현상학을 위해서 하이데거는 먼저 존재자와 존재를 구분합니다. 존재자란 현실에 존재하는 사물들을 말합니다. 나무, 책상, 건물 그리고 이 책을 보는 나 자신이 존재자입니다. 반면 존재는 존재자의 근거입니다. 존재자를 존재자일 수 있게 해 주는 어떤 것이죠. 그동안의 형이상학은 '있음(존재)'을 '있는 것(존재자)'과 구별하지 않았습니다. 데카르트가 '나는 생각한다. 고로 존재한다'고 했을 때 존재한다는 것은 '여기에 있음'을 말합니다. 그런데 여기에 있음은 나와 결합되어 구체적인 존재자가 있다는 것으로 사유됩니다. 결국 그동안의 철학은 개별적인 사물들인 존재자를 존재와 구분하지 못하고 함께 다루는 바람에 존재 자체를 탐구하지 못했습니다.

그렇다면 존재의 의미를 묻는다는 것은 무엇이며 어떻게 가능할까요?

## 실존, 인간의 숙명

인간 또한 존재자입니다. 그런데 존재자인 인간은 존재의 의미에 대해서 질문할 수 있는 존재자입니다. 인간이 존재의 의미를 물을 수 있다는 점에서 인간은 다른 존재자들과 구분됩니다. 이런 인간의 독특한 면을 하이데거는 '현존재(現存在)'라고 부릅니다. 현존재라는 이름을 붙이면서 인간을 다르게 취급하는 이유는 그래야 인간이 가진 존재론적 의미를 드러낼 수 있기 때문입니다. 인간은 존재의 의미를 묻는 존재자이기 때문에 존재가 드러날 수 있는 실마리를 품고 있습니다. 하이데거가 존재를 탐구하면서 인간을 중심에 둔 이유가 이 때문입니다.

동물들은 자신이 왜 사는지, 산다는 것은 어떤 의미가 있는지 고민하지 않습니다. 인간만이 삶의 이유와 존재의 의미를 고민합니다. 그래서 하이데거는 인간은 특별한 존재이고 현존재라는 이름을 붙여서 다르게 사유하려고 합니다. 이때 자신의 존재 의미를 묻는 특별한 태도를 '실존(實存)'이라고 부릅니다. 실존은 현존재가 존재의 의미에 대해서 질문을 던지는 숙명에 처해 있다는 의미입니다.

인간은 자연이 던진 돌이다.

헤르만 헤세의 《데미안》에 나오는 말입니다. 인간은 세상에 던져진 존재자입니다. 자신이 오고 싶어서 온 것이 아닙니다. 눈을 떠 보니 세상에 던져진 상태입니다. 이것은 동물들도 마찬가지입니다. 그런데 던져진 인간은 '내가 왜 여기에 와 있는지' 이유를 묻습니다. 그것이 다른 존재자들과 본질적으로 다른 점입니다. 이것은 인간의 실존이 처한 운명이기도 합니다. 존재의 의미를 묻는 것이 실존이기 때문입니다. 하이데거는 "현존재의 본질은 실존에 있다"고 말합니다. 하이데거에게 영향을 받은 사르트르는 이것을 "실존이 본질에 앞선다"는 말로 재정리합니다. 인간은 태어난 목적보다 먼저 존재한다, 고정된 정체성을 가진 존재가 아니라는 뜻입니다.

인간은 지구라는 땅에 던져진 존재자입니다. 이것을 하이데거는 '세계-내-존재'라고 표현합니다. 굳이 하이픈(-)까지 넣으면서 세계 안에 존재하는 인간임을 강조한 것은 그것이 인간이라는 현존재의 실존을 잘 말해 주기 때문입니다. 인간은 항상 어떤 상황 속에서 존재합니다. '2019년 3월 5일 대한민국 서울 강남역 2호선 입구'라는 특정한 상황이 현존재의 위치입니다. 그가 자리를 옮긴다고 해도 특정한 상황은 벗어날 수가 없습니다. 이것이 인간 실존의 현실이며 '세계-내-존재'가 되는 이유입니다.

여기서 전통 형이상학과 하이데거의 철학이 분명하게 구분됩니다. 전통 형이상학은 보편적 인간을 파악하려 시도합니다. '인간은 이성을 가진 존재다', '인간은 사회적 존재다'와 같은 규정들이 그렇습니다. 이런 노력의 결과 근대철학은 인간을 이성적 존재자로 파악하고 이성의 능력을 적극 활용할 것을 주장했습니다. 계몽주의가 그것을 잘 보여 주고 있지요. 이런 생각에 따르면 인간은 이성적인 존재이기 때문에 이성이 발달할수록 더욱 자유롭고 행복해지며 세상 또한 평화롭게 조화를 이루리라는 결론에 이르게 됩니다. 헤겔의 절대정신이 그것을 잘 말해 주고 있습니다. 하지만 지금 우리의 상황에서 이성이 해 놓은 것들을 보면 고개를 가로젓게 됩니다. 전쟁과 학살, 차별과 분쟁, 부패와 범죄 등 온갖 문제로 전 세계가 시름하고 있으니까요.

하이데거는 이런 철학적 전통을 문제 삼습니다. 인간을 보편적이고 추상적인 존재자로 파악하려고 했기 때문에 존재를 제대로 살피지 못했다는 것입니다. 인간은 늘 상황에 직면해 있는 존재자인데 어떻게 추상적인 개념으로 환원할 수 있느냐는 것이죠. 현재라는 구체적인 상황에 처한 인간이야말로 철학이 해명해야 할 대상입니다. 그것이 하이데거에게는 현상학이었고 실존에 대한 응답이었습니다.

## 인간은 '쿠라'다

하이데거는 인간을 말하기 위해 로마 신화를 끌고 옵니다. 주인공은 쿠라 신입니다. 어느 날 강을 건너던 쿠라는 진흙을 발견합니다. 흥미를 느껴 진흙으로 재미있는 형상을 만들게 되는데 그것이 인간이었습니다. 그리스 신화에서는 프로메테우스가 진흙으로 인간을 빚었다고 하죠. 중국 신화에서도 여와(女媧)라는 신이 진흙으로 인간을 만듭니다. 흙은 인간과 생명이 시작되는 곳입니다.

만들기는 했지만 인간은 움직이지도 못하고 감정도 없는 마치 인형 같은 모습이었습니다. 그래서 유피테르(그리스 신화의 제우스)에게 부탁해서 인간에게 영혼을 불어넣습니다. 기분이 좋아진 쿠라는 이름을 지어 주려고 합니다. 그때 문제가 생깁니다. 유피테르가 나타나서 자신이 영혼을 부여했으니 자기 이름을 붙여야 한다고 주장합니다. 그러자 대지의 신 텔루스가 등장해서 자신이 육체를 제공했으니 자기 이름을 붙여야 한다고 떼를 씁니다. 세 신이 서로 싸우다가 중재해 줄 신을 찾아갑니다. 사투르누스(그리스 신화의 크로노스)였습니다. 사투르누스는 세 신의 이야기를 듣고는 이렇게 판결합니다.

"유피테르는 영혼을 주었으니 인간이 죽으면 영혼을 가져라. 텔루스는 육체를 주었으니 죽으면 육체를 소유하라. 쿠라는 인간을 창조했으니 살아 있는 동안 인간은 쿠라의 몫이 될 것이다."

세 신이 모두 만족했는지는 알 수 없지만 어쨌든 인간의 운명은 이렇게 정해집니다. 죽어서는 유피테르와 텔루스, 살아 있는 동안은 쿠라의 몫이 된 것이죠. 라틴어 쿠라(cura)는 영어로 care가 됩니다. 염려, 걱정, 주의, 돌봄 등의 뜻이죠. 결국 인간은 살아 있는 동안 염려와 걱정 등을 하며 살아가는 존재라는 말입니다.

우리 삶을 생각해 보면 금방 이해가 갑니다. 단 하루도 염려나 걱정이 없는 날이 없습니다. 아침에 눈을 떴을 때부터 해가 질 때까지 우리 삶은 쿠라의 지배를 받습니다. 일 걱정, 돈 걱정, 노후 걱정, 자식 걱정. 이런 염려는 죽을 때까지 멈추지 않죠. 인간의 본질 자체가 염려입니다. 게다가 이런 인간의 삶은 시간을 배경으로 이루어집니다. 탄생에서 죽음까지 모든 것을 결정하는 것이 시간입니다. 인간의 운명을 판결한 것은 시간을 의미하는 사투르누스였습니다. 인간은 과거와 현재가 다른 모습입니다. 미래 또한 다르겠지요. 과거에 사로잡히고 미래를 염려하며 현재를 불안해하는 것이 인간 실존의 모습입니다. 시간은 인간 존재 출몰의 근원이자 배경이며 장(場)입니다. 그래서 하이데거의 주저의 제목이《존재와 시간》입니다.

### 존재를 불러오는 근본기분, 불안

"제 인생이 이렇게 끝날까 봐 너무 무서워요."

평소에 알고 지내던 분이 한 말입니다. 공무원으로 직장 생활을 하고 있는데 일이 그렇게 재미있지는 않은 모양이었습니다. 그래서였는지 어느 날 문득 '내 인생이 이렇게 무의미하게 끝나는 것은 아닐까' 하는 두려움이 엄습했다고 합니다.

우리의 삶은 먹고살기 위한 노력으로 점철되어 있습니다. 눈을 뜨면 출근해서 일하고, 일과 관련된 사람을 만나고, 퇴근 후에도 생존을 위한 활동은 멈추지 않습니다. 그런 삶에서는 돈과 승진과 평판 같은 것이 최고의 가치로 인정받습니다. 생활세계를 살아가는 우리는 이런 현실에서 절대 자유로울 수 없지요. 하지만 어느 날 문득 이런 세속적 삶이 도대체 무슨 의미가 있는지 의문이 찾아옵니다. 그리고 '인생이 이렇게 끝날까 봐' 무서워집니다. 존재가 던지는 서늘한 기분이죠. 하이데거는 이것을 '불안'이라고 합니다.

인간은 자신이 어떻게 살아야 하는가를 질문하는 존재자입니다. 동물들과 달리 인간은 본능에 종속되지 않고 삶의 방식을 스스로 결정할 수 있습니다. 우리가 '어떻게 살 것인가'를 고민할 수밖에 없는 이유가 여기에 있습니다. 그렇다 보니 자신의 존재 가능성을 실현하기 위해 다방면으로 고민하고 노력하게 됩니다. 이런 과정을 통해 자기다운 삶을 선택하고 가능성을 실현하면서 진정으로 살아 있다는 느낌을 가질 수 있습니다. 그렇지 못하면 권태와 공허, 허무 같은 것들에 사로잡히게 되죠.

어느 날 급습하는 불안은 우리를 존재에 대한 근본적인 탐색의 길로 들어서게 합니다. 이 불안은 도대체 어디에서 오는 것일까요? 인간은 시간이라는 배경 속에서 살아갑니다. 태어나 살아가는 하루하루가 시간을 누비는 과정입니다. 그렇게 시간이 가면 도달하게 되는 곳이 있습니다. 바로 죽음입니다. 우리는 하루하루 죽음을 향해 달려가고 있습니다. 게다가 죽음은 예측할 수 없는 순간에 찾아옵니다. 존재가 사라지는 현상이기에 인간에게는 익숙하지 않습니다. 존재자에게 죽음은 무엇보다 낯선 것이고 그것이 불안을 가져옵니다. 있음이 없음이 된다는 것은 무엇보다도 불안한 일임이 분명합니다.

하이데거는 불안을 '근본기분'이라고 말합니다. 존재의 의미를 발견할 수 있는 근본적인 느낌을 주기 때문입니다. 불안이라는 근본기분이 찾아올 때 우리는 세속적인 삶의 가치들이 허물어지는 것을 느낍니다. 아등바등 사는 하루가 의미 없고 그동안 쌓아 왔던 부와 지위가 덧없는 것이 됩니다. 그 과정에서 세속적 가치들에 대한 집착에서 벗어나 존재 자체를 새롭게 바라볼 기회를 얻게 됩니다. 그것이 '경이'라는 기분입니다. 죽음의 불안이 주는 근본적인 기분을 통해 세속적인 것들이 허무함을 알게 되면 존재 자체가 경이롭게 느껴지는 것입니다. 이때는 그동안 눈여겨보지 못했던 것들을 다시 보게 되고 존재 자체에 대해 감사해하는 마음이 생기게 됩니다. 우리가 언젠가는 죽어야 할 존재라는 사실을 자각하는 순간 주변의 존재가 빛을 내기 시작하는 것입니다.

톨스토이의 소설 《이반 일리치의 죽음》은 죽음이 가져오는 존재의 발견에 대한 이야기를 다루고 있는 작품입니다. 주인공 이반 일리치는 법학교를 졸업하고 판사가 되어 부와 명예를 누립니다. 보통 사람들처럼 성공을 위해 살았고 좋은 집안의 여성을 골라 결혼하면서 안정된 미래를 추구합니다. 아내가 임신을 하고 요구하는 것이 많아졌을 때도 집안은 거들떠보지도 않고 더욱 일에만 집중하면서 자기 편의적 삶을 계속합니다. 그는 승승장구했지만 어느 날 갑자기 찾아온 병이 그의 발목을 잡습니다. 의사들도 대책이 없어 그는 죽음만을 기다리는 신세가 되었습니다. 점점 죽음이 다가오자 그는 깨닫습니다. 그가 지금까지 추구했던 세속적 욕망의 삶이 지옥이었음을. 그동안의 삶은 자기를 실현하지도, 삶의 의미를 발견하지도 못한 죽은 것과 다름없었습니다. 죽음을 목전에 두고서야 이반 일리치는 존재의 의미를 재발견하게 된 것입니다.

이반 일리치처럼 인간은 죽음이라는 무(無)를 향해서 달려가고 있습니다. 불안은 우리가 죽음이라는 무와 만나는 지점에 위치하고 있습니다. 한마디로 인간은 유한합니다. 그런데 그 유한성으로 인해 인간은 존재의 소중함을 자각하게 됩니다. 죽음이 우리 삶의 가치를 일깨워 줍니다. 한 번뿐인 삶을 나답게, 본래적인 나의 모습을 찾아서 알차게 꾸려 나갈 수 있게 하는 것입니다.

인생이 이렇게 끝날까 봐 두렵다던 공무원은 어떻게 됐냐고요? 평소 좋아하던 책 읽는 시간을 늘렸고 싫어하는 활동은 줄였습니다. 그리고 자신이 꿈꾸던 글쓰기를 하고 있습니다. 물론 직장을 그만둔 것은 아닙니다. 하지만 예전보다 훨씬 자기의 본래 모습에 가까운 삶을 살고 있습니다. 그것을 어떻게 알 수 있냐고요? 걸음걸이로 압니다. 니체의 말처럼 걸음걸이가 그의 삶을 잘 말해 주는 법입니다.

### 경이와 불안 앞에서

불안과 같은 근본기분이 찾아오면 존재가 얼마나 경이로운지 알게 됩니다. 그 순간 우리는 내가 가진 것으로 나를 보지 않고 존재 자체를 보게 됩니다. 주변 사람들 또한 경쟁자가 아닌 그 사람, 존재 자체로 바라볼 수 있게 됩니다. 모든 사물이 아름다움과 가치를 지닌 경이로운 존재로 보이는 것입니다. 이것이 가능한 것은 죽음, 불안이 가져오는 근본기분을 통해서 존재의 의미를 물을 수 있기 때문입니다. 그래서 하이데거는 물음을 '경건한 사유'라고 합니다.

안타깝게도 이런 경이에 도달하게 되는 경우는 많지 않습니다. 공포 혹은 두려움 때문입니다. 불안은 낯선 경험입니다. 낯선 경험을 할 때 우리는 익숙한 과거로 돌아가려고 합니다. 낯섦보다는 편안함을 추구하는 것이 인간이니까요. 게다가 세속적 가치에 익숙한 우리는 그것들을 잃어버릴까 봐 두려워합니다. 그것이 곧 공포입니다. 공포는 명확한 대상을 가지고 있습니다. 후설의 현상학에서 의식은 대상을 가진다고 했습니다. 공포 또한 그 대상을 가집니다. 우리가 공포의 감정을 가지는 경우 그것은 자신이 이룩해 놓은 지위, 부, 명예 같은 것을 잃어버리는 것과 관련됩니다. 특히 가난이 그렇습니다. 자신을 지켜 주는 부와 사회적 관계를 잃게 되면 가난과 직면하게 되는데 그것이 공포를 불러일으킵니다. 경이에 도취돼 존재의 충만을 경험하더라도 곧 현실로 되돌아오게 되는 이유입니다.

반면 불안은 그 대상이 명확하지 않습니다. 존재 자체와 관련되어 있기 때문입니다. 존재는 무에서 시작됩니다. 모든 존재자는 무로 돌아갑니다. 존재는 이유가 없습니다. 이유가 없다는 것은 텅 비어 있다는 의미입니다. 그래서 존재는 있음보다는 없음을 통해서 의미가 더 잘 드러납니다. 평소에 사이가 나빴던 아버지였는데 돌아가시고 나니 새삼 그분의 빈자리가 크게 느껴집니다. 오래 사귄 연인과 헤어진 후에야 연인의 의미를 깨닫게 됩니다. 존재는 궁극적으로 없음 혹은 무와 관련되어 있습니다. 존재자에게 불안은 있음과 없음, 존재와 무가 만날 수 있는 통로입니다. 그래서 근본기분입니다.

불안 앞에서 실존은 괴롭습니다. 존재의 물음 앞에 자기를 열어 두는 것은 세속적인 삶에서 경험하기 힘든 것이기에 더욱 그렇습니다. 평생 시를 읽으면서 살았으면 좋겠다던 대학생도 공무원시험 공부를 할 수밖에 없는 이유가 여기에 있습니다. 생존은 실존의 진실함을 가로막습니다. 이럴 때 우리는 참된 자기를 뒤로하고 세속의 삶으로 돌아가 하이데거가 '그들(das man)'이라고 부르는 사람들 속으로 숨고 싶어집니다. 사회가 만들어 놓은 안전장치를 찾게 되는 것입니다. 우상에 환호하고 돈과 지위에 집착하면서 신을 통해(여기서 신은 수단적 신이라는 의미가 강합니다) 불안을 해소하려 합니다.

우리는 경이와 공포라는 두 갈래 길 앞에 서 있는 듯합니다. 존재의 목소리에 귀 기울이는 '본래적 삶'과 세속적 가치에 사로잡혀 타자의 것들로 자신을 채우려는 '비본래적 삶'이 그것입니다. 어떻게 보면 그냥 세속적으로 평범하게 살다가 죽어도 나쁠 것이 없어 보입니다. 하지만 두 삶은 크게 다릅니다. 세속적이고 비본래적인 삶은 우리에게 많은 짐을 지웁니다. 가족을 부양하고, 프로젝트를 성공시키고, 상사에게 잘 보이고, 남들보다 더 많은 것을 가져야 하는 부담으로 드러납니다. 반면 존재를 향해서 열린 '본래적 삶'은 세속적 삶이 주는 피로감을 극복하고 삶에서 져야 할 짐들을 내려놓게 합니다. 양심과 경이를 따르는 삶은 두려운 미래가 아니라 가능성으로 가득한 내일로 안내합니다. 모든 것을 내려놓고 나면 마음이 편안하고 가벼워지는 경험이 그것을 말해 줍니다. 밑바닥으로 추락하고 나면 오히려 홀가분해지기도 합니다. 추락이 비본래적인 것들을 제거해 주기 때문입니다. 그 순간 완전히 다른 존재가 되어 경이를 경험하게 됩니다.

그럼 불안을 극복하는 방법은 무엇일까요? 단순히 말하자면 수용입니다. 불안을 이겨 내려 하지 않고 그대로 받아들이고 인정하는 것, 이것이 해법입니다. 불안이 찾아오면 그 자체를 인정합니다. 그러면 마음이 편해집니다. 받아들이는 순간, 공포도 두려움도 불안도 사라집니다. 그야말로 자유로워집니다. 불안을 받아들이는 순간 그동안 얼마나 사소한 것에 붙들려 있었는지, 얼마나 작은 것에 매몰되어 있었는지를 깨닫게 됩니다. 그리고 무엇이든 가능해지는 혹은 가능하지 않아도 되는 가능성이 열리게 됩니다.

죽음이 찾아온다고 해도 그것을 받아들일 수 있다면 새로운 존재의 가능성은 열릴 수 있습니다. 죽음을 직시하고 자신이 죽을 존재임을 자각할 때 이전과는 다른 결단을 내릴 수 있기 때문입니다. 결단은 존재의 무한한 가능성으로 향하는 문입니다. '인생이 얼마 남지 않았을 때 사람은 가장 자유로워진다'는 영화 〈버킷리스트〉의 대사처럼 죽음을 앞둔 사람은 자신이 진정으로 원하는 일들을 할 수 있습니다. 곧 죽을 사람은 못할 것이 없는 사람입니다.

우리가 죽음을 향해 있다는 사실을 직시하고 받아들이는 것은 자유로운 선택과 경이로운 존재의 길로 들어서는 경험입니다. 그 순간 세상 전체가 경이로 가득 차기 때문입니다. 돈을 벌어야 인간답게 살 수 있다고 생각하는 사람은 돈의 노예로 살아가지만, 일과 동료를 경이로 대하는 사람들은 일과 관계가 즐겁고 삶이 충만해집니다. 이 차이는 너무 커서 말로 설명하기 힘들 정도지요. 인간은 존재적 충만을 확보하지 못할 때 공허한 삶을 채우기 위해 다른 것들을 기웃거립니다. 하이데거가 근대철학이 존재 망각의 역사라고 말한 이유가 여기에 있습니다. 근대철학은 인간을 이성적인 존재로 보고 스스로 주체가 되어 세계를 대상화했습니다. 이것은 내적 충만을 잃은 인간이 대상을 지배함으로써 사물을 수단화한 것입니다. 그 과정에서 자신 또한 수단으로 전락합니다. 타자를 대상으로 생각하는 인간은 서로를 수단화하기 때문입니다.

하이데거는 현대의 과학기술 문명을 강하게 비판합니다. 우리는 인간이 문명을 일구는 주체이며 내가 내 삶을 만드는 주인공이라고 생각합니다. 하지만 하이데거가 보기에 현대인은 주인공이 아니라 도구에 불과합니다. 우리는 오직 생존과 번영을 위해서 대상들을 활용하며 살아가고 있습니다. 그것을 위해 일을 하고 저축을 하고 사람을 만나고 공부를 합니다. 현대 사회의 본질은 자신의 모든 역량을 동원해서 모든 존재자에 대한 지배력을 높이는 것입니다. 그래야 안전과 번영을 보장받을 수 있다고 믿기 때문입니다.

이것을 하이데거는 '지배에의 의지'라고 말합니다. 자신을 위해 다른 것을 지배하려는 의지에 사로잡혀 맹목적으로 살아가는 지배에의 의지만이 넘쳐 나고 있다는 것입니다. 인간이 그토록 자랑하던 이성마저도 지배를 위한 의지에 의해 철저히 활용되고 있는 상황입니다. 우리가 학문이라고 부르는 것도 진리라는 명목으로 이용되고, 회사나 교회에서 말하는 사명이라는 것 또한 신성한 의무가 아니라 확대재생산을 위한 이데올로기일 뿐입니다.

우리 사회에서는 쓰고 남을 만큼의 많은 상품이 쏟아져 나오지만 이것들은 존재의 공허함을 채우기 위해 소모되는 부품으로서 작동할 뿐입니다. 내면의 공허함을 상품으로 채우려는 것이죠. 최고급 승용차와 명품 핸드백, 최신형 휴대폰에 대한 선호가 그것을 잘 보여 줍니다. 그런 점에서 대량생산으로 쏟아져 나오는 소비재들은 풍요의 시대를 상징하는 것이 아니라 오히려 궁핍의 증거입니다. 그런데도 우리는 스스로 세계를 개척하고 인생을 꾸려 나가는 주체라는 착각에 빠져 있습니다. 과학기술주의가 만든 환상에 빠져 스스로 세상을 만드는 주체라고 생각합니다. 하지만 사실 우리는 지배에의 의지에 사로잡힌 객체이자 수단으로 살아갈 뿐입니다.

### 존재의 경이를 목도한다는 것

하이데거가 주장하는 바와 같이 어느 날 문득 불안이 우리를 찾아옵니다. 이때 공포를 극복하고 경이의 장으로 자기를 열 수 있다면 우리는 존재로서 충만한 경험을 할 수 있습니다. 문제는 이런 불안이 의식적인 노력으로 찾아오는 것은 아니라는 점입니다. 하이데거는 불안이 의식적인 노력으로 찾아오는 것이 아니라 어느 순간 일어나는 것이라고 말합니다. 중요한 것은 그 순간입니다. 존재의 낯선 물음 앞에서 도피하지 않는 것, 이것이 중요합니다.

하이데거의 죽음과 불안에 대한 사유는 우리에게 이미 익숙합니다. 고대로부터 내려오는 죽음의 이야기들과 연관이 있으니까요. 로마에서는 출정한 장군이 승리해 돌아올 때 그의 노예 중 한 명을 보내 이렇게 외치게 했다고 합니다. "메멘토 모리(Memento mori)." 죽음을 기억하라는 뜻의 라틴어입니다. 왜 승리하고 돌아오는 장군에게 죽음을 기억하라고 했을까요? 승리에 도취해 자만심에 빠질까 봐 염려되었기 때문일 겁니다. 죽음을 떠올리면 숙연해집니다. 그 숙연함이 현재를 소중한 것으로 만들고 삶과 존재의 의미를 더욱 선명하게 해줍니다.

하이데거는 불안을 의식적으로 느낄 수 있는 것이 아니라고 했지만 죽음을 떠올리는 노력을 통해 삶의 숭고함에 다가갈 수 있는 것은 분명합니다. 물론 그것이 근본기분으로 큰 충격을 줄 수 있느냐는 다른 문제일 것입니다.

존재의 경이를 목도하는 또 다른 길은 하이데거가 강조하는 언어에 있습니다. '언어는 존재의 집'이라는 하이데거의 말이 그것을 잘 보여 주고 있습니다. 여기서의 언어는 철학자나 일반 사람들이 사용하는 말은 아닙니다. 사물의 개념을 설명하는 이성적 언어들은 사물을 경계 짓고 개념을 한정하는 역할을 합니다. 이런 언어들은 오히려 존재의 의미를 가립니다.

르네 마그리트의 작품 중에 〈이것은 사과가 아니다〉가 있습니다. 이 작품을 본 사람은 모두 이상하게 생각합니다. 사과를 그려 놓고 제목을 〈이것은 사과가 아니다〉고 했으니까요. 조금 생각을 비틀어 보면 이해가 됩니다. 사실 마그리트가 그린 것은 사과가 아니라 사과의 그림입니다. 사과와 사과의 그림은 다르죠. 그런데 우리는 사과의 그림을 보고는 사과라고 말합니다. 말도 마찬가지죠. '오늘 사과를 먹었다'고 말하는 경우 그것은 사과라는 단어를 사용한 것이지 사과 자체는 아닙니다. 우리는 말이나 그림을 통해 의사소통을 합니다. 말과 그림은 사물 자체가 아닙니다. 이런 상황을 '도구적 언어 사용'이라고 합니다. 하이데거는 이런 도구적 언어 사용의 문제를 꼬집습니다. 일상의 편리를 돕는 언어가 뭐가 문제냐고요? 지시적이고 도구적인 언어의 사용으로 인해 존재 자체가 묻히기 때문입니다.

우리는 친하게 지내는 어떤 사람에 대해서 '그 사람은 이런 사람이다'는 식으로 이야기하기를 좋아합니다. 이런 표현은 그 사람의 어떤 부분만을 표현할 수 있을 뿐입니다. 그렇게 규정지음으로써 오히려 그의 다른 면들, 다른 존재가 될 수 있는 가능성을 감춥니다. 언어가 존재를 제약하는 것입니다. 어떤 정보도 존재를 정확하게 표현할 수는 없습니다. 도구적 언어 사용으로는 존재를 포착할 수 없다는 것이 하이데거의 생각입니다.

그렇다고 해서 언어 자체가 소용없다는 뜻은 아닙니다. 잘못된 언어의 사용이 존재의 의미를 가릴 수 있다는 것입니다. 오히려 존재는 언어를 통해서 자신을 드러냅니다. 인간은 언어를 사용하여 세상을 규정짓고 수용합니다. 그런 후 자신의 의식 속에서 대상들을 정리하고 의미 있는 것으로 재탄생시켜 나갑니다. 이를 통해 자기 삶을 창조적인 것으로 꾸밀 수 있게 되죠. 결국 인간 문명은 언어를 사용해 세상을 이해하고 유용한 지식을 생산해 내 필요한 것을 창조하는 과정입니다. 언어가 없다면 그 작업은 불가능하며 인간 존재 또한 있을 수 없습니다. 그런 점에서 언어는 존재를 인식하고 인간이 세계와 관계를 맺으며 자기를 탄생시킬 수 있게 하는 근본적인 힘입니다. '언어는 존재의 집'인 것이죠.

그럼 존재를 드러내기 위해서 어떻게 해야 할까요? 하이데거가 강조하는 것은 예술 혹은 시작(詩作)입니다. 칸트, 니체, 쇼펜하우어 등 수많은 철학자가 예술을 강조했습니다. 예술이 개념적 언어가 포착하지 못한 궁극적 세계에 다가갈 수 있는 문임을 감지했기 때문입니다. 하이데거에게 '예술의 본질은 시'입니다. 시는 시를 짓는 일을 포함한 예술적 창작 행위를 지칭하는 개념입니다.

우리는 세상을 개념으로 이해합니다. 개념들이 모여 지식이 되고 사유가 됩니다. 어떤 것에 경계를 긋고 그것에 이름 짓는 일이 개념을 만드는 작업이죠. 일반적인 언어와는 달리 시는 개념을 한정 짓지 않습니다. 오히려 개념을 넘어섭니다.

함민복 시인의 〈섬〉이라는 시입니다.

물 울타리를 둘렀다

울타리가 가장 낮다

울타리가 모두 길이다

우리는 섬을 물로 둘러싸여 갇힌 곳이라고 생각합니다. 그런데 시인은 섬을 둘러싼 바다가 울타리고 울타리가 모두 길이라고 말합니다. 울타리는 내 것과 네 것을 경계 짓는 역할을 합니다. 그런데 울타리가 길입니다. 바다가 길인 셈입니다. 갇힌 섬이 아닌 열린 세계가 되어 버렸습니다. 이렇게 시는 기존 관념을 무너뜨립니다.

시의 힘은 전혀 다른 시선으로 세상을 보는 것입니다. 기존과 다른 시선은 새로운 발견, 깨달음을 줍니다. 그런 깨달음은 우리에게 경이를 선물하죠. 그런 의미에서 시를 쓴다는 것은 새로운 시선으로 세계를 보는 것이고 존재의 의미를 경이로 대하는 일입니다.

마른 가지에

까마귀 앉아 있다

가을 저물녘

일본 특유의 단시인 하이쿠로 유명한 바쇼(松尾宗房, 1644-1694)의 시입니다. 마른 가지에 까마귀가 앉아 있는 모습은 흔히 볼 수 있는 것입니다. 이렇게 쉽게 볼 수 있는 것도 시인의 눈으로 보면 다르게 보입니다. 평범했던 것이 놀라운 것으로 변합니다. 존재가 자신을 드러내는 순간입니다.

평생을 방랑하며 자연과 삶을 노래한 시인의 눈에는 세상 모든 것이 경이로 포착됩니다. 이런 경이를 목도하기 위해 유랑 길을 선택했는지도 모릅니다. 평범한 삶의 방식으로는 포착되기 어려운 것들이니까요.

시는 시인의 삶, 존재가 고스란히 담긴 집입니다. 한 편의 시는 의미 있는 순간을 언어로 포착한 것이지만 그것에는 수십 년을 살아온 시인의 삶이 고스란히 담겨 있습니다. 단순한 생각이 아니라 존재 전체가 함께하는 것이죠. 그래서 하이데거는 시를 쓰는 일을 존재의 언어로 사유하는 것이라고 말합니다. 시를 통해 존재가 자신을 드러내기 때문입니다. 그런 점에서 시인은 인간과 존재 사이에 있습니다. 존재의 소리를 듣고 그 울림을 전하는 것이 시인의 역할인 것입니다. 하이데거는 인간의 소명을 '시인으로 지상에 거주하는 것'이라고 말합니다. 세상을 시인의 눈으로 보고, 시인의 피부로 느끼고, 시인의 언어로 표현하면서 살아가는 겁니다. 그때야 비로소 인간 존재의 본질에 맞게 살아갈 수 있습니다.

## 존재의 지평으로

하이데거의 사유를 정리해 보겠습니다. 인간은 존재의 의미를 물을 수 있는 존재자입니다. 인간은 이유를 모른 채 세계에 던져진 세계-내-존재입니다. 특정한 역사적 상황에 던져진 인간은 세계와 관계를 맺으며 자신을 형성합니다. 자신의 존재를 발견하기 위해 과거를 돌아보고 현재에 마음을 쓰며 미래를 향해 갑니다. 미래를 향해 열려 있기 때문에 인간은 고정된 실체가 아닙니다. 인간의 내면은 텅 비어 있어 무엇으로든 채울 수 있습니다. 그래서 자유롭습니다. 인간은 뭐든 할 수 있는 가능성의 존재입니다.

내면의 공허를 참을 수 없기에 그 내면을 채우기 위해 인간의 의식은 타자에 신경을 쓰고 바깥으로 향합니다. 그러다 문득 불안 혹은 염려라는 근본기분이 찾아옵니다. 인간은 죽음, 존재의 소멸, 무를 향해 있기 때문입니다. 불안을 통해 인간은 비로소 존재와 만날 수 있는 통로를 마련하게 됩니다. 하지만 불안은 낯선 것이기에 인간은 그동안 추구해 온 세속적 삶을 상실할지도 모른다는 공포를 갖게 됩니다. 이런 공포에 굴복하면 세속적 삶으로 돌아가 비본래적인 삶에 매몰되어 존재의 의미를 망각하게 됩니다. 다행히 불안을 통한 존재의 소리에 귀를 기울이고 그것을 향해 마음을 열게 되면 이전과는 다른 눈으로 존재에 대한 경이를 경험할 수 있게 됩니다.

인간은 어떤 실체를 가진 '나'가 없는 가능성의 존재자입니다. 그 가능성은 기대를 낳지만 한편으로는 두려움도 가져옵니다. 그래서 인간은 자신이 뭐가 될 수 있다는 것에 희망을 걸면서도 강한 두려움에 좌절합니다. 무엇이든 될 수 있기에 자유롭지만 그 자유는 기존의 나를 부정하고 새로운 나로 나아가기 위한 엄청난 모험을 통해서만 쟁취할 수 있습니다. 그럴 수 있을 때 현존재는 존재의 진정한 의미와 풍요를 만날 수 있습니다.

후설에서 지평에 대한 이야기를 했습니다. 하이데거의 사유는 우리의 지평을 존재자에서 존재로 넓혀 줍니다. '나'라는 존재자의 입장에서 세상을 볼 때 다른 사람은 경쟁자가 되고 사물은 소유해야만 하는 수단이 됩니다. 이것은 결국 스스로를 소외시키는 결과를 가져옵니다. 타자와 경쟁하고 최고의 상품을 소유하려는 마음으로 살아가는 삶은 고단하기 짝이 없습니다. 게다가 다른 사람의 배려와 사랑을 얻을 수도 없고 자기 삶을 살고 있다는 충만한 느낌도 경험할 수 없습니다.

'나'라는 존재자를 넘어 존재 전체의 입장에 설 때 근대철학이 일으킨 주체의 문제를 극복할 수 있습니다. 근대철학이 수단화했던 타자를 극복하는 것은 나와 너를 넘어선 존재의 지평에서만 가능합니다. 나의 지평에서 너는 타자가 되고, 기독교인의 지평에서 유대인은 타자가 됩니다. 한국인의 지평에서 일본인은 타자가 되고, 흰 피부의 입장에서 검은 피부는 타자가 됩니다. 지평을 나에서 한국인으로 세계인으로 생명으로 존재로 넓히는 것이야말로 우리 스스로 참된 삶의 의미를 회복하는 궁극적인 길임을 하이데거는 말하고 있는 것입니다.

신화학자 조지프 캠벨(Joseph Campbell, 1904-1987)은 《신화와 인생》에서 자신의 신세를 한탄하는 흑인을 만난 이야기를 들려줍니다.

흑인의 불평을 다 들은 후 그는 이렇게 말합니다.

> 사람이라면 누구나 자기에게 불리한 어떤 것을 갖고 있게 마련입니다. 어떤 사람은 매력이 없고, 그로 인해 자기가 불리하다고 생각합니다. 어떤 사람은 가톨릭 국가에서 개신교 신자로 살아가고 어떤 사람은 개신교 국가에서 가톨릭 신자로 살아갑니다. 당신이 오로지 흑인이라는 사실만으로 당신 삶의 부정적인 것들을 계속 들먹이며 비난한다면, 당신은 인간이 됨으로써 얻은 다른 특권들을 깡그리 부정하는 셈입니다. 그렇다면 당신은 다만 흑인에 불과할 뿐입니다. 아직 인간이 되지 못한 셈이죠.

세상을 불평했던 흑인은 자신의 지평으로만 세상을 보았습니다. 흑인의 지평으로 세상을 본다면 흑인들에게 불리하게 작용하는 수많은 불의에 항의할 수 있겠지요. 그것은 필요한 일입니다. 하지만 그 불의에 항의하는 것과 그런 신세를 한탄하며 세상을 비난하는 데 에너지를 소모하는 것은 다릅니다. 비난에 에너지를 쏟은 나머지 다르게 살 수 있는 가능성을 상실할 수 있기 때문입니다. 우리가 나를 넘어 인간으로, 인간을 넘어 생명과 존재로 지평을 넓힐 수 있다면 수많은 문제가 해결될 수 있습니다. 동물 학대, 자원 고갈, 인종 차별, 종교 분쟁, 빈익빈부익부 등의 수많은 문제가 자신과 그 집단의 지평으로 세계를 보기 때문에 생기는 문제들입니다. 삶의 과정에서 새로운 지평을 얻고 넓힐 기회는 얼마든지 있습니다. 문제는 그 순간 우리가 열려 있느냐 혹은 불안을 용기로 품을 수 있느냐입니다.

하이데거 시간을 마쳐야 할 때가 왔습니다. 그가 그토록 천착했던 '존재'에 대한 이야기로 마무리를 해야겠습니다. 그에게 존재란 그것이 가진 고유한 본질과 아름다움 혹은 성스러움을 뜻합니다. 강은 강의 본질이 있고, 닭은 닭의 본질이 있고, 인간은 인간의 본질이 있습니다. 존재자를 그것일 수 있게 하는 어떤 것이 곧 존재입니다. 각자의 본질에 충실할 때 우리는 아름다움과 성스러움을 느낍니다. 우리는 굽이쳐 흘러가는 강물을 바라보며 끊임없는 자연의 흐름에 숭고를 경험합니다. 마당에서 모이를 쪼고 있는 닭을 보며 생명의 신비와 질서에 경이를 느낍니다. 사람들의 이목을 뒤로하고 자신이 원하는 것을 찾아 모험의 세계로 뛰어든 젊은이를 보며 그의 결단과 용기에 진심으로 박수를 보냅니다. 이 모든 순간이 존재가 드러나는 순간입니다. 우리는 존재를 만날 수 있고 또 만나야 합니다. 진정으로 살아 있는 삶을 위해서.

# 25강. 자유로운 삶은 어떻게 가능한가

## 사르트르

후설의 현상학의 영향력은 제자 하이데거에 이어 20세기에 '행동하는 지성'으로 불린 사르트르를 통해서도 확인할 수 있습니다. 실존주의의 대표자로 알려진 사르트르의 대표 저서인 《존재와 무》의 부제가 '현상학적 존재론에 관한 시론'입니다. 사르트르 역시 하이데거처럼 현상학을 통해 존재에 접근했음을 알 수 있는 대목입니다. 사르트르는 자신에게 큰 영향을 미친 사람이 하이데거라고 직접 밝힌 적이 있습니다. 제2차 세계대전에 참전했다가 독일군의 포로가 된 1940년에 포로수용소에서 하이데거의 《존재와 시간》을 읽었고, 다른 포로들에게 이 내용을 강의하기도 했습니다. 포로수용소에서 하이데거를 읽은 놀라운 경험을 사르트르는 '신이 내려 주신 것'이라고 표현했죠. 그만큼 사르트르에게 하이데거는 큰 영향을 미쳤습니다. 후설과 하이데거, 사르트르로 이어지는 현상학이 실존주의로 완성되는 길은 이렇게 극적인 것이었습니다.

### 즉자와 대자

사르트르는 후설의 현상학과 하이데거의 존재론을 자신의 방식으로 재구성합니다. 먼저 그는 '의식은 대상을 가진다'는 후설의 지향성 개념을 받아들입니다. 그리고 후설을 비판적으로 계승하여 이 세상의 존재들을 즉자와 대자로 구분합니다. 즉자와 대자의 구분 기준은 의식의 유무입니다. 즉자(卽自)는 의식이 없는 존재입니다. 반면 대자(對自)는 의식을 가집니다. 대자는 의식을 가졌기 때문에 세계 혹은 자신과 대면하는 존재입니다. 사르트르는 이 구분을 통해 즉자와 대자가 세계와 맺는 관계를 현상학적으로 살펴보고자 했습니다.

즉자는 의식을 가지지 못한 존재입니다. 사물과 동물들이 여기에 해당되죠. 대자는 의식을 가지고 사유 활동을 한다는 점에서 인간의 독특한 존재 양식을 대변합니다. 인간은 의식을 통해서 세계를 이해하고 받아들이며 재구성하여 관계를 맺는 존재입니다. 이 정도는 상식적으로 생각해도 쉽게 이해할 수 있습니다. 사람은 사물이나 동물과는 달리 생각할 수 있는 능력을 가졌으니까요. 이것을 즉자와 대자라는 개념으로 정리했을 뿐입니다. 문제는 이로 인해 파생되는 사유들입니다.

## 의식과 무화 작용

본격적으로 사르트르의 존재론에 접근해 보도록 하겠습니다. 후설은 지향성 개념을 통해서 '의식은 대상을 가진다', '의식은 무엇인가에 대한 의식이다'고 했습니다. 이런 지향성 개념에 따르면 의식은 혼자 존재할 수 없습니다. 의식은 대상이 있을 때에만 발생하기 때문입니다. 그래서 의식은 무(無)입니다. 내부가 텅 비어 있는 것이죠. 내부가 텅 비어 있기 때문에 대상을 그 안으로 품을 수 있습니다. 우리 눈앞에 무엇인가가 나타나면 비로소 의식이 그것을 감지하고 자신을 대상으로 채웁니다. 창밖을 보고 있는데 갑자기 강아지가 나타났습니다. 순간 의식은 대상을 강아지로 인식하고 자신을 드러냅니다. 이것이 의식이 지향성을 채우는 과정입니다.

그 순간을 자세히 살펴보겠습니다. 갑자기 강아지가 나타났습니다. 그 순간 의식은 자기에게서 빠져나와 강아지를 지향합니다. 아주 짧은 순간이지만 우리가 무엇인가를 인지하는 순간은 수없이 발생합니다. 이때 의식이 빠져나와 강아지를 포착하는 순간까지의 거리를 '초월'이라고 부릅니다. 의식이 자신을 떠나 사물을 포착하기 때문이죠. 중요한 것은 그 순간입니다. 초월이 일어나는 순간 의식은 자신을 떠나게 되는데 그러자면 이전의 자신이 품고 있던 것을 부정해야 합니다. 강아지를 보기 전에 아이스크림이 먹고 싶다는 생각을 하고 있었다면 강아지를 보는 순간 그 생각을 버려야 합니다. 그래야 강아지를 품을 수 있으니까요. 이처럼 의식은 매번 자신이 품고 있던 자기를 버리고 새로운 대상을 찾아 자기를 채우려 합니다. 이때 매번 자신을 부정하는 것을 '무화(無化)'라고 합니다. 이전의 자기를 무로 만들고 새로운 자기로 채우기 때문입니다. 그런 점에서 의식은 무화 그 자체입니다.

황지우 시인의 〈너를 기다리는 동안〉이라는 시가 있습니다.

> 네가 오기로 한 그 자리에
> 내가 미리 가 너를 기다리는 동안
> 다가오는 모든 발자국은
> 내 가슴에 쿵쿵거린다.
> (…)
> 네가 오기로 한 그 자리, 내가 미리 와 있는 이곳에서
> 문을 열고 들어오는 모든 사람이
> 너였다가
> 너였다가, 너일 것이었다가
> 다시 문이 닫힌다.

허름한 카페에서 사랑하는 사람을 기다리며 책을 읽고 있습니다. 이때 누군가 문을 열고 들어옵니다. 부푼 기대감으로 고개를 듭니다. 그 순간 우리의 의식은 책을 '떠나' 문을 열고 들어오는 대상으로 향합니다. 아쉽게도 그녀가 아닙니다. 그녀가 아니라는 사실을 포착한 의식은 다시 그 대상을 '떠나' 책으로 돌아옵니다. 잠시 후 다시 문이 열립니다. 의식은 다시 책을 '떠나' 문 쪽으로 향하고 누군가를 바라봅니다. 기다리는 사람이 아니었습니다. 이렇게 의식은 나에게 주어

진 지평에서 하나를 '잘라 내서' 그 존재를 파악하려 합니다. 카페의 구석진 자리에서 볼 수 있는 지평들 중에서 문을 열고 들어오는 그 사람의 얼굴만을 포착하는 것입니다. 무화 작용은 의식이 대상을 포착하는 과정에서 이전의 대상을 '떠나' 새로운 대상을 포착하기 위해 필수적입니다. 무화 작용이 없다면 의식은 책만을 품고 있을 것이고 새로운 것으로 자신을 채울 수 없게 됩니다.

사르트르는 이 세계에 대자 존재인 인간의 출현이야말로 세계에 의미를 부여하게 되는 절대적인 사건이라고 말합니다. 의식이 자신을 초월해서 대상을 포착할 수 있는 것은 내부가 텅 비어 있는 무이기 때문인데 이로 인해 세계는 의미 있는 것으로 이해될 수 있기 때문입니다. 하지만 대자 존재는 고정된 자기를 가질 수가 없습니다. 의식이 외부의 대상을 지향하기 때문입니다. 의식은 어떤 것을 포착한 후에 그것을 계속 품고 있을 수가 없습니다. 항상 새로운 대상을 찾아다니기 때문이죠. 만약 의식이 하나의 대상을 계속 포착하여 품고 있다면 그것은 즉자의 상태에 머무르는 것이 됩니다. 대자 존재인 인간은 그럴 수가 없습니다. 무와 초월, 무화는 대자의 존재 양식입니다.

무와 초월, 무화 작용은 현실 속 우리 모습에서도 발견할 수 있습니다. 인간은 현재에 만족할 수 없는 욕망의 존재입니다. 대학생들은 취업만 할 수 있다면 좋겠다고 생각합니다. 취업하고 나면 승진하기를 바랍니다. 승진하고 나면 더 높은 직급을 바라봅니다. 그러다 사장님이 되기를 바라고 유명인이 되기를 희망합니다. 인간은 현재의 자기에 만족하지 않습니다. 물론 현재에 만족한다고 말하는 사람들도 있지만 그들도 매일 같은 일이 반복되는 것을 바라지는 않습니다.

작은 변화라도 있기를 바라고 그 변화가 즐거운 것이었으면 하는 욕망을 가지고 있습니다. 그런 점에서 무화 작용은 욕망이기도 합니다.

### 결핍, 가능성 그리고 자유

대자 존재는 의식을 가진 존재이고 의식은 그 내부가 텅 빈 무입니다. 결국 대자 존재는 결핍을 가진 존재입니다. 지향성의 개념에 의해 의식은 대상이 나타났을 때만 비로소 자신을 드러냅니다. 의식이 텅 비어 있기 때문에 결핍된 것이고 그것을 채우는 것이 무화의 과정입니다. 사르트르는 대자와 즉자의 차이를 의식의 유무에서 찾았습니다. 의식을 가진 대자는 본질적으로 결핍된 존재입니다. 결핍된 대자는 자신의 의식을 계속 채워야 합니다. 대상을 통해 자신을 채워 나가는 것이 대자의 운명입니다. 하지만 그것은 영원히 채워지지 않는, 채우면 다시 비워지는 밑 빠진 독과 같은 반복된 과정일 뿐입니다.

대자의 존재 방식은 채울 수 없는 결핍이기도 하지만 한편으로는 우리 삶의 가능성으로 드러나기도 합니다. 우리가 무엇인가로 고정되어 있다면 다른 존재가 될 가능성은 없어집니다. 의식이 대상을 포착해서 영원히 품고 있게 된다면 다른 대상을 포착하는 것은 불가능해지죠. 즉자 존재가 되는 것입니다. 하지만 대자 존재는 무이기 때문에 새로운 대상을 끊임없이 포착해 나갑니다. 여기서 자신을 다른 것으로 채울 수 있는 가능성이 생깁니다. 가능성이 생긴다는 것은 인간이 자유로운 존재라는 의미입니다. 하나로 고정된 것이 아니라 다른 것으로 채워질 수 있는 가능성을 가진 자유가 인간입니다.

아이들은 꿈이 다양합니다. 야구 경기장에 다녀온 아이는 야구선수가 되고 싶어 합니다. TV를 보다가 재미있는 장면을 보면 개그맨이 되고 싶다고 생각합니다. 학교에서 멋진 선생님을 만나면 선생님이라는 꿈을 갖게 되죠. 이처럼 아이는 무엇인가 되고 싶다는 생각을 하고 그 생각은 수시로 변합니다. 하나로 고정된 꿈이 아닌 다양한 꿈을 가질 수 있는 가능성을 품고 있습니다.

이것이 가능한 것은 의식이 지향성을 통해 외부의 대상들을 자유롭게 포착할 수 있기 때문입니다. 무엇을 겨냥하고 포착할 것인지는 자유입니다. 카페에서 문이 열리는 소리를 듣고 들어오는 사람이 누구인지 포착할 것인가, 아니면 계속 책을 볼 것인가는 그의 선택에 달려 있습니다. 야구 경기장으로 갈지, TV를 볼지 결정하는 것 또한 자유의지에 달려 있습니다. 사르트르에게 인간은 '자유'입니다.

인간은 정체성이 고정되지 않은 대자 존재입니다. 내가 누구인지가 결정되지 않았다는 것은 인간의 본질 또한 정해지지 않았다는 것을 의미합니다. 이렇게 정체성이나 본질이 정해지지 않은 존재라는 의미에서 인간은 무입니다. 이것을 사르트르는 "실존이 본질에 앞선다"는 말로 표현합니다. 인간은 이 세상에 던져진 존재입니다. 태어나는 이유, 존재하는 목적을 가지지 않고 이 세상에 와 있습니다. 목적보다 존재가 먼저라는 것입니다. 그래서 '나는 누구인가', '왜 존재하는가', '어떻게 살 것인가'를 고민하게 됩니다. 목적이나 본질이 정해져 있다면 이런 고민은 할 필요가 없겠죠.

내가 누구인지 고민하는 것은 인간이 자유롭기 때문입니다. 자유롭지 않다면 선택은 불가능합니다. 무엇이든 될 수 있는 가능성을 가진 존재, 본질이 정해지지 않은 존재가 인간인 것입니다. 저는 글을 쓰는 작가이지만 앞으로 글 쓰는 일을 계속할지 아니면 새로운 일을 시작할지 알 수 없습니다. 미래는 결정되어 있는 것이 아니라 자신의 판단과 선택에 따라 달라질 수 있으니까요. 가능성이 열려 있다는 것은 멋진 일임에 분명합니다.

인간이 이 세상에 던져졌다고 했습니다. 이것은 우리의 존재가 전적으로 우연한 사건임을 의미합니다. 이것이 존재의 '우연성'입니다. 사르트르는 무신론자입니다. 인간을 만든 존재를 인정하지 않습니다. 인간을 만든 존재가 없기에 존재의 목적 또한 없습니다. 누군가 인간을 만들었다면 만든 목적이 있을 겁니다. 하지만 인간을 만든 존재가 없습니다. 당연히 목적도 존재할 수 없습니다. 인간과 달리 물건들은 목적이 있습니다. 망치는 못을 박기 위해서 만들어졌습니다. 옷은 추위를 막고, 집은 편안히 쉬기 위해 필요합니다. 이처럼 인간이 만든 것은 어떤 목적을 품고 있습니다. 하지만 인간은 인간을 만든 창조주가 없기 때문에 목적 또한 없습니다. 그래서 사르트르의 철학을 '무신론적 실존주의'라고 합니다. 인간은 우연한 존재입니다.

세계를 우연한 것으로 보는 것은 현대철학의 특징이기도 합니다. 고대와 중세, 근대철학은 세계의 존재 근원을 탐구했고 신 혹은 실재가 그것이라고 믿었습니다. 그 결과 이 세계는 신 혹은 실재의 산물로 사유되었습니다. 하지만 현대철학의 분위기는 이전과 사뭇 다르게 전개되고 있습니다. 그 현상 중 하나가 우연성이라는 개념입니다.

## 기투, 앙가주망, 주체성

실존이 본질에 앞서기에 인간은 자신이 누구인지를 찾아 미래를 향해 기투합니다. 기투(企投)는 미래를 향해 자신을 던져 존재의 가능성을 확보하는 것을 말합니다. 인간에게 미래는 이루지 못한 꿈 혹은 목표의 상태로 존재합니다. 미래는 곧 인간의 가능성입니다.

가능성을 가진 미래가 인간에게 주어졌다는 것이 꼭 좋은 것만은 아닙니다. 희망이 있으면 절망이 있고, 기쁨이 있으면 슬픔도 있는 법이니까요. 인간은 의식의 지향성 구조를 채우기 위해 늘 새로운 대상을 찾아 쉼 없는 노력을 경주해야 합니다. 이 과정은 자신이 혼자 할 수밖에 없기 때문에 엄청난 부담감을 가져옵니다. 청소년들에게 꿈을 가져야 한다는 말이 얼마나 부담스러운지 부모님들은 잘 모릅니다. 자신의 꿈과 미래를 결정해야 한다는 것은 두려운 일이고 미래가 어떻게 펼쳐질지 모르기 때문에 불안하기까지 합니다. 그래서 인간은 미래를 향해 자기를 기투하면서 존재에 대한 불안을 피할 수 없게 됩니다.

미래를 향해 기투하고 자신의 삶을 만들어 나가는 존재 양식을 사르트르는 '실존(實存)'이라고 부릅니다. 대자 존재인 인간은 실존을 통해 자신에게 결여된 본질을 찾아 나가는 운명을 짊어진 것입니다. 그래서 "실존이 본질에 앞선다"고 했던 것입니다. 사실 실존이라는 말을 처음 사용한 것은 사르트르도 하이데거도 아니었습니다. 덴마크의 철학자 키르케고르(Kierkegaard, 1813-1855)였습니다. 그는 인간만이 '어떻게 살 것인가'를 질문하면서 자신의 삶을 문제 삼을 수 있다고 생각했고 그런 인간의 삶을 '실존'이라고 불렀습니다. 그래서 키르케고르를 실존주의의 아버지라고 부르기도 합니다.

미래를 향해 나아가는 실존은 두려움과 불안에 휩싸일 수밖에 없는데 종종 불안에 굴복하려는 모습을 보입니다. 자신을 즉자 존재와 동일시하는 것입니다. 이것을 사르트르는 '자기기만(自己欺瞞)'이라고 부릅니다. 가수를 꿈꾸는 사람이 있습니다. 꿈을 가지기는 쉽지만 이루기는 어렵습니다. '원하면 이루어진다'고들 하지만 세상은 우리가 꿈을 이루도록 도와주기보다 방해하는 경우가 많습니다. 세상이 우리를 위해서 존재하는 것이 아니기 때문입니다. 결국 가수가 되는 것을 포기합니다. 그러면서 환경 혹은 세상을 탓합니다. '할 만큼 했다, 방법이 없다, 상황이 좋지 않았다'고 변명합니다. 자신의 노력이 부족하다는 말은 잘 안 하죠. 이것이 자기기만이고 대자 존재가 자신을 즉자 존재로 여기는 방식입니다. 자신에게 주어진 미래에 대한 가능성과 선택의 자유, 그에 따르는 책임을 회피하는 전형적인 모습이죠. 얼마나 힘들었으면 그럴까 싶기도 하지만 사르트르는 자기기만에 사로잡힌 이들을 '비열한 자들'이라고 비난합니다.

사르트르는 '행동하는 지성'이라고 불렸습니다. 철학자를 넘어 실천하는 삶을 살았기 때문입니다. 자신의 삶을 만들어 가는 실존에 충실하기 위해 제2차 세계대전에 참전하여 레지스탕스로 활동했고, 프랑스의 알제리 점령을 반대하는 운동을 벌였으며, 베트남전쟁에 맞서는 평화운동에 몸을 던지기도 했습니다. 그는 자신의 사상과 행동이 일치하는 삶을 살려 했고 자신에게 주어진 짐을 끝까지 내려놓지 않았습니다. 자신의 미래를 만들어 가는 기투를 몸으로 보여 주었던 것입니다.

### 타자와 시선

실존주의는 20세기 중반을 관통한 커다란 철학적 흐름이었습니다. 그만큼 사르트르가 남긴 철학적 영향력은 지대했습니다. 그가 현대철학에 미친 중요한 영향력 중 하나가 '타자'에 대한 것입니다. 사르트르는 존재를 대자와 즉자로 구분하고, 다시 대자 존재인 인간을 나와 타자로 구분합니다. 일반적으로 타자는 나 외의 다른 사람을 일컫는 말입니다. 하지만 사르트르는 타자를 '나를 바라보는 자'로 이해합니다. 나를 바라보며 내가 어떤 존재인지를 파악하는 시선을 가진 존재가 바로 타자입니다. 사르트르가 타자의 문제를 이렇게 중요시한 이유는 그것이 인간 존재의 근거를 밝히는 데 중요하다고 믿었기 때문입니다.

어떤 할머니가 버스를 탔습니다. 제일 뒷자리에 앉았죠. 그런데 잘 달리던 버스가 갑자기 급정거를 했습니다. 그 반동으로 할머니는 몸이 앞으로 쏠려 넘어지지 않기 위해 황급히 달리게 되었습니다. 결국 운전석까지 달려가서야 멈출 수 있었지요. 주위의 시선을 의식하게 된 할머니가 운전사에게 이렇게 말했습니다.

"운전사 양반, 나 불렀수?"

오래전 유행했던 유머입니다. 우리가 부끄러움, 수치심을 가진 존재임을 잘 보여 주고 있죠. 길을 가다 빙판에 미끄러지면 황급히 일어나 주변 사람들의 시선부터 살핍니다. 우리는 알게 모르게 다른 사람의 눈치를 봅니다. 사르트르는 《존재와 무》라는 책에서 타자의 문제를 비중 있게 다룹니다. 그리고 그 타자라는 존재가 가지는 위상을 드러내기 위해 수치심을 끌고 옵니다. 우리의 의식은 자주 타자를 향합니다. 그 타자는 즉자 존재가 아니라 대자 존재입니다. 의식을 가진 존재라는 것이죠. 타자는 자신의 의식으로 나를 바라보고 무엇인가를 판단합니다. 이때 타자의 시선은 우리에게 엄청난 압력으로 다가옵니다. 수치심은 그 타자의 시선을 느낀 결과 우리가 취하는 태도입니다. 이것만 봐도 타자가 우리에게 미치는 영향력을 쉽게 짐작할 수 있습니다. 심지어 우리는 혼자 있을 때조차 수치심을 느끼고 자신을 반성하곤 합니다.

여기서 문제가 되는 것이 타자의 시선입니다. 내가 의식을 통해 주변의 대상을 파악해 나갈 때 나는 주변의 것들을 잘라 내서 인식합니다. 그리고 판단하죠. 이것은 나무이고 저것은 책상이다는 식으로. 이때 이전과는 전혀 새로운 존재 양상을 드러내는 사건이 발생합니다. 바로 타자의 등장입니다. 내가 타자를 바라보듯이 타자도 나를 바라봅니다. 그리고 타자는 나를 바라보는 시선을 통해서 나를 객체로 만들어 버립니다. 타자는 나를 바라보고 판단하고 평가하고 규정하는 힘입니다. 물론 나도 타자를 바라보고 그를 객체화할 수 있습니다. 하지만 타자가 가진 시선은 피할 수 없는 두려움으로 남습니다.

이제 나와 타자는 서로를 바라보며 상대방을 객체화하려고 싸우는 관계로 정립됩니다. 내가 상대방을 객체로 파악하려고 할 때, 상대방 또한 나를 바라보며 대상으로 삼으려 합니다. 헤겔식으로 표현하자면 '인정투쟁'입니다. 이런 갈등은 너무나 강력해서 상대방이 없는 곳에서도 상대방의 시선을 느끼고 마치 누군가 보고 있는 것처럼 행동합니다. 그런 점에서 타자는 나의 자유를 제약하는 존재입니다. 이런 나와 타자의 관계를 사르트르는 "타자, 그것은 지옥이다"는 말로 표현합니다.

타자의 존재가 나에게 오직 부담으로만 작용하는 것일까요? 사르트르는 타자가 두 개의 존재론적 지위를 가졌다고 말합니다. 하나는 시선을 통해 나를 바라보면서 나를 객체화하는 존재이고, 다른 하나는 내가 누구인지에 대한 비밀을 알고 있는 존재입니다. 타자는 나를 바라보면서 내가 알지 못하는 나에 대해서 판단합니다. 그때의 나는 '바라보인-존재'이며 타자에 의해 객체화된 모습입니다. 이때 타자에 의해서 바라보인 존재가 나에게는 아주 중요합니다. 내가 왜 존재하는지, 내가 누구인지를 알 수 있는 중요한 근거이기 때문입니다.

우리는 다른 사람이 나에 대해서 어떻게 생각하는지 많이 신경을 씁니다. 그래서 좋은 사람으로 보이려고 노력하기도 하지요. 왜 그런 행동을 하게 될까요? 상대방에게 잘 보여야 살아가기 유리하기 때문입니다. 평판이 좋으면 사회적으로 유리해집니다. 상대방의 평가에 의해 내가 멋진 존재가 될지, 못난 존재가 될지 결정됩니다. 존재에 대한 평가는 먹고사는 것을 넘어서 자신의 정체성 혹은 가치와 관련된 것입니다. 대자 존재인 인간에게 자신의 존재 가치의 문제는 근본적인 것입니다. 그 근본적인 가치에 대한 판단이 타자의 시선에서 이루어지고 있다면 그것에 신경을 쓸 수밖에 없겠지요. 그런 점에서 타자의 시선은 나에게 일종의 권력처럼 다가옵니다.

아파트에 사는 사람들이 가장 힘들어하는 것이 엘리베이터에 모르는 사람과 함께 탔을 때입니다. 대부분의 사람은 스마트폰을 꺼내서 보거나 거울을 보곤 하죠. 이런 반응은 타자의 시선을 회피하기 위한 행동의 일환입니다. 부담스러운 시선을 무시하겠다는 전략인데 그런 행동 자체가 타자의 눈치를 본다는 증거입니다. 혼자 있을 때 마음이 편해지는 것은 이런 시선들로부터 자유롭기 때문입니다. 그런 의미에서 타자는 지옥입니다.

## 원초적 불능, 사랑

사르트르의 타자론을 살펴보면 타자와의 관계를 지나치게 비관적으로 보고 있다는 생각을 하게 됩니다. 시선 투쟁을 통해 서로를 대상화하려는 끊임없는 노력은 화해할 수 없는 것으로 결론나기 때문입니다. 실제로 사르트르는 나와 타자의 구체적인 관계들을 사랑, 언어, 마조히즘·사디즘 성적 욕망, 무관심 등으로 구분해서 설명합니다. 그중에서 사랑은 상대방을 배려하고 잘되기를 바란다는 점에서 타자와 조화로운 관계를 형성할 수 있는 좋은 기회처럼 보입니다. 하지만 사르트르는 사랑이라는 관계조차 파국으로 치달을 수밖에 없는 치명적인 구조를 가지고 있다고 말합니다.

우리는 서로 사랑해서 만나고 결혼합니다. 사랑하는 마음을 평생 간직하면서 서로를 배려하는 부부들도 가끔 보입니다. 그런데도 사르트르는 사랑이 실패할 수밖에 없다고 말합니다. 한 남자가 한 여자를 사랑해서 그녀의 마음을 얻으려고 애를 씁니다. 온갖 노력을 다해서 결국 그녀의 사랑을 얻게 되었습니다. 하지만 그녀가 그를 사랑하게 되는 순간 사랑은 실패하게 됩니다. 그가 사랑한 그녀는 자유로운 존재였는데 누군가를 사랑하게 되면서 자유를 잃고 객체화되어 버렸기 때문입니다. 처음에는 그녀가 자신의 사랑을 받아 주었다는 사실에 기뻐하지만 조금만 지나면 자유로운 선택의 힘을 잃어버린 그녀가 무기력한 대상으로 전락했음을 알게 됩니다. 점점 그녀에 대해 흥미를 잃게 되고 심지어는 귀찮게 느껴지죠. 그러던 어느 날 '너는 내가 사랑하던 그 여자가 아니야'라며 결별을 선언합니다.

상대방이 나의 사랑을 받아 주지 않으면 사랑은 실패한 것이고, 사랑을 받아 준다고 해도 상대가 즉자화되기 때문에 실패합니다. 사랑은 육체를 얻는 것이 아니라 자유로운 영혼, 마음을 얻는 것인데 누군가를 사랑하는 순간 그의 영혼은 자유를 상실합니다. 즉자가 된 사람을 사랑하는 것은 사물을 갖는 것이지 사랑을 얻는 것이 아닙니다. 사르트르가 사랑이 실패할 수밖에 없다고 말한 이유입니다.

그렇다고 해서 사랑이 쓸모없다는 것은 아닙니다. 사랑은 타자와의 관계에서 서로 자유를 인정해 주고 주체적으로 살아가도록 도우려 한다는 점에서 아름다운 관계임에 분명합니다. 안타까운 것은 이 노력이 대자 존재인 인간에게는 실패로 돌아갈 수밖에 없다는 것입니다.

이런 사랑에 대한 사르트르의 철학은 보부아르와의 로맨스를 통해서 확인할 수 있습니다. 두 사람의 계약결혼은 세계적인 이슈가 되었고 지금도 회자되고 있습니다. 다음은 두 사람이 맺은 계약의 일부입니다.

첫째, 서로에게 무엇이든 숨기거나 거짓말하지 않는다.

둘째, 서로를 존중하고 사랑하되, 상대방이 다른 사람과 우연히 사랑에 빠지는 것을 허락한다.

셋째, 각자 경제적으로 독립한다.

두 번째 조항이 인상적입니다. 상대방이 다른 사람과 사랑에 빠지는 것을 허락하다니, 보통 사람들에게는 있을 수 없는 일처럼 보입니다. 이들은 실제로 그렇게 했고 상대방이 다른 사람과 사랑에 빠졌을 때도 갈등은 있었지만 인정해 주었습니다. 왜 이렇게 자유로운 생활을 인정하는 계약을 했을까요? 정확한 이유는 알 수 없지만 추측건대 사랑이 실패로 돌아갈 수밖에 없음을 알아 최대한 상대방의 자유를 존중하여 아름다운 사랑으로 남도록 하기 위해서는 아니었을까요. 상대방을 즉자화하지 않겠다, 자유롭고 주체적으로 사는 모습 그 자체를 사랑하겠다는 의지의 산물이었던 것이죠. 두 사람은 이렇게 2년마다 재계약을 했고 사르트르가 죽을 때까지 계약은 유지되었습니다. 사르트르에게는 철학이 곧 삶이었습니다.

## 내 인생은 내가 책임진다

사르트르의 철학을 주체의 철학이라고도 합니다. 자기 삶의 주체가 될 것을 강조하기 때문입니다. 인간은 미래를 향해서 자신을 기투하는 존재입니다. 기투는 어떤 역사적 상황 내에서 이루어집니다. 하이데거가 인간을 세계-내-존재라고 했듯이 사르트르 또한 그 개념을 받아들입니다. 인간은 특정한 구체적 환경에서 존재합니다.

살다 보면 인생의 걸림돌이나 장애물을 만납니다. 그럴 때마다 이런 것들이 없었으면 좋겠다는 생각을 합니다. 직장인들은 돈을 벌기 위해 직장 생활을 합니다. 그런데 직장에서 일을 너무 많이 시킵니다. 자기를 계발할 시간도 없고 가족을 보살필 여유도 없습니다. 이럴 때 우리는 회사와 환경을 비난하게 됩니다. 환경이 삶을 제약한다고 느끼기 때문입니다. 과연 환경은 우리의 자유를 제약하는 것일까요?

사르트르의 생각은 다릅니다. 우리에게 주어진 상황 혹은 환경은 우리가 무엇인가를 자유롭게 선택한 결과입니다. 내가 회사를 선택했고 그 회사에 입사해서 돈을 벌고 일을 하는 과정에서 장애물을 만난다면 그 장애물들은 내가 선택한 것의 부산물에 해당됩니다. 주어진 상황이 선택의 산물이라는 것입니다. 애초 선택의 자유가 없었다면 그런 상황에 처하지도 않았을 것인데 선택을 하다 보니 그런 상황을 만나게 됩니다. 작가가 되겠다는 생각으로 문예창작과에 입학해 어려운 책들을 만난 것이고, 자신의 미래에 도움이 되겠다는 생각으로 대기업을 선택했기 때문에 많은 업무에 시달리는 것입니다. 한마디로 자신의 선택이 현재의 상황, 장애물을 만든다는 것입니다.

기투는 책임을 동반합니다. 자신이 미래를 향해 기투하는 과정에서 무언가를 선택한 결과 우리는 어떤 상황에 직면하게 됩니다. 나에게 일어나는 일들은 결국 나로 인한 것이니 모두 내가 책임을 져야 합니다. 이 회사를 선택한 사람이 나 자신이고, 지금의 상황을 만든 것 또한 나입니다. 이런 태도를 사르트르는 '앙가주망(engagement)'이라고 합니다. 앙가주망은 '참여' 혹은 '구속'을 뜻하는 말입니다. 프랑스의 지적 전통이라고도 할 수 있는 앙가주망은 자신이 아는 대로 행동할 것을 강조하는 지식인의 사회적 책임을 내용으로 합니다. 인간은 기투하는 존재이고 그것에 대해 책임을 지고 행동하는, 즉 자기 스스로를 구속하는 상태가 앙가주망입니다. 그런 점에서 앙가주망은 주체성을 강조하는 사르트르 철학의 핵심이기도 합니다.

지금 상황을 만든 것이 나이니 그 책임을 다하라는 말이 조금 심하다고 생각하실 분들도 있을 겁니다. 자기 삶의 모든 것에 대해 책임을 지는 일이 엄청난 부담으로 다가오기에 더욱 그렇습니다. 그래서일까요? 사르트르의 주체론과 책임론에 철학적 반기를 드는 흐름이 일어났습니다. 그 흐름이 구조주의입니다. 사르트르는 인간이 스스로의 정체성을 만들어 갈 가능성을 갖고 있고 자유의 존재라고 생각했지만 구조주의적 입장에서 볼 때 인간은 사회라는 구조에 던져져 만들어지는 소극적 존재입니다. 인간은 삶의 주체가 아니며 사회구조와 상황에 의해 재구성된 존재에 불과하다는 것입니다. 이런 구조주의가 가능했던 것은 언어철학의 발달과 프랑크푸르트학파로 대변되는 비판철학의 성장 덕분이었습니다.

# 6부

# 프랑크푸르트 학파

# 26강. 타노스는 왜 인간을 공격했을까

## 프랑크푸르트학파

2018년 개봉되어 우리나라에서만 천백만이 넘는 관객을 동원한 영화 〈어벤져스: 인피니티 워〉에는 철학을 가진 악당이 등장합니다. 타노스입니다. 기존의 악당이 자신의 이익을 위해 혹은 자신이 속한 집단을 위해 이기적인 목적을 추구하는 데 비해 타노스는 자신이나 집단의 이익을 위해 움직이지 않는다는 점에서 확연히 구분됩니다. 그의 목표는 인류 절반을 말살하는 것입니다. 이 목표만 본다면 분명 악당처럼 보입니다. 하지만 그에게는 숭고한 사명이 있습니다. 멸망의 위기에 빠진 우주를 구하는 것입니다.

### 타노스의 문제

인간은 지구의 자원을 활용해서 살아갑니다. 그 과정에서 수많은 낭비와 착취, 오염이 발생합니다. 자원의 남용으로 환경은 황폐화되고, 동물들은 비인격적으로 사육되고 도축됩니다. 북극의 빙하가 녹고 유전자가 조작되고 핵전쟁의 위기에도 직면해 있습니다. 우리 앞에 던져질 미래가 긍정적일 수 없는 것은 이런 현실 때문입니다. 위기의식을 느낀 사람들이 환경보호와 동물복지를 외치지만 그들의 목소리는 거대한 자본의 벽 앞에서 허탈한 메아리로 돌아올 뿐입니다. 한마디로 대안이 없어 보이는 이때, 타노스가 나타났습니다. 그의 대안은 인구의 절반을 말살하는 것입니다. 그러면 기술과 문명의 발전 속도가 급격히 떨어지고 환경도 되살아날 거라고 본 겁니다. 그가 우주의 힘이 응축된 인피니티 스톤을 모으는 이유도 생명의 절반을 소멸시키기 위해서입니다. 타노스는 철학을 가진 악당입니다.

〈어벤져스〉 시리즈를 만든 마블의 세계관은 독특합니다. 판타지 영화에 현대철학의 고민을 고스란히 담았기 때문입니다. 근대철학에서 우리는 이성에 대한 확신을 발견할 수 있었습니다. 그 믿음으로 계몽을 추구했고 엄청난 지적 역량의 증대와 함께 과학기술 문명도 크게 발달할 수 있었습니다. 하지만 인간의 이성으로 탄생한 과학기술 문명은 너무나도 이중적인 모습을 보였습니다. 초고층 아파트와 화려한 인공지능 자동차 뒤로는 빈익빈부익부라는 그림자가 짙게 깔려 있습니다. 환경 전문가들은 급격한 지구온난화로 인해 2030년을 기점으로 인간의 노력으로는 돌이킬 수 없는 상황이 도래하리라고 경고합니다. 또한 인류는 전 세계를 끝장낼 수 있는 핵무기가 언제 터질지 모르는 멸망의 끄트머리에 서 있기도 합니다. '타노스의 문제'는 우리의 현실인 것입니다.

## 프랑크푸르트학파

타노스의 문제를 먼저 고민한 사람들이 있습니다. '프랑크푸르트학파'입니다. 이들을 프랑크푸르트학파라고 부르는 이유는 독일 프랑크푸르트 대학의 부설 사회연구소를 통해 문제의식을 공유했고 이른바 타노스의 문제를 먼저 포착했기 때문입니다. 1930년대 프랑크푸르트 사회연구소에는 호르크하이머를 중심으로 여러 학자가 모여 있었습니다. 아도르노, 마르쿠제, 에리히 프롬, 벤야민 같은 사람들이었죠. 이들은 마르크스주의를 바탕으로 사회 문제를 다양하게 분석하고 해석하려 시도했습니다. 제2차 세계대전을 직접 경험하면서 본격적인 비판철학의 중심에 서게 됩니다. 이들의 철학을 비판철학이라고 부르는 이유는 기존 사회의 문제점을 비판하고 그 대안을 모색하는 사유 활동에 집중했기 때문입니다.

당시 프랑크푸르트학파의 중심인물은 호르크하이머(Horkheimer, 1895-1973)였습니다. 그는 유대인 공장주의 아들로 마르크스, 후설, 하이데거를 연구하면서 사회 현상을 비판적으로 접근했습니다. 그의 곁에는 마르쿠제, 에리히 프롬 같은 기라성 같은 사람들이 모여 있었습니다. 하지만 1933년 나치가 집권하면서 유대인들을 탄압하기 시작합니다. 호르크하이머는 대학에서 해직되고 연구소는 폐쇄됩니다. 대부분이 유대인이었던 프랑크푸르트학파는 미국으로 망명하기로 결정하고, 학살과 전쟁이라는 비이성이 난무하던 시대를 고스란히 경험하게 됩니다.

전쟁은 참으로 이상합니다. 이성을 가진 인간이 문명을 파괴하고 서로를 죽이는 비합리적인 행동을 일삼는 경악할 현장이기 때문입니다. 광기에 휩싸인 전쟁의 상황에서는 철학도, 지식도, 정치도, 종교도 아무런 소용이 없었습니다. 심지어 과학기술은 전쟁의 최전선에서 상대방을 학살하는 데 일조하고 있었습니다. 그런 점에서 제2차 세계대전이라는 비극은 인간이 자신을 제대로 볼 수 있는 계기이기도 했습니다.

'왜 인간은 진정한 인간적 사회가 아닌 야만적 상태에 빠지게 되는가?' 전쟁은 이런 문제의식을 던져 주었습니다. 이성을 믿고 계몽의 힘으로 문명을 일구었지만 되돌아온 것은 빛이 아니라 어둠이었습니다. 이성은 자신의 힘을 강화하려는 인간의 이기적 욕망에 이용되었고, 계몽은 그 수단으로 전락했습니다. 그들이 보기에 문명은 실패였습니다. 이런 뼈저린 아픔을 망명지 미국에서 경험한 호르크하이머는 동료였던 아도르노(Adorno, 1903-1969)와 함께 인간의 이성과 계몽에 대한 비판적 사유를 담은 책을 출간합니다. 그 책이 1947년 출간된 《계몽의 변증법》입니다. 이 책에서 두 사람이 내린 결론은 '계몽의 역사는 퇴보의 역사'라는 말로 요약할 수 있습니다.

## 신화에서 과학으로,
## 미개에서 문명으로

신화의 시대가 있었습니다. 자연에 대한 두려움에 직면한 인간이 자연과 타협하기 위해 이야기를 만들던 시대였습니다. 해일에 대한 두려움이 포세이돈 신화를 낳았고, 태양과 달에 대한 경외감이 아폴론과 아르테미스 이야기를 만들게 했습니다. 신화는 세계를 설명해 주었고 인간은 신화 덕분에 편안히 잠들 수 있었습니다.

철학의 시대가 열리고 인간은 자신의 판단으로 세계를 이해하기 시작했습니다. 근대에 접어든 후 과학적 지식은 인간의 삶에 새로운 지평을 열어 주었습니다. 이제 인간은 신화 없이도 세계를 누빌 수 있게 되었습니다. 신화는 뒷방 늙은이 취급을 받았고 과학과 지식은 인간에게 무한한 자신감과 자부심을 가져다주는 영웅으로 칭송받았습니다. 그 시대를 우리는 '계몽의 시대'라고 부릅니다. 17세기와 18세기는 과거의 인습과 무지함에 빠져 있던 인간을 일깨우는 계몽이 시대적 사명이었습니다.

우리는 흔히 신화와 과학을 비교합니다. 신화는 비합리적입니다. 거대한 자연의 힘 앞에 할 수 있는 것이라고는 상상밖에 없었던 인간이 지어낸 허구적 이야기가 신화입니다. 반면 과학은 합리적입니다. 우리가 알지 못하던 세상의 모습을 논리적으로 설명해 줍니다. 태양이 떠오르는 것은 아폴론의 마차가 아니라 자전의 결과임을 과학은 선명하게 보여 줍니다. 비행기를 타고 올라간 하늘에는 제우스가 없으며 바다의 포세이돈은 자연 현상에 이름을 붙인 허구였음을 과학이 증명했습니다.

고대에서 근대를 지나오는 동안 우리는 신화를 넘어 과학으로 향했습니다. 그런데 과학을 발전시키고 세상에 빛을 던져 준 이성의 모습이 심상치 않습니다. 합리적인 이성의 결과물이 학살과 전쟁이라는 사실이 드러났기 때문입니다. 인간은 자연을 연구하고 분석해서 지식을 얻습니다. 그 지식 덕분에 자연에 대한 두려움을 이겨 낼 수 있게 되었습니다. 그런데 인간이 만든 지식이 다른 사람을 이용하거나 세계를 착취하여 자본이 증식되는 데 이용되고 있습니다. 마르크스의 표현을 빌리면 '자본의 자기 증식 수단'이 된 것입니다. 그 과정에서 인간 또한 다른 인간과 자연으로부터 소외되어 수단으로 전락하고 말았습니다.

이 과정을 호르크하이머와 아도르노는 오디세우스 이야기를 통해 설명합니다. 오디세우스는 귀향이라는 선명한 목표를 가진 인간입니다. 목표는 합리성을 대표합니다. 합리적 목표를 가지고 노력하여 그것을 성취하는 것은 이성을 가진 근대적 인간의 전형적인 모습입니다. 자신의 목표를 이루기 위해 오디세우스는 신들이 만든 자연적 장치들을 교묘하게 피해 갑니다. 물론 그 방법은 합리적 이성을 사용하는 것이었습니다. 지식 혹은 지혜를 활용해서 자신의 꿈을 이루는 과정이 오디세우스의 귀향입니다. 자신의 운명을 개척하는 오디세우스는 신화 속 근대인입니다.

집으로 돌아오는 길에 오디세우스는 세이렌들을 만납니다. 세이렌들은 아름다운 노래로 뱃사람들의 영혼을 빼앗아 죽이는 마녀들입니다. 자연의 신비와 힘을 상징하는 세이렌들의 유혹을 오디세우스는 키르케의 도움을 받아 이겨 냅니다. 세이렌들의 노랫소리를 들을 수 없도록 부하들의 귀를 밀랍으로 막고, 자신은 돛대에 몸을 꽁꽁 묶어 두어 바다에 뛰어드는 일이 없도록 합니다. 세이렌들의 노래에 귀를 막는다는 것은 야만과 주술을 봉쇄하겠다는 의도이고, 키르케의 조언을 따르는 것은 합리적 이성의 명령에 복종하는 것입니다.

오디세우스의 계몽적인 모습은 폴리페모스와의 만남에서도 잘 드러납니다. 난파를 당해 섬에 이르렀을 때 오디세우스는 거대한 외눈박이 괴물인 폴리페모스가 사는 동굴로 들어가게 됩니다. 폴리페모스는 자신의 집을 침범한 인간을 잡아먹으며 야만적인 모습을 드러냅니다. '누구냐?'고 묻는 폴리페모스의 물음에 오디세우스는 '노바디(nobody)'라는 대답으로 이름을 숨기는 기지를 발휘합니다. 그리고 포도주로 폴리페모스를 유혹하여 취하게 한 후 그의 눈을 찌릅니다. 오디세우스가 야만을 상징하는 폴리페모스를 만나 탈출하기까지 과정은 야만에 대해 계몽이 벌이는 작업을 떠올리게 합니다.

결국 오디세우스는 수많은 모험과 위험을 극복하고 자신이 꿈꾸던 고향 이타카에 도착합니다. 목표를 이룬 것입니다. 귀향 과정에서 만난 방해물들을 제거해 나가는 모습은 자신의 꿈을 이루기 위해, 실적이라는 목표를 위해, 기술과 지식뿐 아니라 인맥까지 활용하는 우리의 모습과 크게 다르지 않습니다. 고향에는 그가 사랑하는 사람이 있고, 평화도 있고, 무엇보다 권력(그는 이타카의 왕이었습니다)이 있습니다. 고향은 신들이 만든 혼란과 야만의 세계에서 벗어난, 자신만의 세상이었습니다.

"운명은 없다. 내가 만드는 것이 나의 운명이다."

고향에 도착한 오디세우스는 이렇게 말했을 것입니다. 분명 지금 우리의 모습과 닮았습니다.

신화에는 계몽의 싹이 함께 숨겨져 있습니다. 신화가 끝나고 계몽이 시작되는 것이 아니라 신화 속에 계몽이 있어 계몽은 곧 새로운 신화의 세계로 들어서게 될 것입니다. 그래서 책 제목이 《계몽의 변증법》입니다.

근대 이래로 사람들은 세상이 발전한다고 생각해 왔습니다. 궁금하면 주변 사람들에게 물어보셔도 좋습니다. "세상이 발전하고 있다고 생각하세요?" 많은 사람이 그렇다고 대답할 겁니다. 노비가 있던 조선시대나 전쟁을 떠올리게 되는 고구려시대로 되돌아가고픈 사람은 없습니다. TV와 자동차, 스마트폰이 없는 세상은 상상하고 싶지 않습니다. 《계몽의 변증법》의 저자들은 이런 생각에 반기를 듭니다. 그들이 보기에 인간의 역사는 발전이나 해방의 역사가 아닙니다.

근대 이후 이성으로 파악될 수 없는 것들은 계몽의 대상이 되었습니다. 나와 다른 것들을 포섭하거나 배제하면서 나를 유지하고 강화하는 것이 계몽적 이성이 한 일입니다. 신화를 무너뜨리고 자연을 지배하게 되는 과정이기도 하지요. 하지만 자연을 지배하고 활용하는 과정에서 인간은 인간까지 자원으로 여기게 되었습니다. '인적자원'이라는 말이 그것을 잘 보여 줍니다. 자본주의 사회의 모든 것은 물신화된 돈과 권력을 향해 있습니다. 돈이 새로운 신화가 되는 시대가 온 것입니다.

## 인간은 어떻게 주체가 되는가

오디세우스의 모험은 고대의 자연 혹은 신화를 극복하는 과정을 잘 보여 주고 있습니다. 그 과정은 인간이 세상의 주인, 즉 주체가 되는 것입니다. 근대를 통해 인간은 세계의 주인이 되었고 자기 삶의 주체가 되었습니다. 물론 결과는 우리가 기대했던 모습이 아니었습니다. 야만을 벗어나려던 인간의 노력은 또 다른 야만의 시대로 스스로를 인도하고 말았습니다.

칸트는 성숙을 '인간이 미성숙한 상태에서 벗어나 스스로 삶에 책임을 질 수 있는 것'이라고 했습니다. 그러기 위해서 자신의 이성을 사용할 용기가 있어야 한다고 강조했습니다. 계몽주의는 과거의 인습이나 미신에 이끌리는 미성숙한 사람들에게 이성의 빛을 던져 주어 미몽에서 깨어나게 하려는 시도였습니다. 하지만 계몽의 결과는 칸트가 생각했던 것과는 달랐습니다.

주체가 성립되려면 대상이 필요합니다. 내가 주체라면 상대방은 대상입니다. 주체가 된 인간은 세계를 대상으로 여기게 되었고 자연스럽게 자신의 목표를 이루기 위해 대상을 이용하게 됩니다. 주체는 자기를 유지하고 강화하려는 경향을 가집니다. 세상에서 '나'가 가장 중요하다고 느끼는 것이 주체입니다. 나를 유지하려면 나를 위협하는 것들을 제거해야 합니다. 세상에는 나와 다른 것들이 있고 그것들은 언제나 위협적일 수 있습니다.

> 계몽은 통일적으로 파악할 수 없는 것은 아예 존재나 사건으로 인정하지 않는다.
>
> –《계몽의 변증법》

서양의 제국주의가 그것을 잘 보여 줍니다. 영국, 프랑스, 스페인 등 제국주의 시대를 풍미했던 나라들은 자신과 다른 것들에 대해 무자비하게 공격하고 약탈을 일삼았습니다. 이런 행동들은 나와 다른 것들을 대하는 계몽의 모습을 잘 보여 줍니다. 위험이 될 만한 것들은 유인하고 위협해서 체제 안으로 포섭합니다. 그것이 불가능하다면 공격하고 빼앗아 지배합니다. 겉으로는 야만적이고 미개한 것들을 계몽한다는 '선의'를 주장하지만 실제는 타자에 대한 배제입니다. 이것이 영국이 인도를 점령하고, 프랑스가 알제리를 장악하고, 스페인이 남미의 토착민들을 학살한 배경이었습니다. 일본제국주의의 침략을 경험했기에 우리도 뼈저리게 느낄 수 있는 것입니다. '침략과 약탈을 황국신민이 되는 영광'으로 포장했던 것이 일본제국주의였습니다.

이성의 믿음으로 과학과 문명에 대한 확신을 가진 계몽은 나를 인식하게 되고 주체화하여 나와 다른 미지의 것들, 타자를 정복해 나갑니다. 이것은 신화적 세계, 자연에 대한 두려움에서 시작된 지식 탐구가 오히려 자연에 대한 착취로 변하는 과정이기도 합니다. 그 바탕에는 나와 다른 것은 미개하고, 미개한 것은 야만적이고, 야만에 빠진 것은 잔인함을 감추고 있고, 잔인한 것은 위험하고, 위험한 것은 제거해야 한다는 논리가 깔려 있습니다. 이것이 차이에 대한 배제와 억압의 메커니즘입니다.

현대 사회도 다르지 않습니다. 계몽적 이성은 자본과 권력에 포섭되어 자본주의 메커니즘의 도구로 작동하고 있습니다. 우리가 가진 생각과 노력들이 자기를 강화하는 데만 맹목적으로 이용되고 있는 것이죠. 이런 이성을 호르크하이머는 '도구적 이성'이라고 합니다. 사물을 명확하게 분석하고 판단해서 세상을 정확하게 이해하려던 이성이 사물을 이용하고 타자를 포획하여 자신의 이익에 복무하게 만드는 도구로 전락한 것입니다.

《계몽의 변증법》은 도구로 전락한 이성의 모습을 고발하면서 이성에 대해 다시 생각해 봐야 한다고 말합니다. 타자를 지배하는 도구로 전락한 이성을 반성하고, 자기를 유지하고 강화하는 것에만 복무하는 계몽을 '계몽'할 필요성이 있다는 것입니다. '이성은 우리를 잘못된 방향으로 이끌고 있다.' 이것이 프랑크푸르트학파의 문제의식입니다.

### 지식이 뭐가 나빠요?

이성은 지식을 통해서 깨어나고, 계몽은 지식을 수단으로 씁니다. 인간이 자연을 두려워해 신화를 만들어 낼 수밖에 없었던 이유는 자연에 대한 지식이 없었기 때문입니다. 자연에 대한 지식은 '자연은 이러이러한 것'이라는 이해를 가져다주는 빛입니다. 낯선 것에 대한 두려움은 지식을 통해 극복할 수 있습니다.

호르크하이머와 아도르노도 이런 점을 인정합니다. 자연을 이해하고 그것에 대한 지식을 습득하는 것이 뭐가 나쁘냐는 질문은 당연한 것입니다. 문제는 지식이 자연을 이해하는 수준을 넘어서 그것을 지배하기 시작하면서부터 생깁니다. 그 시점이 바로 근대입니다.

데카르트는 합리적이고 확실한 개념들을 바탕으로 지식의 체계를 만들어 가려고 시도했습니다. 갈릴레오는 망원경을 통한 관찰로 우주의 질서에 대한 지식을 만들었습니다. 뉴턴은 과학으로 세계의 지식을 구축했고 세상에 빛을 비추었습니다. 베이컨의 "아는 것이 힘"이라는 말은 지식이 곧 힘이 된 시대를 고스란히 보여 주고 있습니다.

인간은 지식을 통해서 세계를 이해하게 되었고 자연의 법칙을 자신에게 유리한 쪽으로 활용할 수 있게 되었습니다. 지식은 기술이 되어 권력에 순종하는 도구로 전락했습니다. 이때 지식이 하는 일들은 상대방에 대한 정보를 파악하고, 대상을 지배할 수 있는 방법을 모색하며, 효율적으로 상대를 착취할 수 있는 최상의 길을 발견하는 것입니다. 생각하는 능력, 반성하는 능력을 잃어버린 지식이 자본과 권력에 의해 어떻게 작동되는지는 파시즘과 문화산업의 사례를 통해서 생생히 확인할 수 있습니다.

지식의 경직 혹은 도구화는 인간과 지식이 맺는 관계를 이미 충분히 보여 주었습니다. 무엇인가에 대한 지식을 가지게 되면 그것에 대해서 알게 됩니다. '아프리카 사람들은 토테미즘을 가졌다'는 식의 지식이 그것입니다. 지식을 얻게 되면 그것에 대해서 판단하게 됩니다. '토테미즘은 미개한 사람들이나 믿는 것이다'는 인식이 생기면, '아프리카 사람들은 미개하다'는 판단을 하게 됩니다. 이렇게 형성된 판단은 마음에 새겨져 고착됩니다. 수시로 변하는 것을 지식으로 삼기는 어렵습니다. 지식은 변치 않고 고정된 것을 포착하려는 인간의 노력입니다. 우리는 이미 철학의 역사를 통해서 변치 않는 것, 스스로 독립되어 존재하는 것을 파악하려는 인간의 노력을 충분히 살펴보았습니다.

고착된 지식은 일종의 편견과 선입관으로 작용합니다. 아프리카 사람들은 미개하다는 편견이 지식으로 둔갑하여 타자에 대한 폭력으로 나타나는 것이죠. 지식은 언제든 도구화될 수 있는 가능성을 품고 있습니다. 호르크하이머와 아도르노가 반성할 수 있는 이성, 성찰할 수 있는 이성을 강조한 것은 이 때문입니다. 자기 성찰 능력을 잃은 지식은 타자에 대한 일방적인 폭력의 도구로 변질될 가능성이 농후합니다.

그런 점에서 동양의 오랜 스승 노자의 가르침에 귀를 기울일 필요가 있습니다. 노자의 《도덕경》에 '절학무우(絶學無憂)'라는 말이 나옵니다. '배움을 끊으면 근심이 사라진다'는 뜻입니다. 배움을 끊으라니 말도 안 되는 주장이라고 생각하는 분들도 있을 겁니다. 우리가 주목해야 할 것은 고착된 지식에 대한 노자의 경고입니다. 배운다는 것은 지식을 강화하는 일입니다. 지식이 강화되면 자기 생각이 강해집니다. 자기 생각이 강해지면 무엇이 옳고 그른지 확신이 커집니다. 확신이 커지면 문제를 일으키기 쉽습니다. 다른 사람의 생각이나 행동이 틀렸다고 판단하기 때문입니다. 갈등과 분쟁의 원인을 제공하는 것이 자기 확신입니다.

노자는 도가도비상도(道可道非常道), 즉 '도라고 말할 수 있는 도는 항상 그러한 도가 아니다'고 말합니다. 세상의 진리는 고정되어 있지 않다는 의미입니다. 내가 옳다는 생각, 내가 알고 있는 것이 맞다는 생각이 위험합니다. 세상에 변하지 않는 진리란 없으니까요. 그래서 노자는 비워 두라고 말합니다. 비워 두면 채워지고 채워지면 비워집니다. 새로운 것을 알게 되면 받아들였다가 흘려보내야 합니다. 그래야 새로운 지식이 들어올 테고 이런 반복된 과정을 통해서 세상의 큰 진리인 도(道)에 이를 수 있습니다.

노자의 생각은 철학을 공부하는 사람들이 새겨들을 필요가 있습니다. 공부를 하다 보면 '옳다' 싶은 이론을 발견하게 됩니다. 그것에 꽂혀 모든 것을 그것으로 이해하려고 합니다. 심지어 다른 사람에게 강요도 하지요. 주변에 그런 사람들이 자주 보입니다. 지식이 고착된 안타까운 모습입니다. 철학은 의심하는 학문입니다. 가능성을 열어 두는 학문입니다. 의심과 비판과 자기 성찰을 잃은 철학은 포획된 지식이며, 사로잡힌 사상입니다.

### 현대 문화산업

하이데거는 현대인의 높은 소비욕구를 이렇게 분석했습니다. 존재 상실에 대한 불안과 공허를 과도하게 물질을 소비함으로써 극복하려는 경향이라고요. 내적 공허감을 채우기 위해 명품 가방과 외제 차 등을 선호한다는 것입니다. 신이나 국가, 민족 등 우상을 숭배하는 것 또한 존재의 결핍으로 생기는 불안을 극복하기 위한 방편이라고 보았습니다. 우상을 통해서 자기를 실현하는 대리만족을 추구한다는 것입니다.

파시즘을 피해 미국으로 도피한 프랑크푸르트학파의 일원들이 경험한 것은 미국의 거대한 대중문화였습니다. 그들이 바라본 미국은 획일적인 대중문화 속에서 즉흥적인 삶에 도취된 모습이었습니다. 그곳은 자기 성찰이 불가능하고 타인에 대한 수용이나 공감도 찾아볼 수 없는 곳이었습니다. 하이데거가 이런 사회를 존재 결핍의 문제로 파악했다면 호르크하이머와 아도르노는 이성을 도구화하는 문화산업의 문제로 바라봅니다. 그들이 만들어 낸 '문화산업'이라는 용어가 그들의 문제의식을 고스란히 드러냅니다.

> 문화산업의 생산물은 여가시간에도 소비가 활발하게 이루어지기를 바란다. 개개의 문화생산물은 모든 사람을 일하는 시간과 마찬가지로 휴가시간에도 잡아 놓는 거대한 경제 메커니즘의 일환이다.
>
> -《계몽의 변증법》

거대한 문화산업은 대중의 취향을 분석하고 분류하여 소비수요를 파악합니다. 대중의 욕구에 맞는 제품을 생산하고 광고를 통해서 소비욕구를 자극합니다. 영화, 드라마, 음악, 패션 등 수많은 분야에서 대중을 유혹합니다. 최신 유행을 따르고 새로운 제품을 가지는 것이 행복이라며 소유욕을 부채질합니다. '이것만 가지면 당신은 행복한 사람'이라는 식입니다. 과거의 계몽이 '이렇게 하라'는 지시의 소리였다면, 현대의 계몽은 '이것을 가지라'는 세이렌의 유혹입니다. 강요에 지친 사람들은 유혹에 쉽게 빠져들기 마련이죠. 대중은 제품들을 구매하고 유행에 따르며 문명의 혜택을 누린다고 느낍니다. 하지만 대중은 문화산업이 제공하는 상품들을 소비하는 객체일 뿐입니다.

대중의 수요를 파악하고 소비욕구를 자극하여 상품을 소비하게 만드는 문화산업은 자본의 축적을 용이하게 만드는 자본주의의 첨병입니다. 그들의 목적은 최대한 많은 상품을 최대한 많은 사람이 소비하게 하는 것입니다. 비극적인 현실을 대중이 인식하지 못하도록 마비시키고 TV나 영화가 보여 주는 환상에 사로잡혀 소비의 수레바퀴에 휘감겨 들게 하는 것이 문화산업의 목적입니다.

이제 대중은 자기 삶을 돌아볼 여유를 가질 수 없게 되었습니다. 그것은 자기 생각을 가질 수 있는 힘이 사라졌음을 의미합니다. TV

와 라디오 같은 대중매체를 통해서만 생각이 가능하게 되는 것입니다. 매체들의 생각을 무비판적으로 받아들이고 그들의 말을 자기 생각이라고 착각합니다. 대중문화가 지배하는 곳에 자기 성찰과 비판이 설 자리는 없습니다.

문화산업의 힘은 현실의 본질을 은폐하고 비극적 고통에 무관심하게 만드는 것으로 이어집니다. 사람들은 재벌 2세와 만나 사랑을 이루는 현대판 신데렐라 드라마를 보면서 삶의 희망을 꿈꿉니다. 차이 없이 반복되는 드라마의 스토리는 대책 없는 약속만을 남발하는 허구적 판타지일 뿐입니다. 과거와 달리 계몽은 직접적으로 주장하거나 강요하지 않습니다. 대중을 분석하고 욕구를 자극하고 유혹해서 소비의 수레바퀴에 휘감겨 들게 하여 지배하는 간접적 방식을 취합니다. 호르크하이머와 아도르노의 눈에 미국의 대중문화는 계몽의 새로운 얼굴이자 파시즘의 다른 모습이었습니다.

### 파시즘

파시즘은 반대자를 배제시키는 것을 특징으로 한다는 점에서 계몽의 모습과 닮아 있습니다. 역사적으로 파시즘은 극단적인 민족주의, 국수주의 등의 모습으로 드러났습니다. 민족이나 국가 등 개인보다 전체를 우선시한다는 점에서 전체주의적 성격이 강하고, 특수한 집단을 강하고 훌륭한 것으로 생각하여 그와 다른 것들을 제압하려 한다는 점에서 제국주의적 성격도 띠고 있습니다. 나치는 게르만 중심주의이고, 일본제국주의는 자국 중심주의입니다. 파시즘은 특정 집단을 위해 자신과 다른 것들을 억압하고 배제하고 제거합니다. 자기와 다른 소수를 열등한 것으로 규정하고 소멸시키려 합니다.

파시즘을 히틀러나 무솔리니의 문제로 봐서는 곤란합니다. 파시즘은 우리 생활에 깊이 뿌리박혀 있는 삶의 문제입니다. 여성에 대한 차별, 성소수자에 대한 혐오, 지역이기주의와 지역 차별, 사회적 약자에 대한 무시 등이 파시즘과 얽혀 있습니다. 파시즘은 한 무리를 집단으로 묶고 그렇지 않는 것들을 배제하고 공격하고 착취하는 것에 서슴지 않습니다.

> 기호로서의 언어는 자연을 인식하기 위해 계산의 도구로 전락해야 하며, 자연과 유사해지려는 요구를 포기해야만 한다.
>
> -《계몽의 변증법》

지식은 언어를 통해서 만들어집니다. 언어는 사물에 이름을 붙이고 개념화하는 일을 합니다. 개념은 대상이 무엇인지를 파악하고 그것에 이름을 붙이는 작업입니다. 이 과정을 거쳐서 'A는 B이다'는 이해가 가능해집니다. 문제는 사물에 대한 지식이 만들어지는 과정에서 개념화할 수 없는 것, 신화적인 것, 비이성적인 것은 무시되거나 배제된다는 것입니다. 우리는 아는 것, 익숙한 것에 대해서는 편안함을 느낍니다. 반면 잘 모르는 것, 이성적으로 이해되지 않는 것, 나와 다른 것에 대해서는 불편해합니다. 이것은 서구의 이성이 주술적인 것, 원시적인 것을 공격했던 이유이기도 합니다.

이해할 수 없는 것, 비이성적인 것에 대한 거부감은 나와 다른 것에 대한 차별로 이어집니다. 피부색이 다르거나, 모시는 조상이 다르거나, 문화가 다른 사람들을 배제하려는 모습이 그렇습니다. 파시즘은 특수한 집단을 신화화해서 대중에게 우월적 감정을 자극하여 전쟁을 일으킵니다. 그 과정에서 유대인 같은 타자를 공격하고 학살합니다. 유대인이 그 대상이 된 것은 유일신을 섬기는 유대인의 배타적 특성과 자신들의 문화를 유지하려는 폐쇄성으로 인해 '다르다'고 낙인찍혔기 때문입니다. 여기에 상업과 고리대금업 같은 일을 함으로써 직업적 미운털이 박힌 것도 한몫했다고 할 수 있습니다. 유대인은 디아스포라라는 유랑생활 탓에 생산에 종사할 기회를 얻지 못했을 뿐인데도 말입니다. 대부분이 기독교도인 유럽인들에게 예수 그리스도를 죽인 자들이라는 낙인이 찍힌 유대인들은 내부의 적이자 암적인 존재로 각인되었습니다. 이런 상황에서 파시즘은 경제적 공황에 직면한 대중에게 '당신들의 고통은 유대인 때문'이라는 이데올로기를 주입시켰고 그 결과 대중의 불만이 유대인에게로 향하게 되어 반유대주의가 널리 퍼지게 됩니다.

반유대주의와 파시즘은 계몽의 이름으로 행해진 신화였습니다. 문화산업이 제임스 딘과 메릴린 먼로에 열광하는 신화를 만들었듯이 파시즘은 전체주의, 반유대주의라는 신화를 만들었습니다. 계몽은 자기와 다른 것, 신화적인 것이 가져다주는 낯섦의 불안을 제거하기 위해 편집증에 빠져 버린 것입니다. 계몽과 이성은 모든 것을 자기화하려 합니다. 합리적이지 않고 이성적으로 이해될 수 없는 것은 과감히 제거하는 것이 계몽의 본성입니다. 자기가 속한 집단은 동지가 되고 그렇지 않은 사람들은 적이 됩니다. 나와 다른 것을 수용할 수 없는 협소한 자아가 타자를 공격했던 것입니다. 반유대주의와 파시즘은 자신을 지키고 강화하려는 인간의 자기 보존 욕구가 도구적 이성을 사용하여 대중을 현혹하고 전쟁과 학살과 광기로 내몬 전형적인 계몽의 광기였습니다.

이성과 계몽이 횡행하는 사회에서 우리는 어떻게 살고 있을까요? 사람들은 저마다 더 많은 돈을 모으고 더 높은 지위에 오르고 더 큰 영향력을 얻기 위해 혈안이 되어 있습니다. 국가 간의 문제도 다르지 않아서 무역분쟁이 끊이지 않고 타국에 대한 침략 또한 엄연히 자행되고 있는 것이 현실입니다. 과연 인간에게 미래는 있을까요? 자기 보존의 도구가 되어 버린 이성은 반성적 사유를 회복할 수 있을까요?

## 비판 정신의 회복이 절실하다

호르크하이머와 아도르노는 도구화된 이성을 극복할 방법을 명확히 제시하고 있지는 않습니다. 그럼에도 《계몽의 변증법》에서 극복의 대안은 선명해 보입니다. 그것은 이성이 가진 비판 정신, 자신을 돌아보는 반성적 이성을 끊임없이 작동시키는 것입니다.

칸트는 이성이 두 가지 모습을 가지고 있다고 말합니다. 객관적 이성과 주관적 이성이 그것입니다. 객관적 이성은 사물을 파악하고 분석하고 개념으로 만들어 지식화하는 이성입니다. 인간에게 지식과 과학의 발달을 가져다주고, 정의·평등·평화의 신념에 따라 합리적인 사회를 구성하도록 유도하지요. 근대 계몽주의가 생각했던 바람직한 이성의 모습이라고 할 수 있겠습니다. 반면 주관적 이성은 자신의 이익을 위해서 사물이나 사람을 이용하거나 자기 보존과 강화를 위해 이성을 수단으로 사용하는 경우를 말합니다. 이 주관적 이성이 도구적 이성입니다.

칸트가 강조했던 객관적 이성은 시간이 갈수록 고리타분한 도덕 혹은 낡은 것으로 취급되고 실천과 분리되면서 삶과 멀어집니다. 그 대신 주관적 이성이 생활을 지배하게 되지요. 우리가 일상생활에서 '정의'나 '평등'에 대해서 말을 할 때 사람들의 반응을 보면 알 수 있습니다. 대중은 정의나 평등에 무관심한 듯 보입니다. 그 대신 자신의 이익과 관계된 문제에 대해서는 민감합니다. 이것을 대표하는 현상이 실용주의입니다. 이성이 상업적으로 활용되고 도구로 전락해 버린 모습이 실용을 중시하는 것으로 드러나는 것입니다.

계몽적 이성은 개념과 지식을 통해 세계를 이해시키고 교육을 반복해 이른바 교양인을 탄생시킵니다. 교육을 통해 지식을 갖춘 이들은 스스로 교양인이라고 자부하지만 사실은 주입된 내용을 진실인 양 떠들고 다니는 사이비 교양인에 불과합니다. 계몽은 자칭 교양인의 목소리를 통해 나와 다른 것들을 배제하고 공격하며 자기를 유지, 강화하면서 총체적 지배를 만들어 갑니다. 그 결과 탄생한 것이 문화산업이 지배하는 현대 자본주의 사회와 파시즘 같은 왜곡된 집단이기주의입니다.

프랑크푸르트학파의 철학을 '비판철학'이라 합니다. 현존 사회를 비판하고 대안을 모색하는 학문을 지향하기 때문입니다. 비판의 시작은 자기 성찰과 반성입니다. 자기 파괴의 길로 나아가고 있는 현대

자본주의를 인간적인 곳으로 만들 수 있느냐는 우리가 비판 정신을 회복할 수 있느냐에 달려 있습니다. 계몽이 만들어 놓은 그늘, 자기 보존의 원리에 빠져 버린 인간, 도구적 이성이 지배하는 암울한 현실을 어떻게 극복할 것이냐가 우리가 당면한 풀어야 할 과제입니다.

# 27강. 이성이 인간을 구원할 수 있을까

|

## 하버마스

근대의 특성을 한마디로 요약한다면 무엇이라고 할 수 있을까요? 막스 베버(Max Weber, 1864-1920)는 '합리화'라고 말합니다. 근대 이전과 이후를 구분하는 중요한 기준은 인간이 세계를 합리적으로 보기 시작했다는 것입니다. 주술적이고 신비한 세상이 합리화에 의해 계량되고 이해 가능한 곳으로 정리된 시대가 근대입니다. 중세인들에게 세상은 경이와 신비를 간직한 곳이었습니다. 근대인들은 그것을 제거하고 그 자리에 과학과 상식의 세상을 건설했습니다.

계몽주의는 과학의 정신을 세상에 퍼뜨리기 위한 노력이었고, 프랑스혁명 같은 사회운동은 합리적 세상을 건설하기 위한 몸부림이었습니다. 그 결과 자본주의와 자유주의를 바탕으로 근대국가가 형성되었고 시장경제와 관료제가 세상을 장악하게 되었습니다. 이제 사람들은 모든 것을 합리적으로 보려고 합니다. 삶의 판단 기준이 합리성이기에 자신의 목적을 이루기 위한 최선의 방편을 찾아내고 최고의 능률을 올리려고 노력합니다. 이것을 막스 베버는 '목적합리성'이라고 합니다. 근대화의 과정은 목적합리성이 지배하게 되는 과정입니다. 이것은 또한 도구적 이성의 문제이기도 합니다.

### 근대화와 합리화

프랑크푸르트학파 1세대인 호르크하이머와 아도르노 등은 도구적 이성의 문제를 지적했고 그 작동 과정을 분석했습니다. 하지만 《계몽의 변증법》에서 도구적 이성에 대항할 명확한 무기를 제시하지는 못했습니다. 이미 자본과 권력에 포섭되어 버린 이성에게 자기반성을 요구한다는 것은 어려운 일이고, 아도르노가 강조하는 미메시스(mimesis)도 실현 가능성이 낮아 보입니다. 미메시스란 '모방'이라는 뜻으로 자연과 닮으려는 인간의 충동적 시도를 의미하는데 이를 통해 인간은 세계와 하나가 되는 경험을 할 수 있게 됩니다. 미메시스는 신비하고 아름다운 자연과 하나가 되는 경험을 통해 인간을 신화의 세계로 접어들게 합니다. 그러나 이 또한 이미 물질의 노예가 되어 버린 현대인에게는 미개함으로 회귀하는 것을 의미할 수 있기에 뚜렷한 대안이 되기 어려운 것이 현실입니다.

이런 상황에서 등장한 사람이 하버마스(Habermas, 1929- )입니다. 호르크하이머와 아도르노 등 1세대 주자들이 계몽과 도구적 이성에 대해 강력한 비판 이론을 전개한 데 반해 하버마스는 오히려 계몽의 완성을 들고 나옵니다. 그는 근대의 계몽은 퇴보가 아니며 그 속에 진보의 싹을 가지고 있다고 생각합니다. 근대화는 계몽에 의한 획일화와 폭력을 낳았지만 평등과 자유라는 중요한 진보 또한 성취했다고 보는 것입니다. 실제로 근대를 지나오면서 노동자들의 권리와 약자들의 인권이 인정되었고, 군주에 의한 폭력이나 비인간적 고문 등 불합리한 점들이 개선되면서 법치주의가 성장했습니다. 이런 진보를 가능하게 만든 힘을 하버마스는 '의사소통적 이성'이라고 부릅니다. 인간은 소통과 이해를 추구하는 이성을 가지고 있고, 인격적인 토론을 거쳐 합의에 이를 수 있는 의사소통의 힘도 가졌다는 것입니다. 도구적 이성에 사로잡히는 것을 막기 위해 이성 자체를 포기할 것이 아니라 의사소통적 이성으로 본래 힘을 회복하자고 말합니다. 토론을 통해 비판적 이성을 회복하자는 것이 그의 주장입니다.

### 부르주아 공론장

하버마스에 따르면 인간의 행위는 세 가지로 구분될 수 있습니다. 자신의 성공만을 지향하려는 도구적 행위, 성공을 지향하면서 사회성도 고려하는 전략적 행위, 사회성을 고려하면서 다른 사람과 이해도 공유하려는 의사소통 행위가 그것입니다. 여기서 의사소통 행위는 자기 보존을 넘어 서로 공감하고 이해하며 조정하려는 본능이라고 할 수 있습니다. 하버마스는 의사소통적 이성이야말로 인간이라는 종에 내재된 도구적 이성에 대항할 수 있는 중요한 가능성이라고 봅니다.

사회적으로 큰 성공을 거둔 사람이 있다고 하겠습니다. 돈도 많고 높은 지위도 얻었습니다. 다른 사람들은 부러워하지만 정작 자신은 외롭다고 느낍니다. 성공하기 위해 노력하는 과정에서 가족들과 소원해졌고, 직원들도 사장님이라며 거리를 둡니다. 친구들도 그의 돈과 지위를 이용하려고만 할 뿐 진정으로 걱정하지는 않습니다. 반대의 경우도 있습니다. 자기 생각을 주장하기보다 다른 사람의 생각을 잘 들어주는 사람들, 서로의 이해를 조절해 가면서 다양한 생각을 나누고 문제를 해결해 나가는 사람들, 손해를 보더라도 진정한 친구가 되려는 사람들입니다. 왜 이런 사람들이 존재하는 것일까요? 하버마스는 인간이 자기를 재생산하는 과정에서 자기 보존뿐만 아니라 상호 이해 이념도 갖게 된다고 봅니다. 인간에게는 생존뿐만 아니라 상호 존중과 이해라는 욕망도 중요한 가치입니다. 이때 상호 존중과 이해를 위해서 필요한 행위가 의사소통 행위이고, 이성의 구원 가능성은 여기에 있습니다.

하버마스는 자신의 주장을 증명하기 위해 근대화 과정에 주목합니다. 의사소통적 이성이 어떻게 근대에 작동했는지를 살펴보는 것입니다. 그가 주목한 것은 부르주아 공론장입니다. 근대 부르주아는 왕권과 대립하면서 성장했습니다. 영국의 명예혁명이나 프랑스혁명은 왕권과 부르주아 사이의 계급적 갈등이었습니다. 여기서 궁금해지는 것이 있습니다. 부르주아는 어떻게 강력한 왕권과 싸워 이길 수 있었을까요? 그 답은 바로 부르주아 공론장입니다.

부르주아 공론장이란 부르주아들이 중요한 사안들을 논의하고 협의한 공간을 말합니다. 생각이 다양한 사람이 모여서 함께 문제를 이야기하고 토론을 하면서 대응 방안을 모색하는 것은 이해관계가 맞아떨어져야만 가능한 일입니다. 부르주아 계급들은 공론장에서 사회, 정치적 문제들에 대응했고 그 결과 강력한 왕권에 맞설 힘을 구축할 수 있었습니다. 부르주아 공론장을 대표하는 것이 살롱, 커피하우스(카페), 독서클럽 등입니다.

18세기는 부르주아가 지배한 시대였습니다. 그들은 책을 읽었고 편지를 즐겨 보냈으며 문학 모임을 열어 교양을 나누었습니다. 사람이 서로 친해질 수 있는 방법은 취미를 공유하는 것입니다. 당시의 부르주아들은 교양이나 취미를 나누면서 사귀었고 신뢰를 쌓아 갔습니다. 17세기 이후 커피하우스, 공공 도서관, 독서클럽 등이 급격하게 늘어나는데 이것은 부르주아들의 필요성과 연관이 있습니다. 처음에 그곳들은 교양이나 취미를 나누는 사교적 기능을 담당했지만 점차 사회, 정치적 문제에 대해 논의하는 정치적 모임 장소로 변해 갔습니다. 이해관계가 비슷한 입장이었기에 모임은 더욱 활발해집니다. 이런 모임들을 중심으로 절대군주에 반대하는 자유주의 계몽사상이 널리 퍼져 나가게 되었던 것입니다.

정치적 모임이 된 부르주아 공론장은 군주의 권한에 회의를 품었습니다. 사회계약론이 널리 퍼지는 상황에서 왕권신수설로 버티던 군주의 권위는 쉽게 무너져 갔습니다. 부르주아들은 왕의 권능은 전통이나 신으로부터 오는 것이 아니라 개인들의 의견에서 나온다고 보았습니다. 개인들의 의견이 모인 것이 여론입니다. 부르주아들에게 여론이란 당연히 자신들이 모여서 공론한 결과였겠죠. 부르주아들의 모임에서 공감대를 얻은 주장들이 여론을 조정하는 힘으로 이어지게 되었고 이것은 왕권을 무너뜨리고 공화정을 건설하는 초석으로 작용하게 됩니다. 모든 개인은 자유롭고 평등한 존재이며, 권력의 근거는 개인들의 동의에 있음을 적극적으로 주장해서 관철시킨 것입니다. 국가의 정치 활동이나 정책 또한 합리적 토론과 합의를 거쳐 형성된 여론에 의해 이루어져야 하는 것은 당연한 결과입니다.

이처럼 근대 부르주아 공론장은 비합리적인 권력에 맞서 개인의 자유와 평등을 얻어 내는 중요한 힘의 원천이 되었습니다. 이성에 내재된 합리적 의사소통의 힘을 되살려야 한다는 것이 하버마스의 의사소통 이론의 핵심이라고 할 수 있습니다.

### 체계와 생활세계

안타깝게도 하버마스가 강조하는 의사소통적 이성은 그 힘이 점차 축소되는 것처럼 보입니다. 19세기 말부터 자유방임에 기초한 자본주의적 질서가 위기에 처하면서 국가의 적극적인 개입이 시작되었기 때문입니다. 국가는 부르주아들이 만들어 낸 다양한 영역의 경계를 허물고 내부로 침투해 들어가 경제, 교육, 문화, 복지 등의 다양한 부분에서 개인의 일상에 간섭하고 있습니다. 심지어 전통적으로 가족이 담당해 왔던 복지에까지 국가의 영역이 뻗치고 있는 실정입니다. 시골에 계시는 부모님을 돌보는 사람이 도시에 있는 자식이 아니라 면사무소 직원이나 사회복지사라는 사실이 이를 분명히 보여 주고 있습니다. 사생활의 영역에 국가와 관료제의 힘이 미치고 있는 것입니다.

게다가 신문들의 급격한 증가와 TV의 보급, 언론의 성장은 민주적 공론장을 왜곡하고 있습니다. 대중 매체에 의해 만들어진 토론장은 표면상으로만 그럴 뿐 실제로는 여론을 조성하고 조작하는 정치 도구로 작동합니다. 언론은 스스로를 여론이라고 부르면서 자신들의 주장을 정치적으로 이용하려 합니다. 합리적인 토론과 의사소통이 넘쳐야 할 공론장이 실질적으로 붕괴되고 있는 것입니다.

이것은 하버마스가 '체계'라고 부르는 차원의 힘이 강해지는 것과 보조를 같이합니다. 하버마스는 사회를 구성하는 차원을 체계(system)와 생활세계(lifeworld)로 구분합니다. 체계란 그 사회를 존속시키는 경제, 행정 영역의 물질적 차원을 가리킵니다. 체계는 경제와 정치, 행정의 측면에서 기능적으로 사회 질서를 유지하고 안정시키는 역할을 합니다. 그에 비해 '생활세계'는 문화와 사회, 인격이라는 세 가지 구성 요소로 이루어지며 사회를 재생산하는 차원을 말합니다. 이 생활세계에서 사람들은 의사소통적 이성을 바탕으로 의사소통 행위를 하며 사회를 재생산하게 됩니다.

하버마스는 근대화가 두 가지 차원에서 이루어진다고 봅니다. 하나는 체계의 차원이고, 다른 하나는 생활세계의 차원입니다. 체계의 차원에서는 목적합리성이 확대되고 생활세계의 차원에서는 의사소통적 이성이 확대됩니다. 사회 발전의 초기에는 두 차원이 동시에 발전합니다. 시간이 지나면서 점점 더 복잡해지고, 나중엔 체계와 생활세계 사이에 불균형이 생기기 시작합니다. 그러다 체계의 효율성을 위한 장치와 제도들이 생활세계의 영역을 침범하여 생활세계가 체계에 종속되는 것입니다. 이것을 '생활세계의 식민지화'라고 합니다. 이때부터 체계의 논리가 생활세계에 침범하여 작동하면서 합리적 의사소통이 어려워지고 여러 가지 사회 문제가 일어나게 됩니다.

그 대표적인 문제가 경쟁이나 효율성에 대한 강조입니다. 보통 직장인들은 두 가치 사이에서 갈등합니다. 하나는 직장에서 살아남아야 한다는 것이고, 다른 하나는 자기다운 삶을 위해서 휴식을 취하고 가족과 충만한 시간을 보내야 한다는 것입니다. 전자는 체계의 요구이고 후자는 생활세계의 요청과 관련이 있습니다. 이때 대부분의 사람은 생존을 위한 경쟁을 우선시합니다. 체계가 그것을 요구하기 때문이죠. 살아남을 수 없다면 가족과 함께하는 시간도 불가능할 것이기에 항상 생활세계의 요구는 뒤로 밀릴 수밖에 없다고 생각합니다. 직장에서 동료애가 사라지고, 일에 대한 만족감을 찾아볼 수 없는 것도 이것 때문이고, 교육이 생산력 높은 노동력을 재생산하는 학원으로 전락한 원인도 여기에 있습니다. 결국 돈이 중심이 된 자본주의적 시장경제 질서와 체제를 유지하려는 관료제가 우리의 일상생활에 침투해 삶을 체계의 식민지로 만들고 있는 것입니다.

이처럼 부르주아 공론장의 위기는 생활세계의 식민지화와 함께 진행되었습니다. 자본주의가 발전하면서 공황과 같은 위기를 겪게 되고 국가는 경제와 복지, 문화 등의 여러 방면에 개입해 위기를 해소하려 합니다. 그 과정에서 사적인 영역이 축소되고 생활세계의 영역에서조차 효율성을 요구받게 되죠. 이것은 국민의 기본적인 생활을 보장하고 사회적 위기에 대비하려는 적극적인 성격의 큰 정부, 현대 복지국가의 역설적인 모습이기도 합니다. 우리는 다양한 복지 혜택을 누리고 행정이 제공하는 서비스와 물질적 풍요를 누리게 되었지만 권력이나 자본을 비판할 수 있는 비판의식과 합리적인 의사소통을 할 수 있는 공론장을 잃고 말았습니다.

## 토의 민주주의를 위하여

근대 민주주의를 이끌었던 부르주아 공론장이 붕괴된 지금 의사소통적 이성이 힘을 발휘할 공간을 확보할 수 있을까요? 이 질문은 우리가 도구적 이성의 문제를 극복하고 인간적인 삶으로 되돌아갈 수 있느냐와 직결됩니다. 하버마스의 대답은 '그렇다'입니다. 물론 그 근거는 의사소통적 이성에 있습니다. 체계로부터 생활세계로 침투해 들어오는 압력들을 막아 낼 수 있는 힘이 생활세계 내에 있으며, 그것의 기초가 의사소통적 이성이라는 것입니다.

실제로 우리 사회에는 의사소통적 이성에 기초한 다양한 사회 활동이 펼쳐지고 있습니다. 불합리한 정치에 저항하는 운동, 무분별한 개발로 인한 환경 파괴를 막기 위한 운동, 생태계 질서를 위협하는 유전자 조작 반대 활동, 빈익빈부익부를 유발하는 경제에 대한 민주화운동 등이 그것입니다. 이런 사회운동은 생활세계 식민지화에 대한 저항이자 삶의 자율성을 회복하려는 이성의 능동적 활동임이 분명합니다. 제가 활동하고 있는 독서모임 사람들만 봐도 사회적 이슈가 있을 때는 그것에 대해 자유롭게 이야기를 나누고 바람직한 방향도 모색합니다. 그런 점에서 공론장은 체계와 생활세계의 균형을 회복시킬 수 있는 중요한 기반이 될 것으로 보입니다.

하지만 언론과 사회단체, 독서모임 등이 자본과 권력의 힘으로부터 자유로울 수 있느냐의 문제가 남아 있습니다. 여론을 조성하는 언론이 자본에 예속되었고 정부로부터 보조금을 받는 사회단체들이 목소리를 높이는 시점에서 이런 우려는 현실적인 것임이 분명합니다. 하버마스도 이런 현실을 알아 공론장이 민주적 기능을 상실하고 예속화된 점이 있음을 지적합니다. 그럼에도 불구하고 자본과 권력의 힘에 굴하지 않고 인간과 자연의 관점에서 사회 비판적인 활동에 전념하는 시민단체와 언론들은 분명히 존재합니다. 여기에 인터넷이 보급되어 시민들은 언제든 사회적 이슈를 파악하고 서로 소통해 자신들의 생각을 국가 등에 전달할 수 있게 되었습니다. 쌍방향 의사소통을 통해 자신의 생각을 전달할 수 있다는 것은 토의 민주주의가 새롭게 변할 수 있는 가능성을 보여 줍니다. 결국 우리의 과제는 자본과 권력에 포획되지 않는 사회적 공론장을 어떻게 만들고 유지할 것이냐 하는 것입니다.

# 7부
# 언어철학과 구조주의

# 28강. 말할 수 없는 것은 어떻게 해야 하는가

## 비트겐슈타인

한 권의 책을 쓴 후 철학의 문제를 모두 해결했다고 믿고는 스스로 철학계를 떠난 사람이 있습니다. 바로 비트겐슈타인(Wittgenstein, 1889-1951)입니다. 오스트리아 빈의 유복한 가정에서 태어난 그는 철학계의 천재로 떠올랐지만 철저히 소박한 삶을 실천하면서 살다 간 시대의 기린아였습니다. 그의 아버지는 오스트리아에서 가장 큰 철강회사를 소유한 사업가였습니다. 자식들은 부유한 가정에서 좋은 교육을 받고 자랐고 음악과 예술에 대한 관심과 재능이 넘쳤습니다. 하지만 자식들의 예술적 재능에도 불구하고 아버지는 자식들이 공학을 전공해서 사업가가 되길 바랐습니다. 이런 아버지와 갈등을 빚어 세 아들이 자살을 했고 비트겐슈타인도 10대 중반부터 자살 충동에 사로잡힙니다. 다행히 영국 유학 중 케임브리지에서 러셀을 만나 철학을 공부하게 되면서 정서적 안정을 얻게 됩니다.

## 철학의 문제는 해결되었다

러셀은 비트겐슈타인이 자신과 만난 후 쉬지 않고 따라다니면서 질문하는 통에 일을 할 수 없을 정도였다고 밝힌 적이 있습니다. 마침내 러셀은 이 청년의 천재성을 인정하게 되고 제자로 받아들입니다. 하지만 직설적이고 다혈질적이며 지적 오만이 넘치는 비트겐슈타인의 태도 때문에 스승과 제자는 자주 갈등합니다. 1914년 제1차 세계대전이 일어나자 비트겐슈타인은 자원입대해 5년간 참전합니다. 그리고 이탈리아군에게 사로잡혀 포로수용소에서 10개월을 보내는 것으로 일단락됩니다. 그곳에서 그는 《논리-철학 논고》를 완성합니다.

수용소에서 풀려났지만 그는 철학계로 돌아갈 마음이 없었습니다. 《논리-철학 논고》를 통해서 기존 철학의 문제를 모두 해결했다고 생각했기 때문입니다. 《논리-철학 논고》는 러셀의 노력으로 출간되지만 러셀이 쓴 해제 때문에 두 사람 사이에 갈등이 깊어집니다. 러셀은 비트겐슈타인이 말할 수 없는 것에 대해서는 침묵해야 한다고 하면서도 '말해질 수 없는 것에 관해서 상당히 많은 것을 말하고 있다'고 꼬집었고, 그의 철학을 신비주의라고 말하기도 했습니다. 이런 표현들이 비트겐슈타인의 눈에 거슬렸고 러셀의 해제가 자신의 철학을 제대로 이해하지 못하고 있는 것으로 보였던 모양입니다.

비트겐슈타인은 철학계로 돌아가지 않고 초등학교 교사가 됩니다. 그즈음 아버지가 죽고 막대한 재산을 상속받습니다. 하지만 유산을 모두 형제자매에게 나누어 주고 빈털터리의 삶을 선택하지요. 톨스토이 글을 읽고 소박한 삶의 진정함을 깨달았기 때문입니다. 그는 팔꿈치가 해지도록 같은 옷을 입고 다니고, 흔한 넥타이 한번 매지 않는 검박한 삶을 실천합니다.

초등학교 교사로서의 삶은 성공적이지 못했습니다. 학문에 대한 열정이 지나쳐 학생들에게 골치 아픈 선생님으로 낙인찍힙니다. 시골 마을의 아이들에게 높은 학구열을 바란 나머지 자주 체벌을 가했고 그 탓에 여러 차례 학교를 옮겨야 했습니다. 결국 이것이 교직에서 쫓겨나는 원인이 되고 맙니다. 이후 비트겐슈타인은 정원사, 건축가 등으로 일하면서 30대를 보냅니다. 그러는 사이에 케임브리지와 철학계에서 전설적인 인물이 되지요.

1929년 비트겐슈타인은 학교의 요청으로 케임브리지로 돌아옵니다. 하지만 그의 지나친 열정과 직설적 성격이 다시 문제가 됩니다. 학교와 갈등을 빚습니다. 제2차 세계대전이 발발하자 그는 또다시 전장으로 향합니다. 자원봉사자로 전장을 누빕니다. 어디를 가든 삶의 최전선에 있어야만 직성이 풀리는 성격임을 다시 확인할 수 있습니다.

전쟁이 끝난 후 비트겐슈타인은 학교로 돌아옵니다. 연구를 계속하던 어느 날 자신이 암에 걸렸다는 사실을 알게 됩니다. 삶에 대한 애착이 없었던 그는 인위적으로 생명을 연장할 필요가 없다고 생각했습니다. '멋진 삶을 살았다고 전해 주오'라는 말을 남기고 1951년 세상을 떠납니다.

## 철학의 언어적 전환

비트겐슈타인의 삶은 진지한 태도로 학문을 추구한 철학자의 전형처럼 보입니다. 타고난 천재성을 바탕으로 강박적일 정도로 연구에 몰입했고, 자신의 철학에 대해 확신에 차 있었습니다. 돈에 무관심했고, 결혼도 하지 않았으며, 친구도 거의 없었습니다. 심지어 몇몇을 빼고는 철학자들을 연구한 흔적도 없습니다. 그런 그가 철학에 어떤 족적을 남긴 것일까요?

> 여기에 전달된 사고의 진리성은 불가침적이며 결정적이다. 따라서 나는 본질적인 점에서 문제들을 최종적으로 해결했다고 본다.
>
> –《논리–철학 논고》

그는 자신의 철학이 이전의 문제들을 모두 해결했다고 생각했습니다. 이렇게 자신한 이유는 무엇일까요?

> 말해질 수 있는 것은 명료하게 말해질 수 있고, 말할 수 없는 것에 대해서는 침묵해야 한다.
>
> –《논리–철학 논고》

그의 해결책은 단순했습니다. 그동안의 철학이 말할 수 없는 것에 대해서 말했기 때문에 언어적 혼란을 불러왔고 그 논증들은 무의미하다는 것입니다. 말할 수 없는 것에 대해서 말하지 말자는 것이 그의 결론입니다. 철학은 말할 수 있는 것과 없는 것을 구분해야 하며 말할 수 없는 것에 대해서는 침묵해야 합니다.

여기서 말할 수 없는 것이란 무엇을 의미할까요? 진리, 선(善), 존재 같은 것들이 대표적입니다. 이런 것들은 우리가 논증해 증명할 수 없는 것들입니다. 그러니 말로 할 수 없습니다. 우리는 이미 이와 비슷한 이야기를 접한 적이 있습니다. 칸트가 그 주인공입니다. 칸트는 인간이 알 수 없는 영역이 있다고 했습니다. 그것들은 인식의 판단 형식을 넘은 곳에 있어 포착되지 않습니다. 칸트는 그것을 '물 자체'라고 하면서 신과 영혼, 세계 자체를 예로 들었습니다. 비트겐슈타인도 비슷한 이야기를 하는데 칸트와는 다른 점이 있습니다. 칸트는 인간의 판단 형식의 한계를 지적한다면 비트겐슈타인은 판단과 사고를 표현하는 '언어'에 초점을 맞추고 있다는 것입니다. 지금까지의 철학자들이 생각을 말했다면 비트겐슈타인은 생각이 아닌 언어를 고려해야 한다고 말하고 있는 것입니다. 생각을 표현하려면 언어에 의존할 수밖에 없기 때문입니다. 심지어 생각 자체가 언어의 작용입니다. 이런 주장은 철학에 엄청난 전환을 가져왔습니다. 인간이 언어에 의해서 사고할 수밖에 없다는 것을 꼬집었고 철학도 그 예외가 아니며 그동안의 철학적 논의들이 언어의 작용, 한마디로 말장난에 불과하다는 냉정한 성찰이었기 때문입니다. 비트겐슈타인에 의해 철학이 언어적 전환을 이루었다고 말해지는 이유가 여기에 있습니다.

## 언어와 생각

데카르트는 '나는 생각한다'고 했습니다. 후설의 입장에서는 '나는 '무엇을' 생각한다'고 해야 맞겠지요. 현상학적 지향성의 개념으로 봤을 때 생각은 대상이 없이는 불가능하니까요. 여기에 20세기 언어학이 얻은 또 하나의 결론을 덧붙이자면 '나는 무엇인가를 말로 생각한다'고 해야 할 것 같습니다. 우리는 말을 통해서 생각하기 때문입니다. 말이 없다면 생각 자체가 불가능합니다. 그런 점에서 말은 우리가 생각을 할 수 있는 선험적 조건입니다.

우리는 '내가 생각한다'고 믿습니다. 내가 생각한다고 할 때 생각을 하려면 생각의 방법이 필요합니다. 그것이 언어입니다. 토끼를 보고 '귀엽다'는 '생각'이 떠오른다면 그것은 '귀엽다'는 '말'이 떠오른 것과 같습니다. 만약 우리에게 '귀엽다'는 말이 없거나 '귀엽다'는 단어를 모른다면 어떻게 될까요? 당연히 귀엽다는 말을 할 수 없게 됩니다. 다른 표현을 사용할 수밖에 없습니다.

인간은 태어날 때 말을 할 수 없는 상태로 태어납니다. 성장하면서 새로운 단어와 개념을 배우죠. 그것을 외우고 응용하면서 말을 익히고 자기 생각을 말로 표현할 수 있게 됩니다. 이것이 우리가 언어를 익히는 과정입니다. 이때 우리가 익히지 못한 단어와 개념이 있다면 그것은 포착되지 못한 것으로 남습니다. 그렇다면 언어를 익히지 못했을 때 어떤 일이 벌어질까요? 세상에 대해서 알지 못하는 존재, 사유가 불가능한 존재가 될 것입니다. 언어가 없다면 사유도 없습니다.

내가 그의 이름을 불러 주기 전에는
그는 다만
하나의 몸짓에 지나지 않았다.

내가 그의 이름을 불러 주었을 때,
그는 나에게로 와서
꽃이 되었다.

잘 아시는 김춘수 시인의 시 〈꽃〉입니다. 인간은 세상의 어떤 몸짓에 이름을 붙입니다. 개념 짓는 것이죠. 어떤 것에 이름을 붙인 후 그것을 그렇게 부릅니다. 이것이 최초의 언어 작용입니다. 이 최초의 작용 이후 사람들은 꽃을 꽃이라고만 불러야 합니다. 꽃을 보고 돌이라고 하거나 토끼라고 하면 미친 사람으로 취급될 겁니다. 언어는 사회적 약속이고 그것을 지켜야 의사소통이 가능합니다. 이제 인간은 약속에 구속되어 언어의 구조 속에서 감정과 사유를 표현할 수밖에 없습니다.

우리는 한국 사람입니다. 태어나서 한국어를 접하고 배우며 한국어로 생각합니다. 말은 우리가 태어나기 전에 이미 존재하는 것이었고, 그것을 자라면서 배우고 생각을 표현하게 됩니다. 사회적으로 약속된 것을 익히는 것이 교육이죠. 그리고 교육받은 대로 생각하게 됩니다. 그렇게 보면 우리의 생각이 먼저가 아니라 언어가 먼저입니다. 언어가 사유에 앞서 존재하는 것이고 우리는 그 언어가 제공하는 조건에 따라서, 그것을 이용해서 사유를 드러낼 수밖에 없습니다. 이것이 현대의 언어학이 발견한 논리입니다. 우리가 주체적으로 생각해서 언어를 활용하는 것이 아니라 이미 존재하는 언어의 한계 속에서 사유 작용을 할 수밖에 없다는 것이죠.

비트겐슈타인의 언어적 전환은 이런 언어관에 기초해 있습니다. 철학은 사유에 관한 것이 아니라 '사유를 표현하는 문제'라는 것입니다. 결국 언어적 문제인 것입니다.

그렇다면 철학은 쓸모없는 것일까요? 비트겐슈타인에 따르면 철학은 다른 역할을 맡아야 합니다. 기존의 철학은 새로운 사유를 발견하고 사상을 펼치는 일을 해 왔지만 그것은 언어적 혼란만 가중시키는 일이었습니다. 철학은 그런 시도를 포기하고, 무엇을 말하고 무엇을 말하지 말아야 하는지 명확히 구분하는 일에 매진해야 합니다. 언어의 한계를 넘어서는 것을 말하려는 시도를 멈추도록 한계를 명확히 해야 한다는 것입니다. 한마디로 말할 수 있는 것과 없는 것을 구분하고 그 한계를 설정하는 것이 철학의 사명입니다.

### 문장과 명제

비트겐슈타인이 이런 결론에 도달하게 된 과정을 살펴보겠습니다. 인간은 언어를 통해서 세계를 파악합니다. 인간과 세계 사이에 언어가 있고, 언어를 통해서 사람들은 세계에 대해 이야기를 나눕니다. 그럼 언어는 세계와 어떻게 연결되어 있는 것일까요? 이 문제를 해명해야 말할 수 있는 것과 없는 것의 문제도 해결할 수 있을 것입니다.

비트겐슈타인은 언어와 세계가 서로 논리적 대응 관계에 있다고 말합니다. 인간은 언어로 세계를 이해하는데 그것이 가능한 것은 언어가 세계를 반영하기 때문입니다. 거울은 세계를 그대로 비추고 있습니다. 거울 속 이미지는 세계의 이미지에 대응합니다. 언어도 거울처럼 세계의 사물과 대응하여 비추고 있습니다. 우리가 하는 말들을 모아 놓으면 세계의 전체적인 모습을 반영할 수 있게 되는 것입니다.

당연한 말처럼 들립니다. 내가 사용하는 말이 세계의 어떤 사물을 대변하고 있기 때문이라는 것은 상식적으로도 생각할 수 있습니다. 중요한 것은 우리가 사용하는 말들 중에는 어떤 사물이나 사실에 대응하지 않는 것이 있다는 것입니다. 기존의 철학자들이 놓친 것이 이 점이었습니다. 내가 하는 말이 어떤 것에 대응하는지 고려하지 않고 단순히 언어적 개념에 집착해서 진리와 존재에 대해서 말하다 보니 공허한 것이 되고 말았습니다. 예를 들어 대나무, 돌멩이, 책이라는 말은 대응하는 사물이 있습니다. 그런데 신, 존재, 자아 같은 말은 그에 대응하는 사물이 없습니다. 대응하는 사물이 없으니 그것에 대해 논하는 것은 무의미합니다.

비트겐슈타인이 주목한 것이 이 점입니다. 우리가 일상생활에서 사용하는 말들 중에는 모호한 것이 많습니다. 이런 말들은 정확하게 이해하기도 어렵고 진실 여부를 판별하는 것도 불가능합니다. 이런 말들 때문에 서로 오해하고 갈등도 커지죠. 비트겐슈타인이 추상적인 일상어들은 명확함을 추구해야 하는 철학에 적합하지 않다고 본 이유입니다.

문제는 추상적인 단어에만 있는 것이 아닙니다. 더 큰 문제는 문장에 있습니다. 우리가 세상을 이해하게 하는 가장 기본적인 언어 단위가 단어입니다. 바다, 산, 바람 같은 단어는 사물을 지칭하고 대변할 수 있습니다. 하지만 의사소통을 할 때 가장 의미 있게 사용되는 단위는 문장이 될 것입니다. 누군가 '물'이라고 말을 하면 목이 말라서 물을 달라는 것인지, 강물이 불어서 물이 많다는 것인지 알 수가 없습니다. 하지만 '목이 마르니 물 좀 주세요'라고 문장으로 말했다면 정확한 의사소통이 될 수 있습니다. 비트겐슈타인은 단어를 묶어 놓은 문장이 생각이나 사실을 표현할 수 있는 기본 단위가 된다고 생각했습니다.

문장은 하나의 내용을 여러 가지 방식으로 표현할 수 있습니다. '서장훈은 안상헌보다 키가 크다'는 문장과 '안상헌은 서장훈보다 키가 작다'는 문장은 서로 다르지만 같은 내용을 담고 있습니다. 일상적으로 사용하는 언어들은 하나의 사실을 다양하게 표현할 수 있습니다. 문제는 어떤 문장들은 너무 추상적이거나 복잡해서 사실을 이해하기 어렵게 한다는 것입니다. 이런 문제를 해결할 수 있다면 언어는 세계를 이해하는 데 큰 도움을 줄 것이고, 언어 사용에서 파생되는 혼란스러움도 분명히 막을 수 있을 것입니다.

이때 등장하는 것이 명제입니다. 명제는 문장이 품고 있는 내용을 말합니다. '서장훈은 안상헌보다 키가 크다', '안상헌은 서장훈보다 키가 작다'는 두 문장은 같은 내용을 담고 있습니다. 그 내용이 명제입니다. 명제가 중요한 것은 참과 거짓을 구분할 수 있다는 점입니다. 참인지 아닌지를 구분할 수 있는 문장이 명제이고, 명제는 세계의 사실을 잘 대변하고 있는지 아닌지를 판별할 수 있는 단위입니다.

과거의 철학자들이 분명하지 못한 문장을 사용하여 철학의 문제를 복잡하게 만들었기 때문에 철학은 공중에 뜬 것이 되고 말았습니다. 비트겐슈타인은 문장이 아니라 명제를 단위로 철학의 문제들을 판단할 수 있다면 복잡하게 얽힌 문제들을 단순 명료하게 만들 수 있다고 생각했습니다.

## 그림 이론

> 그림은 하나의 사실이다.
>
> 그림의 요소들이 특정한 방식으로 서로 관계를 맺고 있다는 것은 실물들이 서로 그렇게 관계 맺고 있다는 것을 표상한다.
>
> -《논리-철학 논고》

우리는 문장으로 세상을 이해합니다. 단어와 달리 문장은 사물을 넘어 세상의 사실들을 설명해 줍니다. '독도'라는 단어는 참과 거짓을 말하지 않습니다. 반면 '대한민국의 동쪽에 독도가 있다'는 문장은 참과 거짓을 구분하게 해 줍니다. 문장의 내용인 명제가 사실을 반영하고 있기 때문입니다.

비트겐슈타인은 언어가 거울처럼 사물을 반영한다는 것에서 한 발 더 나아가 문장과 사실의 관계를 이야기합니다. 이때 등장하는 것이 그림입니다. 세계에는 다양한 사실이 있는데 그 사실들을 표현하는 것이 문장들입니다. 그리고 문장들은 세계에 있는 사실들을 모델화하여 마치 그림처럼 보여 줍니다. 이 그림을 통해서 우리는 사실들을 이해하게 되죠.

문장은 하나의 사실을 표현한 것입니다. 하나의 사실을 표현하는 방법에 여러 가지가 있을 수 있다는 것은 이미 살펴보았습니다. 내용은 하나인데 문장은 달라질 수 있는 것입니다. '북한은 남한보다 춥다'는 문장과 '남한은 북한보다 덥다'는 문장은 서로 다르지만 뜻은 하나입니다. 이때 문장에 담겨 있는 내용을 명제라고 했습니다. 문장의 의미가 명제인 것이죠. 그렇게 본다면 하나의 명제는 하나의 사실에 대응한다고 할 수 있습니다.

이렇게 하나의 사실에 대응하는 하나의 명제를 '요소명제'라고 합니다. 구체적인 현장에서 실제 사물과 만나는, 더는 나눌 수 없는 명제가 요소명제입니다. 이 요소명제를 통해서 근원적인 인식이 시작됩니다. 여러 요소명제가 결합되어 추상화된 명제를 '복합명제'라고 하죠. 중요한 것은 요소명제입니다. 하나의 요소명제가 하나의 사실을 그림처럼 반영하기 때문입니다. 이때 요소명제가 반영하는 하나의 사실을 '원자사실'이라고 부릅니다. 원자사실을 요소명제가 제대로 반영하고 있다면 그 명제는 참입니다.

언어는 세계가 아닙니다. 세계를 그림처럼 보여 줄 뿐입니다. 지금 비트겐슈타인은 언어가 세계를 비추는 방법에 대해서 설명하고 있습니다. 명제는 사실을 있는 그대로 보여 줄 수가 없습니다. 언어는 세계가 아니기 때문입니다. 그 대신 명제는 사실의 구조적 특성을 표상합니다. 그 접점이 요소명제와 원자사실입니다. 둘은 서로 대응 관계입니다. 이 대응 관계를 '논리적 형식'이라고 부릅니다. 언어는 사실을 논리적 형식을 통해서 보여 주고 있는 것입니다.

비트겐슈타인에게 언어는 세계를 표상하는 그림입니다. 언어가 세계를 잘 표상할 때, 요소명제가 원자사실을 잘 반영할 때 언어는 의미 있는 것이 됩니다. 반대로 언어가 세계를 잘 표상하지 못할 때, 요소명제가 원자사실을 반영하지 못할 때 언어의 의미는 상실됩니다. 우리가 사용하는 말들 중에는 참인지 거짓인지 알 수 없는 문장이 많습니다. '죽음이 그의 집 앞을 잠시 서성거리며 뜨겁게 불타올랐다'는 말은 문장이긴 하지만 명제는 아닙니다. 사실에 대한 것이 아니기 때문입니다. 이 문장에는 대응하는 원자사실이 없습니다. 이런 문장에 대해 참과 거짓을 논하는 것은 무의미합니다.

문장과 사실이 같은지 다른지 알 수 없을 때 문장은 무의미해집니다. 그래서 비트겐슈타인은 이렇게 선언합니다.

> 철학적 문제들에 관해 씌어 있는 대부분의 명제와 질문은 거짓은 아니지만 무의미하다. 그런 까닭에 우리는 이런 종류의 물음들에 결코 대답할 수 없고, 다만 그것들의 무의미성을 확립할 수 있을 뿐이다. 철학자들의 물음이나 명제는 대부분 우리가 우리의 언어 논리를 이해하지 못하는 데에서 기인한다.
>
> –《논리–철학 논고》

이제 비트겐슈타인이 왜 문장, 명제, 언어, 사실에 대해 자세히 설명해 왔는지 이해할 수 있게 됩니다. 철학에서 다루는 언어들은 그에 대응하는 사실이 없기 때문에 참인지 거짓인지 알 수 없습니다. 철학자들이 쏟아 내는 연구와 논쟁들은 오히려 언어적 혼란만 가중시킬 뿐입니다. 언어에 대한 오해에서 비롯된 것이니 이제 언어를 명확히

하면 철학적 문제들은 사라질 것입니다. 《논리-철학 논고》는 이렇게 끝을 맺습니다.

> 말할 수 없는 것에 관해서는 침묵해야 한다.

### 말할 수 없는 것들의 신비로움

기존의 철학자들이 제기한 형이상학적 주장들은 참된 논리적 구조를 가질 수 없습니다. 그에 대응하는 원자사실이 없기 때문입니다. 반면 자연과학적 언어들은 세계를 기술하는 것이 가능합니다. 자연과학적 언어들은 세계에 대응하는 사실들이 있고 참과 거짓을 구분할 수 있기 때문입니다. 그래서 '참된 명제들의 총체는 자연과학의 전체'라고 말할 수 있습니다.

그렇다면 비트겐슈타인이 '말할 수 없는 것'이라고 규정한 것들은 아무런 가치도 없는 것일까요? 그렇지 않습니다.

> 말할 수 없는 것도 있다. 그것은 스스로를 내보인다. 그것은 신비스러운 것들이다.
>
> -《논리-철학 논고》

그가 말할 수 없다고 한 것들은 신, 윤리, 예술, 생명의 수수께끼 같은 것입니다. 이런 것들은 자연과학의 대상이라고 보기 어렵습니다. 과거에는 하늘에 신이 있다고 믿었지만 비행기를 타고 올라간 하늘에 신은 보이지 않았습니다. 그렇다고 해서 신이 존재하지 않는다고 할 수도 없는 노릇입니다. 자연과학이나 논리학으로는 신에 대해 말할 수 있는 것이 없습니다. 신비스러운 것들은 참과 거짓을 따질 수 없기에 무의미하다고 한 것입니다.

철학은 이렇게 말할 수 있는 것과 없는 것을 가려내는 역할을 해야 한다는 것이 비트겐슈타인의 생각입니다. 말할 수 있는 것이 무엇인지를 분명히 함으로써 말할 수 없는 것들을 경계 지을 수 있습니다. 예를 들어 하이데거가 말하는 '존재'의 문제는 말할 수 없는 것에 해당됩니다. 비트겐슈타인은 존재와 불안의 의미를 자신이 잘 이해하고 있고 경이로운 것이라고 밝히기도 했습니다. 하지만 이것은 참과 거짓을 가릴 수 없는 신비로운 것이기에 무의미할 수밖에 없습니다.

그런데 그 무의미한 것이 삶에 큰 영향을 미칩니다. 비트겐슈타인에게는 톨스토이의 책들이 그랬습니다. 신은 말할 수 없는 것이라고 주장한 그였지만 톨스토이의 책을 읽고 그의 복음서에 감동하여 전쟁터에서도 읽기를 멈추지 않았습니다. 심지어 톨스토이의 책이 자신을 구원했다고 말할 정도였습니다. 재산을 형제자매에게 모두 나누어 준 것도 소박한 삶을 실천하기 위해서였습니다. 말할 수 없는 것, 논리적으로 해명할 수 없는 것들이 중요할 수 있음을 잘 알고 있었던 것입니다.

### 언어는 게임이다

비트겐슈타인의 철학은 크게 전기와 후기로 구분됩니다. 《논리-

철학 논고》로 대표되는 전기 철학은 '말할 수 없는 것에 대해 침묵하라'는 메시지로 이해될 수 있습니다. 반면 사후에 출간된《철학적 탐구》로 대표되는 후기의 철학에서는 전기의 내용을 수정, 보완해 포용하는 모습을 보여 줍니다.

전기를 대표하는 사유가 그림 이론이라면 후기를 대표하는 사유는 '언어게임 이론'입니다. 그는 언어를 게임으로 이해합니다. 게임에는 어떤 상황이 주어집니다. 게이머는 그 상황에 맞는 적절한 선택을 하면서 게임에 참여합니다. 이때 게이머의 선택은 상황에 따라 의미가 달라집니다. 예를 들어 장기를 둘 때 게임을 하는 사람은 매 순간 다른 선택을 합니다. 졸을 움직일 수도 있고 차나 포를 사용할 수도 있습니다. 게이머의 선택은 상황에 따라 다를 수 있고 그때마다 다른 의미를 지닙니다. 같이 차를 움직이는 상황인데 차로 상대방의 졸을 먹을 수도 있고, 상대의 포를 제거할 수도 있습니다. 이때 차를 움직이는 이유와 의미는 그 상황에 따라 다르게 결정됩니다.

게임에는 규칙이 있습니다. 포를 차처럼 사용하거나 마가 포처럼 다닐 수는 없습니다. 포는 포가 갈 수 있는 길이 정해져 있습니다. 게이머가 마음대로 할 수 없는 것입니다. 언어도 그렇습니다. 어떤 단어나 문장을 어떻게 사용해야 하는지에 대한 규칙은 이미 정해져 있습니다. 사회적으로 정해진 언어 규칙을 마음대로 바꿀 수는 없습니다. 하지만 상황에 따라 단어나 문장의 의미는 달라질 수 있습니다.

"칼!"

누군가 칼이라고 말했습니다. 이때 칼이라는 말만으로는 어떤 칼을 말하는 것인지, 왜 칼이라고 하는 것인지 알 수가 없습니다. 여기에 상황이 개입되면 달라집니다. 요리를 하고 있는 상황에서 '칼'이라고 했다면 칼을 달라는 뜻이 될 겁니다. 길거리에서 싸움이 일어난 상황에서 '칼'이라고 했다면 누군가 칼을 들었으니 조심하라는 의미가 될 겁니다. 이처럼 같은 단어나 문장도 상황에 따라서 의미가 달라집니다. 단어나 문장에서 중요한 것은 그것의 일반적인 뜻이 아니라 사용되는 상황과 그때의 맥락입니다. 언어는 인간의 활동과 밀접하게 연관되어 있으며 그럴 수 있을 때 의미를 지니게 됩니다.

### 철학은 실천이다

비트겐슈타인은 철학을 실천이라고 말합니다. 왜 철학이 실천일까요? 철학은 언어로 이루어지는 사유 활동입니다. 이때 언어는 인간이 살아가는 데 쓰는 편리한 도구와 같습니다. 도구는 상황에 따라 의미가 다르고 또한 다르게 사용됩니다. 평소에 칼은 음식을 할 때 사용되지만 상황에 따라 종이나 끈을 자르기도 하고 사람을 위협하기도 합니다. 우리 삶의 현장에서 도구가 어떻게 사용되느냐에 따라 의미가 달라지듯이 언어 또한 현실적 삶에서 괴리될 수 없습니다. 철학은 언어로 이루어지는 활동이기에 철학 또한 삶 속에서 이루어져야 합니다. 비트겐슈타인이 철학을 실천이라고 강조하는 이유가 여기에 있습니다. 철학이 실생활과 분리될 때 우리의 사유는 혼란을 경험할 수밖에 없습니다. 기존 철학자들이 만든 오류들이 여기에서 기인합니다.

철학은 언어가 사용되는 맥락을 파악하고 그 맥락을 형성하는 규칙을 보여 줄 수 있어야 합니다. 그것이 비트겐슈타인이 생각한 철학의 사명입니다. 그래야 언어 사용의 오류를 줄일 수 있고 세상이 훨씬 단순 명료해질 테니까요. 그는《철학적 탐구》에서 전통 형이상학의 문제는 언어를 삶과 분리해서 이해하려 한 데 있다고 지적합니다. 하나의 개념을 일반적으로 정리하려는 시도 때문에 언어적 혼란이 가중되었다는 것입니다.

우리는 이미 고대 그리스 철학의 본질 혹은 실재를 파악하려는 시도를 살펴보았습니다. 아르케를 탐구하려던 시도에서 '보이는 것은 모두 허상'이라고 규정하고 감각적인 것을 부정한 파르메니데스의 실재에 대한 탐구가 있었습니다. 결정적으로 플라톤은 유명한 이데아론을 통해서 현상계에 있는 것들의 본질이 이데아계에 존재한다는 생각을 펼쳤습니다. 그의 유명한《대화편》에는 '정의', '용기', '절제', '사랑' 등의 개념에 대한 사유와 논증들이 가득 차 있습니다. 플라톤이 서양철학에 미친 영향력을 생각해 보면 이후의 형이상학이 왜 이렇게 복잡하고 혼란스러워졌는지 이해됩니다.

우리 주변에는 개념화하기 어려운 것이 수없이 존재합니다. 소나무를 정확하게 개념 짓기는 어렵습니다. 반면 눈에 보이는 나무들 중에서 소나무를 찾아내기는 쉽습니다. 알고는 있지만 설명할 수 없는 개념이 무수히 많습니다. 특히 '존재란 무엇인가', '아름다움이란 무엇인가', '신이란 무엇인가' 같은 추상적 개념들은 일반화해 이해할 수 없는 것들입니다. 아름다움이 무엇인지에 대해서 상황이나 사람에 따라 다른 대답을 할 수밖에 없습니다. 그런데도 사람들은 아름다움의 개념을 찾으려 하고 사전에 남기려고 합니다. 이것을 비트겐슈타인은 '일반성에 대한 갈망'이라고 부릅니다. 사람에게는 개념을 규정지으려는 본성이 있습니다. 특히 과학은 자연에 대한 설명을 법칙으로 환원해서 설명하기 때문에 일반화의 경향을 띨 수밖에 없습니다. 이런 객관적이고 일반적인 개념의 추구가 언어적 혼란을 가져온다는 것이 비트겐슈타인의 입장입니다.

이런 주장들은 전기의 비트겐슈타인이 주장한 '말할 수 없는 것에 대해서는 침묵'하라는 것과 연결되는 것처럼 보입니다. 하지만 비트겐슈타인은 언어가 세상의 그림이라고 말한 전기와 달리 후기에는 언어를 게임이라고 함으로써 언어에 다양한 차원이 있음을 인정하게 됩니다. 단어를 하나의 대상에 대한 이름이 아니라 언어게임의 상황에서 맥락을 통해 의미를 가지게 되는 것으로 이해합니다. 이 점이 전기의 사유와 다른 점입니다. 그렇다고 해서 전기의 생각이 틀렸다는 것은 아닙니다. 단어가 대상의 이름을 지칭하는 것은 언어가 사용되는 방법 중 하나입니다. 눈앞에 있는 돌을 돌이라고 말하는 것이 그렇습니다. 하지만 이것은 단어 사용의 한 예일 뿐입니다. 누군가 '그는 돌 같은 사람이다'고 말했다면 이때의 돌은 그 맥락에서 의미 있는 것으로 이해될 수 있는 것입니다.

> 우리가 하는 일은 단어들을 그것들의 형이상학적 사용으로부터 일상의 사용으로 되돌리는 것이다.
>
> -《철학적 탐구》

언어를 사용할 때 중요한 것은 그것이 사용되는 상황과 맥락입니다. 그것에 따라 의미가 달라질 수 있기에 일반적인 개념을 규정짓는 활동은 큰 의미를 가지기 어렵습니다. '아름다움이란 무엇인가'라고 묻는 대신 아름다움이라는 말이 사용된 맥락을 통해 의미를 읽어 내는 것이 필요합니다. 중요한 것은 언어가 사용되는 맥락이며, 철학이 올바른 언어 사용을 보여 주어 언어가 가져올 수 있는 혼란을 막아야 합니다.

### 삶은 구체적으로만 존재한다

언어의 의미를 이해하는 방법은 언어적 상황에 참여하는 것입니다. 언어의 사용 규칙만으로는 실제적 의미를 파악하기 어렵습니다. 아이가 말을 배울 때 단어의 뜻과 문법을 모두 알아야 하는 것은 아닙니다. 어른들의 말에 참여하고 사용하는 과정에서 단어와 문장의 의미를 파악하고 익혀 자연스럽게 언어를 배우게 됩니다. 언어게임에 참여함으로써 언어를 습득하는 것입니다. 그런 점에서 철학은 언어를 기반으로 하고 언어는 삶의 현장과 동떨어질 수 없습니다.

속이 비어 먹고 싶은 생각이 드는 상태를 '배고프다'는 말로 표현합니다. 비트겐슈타인은 우리가 배고프다는 말을 사용할 수 있는 것은 언어게임을 통해서 배웠기 때문이라고 말합니다. 아이의 모습을 보고 부모가 "배고파?"라고 묻고 먹을 것을 주는 행위가 반복되면서 아이도 배고픔이 무엇을 의미하는지 알게 된다는 것입니다. 이때 부모는 어떻게 아이가 배고프다는 것을 알 수 있었을까요? 아이의 표정과 말, 상태 등을 전반적으로 살펴서 얻은 결론일 것입니다. 이것은 아이와 어른이 모두 배고픔이라는 인간의 공통된 특성을 공유하고 있어 가능합니다. 비트겐슈타인은 인간이면 누구나 가진 공통된 느낌이나 특성을 '삶의 양식'이라고 부릅니다. 아이와 부모가 배고프다는 말을 이해하고 사용할 수 있게 되는 것은 이런 삶의 양식이 일치하기 때문입니다. 아름답다, 선하다, 훌륭하다 등의 말이 통할 수 있는 것도 우리가 그것에 대한 공통된 삶의 양식을 가졌기 때문이고 언어는 그것을 표상하고 있을 뿐입니다. 이제 언어에서 삶과 생활이 빠졌을 때 어떤 결과에 이르게 되는지 이해하셨을 듯합니다.

전기, 후기를 막론하고 비트겐슈타인의 철학을 관통하고 있는 것은 언어적 오해가 철학적 문제를 야기하였으며 언어를 명료하게 사용함으로써 그 문제를 해소할 수 있다는 것입니다. 문제를 해결하는 것이 아니라 문제 자체를 해소하는 것이 그의 방식이었으며, 철학이 그 역할을 해야 한다고 보았습니다. 철학자들이 문제시했던 것들은 문제가 아니었다고 말하고 있는 것입니다.

인간은 언어를 사용할 수밖에 없습니다. 개념의 차이로 인해 서로 갈등하기도 합니다. 그럴 때 상대방이 말하는 단어의 뜻을 정확히 이해해야 한다고 생각하게 됩니다. 단어의 뜻을 일반화하려는 시도입니다. 하지만 단어의 뜻을 정확하게 이해한다고 해서 문제가 해결되지는 않습니다. 단어의 의미는 그것이 사용되는 상황, 맥락에 따라 변하기 때문입니다.

존재나 신이 무엇인지 구체적으로 아는 사람은 없습니다. 하지만 우리는 존재나 신이라는 말을 잘 사용하고 있고, 설사 그것을 모른다고 해도 살아가는 데 아무런 지장이 없습니다. 중요한 것은 단어의 고유한 뜻이 아니라 그것이 사용되는 맥락입니다. 우리는 자신이 누군지 알지 못하고 살아갑니다. 하지만 일상의 매 순간 내가 무엇을 좋아하고 싫어하고, 어떤 선택을 하고 싶은지는 알 수 있습니다. 내가 누구인지, 삶이 무엇인지는 일반적으로 규정될 수 없는 것이고, 오로지 구체적인 삶의 현장에서 발견될 수 있을 뿐입니다.

# 29강. 선물을 주는 이유는 무엇인가

## 레비스트로스

'인간은 던져진 존재다.' 실존주의는 인간이 우연히 이 세상에 던져진 존재라고 보았습니다. '우리는 목적 없이 이 세상에 왔으며 어떻게 살아가야 하는지 스스로 결정할 자유를 가진다'는 것이 사르트르의 인간에 대한 이해였습니다. 그의 이야기를 듣다 보면 많은 부분 동의하게 되면서도 한편으로는 '과연 인간이 자유로울까'라는 의심을 해 보게 됩니다. 우리 삶에는 많은 제약이 따르고 마음대로 할 수 없는 상황도 자주 경험하기 때문입니다.

### 구조주의의 등장

이 문제에 대해서 이미 생각해 왔던 사람들이 있습니다. 대표적인 사람이 마르크스입니다. 마르크스는 변증법적 유물론을 통해서 토대

(하부구조)에 의해 상부구조가 결정된다고 주장했습니다. 우리가 중요하다고 여기는 행정기구와 제도, 법과 사상, 다양한 규범과 학문 등의 상부구조가 물질적 생산양식인 하부구조에 의존하고 있다는 것입니다. 프로이트는 인간의 의식 아래에는 무의식의 세계가 있어 의식을 지배하고 있다는 당시로는 충격적인 사유를 펼쳤습니다. 이런 주장들은 표면적인 현실에는 그 현실을 만들어 내는 근원적인 것이 존재하고 있으며 진실은 표면에 드러난 것이 아니라 그 아래에 숨겨져 있다는 자각을 가져왔습니다.

이런 자각을 배경으로 인간과 사물의 의미에 대한 새로운 사유들이 등장하는데 그것이 '구조주의(Structuralism)'입니다. 구조주의는, 인간을 비롯한 사물의 의미는 하나의 개체로서가 아니라 전체 안에서 다른 것들과 맺은 관계에 의해 결정되고 그 개체가 속한 집단에 의존한다는 관점을 공유하고 있습니다. 우리가 속한 사회적 집단이나 지역, 시대가 우리 생각을 형성하고 삶의 방식을 결정하게 된다는 것이죠.

이런 관점에 따르면 우리는 스스로 생각하는 주체나 고정된 정체성을 가진 존재가 아니라 구조의 영향력 아래에서 영향을 받고 그 힘을 받아들이는 객체에 불과합니다. 인간이 그렇게 자랑하던 이성 또한 소극적이고 초라한 것이 되고 맙니다.

사회적 동물인 인간은 구조 속에서 살아갈 수밖에 없습니다. 이때 구조란 우리 사회이기도 하고, 역사이기도 하고, 어떤 제도이기도 합니다. 사람은 그가 속한 사회 혹은 시대, 제도나 장치를 떠나서는 존재할 수 없습니다. 그런 점에서 구조가 어떤 과정을 거쳐 어떻게 영향을 미치는지 분석하고 인간의 본질에 대해 다시 판단하는 것이야말로 우리가 우리를 제대로 보는 방법이 될 수 있습니다.

구조주의의 태동에 영향을 미친 사람으로 마르크스와 프로이트, 니체가 함께 거론되곤 합니다. 이미 살펴보았듯이 마르크스가 토대와 상부구조로 구조를 통찰했다면, 프로이트는 무의식이라는 관점에서 인간을 풀어냈습니다. 우리는 의식적으로 생각한다고 믿지만 사실 우리의 의식을 결정하는 것은 무의식입니다. 인간은 성장 과정에서 사회적 제도나 관습을 받아들이게 되는데 그 과정에서 동물적 본성 혹은 자기 욕망을 억누르게 되죠. 이것이 억압이 되어 무의식으로 잠재되고 꿈이나 무의식적 행동으로 드러납니다. 우리의 삶을 지배하고 있는 것은 무의식이고, 무의식이야말로 진정한 주인입니다. 인간은 스스로 생각하는 존재가 아니라 억압의 메커니즘에 의해 만들어지는 객체인 것입니다.

니체의 계보학은 다른 관점에서 구조주의에 영향을 미쳤습니다. 우리는 선과 악이라는 관념을 가지고 있습니다. 무엇이 선하고 어떤 것이 악인지 그 내용을 공유하고 있죠. 뉴스를 보며 '나쁜 놈'과 '훌륭한 분'을 쉽게 구분해 낼 수 있는 것은 선악에 대한 관념을 가졌기 때문입니다. 하지만 선과 악이라는 개념은 원래 존재하던 것이 아닙니다. 인간이 만들어 낸 개념이고 그것을 우리가 받아들인 것입니다. 어떤 사회에서 선한 행동이라고 인정받는 것이 다른 곳으로 가면 악이 되는 경우가 이것을 말해 줍니다. 사회마다 그 사회가 만든 선악의 개념이 있고 그 사회에 속한 우리는 그것을 받아들이면서 살아갑니다. 이것이 니체의 계보학이 우리에게 던진 구조주의적 메시지입니다.

마르크스, 프로이트, 니체를 구조주의적 입장에서 종합해 보자면 '인간이 사회를 만드는 것이 아니라 사회가 인간을 만든다'는 말로 정리할 수 있을 듯합니다.

## 소쉬르와 구조주의

마르크스와 프로이트, 니체를 구조주의의 선구자라고 할 수 있지만 실제로 구조주의를 본격적으로 펼친 사람은 소쉬르(Saussure, 1857-1913)입니다. 소쉬르는 철학적인 의미에서 구조를 주장하지도 않았고 자신이 구조주의자라고 말한 적도 없습니다. 하지만 언어학을 통해 후에 구조주의라고 불리는 사상에 절대적인 영향력을 미쳤다는 점에서 구조주의의 핵심 인물임에 분명합니다.

소쉬르는 언어학자입니다. 언어학과 철학이 무슨 상관이 있을까요? 이미 비트겐슈타인을 통해서 살펴보았듯이 철학은 언어로 이루어집니다. 언어가 없다면 사유도 불가능하죠. 언어와 철학은 떨어질 수 없는 관계입니다. 인간의 언어를 잘 살펴보는 것이 철학적 오류를 줄일 수 있는 중요한 바탕이 될 수 있습니다. 20세기에 와서 철학이 언어학에 집중한 것도 이런 이유 때문입니다.

우리가 아는 낱말들은 세상의 어떤 사물을 가리킵니다. 그렇다 보니 낱말을 사물의 이름으로 이해하게 됩니다. 하늘, 구름, 나무, 새, 물고기 등은 세상에 있는 사물을 가리키고 있습니다. 이런 언어관에 따르면 사물은 우리가 이름 붙이기 전에 존재하는 어떤 것입니다. 그것에 인간이 이름을 붙인 것뿐이죠. 소쉬르는 이런 언어관에 의문을 제기합니다. 그에 따르면 사물은 원래 존재하는 것이 아닙니다. 오히려 이름을 붙이면서 만들어진 것입니다.

이름을 붙이면서 만들어지다니 뭐가 그렇다는 것일까요? 실제 사물이 만들어진 것이 아니라 그 사물의 '가치'가 만들어졌다는 의미입니다. 인간은 가치 있는 것을 포착하고 그것에 이름을 붙입니다. 무엇인가에 이름을 붙였다면 그것이 그만큼 중요하다는 의미입니다. 그럼 이름을 붙이지 않은 것, 인간에게 포착되지 못한 것은 존재하지 않는 것일까요? 그렇습니다. 인간에게 포착되지 않는 것은 무의미합니다. 무의미한 것은 존재하지 않는 것과 같습니다. 예를 들어 우리나라에는 종손(宗孫)이라는 말이 있습니다. 서양에서는 이런 단어가 없지요. 물론 서양에서도 종손에 해당하는 사람은 있습니다. 하지만 한국의 종손이라는 개념이 가진 가치, 역할, 의미는 존재하지 않습니다. 언어에 의해 포착되지 않은 것은 존재하지 않는다는 말이 이런 뜻입니다.

어떤 집단에는 제사를 지내는 것과 관련된 단어가 많습니다. 제사에 쓰이는 다양한 그릇의 이름과 제사 절차에 대한 개념들이 발달했습니다. 이것은 그 집단이 제사를 중요시한다는 사실을 알려 줍니다. 또 다른 집에서는 온갖 식물에 이름을 붙입니다. 식물에 관심이 많다는 것을 의미하죠. 반대로 식물에 무관심한 집단은 단순히 '풀'이라는 식으로 이해하고 넘어갈 것입니다. 이것은 언어가 인간의 관심을 반영한다는 사실을 말해 줍니다. 한 집단이 어디에 더 많은 가치를 부여하는지 알려 주는 것이죠.

## 사물의 의미는 관계에 의해 결정된다

언어는 소리와 뜻이라는 두 요소로 나눌 수 있습니다. 이것을 소쉬르는 기표와 기의로 구분합니다. 기표(시니피앙, signifiant)는 표시하는 것, 기호를 뜻합니다. 반면 기의(시니피에, signifié)는 표시된 것, 그 기호의 의미를 말합니다. 누군가 컵이라고 말을 했다면 '컵'이라는 기호가 기표이고, 물을 마실 때 사용하는 도구라는 의미가 기의입니다. 전통 언어학에서는 기표에 기의가 담겨 있고 둘은 일치하는 것으로 여겼습니다. 하지만 소쉬르는 기표와 기의는 무관하다고 보았습니다. 컵을 컵이라고 부르는 것은 우연일 뿐 컵이라는 기표는 물을 마시는 도구와는 아무런 관련이 없었습니다. 이것은 나라마다 기표가 다르다는 것을 보면 쉽게 이해할 수 있습니다. 우리는 '토끼'라고 하지만 영어권에서는 'rabbit'이라고 합니다. 언어가 만들어진 지역에서 이름을 붙일 때 우연성이 반영된 것입니다. 기표는 고정된 것이 아니고 기의와도 관련이 없습니다. 이렇게 본다면 기표의 내용은 명확하고 고정된 것일 수 없게 됩니다. 언어마다 다른 기표가 사용되고 포착하는 대상 또한 달라질 수 있기 때문입니다.

밖에 나가 고개를 들면 볼 수 있는 것을 하늘이라고 합니다. 우리는 하늘이라는 말이 언제나 같은 뜻을 갖는다고 생각하게 됩니다. 소쉬르에 의하면 낱말은 고정된 뜻을 가지지 않습니다. 사물 자체의 의미가 고정된 것이 아니라 그 사물이 속한 사회적 구조와 관계에 따라 의미가 달라지기 때문입니다.

- 소풍 가는 날에 하늘이 맑았다.
- 최선을 다한 후에 하늘의 뜻을 기다린다.

두 문장에서 하늘이라는 말은 의미가 서로 다릅니다. 위 문장의 하늘은 우리가 고개를 들면 볼 수 있는 하늘 혹은 날씨를 의미하고, 아래 문장의 하늘은 인간의 운명을 주관하는 심판자라는 의미를 담고 있습니다. 하늘의 의미는 하나로 고정된 것이 아니라 주변 말과의 관계에 따라 달라집니다. 사물의 의미가 구조 속에서 결정되는 것입니다.

기표의 내용 혹은 기호의 가치는 주변 말과의 관계에 의해 달라진다고 했습니다. 이것은 어떤 것의 의미가 그것을 포함하고 있는 관계, 구조 속에서 그것이 차지한 위치에 따라 달라진다는 사실을 알려줍니다. 그렇다면 '나'라는 사람의 의미와 가치 또한 내가 속한 사회적 관계, 구조에 따라 변할 수 있을 겁니다.

강의장에서 저를 만난 분들은 강의하는 사람으로 저를 이해합니다. 책으로 저를 만난 분들은 작가로 받아들입니다. 친구들에게 저는 같이 이야기를 나누고 술잔을 기울이는 사람입니다. '나'의 의미는 어떤 관계, 구조 속에 존재하느냐에 따라 달라집니다. 고정된 '나'의 의미는 없다는 말입니다. 우리는 어떤 일관된 존재로 나를 이해하지만 사실 나라는 존재는 고정된 것이 아니라 변합니다. 이때 나를 나이게 하는 것은 무엇일까요? 그 순간 내가 속한 구조, 그것입니다.

## 언어가 주인이다

나는 내가 속한 곳에서 통용되는 언어를 통해 생각할 수밖에 없습니다. 언어는 내가 태어나기 전부터 존재해 왔기 때문입니다. 한국 사람은 한국어를 받아들이고 배우면서 한국어가 담고 있는 세계를 배웁니다. 우리는 언어의 구조 속에 던져진 존재입니다.

지금 내가 하고 있는 말은 나의 말이 아닙니다. 내가 속한 나라의 언어를 배우고 그 구조에 따라 말을 하기 때문입니다. 한국인의 '하늘'과 미국인의 '하늘'이 다른 의미를 가질 수 있는 것은 이런 배경 때문입니다. 우리는 '하늘도 무심하시지'라는 말을 자연스럽게 사용합니다. 가혹한 운명을 원망할 때 쓰는 말이죠. 우리 민족이 하늘에 대한 공경과 숭배를 중요시했음을 알 수 있습니다. 우리는 모국어의 표현을 배우고 외우면서 그 속의 의미까지 수용합니다. 우리가 하는 말은 이렇게 학습된 것들입니다. 언어에는 그 민족이 중요시하는 개념과 사유가 고스란히 담겨 있습니다. 결국 모국어가 나의 생각, 사상을 한계 짓습니다. 우리는 모국어가 제공하는 구조 속에서 생각하고 말할 수밖에 없는 소극적 존재입니다.

가끔 택시를 타는데 기사들의 다양한 사회적 관심과 지식에 놀라곤 합니다. 정치, 사회, 경제 등 다양한 분야에서 자기 의견을 쏟아 내는데 가만 들어 보면 그 생각들이 그들의 것이 아니라는 사실을 발견하게 됩니다. 라디오에서 나오는 이야기들을 그대로 받아들인 것입니다. 그런 점에서 나의 생각은 나의 것이 아닙니다. 요즘은 라디오 대신 인터넷을 많이 보니까 인터넷이야말로 새로운 언어 구조라고 해야 할 듯합니다.

여기서 파롤과 랑그에 대한 이해가 도움이 될 듯합니다. 소쉬르는 언어에서 파롤과 랑그를 구분합니다. 파롤(parole)은 말하는 순간의 개인적 발화를 말하고, 랑그(langue)는 한 사회가 가진 언어 규칙을 말합니다. 파롤은 개인적 발화이기 때문에 변할 수 있고, 랑그는 언어 규칙으로 고정된 것입니다. 말하는 사람은 파롤의 주체가 될 수 있지만 랑그에 대해서는 그럴 수 없습니다.

우리는 한국어의 체계와 규칙에 따라 말해야 합니다. 사회적으로 정해진 규칙을 어기면 다른 사람들이 알아들을 수 없습니다. 말을 할 때 언어의 구조 속에 들어간다는 말이 이런 뜻이고 그것이 랑그의 세계입니다. 사람은 말로 생각한다고 했습니다. 그렇다면 말의 규칙을 따라 생각할 수밖에 없겠지요. 그 말의 규칙이 랑그이고 모국어입니다. 결국 언어가 우리의 생각을 한정 짓게 됩니다. 소쉬르는 랑그야 말로 언어학의 대상이라고 보았습니다.

소쉬르의 언어학은 의외의 결론에 도달합니다. 우리는 생각의 주체가 아니라는 것입니다. 우리는 언어가 제공하는 체계 속에서, 그 한계에서 생각할 뿐입니다. 근대철학자들이 강조한 주체라는 것도 결국 언어의 한계 속에서, 언어에 의해 만들어진 결과에 지나지 않습니다. 인간이 언어의 주인이 아니라 언어가 인간의 주인이 되는 것이죠. 데카르트는 '나는 생각한다. 고로 존재한다'고 했지만 구조언어학은 '나는 생각한다, 언어가 제공하는 대로'로 표현할 수 있을 겁니다. 니체는 '언어는 생각의 감옥'이라고 했는데 그 의미가 소쉬르에 의해서 분명해진 셈입니다.

## 레비스트로스와 구조인류학

사르트르의 실존주의에 따르면 인간은 특정한 역사적 상황에 던져진 세계-내-존재입니다. 인간에게 삶은 낯선 상황 속에 참여하고 거기에서 결단하며 자기를 구축해 나가는 것입니다. 실존은 상황에 따른 결단에 달려 있고 그것의 결과에 책임을 집니다. 이때 그의 선택이 옳았는지 아닌지는 역사의 결정에 달려 있습니다. 역사가 그의 선택을 심판할 것이기 때문입니다.

이런 실존주의적 사유에 정면으로 배치되는 주장이 구조주의입니다. 물론 인간이 어떤 환경에 던져진 존재이고 그것에 구속받을 수밖에 없다는 것은 구조주의도 동의하는 바입니다. 하지만 주체의 문제로 가면 생각이 달라집니다. 실존주의는 결단을 하는 주체인 인간을 강조했지만 구조주의는 결단의 주체가 인간이 아니며 오히려 주체가 구조의 결과에 불과하다고 주장합니다. 이것은 인간을 보는 관점의 차이에서 기인한다고 볼 수 있습니다. 사르트르는 인간을 하나의 현상, 개별자로 봅니다. 역사적 상황에 던져진 '나'를 기준으로 '어떻게 살아야 하는가'를 탐구하는 존재가 실존입니다. 반면 구조주의는 보편적 인간을 상정하고 사유합니다. 인간은 특정한 구조에 던져지고 구조에 의해 규정되고 만들어짐을 강조하는 것입니다.

구조주의와 실존주의는 필연적으로 갈등할 수밖에 없었습니다. 대표적인 갈등이 사르트르와 레비스트로스의 논쟁이었습니다. 결단에 대한 역사의 심판을 강조하는 사르트르에게 레비스트로스는 '역사는 그것에 관심을 가진 집단이 만든 기준'일 뿐이라고 말합니다. 역사의 이름으로 모든 것을 평가하려는 자세를 포기하라는 것입니다. 그러자 사르트르는 구조주의를 '부르주아의 이데올로기'라고 평가절하하고 역사의 이름으로 사형을 선고한다며 논쟁을 벌였습니다. 결과는 어떻게 되었을까요? 실존주의의 침몰이었습니다.

구조주의가 소쉬르에서 시작되었음은 이미 살펴보았습니다. 이번에는 소쉬르의 바통을 이어 받아 구조주의를 학문 전반에 퍼뜨린 사람을 만나 볼 차례입니다. 그가 바로 앞서 말한 레비스트로스(Levi-Strauss, 1908-2009)입니다. 그는 원시적 사고를 분석한 후 문명인의 사고와 비교하여 일약 구조주의의 중심에 선 인물입니다. 그가 남긴 《친족의 기본구조》, 《야생의 사고》, 《슬픈 열대》, 《구조인류학》 등의 책들은 구조주의라는 이름으로 널리 퍼졌고 많은 사상가에게 영향을 미쳤습니다. 소쉬르의 구조언어학과 방법론을 인간 생활과 사유로 끌고 온 것이 레비스트로스였습니다. 인류학의 레비스트로스, 계보학의 푸코, 정신분석학의 라캉, 문학이론가 롤랑 바르트를 흔히 '구조주의 사총사'라고 합니다. 이들은 소쉬르의 언어구조론을 자신들의 분야에 적용시켜 구조주의를 일반화한 장본인들입니다. 그 중심에 레비스트로스가 있습니다.

## 증여의 진정한 의미

레비스트로스를 이해하는 중요한 키(key)가 근친상간 금지입니다. 인류의 모든 문화권에서 발견되는 이 관습은 오래전부터 인간의 내면과 제도에 뿌리를 내렸습니다. 왜 세계의 다양한 문화권에서 공통적으로 근친상간을 금지하는 것일까요? 이에 대해 여러 가지 분석이 있는데 여기서는 레비스트로스의 이야기에 집중해서 살펴보겠습니다.

레비스트로스는 근친상간의 금지야말로 인간이 자연에서 문화의 상태로 넘어가는 중요한 규칙이라고 말합니다. 왜 하필 근친상간 금지일까요? 남자들은 자신의 집단에 속한 여자들을 성적 대상으로 여깁니다. 다른 집단의 남자들 또한 그럴 수 있음을 알죠. 한 집단이 생존하려면 다른 집단과 연결되고 그들과 좋은 관계를 맺는 것이 유리합니다. 이때 다른 집단과 동맹을 맺을 경우 서로 여자를 교환하는 것이 좋은 방법이 될 수 있을 겁니다. 친족이나 부족 같은 하나의 집단이 계속 유지되려면 자손을 낳을 수 있는 여자가 필요합니다. 여자는 여러모로 집단에서 중요한 역할을 하기 때문에 좋은 교환의 대상이 될 수 있는 것입니다. 결국 친족이나 부족 내에서의 결혼은 생존에 큰 도움이 되지 않기에 금지되고 여자를 다른 부족에게 넘겨주는 방식을 취하게 된 겁니다.

근친상간의 금지는 인류 최초의 규칙이며 이를 매개로 자연의 상태를 지나 문명의 단계로 접어들게 되었다는 것이 레비스트로스의 생각입니다. 여자를 다른 부족에게 넘겨주고 교환하게 되면서 호혜적 관계를 맺게 되는데 이것은 자연에 의해 정해진 것이 아닌 인위적인 관계를 형성하는 기반이 됩니다. 금지가 새로운 공동체를 만들어 내고 그 공동체에 필요한 질서를 불러오게 되는 것입니다. 그래서 근친상간의 금지를 최초의 규칙이라고 부릅니다. 자연에서 사회로 넘어가는, 사회적 인간이 시작되는 지점이라는 것이죠. 사회가 형성되는 지점은 교환입니다. 여자를 교환하고, 언어를 교환하고, 재화를 교환합니다. 교환이 가능하려면 언어적 의사소통 체계가 필요합니다. 언어의 교환을 통해 의사소통이 가능하듯 여자의 교환을 통해 호혜적 관계가 형성됩니다.

여기서 중요한 의문이 남습니다. 왜 주느냐 하는 것입니다. 근친상간의 금지가 교환을 위한 것이니 교환의 이유가 분명히 밝혀져야 할 것입니다. 레비스트로스는 '부채감'이라는 말로 대답합니다. 증여가 부채감을 낳고 부채감은 또 다른 증여로 이어진다는 것입니다.

누군가 우리에게 선물을 주었다고 하겠습니다. 받을 때는 기분이 좋습니다. 그런데 그것이 부담이 됩니다. '나도 저 사람에게 뭔가를 줘야 하는 것이 아닌가' 하는 생각이 떠나지 않습니다. 그러다가 선물을 준 사람의 생일 같은 기회가 찾아오면 빚을 갚기 위해 선물을 준비합니다. 부채감을 없애기 위해서죠. 선물을 받은 당사자는 또 어떨까요? 선물을 받았으니 또 다른 부채감이 생길 겁니다. 이렇게 선물은 상대방에게 부채감을 주고 교환을 반복하게 만듭니다.

레비스트로스는 인간의 중요한 본성에 증여가 있다고 봅니다. 증여는 상대방에게 주는 행위입니다. 우리 주변에는 상대방에게 무언가를 줌으로써 행복을 느끼는 사람이 많습니다. 주는 것 자체에서 기쁨을 느끼는 것입니다.

북아메리카 원주민들은 '포틀래치(potlatch)'라는 독특한 증여 관습을 갖고 있습니다. 포틀래치는 '소비하다'는 뜻입니다. 큰 행사가 있을 때 주인은 손님을 초대합니다. 이때 주인은 손님들을 위해 자신이 쌓아 온 부와 재산을 지나치다 싶을 정도로 탕진하고 소모해 버립니다. 많은 음식을 내놓는 정도를 넘어서 값비싼 동물의 가죽을 수북이 쌓아 놓고 불을 질러 버리거나 보트 같은 중요한 것들을 부숴 버립니다. 오만 원짜리 지폐를 쌓아 놓고 불태우는 장면을 떠올리면 이해가 쉬울 듯합니다.

그들은 왜 이런 어이없는 행동을 할까요? 그들의 행동은 우리와 크게 다르지 않습니다. 허리띠를 졸라매야 하는 상황에서도 '오늘은 내가 살게'라며 한턱을 내고, 경제적 압박이 눈에 보이는데도 비싼 외제 차를 구입합니다. 한턱내는 것은 상대방에게 부채감을 심어 주는 것이고, 외제 차를 사는 것은 상대방에게 위력을 보여 주는 것입니다. 결국 '나, 이런 사람이야'라는 것을 보여 주는 것이죠. 과도하게 소비함으로써 상대방에게 부채감을 심어 주거나 자신의 존재를 과시하여 인정받는 것입니다. 그 덕분에 호혜적 관계가 가능해지거나 최소한 상대방에게 무시당하지는 않게 됩니다.

이런 증여와 포틀래치는 사회에 도대체 무슨 도움이 되는 것일까요? 그것은 사회의 존속과 유지입니다. 폐쇄적인 사회는 환경의 변화 혹은 주변의 침략에 쉽게 무너질 수 있습니다. 증여는 폐쇄적 집단을 개방적으로 바꾸고 다른 집단과 호혜적 관계를 형성하게 합니다. 기브 앤드 테이크(give and take)를 함으로써 변화의 가능성을 확보하는 것이죠. 새로운 사람이 우리 부족에 들어오고 아이들이 태어나고 다시 사람이 교환되는 '구조'를 만드는 것이 여자를 교환하는 이유입니다. 그 기초가 근친상간의 금지이고, 이 규칙을 통해 증여를 할 수 있는 구조가 만들어집니다.

그렇게 본다면 우리는 구조 속에서 움직이는 존재에 불과합니다.

'나는 오빠와 결혼하면 안 된다'는 생각은 인간의 본성이 아니라 교환을 위한 규칙, 구조가 만든 결과입니다. 인간은 사회 규범과 관습, 제도를 수용하면서 인간으로 만들어지는 존재입니다. 늑대소년이 생물학적인 의미에서는 인간이지만 사회적 의미에서 인간이라고 할 수 없는 것처럼 한 사회의 구성원이 되려면 그 사회가 요구하는 관습과 규칙을 받아들여야 합니다. 그래야 인간으로 인정받을 수 있으니까요. 근친상간의 금지는 그 최초의 규칙이었습니다.

### 어떠한 분류도 무질서보다는 낫다

《야생의 사고》에서 레비스트로스는 토테미즘을 분석합니다. 토템이란 한 부족이 특정 동물과 상징적 관련을 맺고 있는 경우를 말합니다. 원시 부족들은 자신들의 토템이 그들의 오랜 조상이며 그들과 특별한 관계를 맺고 있다고 생각했습니다. 곰이 토템인 부족은 곰을 죽이거나 먹지 않고 숭배하는 모습을 보입니다. 이런 토템을 현대인은 '미개함' 혹은 '원시적인 것'으로 여깁니다. 이성이 발달하지 않았던 야만의 시절에 동물들을 숭배하던 종교적 흔적이라는 것이죠.

19세기에 히스테리와 토테미즘이 본격적으로 연구되었습니다. 토테미즘과 히스테리에 대해 서구인들이 내린 결론은 '미개인' 혹은 '정신질환자'와 관련된 것이라는 딱지였습니다. 이것은 특정한 사람들이 자신과 다른 생각이나 관습을 가진 사람들을 저급한 것으로 규정하려는 무의식적 욕망이 작용한 탓입니다. 서양인은 동물을 숭배하는 풍습을 야만으로 규정하고 자신들을 그들과 다른 문명인으로 만들려 했습니다. 토테미즘이 야만과 문명을 구분하는 기준이 되었던 것입니다.

레비스트로스가 생각한 토테미즘의 의미는 무엇일까요? 그것은 한마디로 '분류'였습니다. 그가 보기에 곰을 숭배하는 부족은 자신과 다른 부족을 구분하기 위해 우연히 곰을 상징으로 사용했을 뿐입니다. 표범이나 뱀을 토템으로 삼는 부족도 마찬가지였죠. 토템은 원시인들이 자신들과 다른 집단을 구분하기 위한 분류의 도구라는 것이 레비스트로스의 분석입니다. 원시인들은 자연에 존재하는 다양한 동물이나 식물을 구분하고 그 미세한 차이들을 보면서 그들의 사회 안에 존재하는 차이들 또한 상징적으로 분류해 냈습니다. 토템은 그들을 다른 존재와 구분 짓고, 차이를 만들기 위한 장치였던 셈입니다.

> 과학자들은 불확실성이나 좌절을 참고 견딘다. 왜냐하면 달리 어찌할 수가 없기 때문이다. 하지만 참고 견디지 못하며 또 그래서도 안 되는 것이 있으니 그것이 바로 무질서이다. 이 무질서를 없애려는 노력은 생명의 기원과 함께 저차원에서 무의식적으로 시작되었다.
>
> -《야생의 사고》

레비스트로스가 하고 싶었던 말은 미개인과 문명인이 사고하는 방법은 질적인 차이가 없다는 것입니다. 예나 지금이나 사람들의 사고방식을 결정하는 것은 변함이 없으며 우리가 원시적 사유라고 폄하하는 것들이 여전히 우리의 사유 속에서 작동하고 있습니다. 사람의 인식 방법은 고대나 현대나 크게 다르지 않습니다.

인간은 세계 속에서 살아갑니다. 그러자면 세계에 대해서 알아야 합니다. 세계를 알아 가는 방법이 무엇일까요? 바로 분류입니다. 인간이 세계를 이해하려면 사물 하나하나를 구분해야 합니다. 하나의 사물을 다른 사물과 구분하려면 그것과 대립되는 것을 찾고, 차이를 이해하는 것이 필요합니다. 이렇게 인간은 분류를 통해 세계에 질서를 부여하고 사물을 이해합니다. 혼돈(카오스)에서 질서(코스모스)로 향하는 방법이 분류이고, 이것이 인간에게 자연과 세상에 대한 탐구를 가능하게 합니다. 인간은 지식을 향한 의지를 가졌고 분류와 구분을 통해 세상을 이해하는 존재입니다.

레비스트로스가 《야생의 사고》에서 말하고자 한 것은 원시적 사유가 우리가 생각하는 만큼 미개하거나 저급하지 않으며 지금 우리의 사유 방식과 다르지 않다는 것입니다. 야생의 사고는 체계적이고 정돈되어 있으며 구조적입니다. 현대인이 미개한 사유라고 치부하는 이유는 자연을 대하는 접근법이 지금과 달랐기 때문입니다. 야생의 사고는 감각적인 인식에 기초해서 이루어지는 반면, 현대의 사고는 그것과는 독립해서 이루어진다는 점에서 다를 뿐입니다.

원시인들은 자신의 감각으로 자연의 정보를 파악합니다. 그것을 바탕으로 사물을 분류하고 질서를 잡아 나갑니다. 이런 방법은 현대인에게도 여전히 유효합니다. 창문 너머로 흘러들어 오는 향기가 담배 연기인지 고기 굽는 냄새인지, 빵 굽는 냄새인지를 감각적으로 정확하게 알 수 있으니까요. 차이도 있습니다. 현대의 사고는 과학적입니다. 직접적인 감각이 아니라 추상적인 논리에 의존합니다. 창문 넘어 들어오는 냄새들의 화학 성분을 분석하고 분류합니다. 과학의 특징은 분석을 거쳐 이론을 만들어 세상을 이해한다는 것입니다.

우리가 비합리적이고 미신적이라고 생각했던 원시인들의 사고는 미개한 것이 아닙니다. 그들은 자연을 논리적으로 판단하고 체계적으로 분류했습니다. 게다가 그들의 분석과 판단은 현대 사회에도 유효하게 작동하고 있습니다. 원시적 사고와 과학적 사고는 인간의 정신이 작동하는 방법일 뿐 그 방법에 우열이 있는 것은 아니라는 것이 레비스트로스의 생각입니다. 감각적이든 과학적이든 분류를 함으로써 세상을 이해한다는 점에서는 같으니까요. 원시적 사고를 극복해 과학적 사고가 발달한 것이 아닙니다. 원시적 사고는 고대에도 현대에도 여전히 유효합니다.

### 정신의 무의식적 구조

인간이 세상을 분류하는 데 중요하게 사용한 방법이 바로 이항대립입니다. 이항대립은 서로 대립되는 요소가 쌍을 이루는 경우를 말합니다. 낮과 밤, 남자와 여자, 천국과 지옥, 하늘과 땅, 긍정과 부정 같은 것이 이항대립의 예입니다. 이항대립은 인간이 세상을 분류하고 이해하는 근본적인 형식이자 구조입니다.

원시인들은 동물을 분류할 때 하늘을 나는 것과 땅 위로 다니는 것으로 구분합니다. 땅 위로 다니는 것은 다시 다리가 네 개인 것과 두 개인 것으로 구분이 가능합니다. 다리가 네 개인 동물들은 발굽이 있는 것과 없는 것이 있습니다. 이렇게 이항대립으로 수많은 분류가 가능해졌고 이런 분류로 사물을 이해할 수 있게 됩니다. 레비스트로스에 의하면 이런 분류 작업은 대립을 만들어 낼 수 없을 때까지 멈추지 않고 계속됩니다. 분류는 인간의 속성이기에 그것은 '좌절을 모르는 작업'입니다. 이항대립을 통한 분류가 인간의 정신 작용에 무의식적 구조로 작동되고 있는 것입니다.

레비스트로스는 야생의 사고가 가진 논리를 설명하기 위해서 브리콜라주(Bricolage)를 예로 들어 설명합니다. 브리콜라주는 기존에 만들어진 것들을 다시 활용해 새로운 것을 만들어 내는 방식을 뜻합니다. 이미 사용되었던 재료를 결합하여 전혀 새로운 것들을 만들어 내는 것입니다. 〈정글의 법칙〉이라는 TV프로그램을 보면 북태평양에 있는 쓰레기 섬에 버려진 폐품들을 재활용해서 생활에 필요한 도구들을 만들어 내는 장면이 있습니다. 부서진 선풍기 틀로 물고기를 잡기도 하고, 플라스틱과 노끈을 모아 집을 짓기도 했습니다. 그들이 작업하는 모습이 바로 브리콜라주라고 할 수 있습니다.

브리콜라주는 자원이 한정되고, 나에게 꼭 필요한 것이 없을 때 기존의 것들을 활용해야 하는 절박한 상황과 연결되어 있습니다. 그 경우 기존의 것을 새롭게 보고 다르게 활용하는 창의성이 필요하겠지요. 그래서 예술가들은 중요한 영감을 주는 이 방법을 널리 활용하고 있습니다. 예술가들은 기존의 알려진 것들을 다른 것들과 연결함으로써 과거의 틀을 넘어 새로운 발견을 해내는 사람들입니다. 네트워크 연결의 귀재들이죠.

중요한 것은 브리콜라주 방법입니다. 브리콜라주는 조합입니다. 어떤 것을 서로 결합할 것인가, 무엇을 무엇과 연결할 것인가 하는 것이 브리콜라주의 핵심입니다. 물론 여기서 주어지는 것들은 기존의 체계가 제공하는 것들입니다. 브리콜라주 예술가는 자신의 작업 공간에서 작업하고 남은 것들, 활용하고 남은 것들을 조합합니다. 이런 방식은 원시인들의 사고방식과 닮아 있습니다. 그들 또한 자신들이 경험하고 아는 한도에서 조합을 통해 사유할 수밖에 없습니다. 이때 사용될 수 있는 기본적인 이해의 방식이 이항대립입니다. 남자와 여자, 낮과 밤이라는 이항대립들 중에서 남자와 낮을 연결할 수도 있고, 남자와 밤을 연결할 수도 있습니다. 두 개의 이항대립으로 네 개의 조합이 가능합니다. 여기에 기쁨과 슬픔이라는 새로운 이항대립이 추가되면 '밤을 좋아하는 남자의 슬픔'이라는 식의 다양한 조합이 만들어집니다. 이렇게 수많은 이항대립의 연결과 조합이 원시인들의 지적 활동에 감춰진 구조적 성격이고 브리콜라주의 방식입니다. 이항대립을 통한 분류와 이해야말로 새로운 의미가 창조될 수 있는 구조인 것입니다.

이때 왜 이런 연결을 반복하는가라는 의문이 생길 수 있습니다. 레비스트로스에 의하면 그것은 '무의미함에 대한 반기'입니다. 인간은 무의미함, 무질서함을 견딜 수 없습니다. 분류하고 조합하는 과정을 거쳐 세상의 질서를 찾아내려 합니다. 이것이 분류와 연결의 이유입니다. 인간의 정신 작용은 원시인이나 문명인이나 차이가 없으며 그 밑바닥에 무질서함을 견딜 수 없어 하는 분류의 본성이 숨겨져 있다는 것이 레비스트로스의 분석입니다. 이것은 인간의 전통이나 관습, 문화에 깊이 새겨진 일종의 무의식적 구조로 작용합니다. 그래서 레비스트로스는 '어떠한 분류도 무질서보다는 낫다'고 말합니다.

### 뜨거운 사회와 차가운 사회

레비스트로스는 인류가 구성해 온 사회를 '뜨거운 사회'와 '차가운 사회'로 구분합니다. 뜨거운 사회는 새로운 질서와 의미를 창조하는 일에 에너지를 많이 사용하는 사회를 말합니다. 경쟁을 자극하고 성과를 중시하며 이를 통해 새로운 것을 건설하는 일에 매진합니다. 이를 위해서는 사회 내부의 계급을 잘 활용해야 합니다. 경쟁을 자극하기 위해 탈락할지도 모른다는 위협을 주고, 보상해 줌으로써 성공에 대한 열정을 부추기는 것입니다. 서구의 현대 사회가 이런 모습을 그대로 보여 주고 있죠. 이런 사회에서는 지나치게 에너지를 소모해 무질서와 방전 현상을 경험할 수 있습니다.

차가운 사회는 최소한의 에너지만으로 사회를 움직이면서 변화의 요소들을 상쇄시키는 사회입니다. 마찰을 줄이고 사회적 균형을 유지하기 위해 내부적으로 평등을 추구하고 환경과도 공존하려 애씁니다. 시계처럼 같은 공간을 계속해서 돌며 최소한의 필요한 기능만을 수행하는 사회입니다. 이때 사회의 항상성을 보존하는 방법이 분류체계와 의식(儀式)입니다.

레비스트로스는 폭스족 인디언들이 계승자에게 자리를 물려주는 의식으로 차가운 사회의 항상성 보존에 대해 말합니다. 이때의 의식은 죽은 사람을 산 사람으로 교체하고 죽은 자의 영혼과 이별을 고하는 일과 관련됩니다. 산 자와 죽은 자라는 이항대립을 의례로 통합하려 합니다. 통합이 잘 이루어지면 죽은 자들의 산 자에 대한 복수를 막을 수 있습니다. 이때 원주민들은 단호하게 살아 있는 자의 편에 선다고 합니다.

'죽음은 괴롭다. 그러나 슬픔은 더욱더 괴롭다.'

의식 혹은 의례의 기능은 이항대립 요소를 통합하여 질서, 항상성을 회복하는 것입니다. 이것은 뉴기니의 가후쿠-가마족의 축구 경기 방식에서도 볼 수 있습니다. 서구 사회의 게임인 축구를 배운 그들은 경기 방식을 자기들 나름대로 독창적으로 변형해 냅니다. 그 방법이란 지고 있는 팀이 같은 점수를 낼 때까지 시합을 몇 날 며칠 계속하는 것입니다. 결국 이 시합은 승자와 패자로 나뉘지 않고 화합으로 끝이 나겠지요. 승패가 나뉘는 게임이 통합의 의식으로 체험됩니다.

월드컵은 뜨거운 사회의 게임 방식입니다. 승자와 패자를 나누고 승자에게 우승컵의 영광과 부를 거머쥐게 합니다. 이것을 얻기 위해 수많은 나라가 땀을 흘리며 노력하게 되겠지요. 축구의 전술과 선수들의 기술은 날로 발전할 것입니다. 반면 가후쿠-가마족은 게임을 의례로 받아들임으로써 상호 통합을 추구하고 균형을 유지하는 것으로 결말을 만들어 냅니다.

차가운 사회의 특징은 문자가 없다는 것입니다. 문자가 없기에 역사에 대한 관념도 없습니다. 우리는, 역사는 발전한다는 식으로 생각하는 경향이 있습니다. 미개에서 문명으로의 발전이 그것입니다. 뜨거운 사회는 역사의 개념을 발전을 위한 원동력으로 활용합니다. 1970년대 우리 사회를 생각해 보면 알 수 있습니다. '잘살아 보세', '국토개발 5개년 계획' 등의 슬로건은 뜨거운 사회가 시간, 역사의 개념을 활용하는 모습을 잘 보여 주고 있습니다. 지금 우리도 '오늘보다 나은 내일'을 꿈꾼다는 점에서 뜨거운 사회의 가치관을 그대로 지니고 있습니다.

차가운 사회에서는 시간이 과거에서 현재로 흘러가지 않습니다. 시간은 마치 원처럼 계속 순환할 뿐입니다. 물론 차가운 사회에도 과거와 현재는 있습니다. 이때 과거와 현재는 서로를 비추는 기능에 그칩니다. 현재는 과거에서 연유한 것이지만 같은 평행선에 위치할 뿐입니다.

레비스트로스가 뜨거운 사회와 차가운 사회를 말하는 이유는 두 사회가 우열의 관계 혹은 미개와 문명의 관계에 있지 않다는 것을 보여 주기 위함입니다. 원시인들은 문자가 없고 역사의식도 없지만 문명인들의 사고방식과 근본적으로 다른 점은 없지요. 현대인이 쌓은 기술과 과학, 문명은 역사 발전의 결과가 아니고 인간 정신의 모습들이 펼쳐지면서 우연히 발생한 결과일 뿐이라는 것이 레비스트로스의 생각입니다.

지금 우리는 자본주의적 경제적 인간관을 인간의 본성이라고 여깁니다. 하지만 원시 문화를 연구해서 얻은 결론은 그렇지 않습니다. 서태평양의 멜라네시아에는 다양한 부족이 존재하는데 그들은 '쿨라(kula)'라고 알려진 독특한 교역 활동을 해 왔습니다. 교역물은 주로 조개껍데기로 만든 목걸이와 팔찌 같은 것들인데 이것들은 실생활에 무용해서 경제적 의미가 거의 없습니다. 그런데도 며칠씩 위험한 바다를 항해해 이것들을 전달합니다. 재미있는 것은 받은 물건들을 독점할 수 없으며 1－2년 내에 다른 부족에게 넘겨야 한다는 것입니다. 쿨라는 경제적 이익이나 사용가치를 얻기 위한 활동이 아니고, 부족간의 호혜성을 높이기 위한 의례적 행위라고 할 수 있습니다.

포틀래치와 함께 쿨라는 인간이 돈과 경제적 이익을 추구하는 존재라기보다는 교환을 통한 호혜성을 중요시한다는 것을 말해 주고 있습니다. 소유와 경쟁을 위해 살아가는 삶은 자본주의라는 구조 아래에서 살아가는 사람들에게서 발견되는 특징일 수 있다는 것입니다. 인간의 욕망은 다양하지만 그 욕망을 보편적으로 보이게 하는 것은 그 사회의 구조적 특성에 의존합니다. 인간 존재를 조작하고 규정짓는 것이 그 사회이기 때문입니다. 이런 생각은 자본주의가 역사 발전의 필연적 결과가 아니라 특정한 상황이 만들어 낸 우연한 하나의 결과라는 것으로 이해될 수 있습니다.

우리가 돈을 중요시하는 것은 우리 사회가 돈을 중요하게 여기는 구조를 가졌기 때문이고, 명예를 중요하게 여기는 것은 명예의 가치를 중시하는 환경에 속해 있기 때문입니다. 조선시대 양반이 돈보다 체면을 중요시한 이유가 유교적 사회 구조의 영향인 것처럼 말입니다.

### 사회 구조가 인간을 만든다

> 천하에는 큰 시비와 분별이 세 가지가 있는데 첫째는 화이(華夷)를 구분하는 것이고, 둘째는 왕패(王伯)를 구분하는 것이고, 셋째는 정학과 이단을 구분하는 것이다.

위정척사사상의 선두에 섰던 이항로의 말입니다. 그에 따르면 조선은 화이고 서양은 이입니다. 성리학은 정학이고 천주교는 이단입니다. 결국 서양의 문물은 미개하고 정학에서 벗어난 것으로 받아들일 것이 못 된다는 결론에 도달합니다. 위정척사파의 주장을 가만히 들여다보면 나의 것이 우월하다는 자기중심주의가 숨겨져 있음을 발견할 수 있습니다. 레비스트로스가 '모든 문명은 자신이 가진 사고의 객관적 측면을 과대평가하는 경향이 있다'고 말한 것을 그대로 보여준다고 하겠습니다.

이런 자문화 중심주의는 조선 사회에서만 발견되는 것이 아닙니다. 서구 문명에서 훨씬 강하게 발견됩니다. 특히 원시 사회를 비하하는 것에서 드러납니다. 서구는 근대를 지나면서 과학과 문명에 대한 지나친 자신감을 품게 되었습니다. 자신들의 과거와도 관련된 원시 문명을 폄하하는 모습을 보입니다. 그 과정에서 계몽주의의 역할이 컸음은 이미 살펴보았습니다.

이런 상황에서 레비스트로스는 원시 사회의 구조를 분석함으로써 그들이 세계를 어떻게 경험하고 이해했는지에 대한 방대한 연구에 돌입했습니다. 그 결과 원시적 사유와 현대적 사유는 '다른 사유'이기에 비교하는 것 자체가 무의미하다는 결론에 이릅니다. 원시적 주술과 현대적 과학은 사물을 바라보는 관점이 다를 뿐 세계에 질서를 부여하는 사고라는 점에서는 같다는 것입니다. 우리가 주목해야 하는 것은 사물을 분류하려는 의도야말로 인간 본성에 내재된 무의식적 구조라는 것입니다. 주술과 과학은 인간 정신의 다른 면일 뿐입니다.

또한 지구상에 존재하는 모든 사회의 공통점이라고 할 수 있는 근친상간 금지는 여자를 교환해 호혜성을 확보하는 장치였음을 발견합니다. 금지는 아주 효율적인 구분의 수단이며 친족관계의 기본 구조는 교환입니다. 사회를 변화시키고 유지하기 위한 장치가 근친상간 금지였습니다. 쿨라와 포틀래치 등의 관습에서 보듯이 원시인들은 경쟁보다는 호혜적 나눔에 익숙했습니다. 이것은 레비스트로스가 말하는 차가운 사회의 특징입니다.

이처럼 원시적 사고는 서구 사회가 생각하는 것처럼 낙후되고 미개한 것이 아니라 지금의 과학과는 다른 성격을 가진 또 다른 우리의 모습입니다. 레비스트로스가 연구 결과 무엇을 말하고자 했는지 정리해 보겠습니다.

- 인간의 정신과 삶에는 그것을 만들고 유지하는 무의식적인 구조가 자리 잡고 있다.
- 그 구조란 인간은 무질서를 참지 못하고 분류를 통해 세상을 파악한다는 것, 증여를 통해 호혜적 삶을 추구한다는 것이다.
- 인간은 자신이 존재하는 사회의 규율과 규범을 수용하면서 인간으로 탄생한다는 것, 사회 구조가 인간을 만든다는 것이다.

이제 인류학자 레비스트로스가 왜 철학에서 중요한 사람이 되었는지 알 수 있을 듯합니다. 인간은 자신이 속한 사회에서 절대 자유로울 수 없다는 것을 인류학적으로 고찰해 드러냈기 때문입니다. 앞에서 살펴보았듯이 인간이 합리적 경제인이냐 의사소통적 나눔인이냐 하는 것은 인간의 본성이 그런 것이 아니라 그 사회 구조에 의해 결정됩니다. 인간이 고정된 정체성을 가진 것이 아니라 그가 속한 사회가 그의 정체성을 결정합니다. 그런 점에서 증여와 교환의 호혜성을 보여 주는 원시 부족들의 모습은 자본주의 구조 아래에 있는 우리에게 새로운 가능성을 보여 줍니다. 하버마스가 회복시키길 바란 의사소통적 이성 역시 그런 역할을 할 수 있을 테고 말이지요. 물론 돈맛을 본 현대인이 그것을 쉽게 용납할 리 없지만 언젠가 위기가 닥치고 변화의 필요성을 절감하면 불가능한 일도 아니리라 믿어 봅니다.

# 30강. 권력이란 무엇이며 어떻게 작동하는가

|

푸코

팽형(烹刑)은 끓는 물이나 기름에 사람을 삶아 죽이는 형벌입니다. 심한 경우 끓는 물이 아닌 차가운 물에 사람을 넣고 천천히 불을 지펴 물의 온도를 높여 죽였습니다. 그만큼 오랫동안 고통을 주겠다는 의도이지요. 거열형(車裂刑)은 머리와 양팔, 양다리에 줄을 묶고 다섯 방향에서 말이나 소가 끌어당기도록 하여 찢어 죽이는 형벌입니다. 이때 천천히 힘을 가해서 단번에 죽지 않도록 하는 것이 중요한 기술이었다고 합니다.

### 푸코와 계보학

다행히 우리는 이런 비인간적이고 잔인한 형벌이 집행되는 시대에 살고 있지는 않습니다. 죄형법정주의라는 합리적 기준에 의해 죄를 판단하고 처벌하고 있으니까요. 죄형법정주의는 절대권력이 자의적으로 죄를 판단, 규정하고 과도하게 형벌을 내리는 것을 막기 위한 장치로 마련된 것입니다. 형벌의 인간화라고나 할까요. 특히 근대를 지나면서 형벌제도가 인간화되는 모습을 보입니다.

이런 형벌의 인간화에 대해 고개를 갸웃거린 사람이 있습니다. 바로 푸코(Foucault, 1926-1984)입니다. 그는 과거의 잔인한 형벌이 합리적인 처벌로 변한 것은 결코 인간적 배려에 의한 것이 아니라고 단언합니다. 형벌제도의 변화는 지배의 방식이 달라진 결과라는 것입니다. 이런 주장은 형벌제도의 변화를 탐구하고 그 배후에 도사리고 있는 권력의 작동 방식을 분석하면서 이루어졌습니다.

롤랑 바르트(Roland Barthes, 1915-1980)는 《글쓰기의 영도》라는 책으로 유명한 구조주의자입니다. 여기서 '영도(零度)'는 어떤 제도나 관념이 형성되어 그것에 가치판단이 개입되기 이전의 상태를 가리키는 개념입니다. 국가라는 제도가 있다면 그 국가라는 제도가 생기게 되는 바로 그 순간에 대한 탐구가 영도입니다. 지금 우리가 살펴보고 있는 구조주의는 이런 영도에 대한 탐구라고 봐도 무방합니다. 어떤 제도, 사상, 시스템을 연구하는 가장 원초적인 방법은 그것이 시작되는 지점으로 거슬러 올라가서 살펴보는 것이기 때문입니다.

레비스트로스는 원시 문화를 탐구해 인간이 당연시하는 제도들의 영도를 탐구했습니다. 이를 통해 인간의 무의식에 존재하는 구조들을 드러냈습니다. 이렇게 역사적 배경을 거슬러 올라가 살펴보는 작업 방식은 구조주의를 대표하는 연구 방법이라고 할 수 있습니다. 푸코는 이런 방법을 고고학 혹은 계보학이라고 부릅니다. 이것은 그에게 가장 큰 영향을 미쳤던 니체의 방식을 자신의 연구 영역에 적용한 것이기도 하지요.

니체는 어떤 제도와 개념을 탐구하기 위해 계보학이라는 독특한 방법을 사용했습니다. 계보학은 제도와 개념 등 다양한 현상의 역사적 형성 과정을 되짚어보는 방법을 말합니다. 이전의 철학자들은 '진리란 무엇인가', '정의란 무엇인가' 등 어떤 개념을 파악하는 데 집중했습니다. 반면 니체는 '어떤 것이 진리인가', '왜 정의인가'를 묻습니다. 질문의 방향이 다른 것이죠. 니체의 질문에 답하려면 진리나 정의가 무엇인지를 넘어 그것이 어떻게 형성되었고 어떤 과정을 거쳐서 변해 왔는지를 살펴야 합니다. 그 과정에서 우리가 고정된 것, 옳은 것이라고 여기던 것들 안에 숨겨진 사회적 의미와 권력 작용들이 고스란히 드러납니다.

푸코는 니체의 계보학을 이성과 주체 같은 인간의 근대적 신념에 적용합니다. 그리고 그 배후에 도사린 권력 작용을 밝혀내고 이성과 주체를 해체시킵니다. 그의 작업을 한마디로 말하자면 '인간은 주체가 아니며 권력 작용의 산물이다'로 정리할 수 있습니다.

### 순종하는 신체

호송차로 그레브 광장에 옮겨 간 다음, 그곳에 설치될 처형대 위에서 가슴, 팔, 넓적다리, 장딴지를 뜨겁게 달군 쇠 집게로 고문을 가하고, 그 오른손은 국왕을 살해하려 했을 때의 단도를 잡게 한 채, 유황불로 태워야 한다. 계속해서 쇠 집게로 지진 곳에 불로 녹인 납, 펄펄 끓는 기름, 지글지글 끓는 송진, 밀랍과 유황의 용해물을 붓고, 몸은 네 마리의 말이 잡아끌어 사지를 절단하게 한 뒤, 손발과 몸은 불태워 없애고 그 재는 바람에 날려 버린다.

-《감시와 처벌》

루이 15세를 살해하려다 실패한 다미엥에 대한 판결문입니다. 팽형이나 거열형 못지않은 잔인한 장면을 연상시킵니다. 왜 이렇게 잔인한 형벌이 자행되었던 것일까요? 그 이유는 범죄자를 공개적으로 처형했다는 데서 충분히 짐작할 수 있습니다. 고대 왕조 혹은 절대왕권의 시대에는 권력이 자의적으로 사용되었습니다. 공개처형은 군주의 막강한 권력을 보여 주고 그 힘을 범죄자의 몸에 새기는 폭력으로, 군주의 위압을 드러내는 것이 목적입니다. '나한테 잘못 걸리면 이렇게 된다'는 걸 보여 주며 공포를 심어 주는 것이죠. 공개처벌과 가혹한 신체형은 권력이 자신의 세력을 담보하고 강화하기 위한 의식이자 정치 작용이었습니다.

18세기에 들어오면서 잔인한 형벌을 비판하는 목소리가 높아집니다. 인도주의자들이 비효율적이고 비인간적인 제도를 비판하고 사법제도를 합리적으로 운영해야 한다고 주장합니다. 그 결과 잔인한 형벌 대신 교정과 교화에 목적을 둔 감금이라는 형태가 등장합니다. 신체형이 육체를 훼손하여 위협을 가하는 것이라면 감금과 교화는 정신에 영향을 미쳐 비정상적인 범죄자들을 정상적인 인간으로 만들고 범죄를 예방하는 것을 목적으로 합니다. 이런 경향은 감옥이라는 모습으로 구체화되죠.

신체형에서 감금형으로 변화된 것을 우리는 인도주의적이라고 받아들입니다. 푸코는 아니라고 말합니다. 그것은 권력의 전략이 바뀐 것일 뿐이기 때문입니다. 잔인한 신체형을 지켜보면 대중은 기가 죽지도 하지만 한편 죄수에게 연민도 느낍니다. 죄수는 이제 곧 죽을 목숨이기에 하고 싶은 말을 모두 쏟아낼 수 있는 기회로 처형장을 활용하기도 했습니다. 군주를 저주하고 사회의 부조리를 고발함은 물론 자신의 무죄를 주장하여 대중의 마음을 흔들었습니다. 그 결과 공개처형은 대중의 저항을 불러왔고 처형장은 자주 소요 사태의 근원지가 되었습니다. 이 때문에 군주는 대중의 부정적인 반응을 경감시키기 위해서라도 잔인한 고문을 부드러운 처벌로 바꿀 필요가 있었던 것입니다. 위압으로는 통제할 수 없음을 안 것이죠.

형벌제도의 변화는 사회 변화와 큰 관련이 있습니다. 인구가 급격히 증가하고 사유재산에 대한 인식이 확산되며 자본의 증식이 요구되는 과정에서 범죄의 성격이 변합니다. 과거의 범죄가 살인이나 폭력과 관련이 있다면 18세기 이후의 범죄는 사기나 횡령 등 경제적인 면이 강했습니다. 당시의 범죄자는 대부분 삶에 지치고 먹을 것조차 궁해진 소외 계층 사람들이었습니다. 범죄의 성격이 변했기에 처벌의 방법도 바뀔 수밖에 없었습니다. 그 결과 범법자들은 잔인한 고문을 받는 대신 도로 건설이나 운하 공사에 강제로 투입되는 등의 조치를 따르게 됩니다.

푸코에 따르면 18세기는 사회를 합리적으로 관리하고 통제하려는 규율사회의 모습이 본격적으로 드러난 시대입니다. 그것을 대표하는 것이 감옥입니다. 감옥은 범죄자들을 분류하고 개인화해서 하나의 사물처럼 대상화합니다. 범죄자들은 정해진 일과표에 따라 움직이고, 일탈 행동을 감시받으며 규율에 의해 필요한 행동을 하도록 길들여집니다. 이런 규율에 의한 통제 방식은 학교, 병원, 공장, 군대 등의 다양한 미시 권력기관들에 의해 사회 전반으로 퍼져 나갑니다. 인간의 신체를 통제하고 관리하여 필요한 인간으로 재생산하기 위한 장치들이죠. 권력의 메커니즘은 인간을 특정한 목적에 맞도록 길들여서 '순종하는 신체'로 만들려 합니다. 그래야 권력을 유지하고 강화할 수 있기 때문입니다.

## 감시와 처벌

그렇다면 순종하는 신체는 어떻게 만들어지는 것일까요? 아침에 출근을 하려고 지하철을 탑니다. 먼저 에스컬레이터를 타고 지하로 내려갑니다. 손잡이를 잡고 오른쪽에 서죠. 신용카드가 든 지갑을 꺼내 인식기에 갖다 댑니다. 게이트를 지나면 자연스럽게 지갑을 가방에 넣고 플랫폼에서 줄을 서죠. 지하철이 도착하면 차례로 진입합니다. 이 과정을 지하철에 대해 알지 못하는 산골에서 온 사람이 본다면 아주 잘 훈련된 새로운 유형의 인간이라고 생각할지도 모릅니다. 일사불란한 모습에 기가 죽을 수도 있겠죠. 지하철뿐만이 아닙니다. 학교, 군대, 병원, 회사 곳곳에서 우리는 마치 길들여진 것처럼 '훌륭하게' 행동합니다.

초등학교 시절 수업 시간이 되면 반장은 차렷, 열중쉬어, 경례를 외치곤 했습니다. 우리는 그 구호에 따라 잘 훈련된 군인들처럼 행동을 반복했습니다. 수업이 시작되면 학생들은 눈을 선생님이나 칠판에 두고 있어야 합니다. 한눈을 파는 것은 잘못된 행동이었습니다. 당시에는 앉는 자세를 어떻게 해야 하는지 교과서에서 허리의 각도까지 알려 주었습니다. 연필을 잡을 때는 바른손으로 어떻게 잡아야 하는지도 상세히 알려 주었죠. 이런 기준에 미치지 못하거나 이상한 행동을 보이면 '잘못된' 것으로 비난이나 처벌을 감수해야 했습니다. 그렇게 우리는 교실과 수업에 익숙해졌습니다. 그때는 그것이 당연하고 옳은 줄 알았습니다.

> 그곳에서 행사되는 권력은 하나의 소유물로서가 아니라, 하나의 전략으로서 이해되어야 하며, 그 권력지배의 효과는 소유에 의해서가 아니라 배열, 조작, 전술, 기술, 작용 등에 의해서 이루어진다는 것이다.
>
> —《감시와 처벌》

푸코는 우리가 지켜야 한다고 믿은 질서, 올바른 것이라고 여기던 것들이 권력의 유지를 위한 전략에 불과하다는 것을 드러냅니다. 칠판과 교탁, 책상과 걸상이 있는 교실의 배치, 교단 위에 선 교사의 시선과 그 힘, 학교에서 지켜야 하는 각종 규율과 도덕이라는 이름의 법까지 이 모든 것은 권력이 효율적으로 지배하기 위한 장치들입니다. 그 덕분에 학교는 질서를 유지하고 기능을 수행할 수 있게 됩니다. 그 기능이란 무엇일까요? 기성세대의 가치관을 다음 세대에게 전이하는 것입니다. 권력의 이데올로기를 확산시키는 것입니다.

학교의 질서와 감옥의 질서는 전혀 다른 것인데 왜 학교 이야기를 하는지 궁금하신 분들이 계실 겁니다. 이런 분들에게 푸코는 아마 이렇게 대답할 듯합니다. '당신은 권력에 충분히 노출된 사람이며 몸과 정신이 모두 권력에 포획되었다고.' 학교와 감옥은 다르지 않습니다. 사람의 신체와 정신에 어떤 작용을 가해서 '필요로 하는 존재'를 만드는 것이 그들의 목적입니다. 학교도 감옥 못지않게 권력기관이고 강력한 이데올로기로 무장되어 있습니다. 그것이 밖으로 잘 드러나지 않고 드러난다 하더라도 도덕이나 교육이라는 이름으로 포장되기 때문에 권력 성향이 밖으로 드러나지 않을 뿐입니다.

> 형벌의 적용 지점은 표상이 아닌 신체 그 자체이고, 시간이고, 날마다의 동작과 행동이다. 또한 그것은 정신이기도 하지만 어디까지나 습관적으로 되풀이되는 지점의 정신이다. 행위의 근본 원칙으로서 신체와 정신이야말로 이제는 처벌기관의 관여에 제시되는 기본 요소를 이룬다. (…) 예컨대 시간표, 일과 시간 할당표, 의무적인 운동, 규칙적인 활동, 개별적 명상, 공동 작업, 정숙, 근면, 존경심, 좋은 습관이 그렇다.
>
> -《감시와 처벌》

권력은 복종하는 신체를 길러 냅니다. 이때 권력이 신체를 생산하는 기술들이 규율과 훈련입니다. 모든 조직에는 목적이 있습니다. 군대는 무기로 무장하고 높은 충성도를 자랑하는 군인의 양성, 학교는 지식과 교양을 갖춘 인재 육성, 감옥은 범죄 예방과 순화가 그것입니다. 이런 목적을 달성하려면 소속된 사람들의 능력이 필요합니다. 능력은 저절로 생기는 것이 아니죠. 목적 달성에 필요한 능력을 만들어

내는 것이 규율과 훈련입니다. 그런 점에서 규율과 훈련은 신체를 생산하는 기술입니다. 아울러 군대나 학교, 공장 등에서는 합리적으로 계산된 공간에 사람을 배치합니다. 배치는 통제력을 높이고 능률을 자극합니다. 계급에 따라 자리를 배치하는 것은 지시와 통제를 원활하게 하려는 목적입니다. 병원의 간호사실이 병실들을 잘 관리할 수 있도록 층의 가운데에 배치된 것도 이 때문이죠.

이렇게 규율과 훈련으로 능력을 강화하고 배치를 통해 통제력을 높입니다. 그러면서 여러 힘을 결합시켜 사람들을 재구성합니다. 푸코는 교정 기술을 통해 사람들을 재구성하려고 애쓰는 이유를 이렇게 설명합니다.

> 그것은 사회계약의 기본적 이해관계 속에 걸려 있는 권리의 주체가 아니라 복종하는 주체이고, 습관이나 규칙 명령에 복종을 강요당하는 개인이고, 그 개인의 주변에서 부단히 영향력을 가하고 또한 개인으로서는 자기의 내부에서 자동적으로 작동하게 내버려 둘 수밖에 없는 어떤 권위이다.
>
> -《감시와 처벌》

우리는 스스로 생각하는 주체, 행동하는 주인이라고 믿는 경향이 있습니다. '생각하는 나'는 근대인들이 가졌던 자신감의 원천이기도 했습니다. 반면 푸코는 '나'라는 존재가 권력에 의해서 만들어진 객체임을 선명하게 각인시켜 줍니다. 우리가 그렇게 믿었던 이성과 역사의 진보도 권력의 작동 방식이 달라진 결과일 뿐이라는 것입니다.

## 광기의 역사

우리는 광기를 제정신이 아닌, 미친 것으로 이해합니다. 광기를 가진 사람은 정신이상자이기 때문에 병원에서 치료를 받아야 한다고 생각하죠. 푸코는 광기에 대해 관심이 많았던 것 같습니다. 그의 박사 학위 논문도 광기에 관한 것이었으니까요. 그는 《광기의 역사》에서 광기에 대한 인식이 어떻게 변해 왔는지를 계보학적으로 추적합니다.

중세에는 광기를 오늘날과는 다르게 바라보았습니다. 기독교인들의 관점이기는 하지만 당시의 광인들은 신성함, 신비함, 신의 현실적 출현으로 이해되었습니다. 광인이 종교적인 구원의 상징처럼 여겨졌던 것입니다. 세르반테스의 《돈키호테》에서 주인공 돈키호테는 제정신이 아닌 사람, 광인입니다. 하지만 그는 마을 사람들과 함께 지내면서 아무런 문제없이 생활합니다. 감옥에 갇히거나 정신병원에 수용되는 대신 사람들과 어울리면서 신의 은총을 입은 특별한 존재로 인식되었습니다.

르네상스 시대로 접어들면서 사람들은 광인들을 자신들과 함께 살기 힘든 존재로 이해하기 시작합니다. 하지만 광인들을 어떻게 해야 하는 대상으로 생각하지는 않았습니다. 이성적인 것과는 다른 어떤 것으로 이해되는 정도였습니다. 광인들에게 어떤 조치를 취해야 한다고 생각한 것은 17세 중반 이후의 일입니다. 이 시기를 푸코는 '고전주의 시대'라고 부릅니다. 일반적으로 고전주의 시대에는 계몽주의가 큰 힘을 발휘했습니다. 이성의 관념이 확산되고 세상을 합리적으로 통제하려는 움직임이 거세게 일어나고 있었습니다.

> 고전주의 시대부터 역사상 처음으로 광기는 무위도식에 대한 윤리적 단죄를 통해 인식되고 또한 노동공동체로 확고해진 사회의 내재적 존재로 인식된다. 이 노동공동체는 윤리적 분할의 권한을 획득하여, 사회에 불필요한 모든 형태를 마치 다른 세계에 속하는 것인 양 배척할 수 있게 된다.
>
> -《광기의 역사》

17세기 중엽 프랑스에 '로피탈 제네랄(L'Hopital general)'이 설립됩니다. 일종의 구빈원이자 종합병원이라고 할 수 있는 이 기구는 이후 모든 도시로 확대되어 설치됩니다. 로피탈 제네랄의 역할은 다양한 부랑자를 수용하는 것이었습니다. 사회적 혼란을 가져올 수 있는 사람들을 통제하려는 데 목적이 있었습니다. 이곳에는 실업자, 죄수, 다양한 질병의 환자, 상이군인 등이 수용되었는데 그 속에는 광인도 포함되었습니다. 이제 광인이 감금의 대상이 된 것입니다.

푸코는 광인의 감금에 중요한 의미를 부여합니다. 로피탈 제네랄은 구빈원의 역할을 한다고 하지만 실제로는 도덕적 단죄의 의미를 담고 있는 공간이었습니다. 그것은 로피탈 제네랄의 설립 취지가 구걸과 나태의 방지라는 사실에서 잘 나타납니다. 특히 나태와 게으름은 당시 중요한 사회적 문제였습니다. 자본주의가 성장하는 시대에는 무엇보다 양질의 노동력이 공급되어야 합니다. 나태와 게으름은 노동력의 공급에 차질을 가져올 수 있는 골칫거리였습니다. 이를 교화하기 위해 설립된 것이 로피탈 제네랄이었고 광인이 그곳에 수용되었다는 것은 이제 광인도 도덕과 윤리에 의해 판단되어야 하는 대상이 되었음을 의미하는 것입니다. 중세의 신성함을 잃어버린 광인은 비이성적 존재이자 동물성의 상징이 되고 말았습니다.

1980년대까지 우리에게도 부지런함은 최고의 미덕이었습니다. 근면과 성실이야말로 인간이 살아가는 데 꼭 필요한 덕목이었고 이것을 갖추지 못한 사람은 도덕적 비난을 감수해야 했습니다. 최근 이런 분위기가 누그러들긴 했지만 여전히 우리 몸과 마음에 근면에 대한 지향은 남아 있는 듯합니다. 주말이 되면 가족들을 데리고 어디로든 가야 할 것 같고, 저녁에는 책이라도 읽어야지 멍 때리고 있어서는 안 된다고 느낍니다. 우리 역시 근대인들이 가진 삶의 태도와 다르지 않음을 깨닫게 해 줍니다.

우리는 인간의 중요한 특성으로 이성을 꼽습니다. 이런 인식은 근대 계몽주의 시대 이후에 크게 강화되었습니다. 광기가 이성의 결여라면 광인은 인간성을 상실한 존재입니다. 이제 이성은 광기를 관찰하고 통제하며 관리하려 합니다. 정신분석이라는 영역이 이것을 잘 말해 줍니다. 고전주의 시대 의사들은 과학적 치료라는 미명하에 다양하고도 잔인한 방법으로 광인들을 실험합니다. 그렇게 광인은 인간성과 멀어졌고 분리와 감금, 실험의 대상이 되고 말았습니다.

### 지식의 계보학

감금된 광인은 이성의 회복을 위한 도덕적 교화의 대상이 됩니다.

실증주의가 주도하기 시작하면서는 정신병원에 수용되어 분석되고 관리되는 병자로 전락합니다. 이후 다양한 이름이 붙여진 정신질환들이 본격적으로 탄생하기 시작합니다. 정신의학은 광인을 관찰하면서 탄생한 학문이며 이것은 의학 지식의 탄생 과정과도 연관되어 있습니다. 작은 콤플렉스도 병이 되는 시대, 낮은 자존감이 치료의 대상이 되는 시대, 산만함이 주의력결핍장애로 판단되는 시대가 우리의 시대입니다. 도대체 병이 아닌 것이 무엇인지 찾기 어려울 정도입니다. 지금 푸코는 '이것은 어떤 병인가'를 묻는 대신 '왜 그것이 병인가'를 묻고 있습니다.

광인의 역사에 대한 푸코의 계보학적 접근이 우리에게 말해 주는 것은 무엇일까요? 그것은 우리가 가진 광기에 대한 관념이 보편적인 것이 아님을 말해 줍니다. 정신병원에 수용돼 치료를 받아야 하는 비정상적인 상태라는 인식은 근대에 만들어진 것이며 고정된 것이 아닙니다. 나아가 광인을 통제하려는 권력이 작동한 결과입니다. 이것은 지식이 어떻게 형성되는가에 대한 중요한 팁을 제공해 줍니다.

우리는 지식을 인간의 지적 활동의 결과라고 생각합니다. 현상과 자료를 분석하고, 경험을 성찰하고 정리한 결과라는 것입니다. 이렇게 발견된 지식들을 모으고 종합하면 하나의 거대한 지식 체계로 구축될 것이고 이것이 곧 세상에 대한 전체적인 이해를 가져다준다는 것이 데카르트 이후 지금까지 우리가 생각하는 지식에 대한 개념이었습니다. 푸코는 지식을 지적 활동의 총체로 보지 않습니다. 그에게 지식은 권력 작용의 일부이자 사회적 상황에 의해 만들어지고 통제된 어떤 것입니다. 그에게 지식은 또 다른 권력입니다.

> 권력에 유익한 지식이든 불복종하는 지식이든 간에 하나의 지식을 창출하는 것은 인식 주체의 활동이 아니라 권력-지식의 상관관계이고, 그것을 가로지르고, 그것이 조성되고, 본래의 인식 형태와 가능한 인식 영역을 규정하는 그 과정과 싸움이다.
>
> -《감시와 처벌》

근대 이후의 권력은 이전과 모습이 다릅니다. 이전의 권력은 힘으로 특정한 사유와 행동을 금지하는 억압 장치에 의존했습니다. 공개처벌이 대표적인 예입니다. 진시황의 분서갱유처럼 금지와 처벌, 억압이 권력의 작동 방식이었습니다. 근대적 권력은 힘에 의한 지배를 넘어섭니다. 그 대표적인 것이 권력과 지식의 결합입니다. 권력은 지식을 적극 장려하고 창출합니다. 이를 통해 사람들에게 특정한 관념과 도덕을 심어 자기 규율로 움직이게 합니다. 권력이 제공하는 지식으로 무장한 사람들은 자신도 모르게 권력의 요구에 부응합니다. 도덕적 자기검열장치를 가동하는 것입니다. 권력과 지식의 만남은 권력의 은밀한 작동을 가능하게 합니다. 자기 스스로 권력에 예속되도록 만들기 때문이죠. 그런 점에서 우리는 주체가 아닌 객체입니다.

우리가 알고 있는 지식은 맑고 순수한 것이 아닙니다. 애초에 맑고 순수한 것은 없습니다. 지식의 탄생 과정이 순수할 수만은 없기 때문입니다. 광인들을 관리하기 위해 정신의학이 발전했습니다. 우울증 치료제를 판매하겠다는 제약회사의 권력이 정신병에 대한 지식을 양산하고 환자를 생산합니다. 우리 주변에 존재하는 수많은 정보, 자료, 지식, 담론은 권력의 산물이며 권력 작용의 일환입니다. 심지어 이

책 또한 예외가 아닙니다.

근대적 권력의 또 다른 모습은 미시화한다는 것입니다. 빅 브라더처럼 거대한 감시 체계가 아니라 회사, 공장, 학교, 병원, 감옥 등 다양한 곳에서 작고 미세하게 작동합니다. 때로는 회사와 학교가 연결되고, 병원과 감옥이 결합되기도 합니다. 그 과정에서 다양한 지식이 연결되고 새로 탄생합니다. 서로 얽힌 지식들은 거대지식이 되어 담론으로 활약합니다. 권력과 지식이 다양한 관계망으로 작동하고 있는 것입니다. 한마디로 권력과 지식은 살아 있습니다.

## 생산하는 권력

푸코의 문제의식은 프랑크푸르트학파나 레비스트로스의 구조주의와 유사합니다. 근대적 주체가 탄생하는 과정을 추적하여 그 본질을 발가벗겨 보는 것입니다. 주체의 형성 과정을 살펴보면 주체의 참모습을 알 수 있을 테니까요. 이런 작업을 거쳐 푸코가 얻은 결론은 무엇일까요? 우리는 이미 그 대답을 알고 있습니다. 주체는 권력에 의해서 만들어진다는 것입니다. 우리의 생각, 우리의 몸, 우리의 모습은 우리가 의도한 것이 아니라 권력 작용의 결과입니다.

그렇다면 권력이란 무엇일까요? 제도일까요? 국가일까요? 왕일까요? 지배계급일까요? 푸코는 권력을 고정된 어떤 것으로 보지 않습니다. 절대권력을 가진 왕, 귀족연합세력, 부르주아 계급이 권력 그 자체는 아닙니다. 오히려 권력은 규정되지 않고 고정되어 있지 않으며 눈에 보이지도 않습니다. 그것은 눈으로 파악할 수 없이 빠르게 움직이고 포착하는 순간 모습을 바꾸는 변화무쌍한 것입니다. 한마디로 권력은 한 사회의 '전략적 상황에 붙여진 이름'입니다.

마르크스주의는 권력을 경제적 토대를 반영하는 상부구조의 일환으로 지배계급이 소유한 권한으로 봅니다. 노예제 사회에서는 노예주가, 봉건제 사회에서는 영주가, 자본주의 사회에서는 부르주아가 권력을 소유하고 있다는 것입니다. 우리는 이런 이해에 익숙합니다. 누가 대통령이 되고 어느 정당이 여당이 되는가에 따라 권력의 판도가 바뀐다고 생각하기 때문입니다. 푸코는 이런 생각에 의문을 제기합니다. 소유 중심의 권력관으로는 권력의 참모습을 설명해 낼 수가 없다고 보는 것입니다.

권력이 한 사람 혹은 특정 세력에게 종속되는 것이라면 그것을 자의적으로 사용할 수 있어야 합니다. 하지만 왕이나 대통령이라고 할지라도 권력을 함부로 사용할 수는 없었습니다. 조선시대만 하더라도 왕의 결정에 대해 신하들이 '아니 되옵니다'를 반복했고, 신하들의 주장에 왕들도 '아니 될 일이오'라는 말로 거부권을 행사했습니다. 물론 왕, 지배계급, 회장님, 팀장 등이 권력을 발휘하는 것은 사실입니다. 그렇다고 해서 그들이 권력 자체가 될 수는 없습니다. 권력은 매 순간, 상황마다 모습이 다르고 작동 방식도 변합니다. 푸코에게 권력은 매 순간 실체가 변하는 네트워크의 망입니다.

그렇다면 권력은 어떤 과정으로 작동할까요?

먼저 권력은 지식을 생산합니다. 인간은 무엇인가를 알고자 하는 의지를 가졌습니다. 무엇인가를 알게 되고 깨닫게 되면 환희를 느낍니다. 어려운 수학 문제를 풀어냈을 때의 쾌감은 형용하기 어려울 정도입니다. 그리고 그것을 지식화합니다. 인간의 삶에 대한 의지는 지식을 생산합니다. 이때의 지식은 자신을 위한 것입니다. 권력 또한 지식을 생산합니다. 당연히 자신에게 필요한 지식입니다.

고려 말 신진사대부의 선두 주자였던 정도전은 시대의 지식인이었습니다. 《조선경국전》, 《불씨잡변》, 《경제문감》 같은 수많은 책을 썼습니다. 그중에서 《불씨잡변》은 불교의 폐단을 없애기 위해 불교의 교리를 조목조목 비판하고 유교사상을 보급하는 데 기여한 책입니다. 신진사대부들은 성리학을 받아들였고 성리학으로 조선 사회를 개혁하고자 했습니다. 정도전이 생산한 지식들은 결국 자신과 신진사대부의 권익에 봉사하는 것이었습니다.

현대 매스미디어에서 쏟아져 나오는 지식들도 마찬가지입니다. 이것들은 과연 누구를 위한 것일까요? '네이버'와 '다음'의 첫 페이지에 보이는 기사들은 왜 내용이 다를까요? JTBC와 채널A는 왜 다른 담론을 펼치는 것일까요? 지식이 곧 권력 작용이기 때문입니다. 인터넷 기사 한 줄, 댓글 한 줄에 엄청난 권력-지식들이 작동하고 있다면 과언일까요?

우리가 읽는 교과서, 신문, 책들, 심지어 잡지들까지 모두 권력 작용의 결과물들입니다. 그 속에 포함된 지식들은 누군가를 이롭게 하거나 누군가의 영향력을 증대시키는 장치들입니다. 사람들이 하는 말도 마찬가지입니다. 사장님의 지시에도, 선생님의 말씀에도, 친구가 나를 위해서 하는 충고에도 권력이 작동합니다. 지식은 권력의 또 다른 이름입니다.

권력이 생산하는 것은 지식만이 아닙니다. 권력은 몸을 생산합니다. 규율과 감금, 교육과 훈련을 통해 권력이 생산하는 것은 순종하는 몸입니다. 푸코는 팬옵티콘(panopticon)에 주목합니다. 팬옵티콘은 영국의 공리주의자 벤담(Bentham, 1748-1832)이 설계한 원형감옥으로 수많은 죄수를 효율적으로 감시하기 위해 만든 시설입니다. 간수는 중앙에 있는 높은 탑에서 독방에 수용된 죄수들의 일거수일투족을 감시할 수 있습니다. 죄수들의 방은 환히 밝아 잘 보이지만 간수의 감시탑은 어둡습니다. 죄수들은 간수가 자신을 보는지 안 보는지 알 수가 없습니다. 하지만 늘 감시당해 왔기에 간수가 보지 않는 동안에도 보고 있는 것으로 생각합니다. 모든 것을 통제할 수 있는 권력의 시선이 제대로 구현된 모습입니다. 조지 오웰의 《1984》에 나오는 '빅 브라더가 당신을 보고 있다(Big Brother is watching you)'는 유명한 말이 실감나는 순간이죠.

팬옵티콘의 특징은 죄수들이 항상 감시당하고 있다고 느낀다는 것입니다. 그 결과 간수가 보지 않아도 스스로 규율을 따르고 탈옥할 생각을 품지 못합니다. 권력의 시선을 스스로 받아들여 순종하는 양이 되는 것입니다. 이렇게 최소한의 비용으로 최대한의 효과를 내는 장치들은 감옥뿐 아니라 학교, 회사, 공장 등 사회의 다양한 조직에 적용될 수 있습니다. 아주 작은 지시로 전 조직원들을 통제할 수 있고, 생산성을 극대화할 수 있는 것입니다. 이것이 강력한 것은 비인간적 처벌이나 통제가 아니라 규율이라는 합리적 작용으로 이루어지기 때문입니다.

권력은 성담론도 생산합니다. 제가 어렸을 때는 우리나라 인구가 많다며 '둘만 낳아 잘 기르자'는 슬로건이 유행했습니다. 물론 국가에서 정책으로 제시한 것이었습니다. 이것은 국가가 성담론을 주도하고 있음을 보여 주는 대목입니다. 그러다 '하나씩만 낳아도 삼천리는 초만원'이라는 표어가 등장했습니다. 둘도 많으니 하나로 줄이자는 것입니다. 그런데 지금은 어떤가요? '셋 낳으면 애국자', '인구절벽의 재앙'이라는 표현들이 등장합니다. 사람이 부족하니 많이 낳아야 한다는 것입니다.

나라에 인구가 너무 많으니 적게 낳자는 것이고, 인구가 적으니 많이 낳자고 한 것인데 그게 뭐가 문제냐고 하실 분이 계실지 모르겠습니다. 푸코에 의하면 인력 관리는 자본주의의 유지, 강화와 관련이 깊습니다. 자본 축적에 맞게 인력이 조절되어야 생산력과 이윤 분배를 통제할 수 있기 때문입니다. 이런 배경에서 인구 조절과 성에 대한 다양한 담론이 생산되어 권력-지식으로 작동합니다.

### 에피스테메

구조주의는 인간의 의식 혹은 현상의 배후에 숨겨진 지배적 구조를 밝히려 합니다. 푸코에게 그 방법은 고고학 혹은 계보학이었습니다. 푸코는 각 시대마다 사물들을 분류하고 정리하여 지식화하는 무의식적 구조가 존재한다는 사실을 밝혔는데 이것을 '에피스테메(Episteme)'라고 불렀습니다. 동시대를 살아가는 사람들이 공유하는 일종의 세계관 혹은 사유 구조가 에피스테메입니다.

르네상스 시대를 지배한 것은 '유사성'이라는 에피스테메입니다. 유사성은 서로 다른 요소들을 연결시켜서 이해하려는 속성을 말합니다. 17세기와 18세기의 고전주의 시대에는 분석을 통해 질서를 잡으려는 '표상'의 에피스테메가 등장합니다. 18세기 말에서 20세기 초의 근대적 에피스테메는 인간을 포착합니다. 노동과 삶과 언어를 역사적으로 파악해 인간을 중심에 두고 세계를 보는 관점이 성립되죠. 이른바 인간과학입니다. 20세기 중반 이후의 현대적 에피스테메는 인간의 의식을 규정하는 무의식적인 사고방식과 구조를 폭로합니다. 소쉬르의 구조주의 언어학, 레비스트로스의 인류학, 라캉의 정신분석학 등이 그것을 잘 보여 줍니다.

시대마다 전혀 다른 에피스테메가 등장했다 사라집니다. 이처럼 시대별 에피스테메는 서로 연관성이 있다거나 연속성을 가지는 것이 아니며 단절되어 있다는 것이 푸코의 생각입니다. 우리가 고대인들의 생각을 이해하지 못하는 이유가 이런 단절 때문이라고 봅니다. 그렇게 본다면 지금 우리가 가진 지식과 가치관들은 고정되고 영원한 것이 아닙니다. 언제든지 무너지고 새로운 것으로 대체될 수 있습니다. 근대를 지나면서 형성된 인간에 대한 관념들이 그렇습니다. 인간과학은 근대적 에피스테메의 결과입니다. 르네상스나 고전주의 시대에는 인간을 독자적으로 분석하거나 고유한 개체로 떼어서 생각하지 않았습니다. 전체의 한 부분으로 이해하거나 세계의 질서 체계에 속해 있는 작은 영역으로만 인식되었을 뿐입니다. 반면 현대인은 인간을 중심으로 세계를 판단합니다. 근대적 에피스테메가 작동하고 있는 것입니다.

푸코는 이성을 가진 인간이 주체가 되어 세상을 판단하는 것은 근대적 에피스테메의 결과라고 봅니다. 역사가 변하고 주체적 인간의 관념이 사라지면 지금 우리가 가진 생각과는 다른 인간관이 등장하리라는 것이죠. 이것은 이미 현대적 에피스테메에서 징후가 발견되고 있습니다. 구조주의와 포스트모더니즘 등의 사상가들이 주체와 이성을 비판하면서 인간 중심의 관점들을 해체하려 시도하고 있기 때문입니다. 푸코에게 인간은 근대인입니다.

## 지식은 권력이다

푸코는 우리가 당연시하는 제도와 관념들의 영도를 탐구합니다. 그 결과 우리가 생각하는 정상과 비정상, 문명과 야만, 이성과 반이성 등이 사회 구조 혹은 권력 작용의 결과이며, 고정불변한 것이 아닌 변하고 소멸할 수 있는 것임을 밝힙니다. 이것은 광기와 형벌제도, 성담론 등에 대한 계보학적 분석을 기초로 산출해 낸 것입니다. 푸코의 메시지를 정리해 보겠습니다.

- **권력은 사회적 관계에서 작용하는 힘이다.**

  푸코의 가장 중요하고 가치 있는 공헌이라고 할 수 있는 것은 권력의 개념과 작동 방식에 대한 분석입니다. 권력이란 고정되고 한 곳에 머무르는 것이 아니라 사회적 관계에서 작용하는 힘이며 특정 상황에 붙여진 이름입니다.

- **인간의 정체성은 권력의 산물이다.**

  스스로 생각하는 존재라고 믿었던 인간(근대적 인간)은 사실 권력 작용의 산물에 불과합니다. 우리의 몸과 정신은 권력에 의해 통제, 관리되고 길들여진 객체일 뿐입니다.

- **권력은 지식을 생산한다.**

  권력은 지식과 결합하여 권력-지식을 형성합니다. 이것으로 자신을 강화하고 순종하는 몸들을 생산합니다.

이런 메시지들이 우리에게 말해 주는 결론은 선명합니다. 인간은 고정된 정체성을 가진 존재가 아니라는 것, 우리가 절대적이라고 확신했던 주체, 이성, 인간관은 근대의 산물이며 곧 사라질 수 있는 관념이라는 것입니다.

푸코를 마무리하면서 꼭 되짚어 보아야 할 것이 있습니다. 푸코는 인간의 지적 활동(분류하고, 판단하고, 개념을 규정하고, 지식으로 체계화하는 이 모든 작업)에 축적 지향성이 내포되어 있다고 보았습니다. 지적 활동 자체가 권력성을 가졌다는 것입니다. 세계와 인간에 대한 지식에는 인간의 욕망이 담겨 있기 때문입니다. 욕망은 권력적이지요. 이해받고, 확장하고, 영향력을 과시하는 등의 모든 욕망은 권력입니다. 공부가 '순수한' 것이라는 생각은 순진한 발상이죠. 한마디로 지식은 권력입니다.

푸코가 말하고자 한 것은 우리 스스로가 권력의 작동 축이 아닌지 늘 경계해야 한다는 것입니다. 권력을 분석하는 푸코 자신의 사유 또한 예외가 아니죠. 그렇다면 그의 글을 읽고 그것을 지식으로 받아들이는 우리의 모습 또한 권력 작용의 일환이라고 봐야 합니다. 예외는 없습니다. 아이러니하지만 이것이 우리가 푸코를 읽어야 하는 이유입니다.

# 31강. 욕망은 어디에서 오는가

|

라캉

직장 동료들과 점심을 먹으러 갔는데 다 된장찌개를 먹겠다고 합니다. 나는 김치찌개를 먹고 싶은데 혼자 다른 걸 시키기가 찜찜합니다. 사장님과 함께라면 선택권은 완전히 사라집니다. 사장님은 직원들에게 먹고 싶은 것을 시키라고 하지만 그럴 수 없음을 잘 압니다. 사회적 권력과 질서는 밥을 먹는 자리에서도 강력하게 작동하고 있습니다.

## 프로이트로 돌아가라

사르트르는 '인간은 자유롭지 않을 자유가 없다'고 했지만 현실은 그의 말과는 거리가 있어 보입니다. 인간의 자유는 사회적 관계에 의해 제한될 수밖에 없습니다. 이것은 사회적 존재인 인간의 운명이기도 합니다. 공동체에 소속되어 살아가는 인간에게 다른 인간이 미치는 영향력은 절대적입니다. 우리는 이미 프로이트를 통해서 한 인간이 사회적 인간으로 살아가기 위해 겪어야 하는 사회화 과정의 고통을 살펴보았습니다. 그가 말하고자 한 것은 인간은 어른이 되는 과정에서 본성을 억압당하게 되는데 그 억압된 것이 무의식으로 남게 된다는 것입니다.

프로이트는 히스테리 환자를 치료하면서 무의식을 발견하는데 그 원인이 억압에 있음을 발견합니다. 억압된 무의식은 꿈, 잠꼬대, 말실수 등 우리가 의식하지 못하는 다양한 방법으로 드러납니다.

무의식적인 억압이 시작되는 시점을 프로이트는 '오이디푸스 콤플렉스'라는 용어로 표현합니다. 세 살에서 다섯 살 정도의 아이는 어머니에 대한 애착으로 아버지를 적대시합니다. 어머니를 차지하고 싶은데 아버지가 방해한다고 느끼기 때문이죠. 이때 아이는 갈등의 상황에 직면합니다. 어머니를 차지하기 위해 계속 싸울 것인지 아니면 아버지에게 굴복할 것인지 선택을 해야 합니다. 대부분의 아이는 아버지에게 굴복하고 자신의 욕망을 포기합니다. 이때 억압이 발생하고 그것이 무의식으로 자리 잡습니다.

오이디푸스 콤플렉스는 아이가 사회 구성원이 되는 과정을 설명해 주고 있습니다. 이 과정을 겪으면서 아이는 자신의 자리가 어디인지를 알고 사회적으로 정해진 것을 수용하게 됩니다. 물론 프로이트는 인간의 욕망 구조를 성적 억압의 문제로만 파악하려 했다는 점에서 많은 비판을 받게 됩니다. 하지만 프로이트의 억압이나 무의식, 사회화 과정에 대한 이론을 조금만 확대하거나 응용해서 생각해 보면 우리 삶을 이해하는 데 큰 도움을 얻을 수 있습니다. 라캉이 '프로이트로 돌아가라'고 외친 이유가 이 때문입니다.

### 거울단계와 자아의 탄생

라캉(Lacan, 1901-1981)은 프랑스의 정신분석학자입니다. 정신분석은 심리학이 의식에 중점을 두는 것과 달리 의식에 포착되지 않는 억압된 감정이나 욕망 등 이른바 무의식이 인간에게 영향을 미친다고 봅니다. 정신분석은 치료를 목적으로 합니다. 그러자면 인간의 사회화 과정에서 생기는 문제점들을 찾아내 바람직한 사회적 인간의 모습을 회복할 수 있도록 해야 합니다. 이런 배경에서 프로이트와 라캉은 인간의 사회화 과정에 주목합니다.

인간이 인간이기 위해서는 기존 사회에 편입되는 사회화 과정을 겪어야 합니다. 나를 인지하고 타인의 존재를 수용하면서 서로의 입장을 조율해 나가는 것이 인간의 삶입니다. 일견 쉬워 보이지만 어린아이가 정상적인 어른으로 성장하는 것은 무척 힘들고 고단한 과정입니다. 라캉은 정신분석학에 언어학과 철학을 적극 접목해 인간의 사회화 과정을 이해하려고 시도했습니다. 그래서 우리의 공부도 인간의 사회화 과정을 따라갈 수밖에 없습니다.

갓 태어난 어린아이가 자기를 인식하고 자아를 발견하는 데는 시간이 걸립니다. 라캉은 생후 6개월부터 18개월 사이의 아이에게서 일어나는 독특한 상황을 '거울단계'라는 말로 표현합니다. 거울단계란 거울 속에 비친 자신의 모습을 보면서 '나'를 발견하는 과정을 말합니다. 이때 거울이란 물리적인 거울뿐만 아니라 어머니를 비롯한 다른 사람들도 거울이 될 수 있습니다. 나를 발견하도록 도와주는 것은 모두 거울입니다.

어느 날 우연히 아이가 거울을 봅니다. 처음에는 거울 속에 어떤 존재가 있다는 것을 느끼며 신기해하는 정도죠. 자기 자신이라는 것을 모릅니다. 그러다 거울에 비친 사물들과 자신을 비교하게 되면서 마침내 거울에 비친 것이 자기라는 사실을 알게 됩니다. 이렇게 자신을 알아보고 세계를 구성하는 경험이 거울단계입니다.

거울단계를 통해서 아이는 '상상계' 속으로 진입하게 되는데 라캉이 말하는 상상계란 이미지에 의해 매개된 세계를 의미합니다. 아이의 세계가 상상계일 수밖에 없는 것은 모든 것을 이미지로 이해하기 때문입니다. 내가 나를 알아보는 것이 거울 속 이미지로 가능하고, 세계를 살피는 것도 이미지로 이루어집니다.

거울단계에서 아이는 거울에 비친 자기 이미지에 자신을 일치시키면서 자아를 얻게 됩니다. 거울에 비친 자기 모습을 '나'로 생각하는 것입니다. 하지만 거울에 비친 내 모습은 겉모습일 뿐 진짜 내가 아닙니다. 거울 속 이미지로는 나를 제대로 담을 수 없지요. 내 사진이 결코 나일 수 없는 것처럼 말입니다. 그런 점에서 거울단계의 나는 결핍된 나입니다. 무언가 빠진 나죠. 주체의 분열이자 욕망의 시작 지점입니다.

우리는 '나'라는 것이 선명하다고 생각합니다. 하지만 '나'를 설명해 보라고 하면 무척 힘들어합니다. 어떻게 생겼고, 누구의 친구이고, 어떤 성격인지를 늘어놓습니다. 이런 설명들은 온전한 '나'라기보다는 나와 관계 맺어진 것들에 의해 설명되는 대상화된 나에 불과합니다. 거울단계가 보여 주는 것은 아이가 거울에 비친 이미지를 통해서만 자기를 알 수 있다는 것입니다. 그것은 나의 그림자를 나로 아는 것과 다름없습니다. 내가 나를 인식할 수 있는 방법은 대상화된 나를 통해서입니다. 그렇다면 인간은 대상, 타자를 통해서 자신의 존재를 인정받을 수 있다는 말이 됩니다. 엄마에게 칭찬받는 나, TV를 보고 있는 나, 형을 마주 보고 있는 나의 이미지가 곧 내가 됩니다. 거울에 비친 나 또한 타자이기에 나는 타자를 통해서만 나를 확인할 수 있습니다.

정리하자면 어린아이는 거울에 비친 이미지로 자신을 인식하는데 이것은 주체화를 위해 필연적인 과정입니다. 이것은 '나'라는 자아를 획득하고 세계를 대상으로 파악할 수 있게 하는 중요한 계기입니다. 하지만 거울 속 이미지는 실제의 자신과 다른 모습의 허구이기에 주체의 분열을 가져옵니다. 거울 속 자신의 몸은 완전한데 아직 신체를 마음대로 통제하지 못하는 아이는 이미지와 실체 사이에서 분열을 경험하게 되는 것이죠.

### 시니피앙과 상징계

인간은 언어로 세상을 알아 갑니다. 나를 돌봐 주는 존재를 엄마라고 부르고, 그 옆에서 근엄하게 가르치는 존재를 아빠라 부르고, 내 물건을 빼앗거나 주눅 들게 하는 존재를 형이나 언니라 부른다고 배웁니다. 인간은 사물이나 현상에 이름을 붙이는 과정, 즉 언어를 배우면서 세상을 이해하고 받아들입니다.

이미지의 세계인 상상계를 넘어서면서 아이가 만나게 되는 것이 바로 언어의 세계입니다. 언어라는 것은 근본적으로 일반화를 전제합니다. 어떤 것에 이름을 붙인다는 것은 그것을 상징화하고 일반화한다는 의미이니까요. 말은 어떤 사물을 다른 사물과 구분해서 이름 붙이는 활동입니다. 책상이라는 말은 다른 사물로부터 책상을 분리해서 이름 붙인 것입니다. 엄마라는 단어를 알려면 엄마를 다른 세상과 떼어 놓아야 합니다. 이 과정에서 책상과 엄마라는 단어를 알게 되지만 구분되기 전의 전체성은 잃어버리게 됩니다. 말을 배우면서 세상을 이해하게 되지만 이 과정에서 필수적으로 결여가 발생하는 것입니다.

이것은 형용사나 추상명사를 생각해 보면 쉽게 이해할 수 있습니다. '아름답다'는 말을 이해하려면 아름답지 않은 것, 추한 것, 이상한 것, 우스운 것, 한심한 것 등 그와 유사하거나 상반되는 것들을 제거해야 합니다. 어떤 장면을 보고 한 사람이 '아름답다'고 했을 때 아름답다는 개념을 모르는 사람은 '저런 것을 보고 아름답다고 하는구나'라고 생각하며 그 개념을 배웁니다. 이런 경험이 반복되다 보면 사람들이 생각하는 '아름답다'는 말의 의미가 무엇인지를 알게 됩니다. 하지만 이 과정에서 아름답다고 느껴지는 것과 비슷한 상황과 감정들은 잃어버리게 됩니다. 세상의 모든 현상을 말로 표현할 수는 없기 때문입니다. 그 결과 표현될 수 없는 부분, 즉 잉여가 생기게 되는데 그로 인해 발생하는 것이 결여, 결핍입니다.

소쉬르의 언어학을 수용한 라캉은 이것을 기표(시니피앙)와 기의(시니피에)로 설명합니다. 기표는 말의 기호를 의미하고, 기의는 그 단어가 품고 있는 뜻을 말합니다. '책상'이 기표라면 '글을 쓰거나 공부를 할 수 있게 만든 탁자'는 기의가 되죠. '아름다움'이 기표라면 '보이는 대상이나 음향, 목소리 따위가 균형과 조화를 이루어 눈과 귀에 즐거움과 만족을 줌'은 기의가 됩니다. 우리는 기표를 듣게 되면 자연스럽게 기의를 떠올리게 되는데 이때 기표는 기의를 완벽하게 반영하지 못합니다. 말이라는 것 자체가 세상을 이해하기 위해 경계를 긋고 구분해서 상징화한 것이기 때문이죠. 아름답다는 말로 표현하기 어려운 장면은 얼마든지 있는 법입니다.

'죽음'이라는 기표에는 '생명의 목숨이 사라지는 현상'이라는 기의가 담겨 있습니다. 사람과 짐승의 목숨이 사라지는 것을 죽음이라는 말로 이해한 것이죠. 하지만 죽음이라는 말로는 모든 기의를 다 담을 수 없습니다. 생명이 사라지는 현상은 언어로 표현하기 이전에 존재하는 것이었습니다. 그것을 죽음이라는 단어로 표현해서 이해하는 것은 그 후에 생긴 일이죠. 이미 존재하는 현상을 말로 표현해서 이해하는 것이 언어이고, 그 과정에서 일종의 손실이 생길 수밖에 없습니다.

여기에 중요한 문제가 하나 더 있습니다. 기표를 듣고 기의를 이해하려고 하는데 기의는 다시 여러 개의 기표로 이루어집니다. '죽음'의 기의를 파악하려면 '생명', '목숨', '사라짐', '현상'이라는 여러 개의 기표를 통과해야 하죠. 다시 '생명'이라는 기표는 여러 개의 기표로 이루어지고 여러 개의 기표는 다시 다른 기표들로 이루어지는 일이 반복됩니다. 결국 우리는 기표를 통해서만 세상을 이해할 수 있을 뿐입니다. 우리가 이해하는 것은 기의가 아니라 기표입니다. 우리는 결코

기의에 도달할 수 없습니다. 이것은 이미 소쉬르에게서 살펴본 것입니다. 소쉬르의 언어학을 수용한 라캉은 이것을 뒤집어 기표의 우위를 강조합니다. 인간은 기표를 통해서만 사유할 수 있습니다. 기표는 이미 그 사회에 존재하고 있던 것입니다. 우리가 어떤 감정을 표현할 때 온갖 단어를 다 동원해도 표현할 수 없는 순간이 있습니다. 이것을 라캉은 '기표 밑으로 기의가 계속해서 미끄러진다'고 합니다. 이것은 언어의 세계 속에서 살아가는 인간의 근원적 결핍입니다.

이 과정을 피할 수는 없습니다. 언어를 배우면서 세상을 이해하고 기존의 공동체에 합류하게 되는 것이 인간의 운명이기 때문이죠. 언어를 배우지 못하면 인간으로 살아갈 수 없습니다. 말로 타인과 소통하고 원하는 것을 얻어 나갈 수 있는 사회성이 인간의 조건입니다. 그 사회성이 언어로 사회적 위치를 얻는 주체가 탄생하는 과정입니다.

### 욕망의 탄생

인간은 욕망의 동물입니다. 태어나서 죽을 때까지 욕망에 지배당합니다. 도대체 이 욕망은 어디에서 오는 것일까요? 라캉에 의하면 욕망은 결핍에서 옵니다. 기표에 도달하지 못하는 기의, 세계를 잘라내서 기호화할 때 생기는 결여가 욕망의 근원입니다.

라캉은 욕구와 요구, 욕망을 구분합니다. 욕구란 사람이 가지는 일차적인 생물학적 충동을 말합니다. 문제는 욕구가 저절로 충족되지 않는다는 것입니다. 특히 유아들은 혼자 먹이를 구할 수 없고 목마름을 해결할 수도 없습니다. 누군가의 도움이 절실하죠. 그래서 자신의 욕구를 충족시켜 달라고 요구를 하게 됩니다. 욕구가 요구로 전환될 때 언어를 사용해야 합니다. 이미 살펴보았듯이 언어는 세상을 온전히 담을 수 없습니다. 자신의 욕구를 말로 표현하는 과정에서 표현할 수 없는 무엇이 생기게 마련입니다. 그 표현할 수 없는 무엇은 기호화되지 못하고 남아 결핍이 발생합니다.

김훈 선생의《칼의 노래》에는 이순신 장군이 아낀 여진이라는 여성이 등장합니다. 하지만 여진은 일본군에게 끌려가 모진 고초를 겪고는 끝내 시체로 발견되고 말죠. 이 소식을 들은 이순신 장군이 말합니다. "내다 버려라." 아끼던 여인을 잃은 슬픔을 어찌 말로 다 표현할 수 있겠습니까. 내다 버리라는 문장 속에 말로 표현할 수 없는 온갖 감정이 뒤엉켜 있음을 느낄 수 있습니다. 말이나 글로 모든 감정을 담는 것은 불가능합니다.

우리는 이와 비슷한 일을 자주 겪습니다. 연애를 하는 동안 상대방에게 좋아하는 감정을 표현하려고 할수록 잘 안 되는 경험은 누구나 해 보았을 것입니다. 그래서 연애편지는 자꾸만 길어지고 비슷한 말을 반복하게 되어 끝내는 지루해지고 말죠. 이탈리아 여행을 다녀온 사람이 친구에게 여행의 느낌을 설명한다면 어떨까요? 온갖 형용사만 갖다 붙이다가 시간만 가고 정작 자신이 표현하고 싶은 광경에 대해서는 말하지 못했다는 아쉬움이 남게 될 것이 분명합니다.

이처럼 언어로 감정과 세계를 표현하는 데는 한계가 있고 그 한계로 인해 욕구는 충족되지 못한 상태로 남아 있게 됩니다. 욕구가 요구라는 언어로 변환되는 시점에서 소외가 발생하고 이 소외는 결핍이 되는 것입니다. 라캉은 이 결핍을 '욕망'이라고 부르면서 결코 채워질 수 없다고 말합니다. 이렇게 충족되지 못한 욕망은 결핍이 되어 무의식으로 남게 됩니다. 이것이 언어의 효과이자 상징계의 작용입니다. 라캉은 언어에 의해 이해되는 세계를 '상징계'라고 부릅니다. 인간은 언어의 세계에서 살아갈 수밖에 없는 동물입니다.

욕구가 충족될 수 없는 또 다른 이유는 욕구가 요구로 변환되는 과정에서 사회적 장치들이 작동하기 때문입니다. 요구는 기존 사회의 규칙과 질서에 의해 결정되는 특성을 가지고 있습니다. 대표적인 예가 어머니와의 동침을 요구하는 것입니다. 이것은 사회적으로 허용될 수 없으므로 언어로 표현될 수 없고 설령 요구를 한다 해도 끔찍한 제재를 감수해야만 합니다.

한편 요구를 들어주는 사람이나 존재도 완전하지 못합니다. 기존 사회 질서에 편입되어서 그 영향력 아래에서 살아가기 때문입니다. 그렇다 보니 자연스럽게 그 사회의 질서를 대변하고 법의 사정관으로서 역할을 하게 됩니다. 엄마는 아이를 사랑합니다. 이때 엄마가 아이를 사랑하는 방법은 그 사회의 분위기와 가치관에 의해 통제될 수밖에 없습니다. 아이가 잘되려면 공부를 잘해야 한다고 생각하는 것이 대표적인 예라고 할 수 있습니다. 엄마가 속한 사회에서 공부를 잘해야 성공할 가능성이 크다면 엄마는 아이를 사랑하기 때문에 공부를 강조하게 될 겁니다. 그런 믿음을 가진 엄마는 아이의 요구를 사회적으로 바람직한 것에 따라 제한하고 통제하려고 합니다.

'엄마 오늘 영어학원 안 가면 안 돼?' 이 말을 들은 엄마는 어떻게 할까요? 일단 갈등이 생길 겁니다. 아이가 영어 공부가 힘들어서 하루 쉬고 싶은 마음이 생겼다는 것을 느끼고 쉬게 해 주고 싶다는 생각이 들겠죠. 하지만 학원 빠지는 것이 습관이 될까 봐 두렵기도 합니다. 결국 아이의 요구를 거부하고 억지로 학원에 보내고 말죠. 이때 엄마는 기존 사회 질서의 대변인 역할을 하고 있습니다. 물론 그것을 인식하지 못하는 경우가 대부분입니다.

욕구는 요구를 통해서 채워지게 되는데 요구가 언어로 표현되는 과정에서 일종의 결핍이 발생합니다. 이 결핍은 욕망이 되어 우리를 따라다니고 이것을 채우기 위해 우리는 다양한 방법을 찾아다니게 됩니다. 이것이 욕구가 욕망이 되는 과정입니다.

## 오이디푸스 콤플렉스와 주체의 탄생

"엄마 말 안 들으면 아빠한테 이를 거야."

말을 잘 듣지 않는 아이들에게 엄마들이 자주 하는 말입니다. 이 말 속에 아빠는 무서운 존재라는 암시가 깔려 있죠. 라캉은 이렇게 무엇인가를 금지하고 통제하는 제도나 규칙을 '아버지의 법'라고 부릅니다. 아이는 아버지의 법을 받아들이면서 세상이라는 질서로 편입됩니다.

거울단계의 아이는 엄마와 자신을 동일시합니다. 엄마와 자신은 하나라고 느끼며 자신만을 사랑할 것이라고 믿습니다. 이것을 이자관계(二者關係)라고 합니다. 이자관계 속에서 아이는 엄마와 자신이 하나라고 느끼지만 그것은 환상일 뿐입니다. 아이는 엄마가 자신을 욕망한다고 생각하지만 점차 이런 생각에 균열이 일어납니다. 엄마가 자신을 돌봐 주지 않는 경우도 생기고, 무시한다는 느낌도 받습니다.

결국 아이는 엄마가 욕망하는 존재가 자신이 아니라 아버지임을 알게 됩니다. 게다가 엄마는 아이를 통제하기 위해 아버지라는 존재를 끌어들여 아이에게 겁을 줍니다. 아이의 욕망이 좌절되는 순간이죠. 이때부터 아이는 사회적 존재로 들어섭니다. 엄마를 벗어나 아버지와 세상이 있는 곳, 삼자관계(三者關係)로 접어드는 것입니다. 어른이 된다는 것은 아버지의 개입으로 엄마에게로 향했던 유아적 도취를 끊는 과정입니다.

아버지라는 존재는 상징적인 것입니다. 할아버지일 수도 있고, 선생님일 수도 있고, 귀신이나 도깨비일 수도 있습니다. 엄마의 품을 벗어나 사회적 공간에 들어서게 될 때 그 사회적 질서를 상징하는 존재를 대표하는 것이 아버지입니다. 엄마를 독차지하려는 욕망은 아버지로 상징되는 사회적 질서에 의해 좌절되고 그 결과 무의식이 탄생합니다. 무의식은 결핍이며 욕망입니다. 라캉은 이것을 오이디푸스 콤플렉스를 해소하는 과정으로 설명합니다.

프로이트는 오이디푸스 콤플렉스를 극복하는 과정에서 인격이 형성된다고 보았습니다. 원초적인 성충동을 가진 아이가 아버지의 금지를 수용하면서 맹목적인 이드의 지배에서 벗어나 균형 잡힌 자아를 얻게 된다는 것입니다. '프로이트로 돌아가자'는 라캉의 슬로건처럼 그는 오이디푸스 콤플렉스를 발전적으로 계승합니다. 거울단계를 통해 아이는 자아를 얻게 되고 어머니와 상상적 동일시를 이루게 됩니다. 오이디푸스 콤플렉스는 아이가 거울단계를 벗어나 아버지가 부과한 상징계의 질서로 편입되어 주체가 되는 과정을 의미합니다.

라캉은 주체가 형성되는 과정을 두 단계로 구분합니다. 첫 번째 단계는 상상적 동일시를 통해 거울 속에 비친 이미지로 자아를 얻는 단계입니다. 그다음은 상징계의 질서를 의미하는 '아버지의 법'을 수용하는 단계입니다. 이 과정은 언어를 배우면서 이루어집니다. 이 두 번째 단계가 프로이트와 다른 라캉의 독특한 면입니다. 이후 라캉은 주체에 이름이 붙고 상징계 속에서 주체가 정체성을 얻게 된다는 의미에서 이 두 단계를 '아버지의 이름'이라고 부르게 됩니다. 주체가 된다는 것은 이런 언어의 질서에 편입된다는 것을 의미합니다. 한마디로 사회적 인간이 되는 과정이죠.

### 네가 홍길동임을 인정하라

허균의 《홍길동전》에서 홍길동은 홍 판서의 아들로 태어났습니다. 홍길동은 태어나기 전부터 자신의 자리가 정해져 있었습니다. 홍 판서의 서자가 그것입니다. 그의 어머니가 양반이 아니었기 때문입니다. 사회적 존재인 인간에게 피할 수 없는 운명이죠.

길동은 자라면서 영민한 모습을 드러내고 검술을 배우고 도술도 익혀 훌륭한 인물이 될 가능성을 보입니다. 하지만 서자라는 한계가 그를 가로막습니다. 조선 사회에 태어난 것이 죄라면 죄입니다. 이런 현실을 받아들이지 않으면 어떻게 될까요? 아마 사회로부터 버림받게 될 것입니다.

라캉은 모든 욕망은 '인정 욕망'이라고 말합니다. 타인으로부터 인정받고 싶은 욕망이 가장 근본적이라는 겁니다. 인정받지 못하면 생존할 수 없으니 당연한 일이라고 할 수 있습니다. 어머니로부터 인정받지 못하면 버림받게 됩니다. 유아기에 버림받은 아이는 생존하기 어렵습니다. 성인이 되는 과정에서 아버지 혹은 사회로부터 버림받으면 어떻게 될까요? 회사에서 버림받은 직장인의 상황을 생각해 보면 쉽게 이해할 수 있습니다. 모든 직장인은 회사와 상사에게 인정받기 위해 노력합니다. 인정 욕망이지요.

홍길동도 인정 욕망으로부터 자유롭지 않습니다. 무술과 도술이 탁월해도 다른 사람에게 인정받지 못한다면 아무 소용이 없습니다. 어쩔 수 없이 홍길동도 서자라는 사회적 위치를 받아들이면서 사회 구성원으로 자리를 잡게 됩니다. 서자 홍길동이라는 주체가 되는 것이지요. 주체가 된다는 것은 사회에서 자신의 위치를 잡는 것과 관계가 있습니다. 정체성을 얻는 것과도 관련이 되지요. 라캉은 사회에서 자리를 얻는 것, 홍길동이 되는 것을 '주체'라고 말합니다. 주체라는 말을 오해해서는 안 됩니다. 말이 주체지 실제로는 기존의 사회 구조에 의해서 위치가 정해지고 그것을 받아들이는 소극적인 존재의 성격이 강합니다.

홍길동이라는 이름을 받아들이자 문제가 생깁니다. 갈고닦은 학문과 도술을 사용할 곳이 없어졌기 때문입니다. 서자는 관직에 나가는 것이 제한되어 있지요. 아무리 능력이 탁월해도 고위직에 오르기는 어렵습니다. 게다가 아버지를 아버지라고 부르는 대신 대감마님이라고 불러야 합니다. 호부호형(呼父呼兄)을 못하는 것이죠. 능력이 있어도 펼칠 기회가 없고, 아버지가 있어도 아버지라고 부르지도 못합니다. 여기서 결핍이 발생합니다. 자신을 홍길동이라는 이름의 존재로 받아들이는 순간, 즉 주체가 되는 순간 사회적 역할을 얻게 되지만 다른 역할은 포기해야 합니다. 할 수 있는 것과 해서는 안 되는 것이 생기죠. 이 해서는 안 되는 것이 바로 라캉이 말하는 결핍이자 욕망입니다. 사회적 금지를 수용하면서 주체가 되지만 결코 채울 수 없는 욕망 또한 얻게 되는 것입니다.

홍길동은 선택의 상황에 직면합니다. 세상의 법을 받아들일 것이냐, 법을 무시하고 바깥으로 뛰쳐나갈 것이냐. 보통의 경우 세상의 법에 순응하면서 살아가게 되겠지요. 그런데 그 순응이 쉽지가 않습니다. 순응하고 싶지만 그게 잘 안 됩니다. 욕망 때문입니다. 소외된 것, 결핍된 것들이 욕망입니다. 세상의 법을 받아들이는 순간 호부호형을 하고 남다른 능력을 발휘하는 것은 포기해야 합니다.

애초에 욕망은 채울 수 없습니다. 인간은 언어를 통해 상징계로 진입하여 아버지의 이름을 받아들이게 되는데 기의는 끊임없이 기표 밑으로 미끄러집니다. 언어적 표현인 요구로는 욕구를 모두 담을 수 없습니다. 그 결과 탄생하는 것이 욕망입니다. 욕망은 언어적 세계인 상징계로 진입하면서, 아버지의 이름을 받아들이면서, 사회가 요구하는 질서에 편입되면서 잃어버린 세계에 대한 갈증입니다. 그 세계는 언어를 초월하는 영역에 있습니다. 노자가 '도라고 말할 수 있는 도는 도가 아니다'고 했을 때의 말로 표현할 수 없는 그 세계입니다.

《홍길동전》에서 길동의 비범한 재주를 두려워한 형제들이 그를 죽이려고 합니다. 이 사실을 안 길동은 집을 나가게 되고 세상을 주유하다 도적의 두목이 되죠. 도적의 세계는 이전과는 전혀 다른 질서의 세계였습니다. 그곳에서는 신분 질서나 서얼 차별이 없습니다. 능력이 있으면 누구나 대장이 될 수 있습니다. 하지만 도적떼의 법과 질서는 또 다른 아버지의 법이었습니다. 도적의 사회에도 규칙, 질서가 존재하기 때문입니다.

길동은 도적떼의 두목이 되어 백성을 수탈하는 탐관오리들을 도술로 혼내 주고 그들의 재물을 빈민들에게 나누어 줍니다. 조정에서는 길동을 잡기 위해 체포령을 내리지만 그를 당해 낼 수가 없습니다. 결국 홍 판서에게 길동을 회유하게 해 병조판서를 제수합니다. 병조판서가 된 홍길동은 백성을 위해 정치에 참여하고 아버지가 돌아가자 삼년상도 치릅니다. 그 후 길동은 율도국을 발견하고 그곳의 왕이 되어 나라를 잘 다스리는 것으로 이야기는 끝이 납니다.

《홍길동전》은 끝없는 욕망에 대한 이야기입니다. 집을 나오고, 도적떼의 두목이 되고, 병조판서에 오르고, 율도국의 왕이 되는 것은 모두 욕망의 끝없는 치환 과정입니다. 집을 나와서 도적떼의 두목이 되어도 욕망은 채워지지 않습니다. 두목이 되었다는 것은 도적떼로부터 인정받았다는 말입니다. 도적떼의 욕망을 자신의 욕망으로 받아들인 것이죠. 이것은 아버지로부터 인정받기 위해 홍길동이라는 이름과 사회적 위치를 받아들인 것과 다를 것이 없습니다. 타인의 욕망을 받아들이는 순간 욕망은 다시 소외됩니다. 그래서 그걸 채우기 위해 다시 다른 것으로 눈을 돌리겠지요.

병조판서에 오르고 활빈당 수령이 되어도 마찬가지고 율도국의 왕이 되어도 달라지는 것은 없습니다. 어디를 가나 사회적 위치가 존재하고 그 위치를 받아들이면 그 세계 사람들의 욕망을 수용해야 합니다. 그래야만 인정받을 수 있고 인정을 받아야만 욕망을 충족시킬 수 있기 때문입니다. 상징계에 접어든 인간에게 욕망은 끝없는 갈망일 뿐입니다.

우리가 직면한 현실도 이와 다르지 않습니다. 우리는 태어나면서부터 어느 정도 운명이 정해집니다. 사실 태어나기 전에 사회적 위치가 결정되어 있죠. 연줄보다 탯줄이 중요하다는 말의 의미가 그렇습니다. 누구는 재벌의 아들로 태어나고 누구는 비정규직의 아들로 태어납니다. 누구는 미국이라는 나라에서 백인에 금발로 태어나고 누구는 슬럼가 흑인의 아들로 태어납니다. 부모님이 누구냐에 따라 운명이 달라집니다. 우연이라는 이름의 이유 없는 차별이 우리를 지배하고 있습니다. 인간으로 산다는 것, 어른이 된다는 것은 이유 없는 차별을 받아들이는 과정입니다.

대한민국의 직장인 김 대리의 상황을 보겠습니다. 김 대리가 김 대리이려면 회사의 욕망을 받아들여야 합니다. 그 순간 김 대리는 회사의 일원으로 명함을 들고 다닐 수 있게 됩니다. 하지만 김 대리가 된다는 것은 자신이 꿈꾸는 삶과 괴리를 일으키는 일입니다. 김 대리가 되는 순간 한 인간으로서의 자신은 사라집니다. 이때 사라진 한 인간으로서의 자기는 소외되고 결핍으로 남아 욕망이 됩니다.

결핍을 채우기 위해 김 대리는 더 열심히 회사의 인정을 갈구합니다. 그래서 승진도 하고 월급도 올라갑니다. 하지만 여전히 욕망은 채워지지 않습니다. 소외된 자신을 찾지 못하면 욕망은 영원히 반복될 수밖에 없습니다. 채워질 수 없는 결핍에서 허우적거리는 것, 이것이 인간의 슬픈 운명입니다.

## 인간의 욕망은 타자의 욕망이다

요즘 초등학생들에게 꿈이 뭐냐고 물어보면 '유튜버'라는 대답이 많이 나옵니다. 가끔 치과의사나 공무원이라고 말하는 아이들도 있습니다. 바닷가 오두막에서 책을 읽으며 살고 싶다는 순진한 꿈들을 이야기하는 아이는 없습니다. 그런 꿈들은 부모들이 차단하기 때문이지요. 해변에 오두막을 짓고 책 읽으면서 살려면 먼저 돈이 있어야 하고 돈을 많이 벌려면 공부를 잘해야 한다고 가르칩니다. 처음에는 엄마의 말에 수긍하지 않지만 나이가 들면서 돈이라는 현실을 받아들이게 되죠. 게다가 엄마의 말을 듣지 않으면 갈등을 각오해야 합니다. 갈등은 인정받을 수 없을지 모른다는 불안감을 불러오죠. 결국 아이는 엄마의 욕망을 자신의 것으로 받아들입니다. 이것이 라캉이 '모든 욕망은 타자의 욕망'이라고 말한 이유입니다.

인간의 세계는 언어에 의해 구축된 상징적 세계입니다. 이 세계에는 규칙과 제도라는 것이 존재합니다. 이른바 문명이지요. 인간이 문명의 세계에 진입하려면 자연적 본성을 억압하고 사회적으로 길들여져야 합니다. 문명이라는 세계에 접어드는 인간에게 본성을 억압하고 기존의 가치관을 수용하는 것은 필수적입니다. 이때 기존의 가치관을 수용한다는 것은 결국 타자의 욕망을 받아들이는 과정이기도 합니다.

타자의 욕망을 받아들인 아이는 부모의 욕망을 욕망합니다. 직장인들도 상사 혹은 회사의 욕망을 욕망합니다. 그래야만 부모와 상사로부터 인정받을 수 있고 인정받아야 주체가 됨은 물론 생존할 수 있습니다. 하지만 이 욕망은 채울 수가 없다고 했습니다. 부모와 상사 또한 다른 사람의 욕망을 욕망하기 때문입니다. 부모는 자신의 아이가 좋은 대학에 가서 판검사가 되었다고 자랑하고 싶어 합니다. 그것이 사람들로부터 인정받는 길이기 때문이죠.

이런 사람들이 주변에 넘쳐 나면 어떻게 될까요? 우리 사회 분위기 자체가 그렇게 되어 버립니다. 좋은 대학, 좋은 직장, 전문직으로 돈을 잘 버는 사람이 되는 것이야말로 삶에서 가장 중요시해야 할 욕망이 되어 버립니다. 문제는 왜 그걸 해야 하는지 잊어버리게 되었다는 겁니다. 타자의 욕망을 욕망하면서도 그런 줄 모르고 살아가고 '우리 사회가 그러니 어쩔 수 없다', '이것이 현실이다'는 식으로 받아들입니다. 다른 삶의 가능성은 불가능한 듯 생각합니다.

아이는 자연적 본성을 포기하고 문명, 타자의 욕망을 받아들이면서 근원적인 만족에 대한 향수를 품게 되는데 그것이 라캉이 말하는 욕망입니다. 물론 욕망은 사물을 상징화해서 언어 체계 속에 가두는 기표(시니피앙)의 효과이기도 합니다. 한번 말을 배운 아이는 말을 통해서 욕망을 추구할 수밖에 없는데 요구로는 욕망을 담아 낼 수 없기에 결핍이 생깁니다. 결핍을 채우기 위해 요구를 계속하면서 자신의 욕망을 타자에게 인정받으려 합니다. 자신의 욕망을 인정받으려면 타자의 시선으로 자신의 욕망을 봐야 합니다. 인정받기 위한 욕망이 타자의 욕망을 수용하게 하는 것입니다.

라캉에 의하면 우리가 욕망하는 대상들은 금지된 것들입니다. 욕망이 먼저 있고 그것을 금지하는 조치가 생기는 것이 아니라 금지가 먼저이고 이후에 욕망이 존재합니다. 금지를 통해 욕망이 만들어진다는 것입니다. 이때의 금지는 존재의 결핍입니다. 사람이 사회화 과정에서 언어를 배우면서 결핍이 생기고 그것이 욕망이 된다는 이야기와 상통합니다. 사회화는 해도 되는 것과 해서는 안 되는 것을 내면화하는 과정입니다. 이때 해서는 안 되는 것 즉 금지되는 것이 발생합니다. 인간의 욕망은 이 금지된 것을 향하게 됩니다. 그래서 금지된 것은 금지되었다는 이유로 인해 더욱 강한 욕망의 대상이 됩니다.

인간이 욕망하는 대상은 손에 쥘 수 있는 어떤 것이 아닙니다. 그것은 사회화 과정에서 잃어버린 것이기에 특정할 수 없습니다. 잃어버린 존재 자체를 욕망하는 겁니다. 하이데거가 말한 '존재'와 상통합니다. 그래서 욕망은 채울 수가 없습니다. 우리는 원하는 것이 무엇인지 모릅니다. 새로운 스마트폰을 원하고 고속승진을 원하는 것이 사람인데 내가 원하는 것이 무엇인지를 모른다니 무슨 소리냐고 말씀하시겠지만 라캉에 의하면 우리가 욕망하는 것은 존재의 결핍 자체이지 어떤 물건이나 상황이 아닙니다. 단지 우리가 욕망하는 것들이 존재의 공허함을 채워 줄 수 있으리라는 기대 때문에 혹은 타자의 인정을 받으면 그 공허함을 채울 수 있으리라는 느낌 때문에 대상을 욕망하는 것입니다. 욕망의 대상은 상실된 것이고 상실을 통해서만 욕망의 대상이 될 수 있습니다. '욕망은 존재의 결여를 향해 있다'는 말은 이런 배경에서 나온 것입니다.

## 승화, 실재에 이르는 충동

라캉은 인간이 상징화 과정에서 잃어버리게 되는 세계를 '실재계'라고 부릅니다. 동물은 자연과 동화되는 삶을 사는 반면 인간은 자연을 벗어나 언어를 통해 자신들의 사회를 만듭니다. 그 과정에서 소외된 자연, 즉 근원적 세계가 실재입니다. 인간의 욕망은 이 실재를 향해 있다는 것이 라캉의 설명입니다. 이때 상징계가 정해 놓은 금지의 선을 넘어 잃어버린 근원적 세계에 도달하려는 의지를 '죽음 충동'이라고 합니다. 상징계의 법이 금지하면 할수록 더욱 욕망은 강해지는데 이 욕망은 도달할 수 없는 곳이라고 했습니다. 그렇다고 해서 실재에 대한 추구가 전혀 불가능한 것만은 아닙니다. 이때 등장하는 개념이 '승화'입니다. 승화란 상징적 대상에 실재적 지위를 부여하는 것을 말합니다. 죽음 충동이 실현될 수 있는 길이 승화인 셈입니다.

승화는 충동을 억압하지 않고 직접적인 만족을 줄 수 있는 활동입니다. 하나의 대상을 절대화해서 그것으로 불가능한 욕망에 접근하는 것이죠. 승화를 통해 절대화하는 대상은 일상의 평범한 어떤 것입니다. 하지만 주체에게는 대단한 의미가 있는 어떤 것이기도 합니다.

라캉은 소포클레스의 희곡 〈안티고네〉를 놓고 승화를 설명합니다. 안티고네는 오빠 폴리네이케스의 시체를 버린 채로 두라고 명령하는 삼촌 크레온에 맞서 끝내 자신의 역할을 해내고 맙니다. 크레온은 폴리네이케스가 형과 권력 다툼을 하다 죽어 공동체에 해를 입혔기 때문에 장례를 치러 줄 수 없다고 본 것입니다. 하지만 안티고네는 사랑하는 오빠를 그냥 내버려 둘 수 없었습니다. 금지를 넘어 장례를 치르고 그 죄로 갇히게 되죠. 결국 감옥에서 죽음을 맞이합니다. 하지만 이런 그녀의 행동은 크레온을 파멸로 이끕니다. 아내와 아들이 자살을 하기 때문이지요. 크레온은 후회하지만 이미 때는 늦었습니다.

안티고네가 오빠의 장례를 치르게 된 것은 일종의 충동 때문입니다. 사랑하는 오빠가 천국으로 가기를 바라는 마음이 안티고네의 욕망이었고 이 욕망이 법을 어기게 합니다. 사회적으로 인정받는 방법으로 욕망을 충족할 수는 없기 때문에 금지를 넘어서는 것은 필연적입니다. 쾌락 원리도 넘어서게 만드는 것이 충동이고 그 과정이 승화입니다. 안티고네는 폴리네이케스를 대상으로 금지를 넘어 마땅히 해야만 하는 일을 해내는 만족에 도달하게 되는 것입니다.

이 과정을 통해서 크레온으로 상징되는 기존의 체제는 전복됩니다. 승화를 통해서 기존에 중요시하던 것, 지배 질서 같은 것들이 와해되고 전혀 새로운 질서가 생성되기 시작하는 것입니다.

얼마 전 동네 편의점에서 주인과 손님이 주고받는 대화를 엿듣게 되었습니다. 두 사람은 잘 아는 사이 같았는데 손님이 주인에게 '어제 월급을 받았는데 하루 만에 카드 값 빠지고 나니 남는 게 없다'는 말을 했습니다. 그러자 주인이 '다 안다'는 미소를 지으며 이렇게 대답했습니다.

"그게 인생이야. 세상살이가 원래 그래."

순간 편의점 주인이 승화를 아는구나 하는 생각이 들었습니다. 우리 인생은 원래 남는 게 없지요. 열심히 일하고 월급 받아도 며칠 지나면 없습니다. 죽을 때도 티끌 하나 가져갈 수 없는 것이 우리 삶이죠. 이렇게 허무한 일상이 삶입니다. 편의점 주인이 대단한 것은 이렇게 허무한 삶을 긍정하고 있다는 것이었습니다. 인생은 원래 그런 거지만 살 만한 거라는 이야기가 그의 말 속에 담겨 있기 때문이죠.

인생에 '별거 없다'고 생각하면 마음이 편해집니다. 그냥 이렇게 살아도 좋겠다 싶은 생각도 들죠. 무엇보다 중요한 결정에서 자유롭게 선택을 할 수 있습니다. 경제적 이익, 사람들의 시선, 생산성 같은 것들을 고려하지 않고 오직 마음 가는 대로 결정을 내릴 수 있게 됩니다. 이때 내 욕망을 원천적으로 실현할 수 있는 충동의 기회가 찾아옵니다. 기존의 가치가 모두 무너지고 자유로운 의지에 의해 다른 결정과 행동을 하는 겁니다.

남녀가 사랑을 하는 경우는 크게 두 가지로 나눌 수 있을 듯합니다. 하나는 상대방의 특정한 면을 사랑하는 것이고, 다른 하나는 상대방의 존재 자체를 사랑하는 것입니다. 상대방의 특정한 면을 사랑한다는 것은 그의 조건, 지위, 특징 때문에 끌린다는 말입니다. 직업이 좋거나 잘생겼거나 배려심이 많기 때문에 사랑하는 것입니다. 이런 경우 이런 특성이 사라지면 사랑도 식어 버립니다. 더는 만족을 줄 수 없으니까요. 반면 상대방의 존재 자체를 사랑하는 경우에는 이유가 없었기 때문에 상대방이 텅 비어 있음을 알면서도 계속 사랑하게 됩니다.

상대방의 특정한 면을 사랑하는 사람은 이렇게 말합니다.

"나는 네가 좋아. 왜냐하면 너는 예쁘고 친절하기 때문이야."

"내가 너를 사랑하는 이유는 완벽하기 때문이야. 내가 사랑하는 여자는 완벽해야 해. 늙지 않고 항상 밝고 늘 나에게 잘해 줘야 해."

반면 존재 자체를 사랑하는 사람은 이렇게 말합니다.

"내가 사랑하는 사람은 완벽하지 않아. 오히려 결점이 많지. 하지만 나는 사랑해. 그 결점까지도."

유명한 사진작가 로버트 카파(Robert Capa, 1913-1954)는 사진을 찍을 수 있는 곳이라면 어디든 찾아다녔습니다. 그가 살았던 시대에는 스페인 내전, 제2차 세계대전, 베트남전쟁 등 전쟁이 잦았습니다. 전쟁이 있는 곳에 그가 늘 있었습니다. 특히 제2차 세계대전 당시 노르망디 상륙작전에서 그는 총알이 빗발치는 전쟁터의 한가운데에서 카메라를 들고 병사들을 찍었습니다. 목숨을 걸고 한 일이죠. 그는 병사들과 똑같은 군복을 입고 공수특전단도 아니면서 낙하산을 메고 비행기에서 뛰어내렸습니다. 총 대신 카메라만 들었을 뿐이지 모습이나 행동은 병사들과 전혀 다르지 않았습니다.

좋은 사진을 찍는 유일한 방법을 그는 알고 있었습니다. 그것은 사진 속 인물들처럼 생각하고 행동하는 것이었죠. 당시에는 망원렌즈나 카메라에 줌 기능이 없었으니 최대한 가까이 가서 찍을 수밖에 없었습니다. 그것이 좋을 사진을 찍을 수 있는 최고의 방법이었지요. '만약 당신의 사진이 마음에 들지 않는다면, 그것은 당신이 충분히 다가가지 않았기 때문이다'는 그의 말에서 치열했던 그의 정신을 읽을 수 있습니다.

제2차 세계대전 후 로버트 카파는 할리우드 여배우 잉그리드 버그만을 만나게 되고 사랑에 빠집니다. 이 '시대의 여배우'는 로버트 카파에게 청혼까지 하지만 카파는 그 청혼을 받아들이는 대신 카메라를 들고 다시 전쟁터로 떠납니다. 그는 사진을 찍고 싶은 충동을 실현하기 위해 위험을 무릅쓰고 전쟁터로 향했던 것입니다. 살아 있다는 느낌. 가슴 떨리는 일을 하고 있다는 희열. 그 충동이 사랑하는 여인이나 목숨보다 소중했던 것입니다.

이런 예는 얼마든지 있습니다. 궁형을 당했지만 《사기》를 집필하기 위해 굴욕을 참아 냈던 사마천, 파트로클로스 죽음에 대한 복수를 위해 목숨도 버린 아킬레우스, 근로기준법 준수를 외치며 분신한 전태일, 영원한 혁명가 체 게바라 등 욕망을 향한 충동에 사로잡혔던 수많은 경우를 발견할 수 있습니다. 금지를 넘어 존재로 향하는 문으로 기꺼이 뛰어든 이들이었습니다.

우리는 자유로운 삶, 행복한 인생을 꿈꿉니다. 지금 고통스러운 일을 멈추고 마음이 끌리는 새로운 일에 도전하는 것은 자유로운 삶에 도전하는 일이 될 겁니다. 여기서 두 가지 문제에 봉착합니다. 하나는 진정한 자유의 길이 무엇인지 우리가 잘 알지 못한다는 것이고, 다른 하나는 금지를 넘어서는 일에는 너무 큰 위험과 고통이 따른다는 것입니다. 그렇다고 해서 포기할 수는 없습니다. 삶을 너무도 사랑하기 때문입니다. 라캉이 하고 싶었던 말은 '너의 욕망을 포기하지 말라'는 것인지도 모릅니다.

## 주체는 언어의 결과

인간은 동물과 다른 점이 있습니다. 사회를 이루고 언어를 사용한다는 점입니다. 아이는 태어날 때 아무런 능력을 갖추고 있지 못한 자연 상태입니다. 자라면서 어른들의 사회에 편입되어야 인간으로 살아갈 수 있습니다. 그러자면 자아를 얻어야 하고 언어를 통해 사회적 메시지를 교환할 수 있어야 합니다. 어른이 된다는 것은 자연 상태를 포기하고 문명화의 길로 들어섬을 의미합니다.

라캉은 문명화의 길에 접어들려면 두 단계가 필요하다고 말하고 있습니다. 거울단계를 통해 이미지의 세계인 상상계로 진입하여 자아를 얻는 것이 첫 번째 단계이고, 언어를 취득하고 오이디푸스 콤플렉스를 극복하면서 주체가 되는 것이 두 번째 단계입니다. 상징계에 들어선 인간은 사회 구성원으로 인정받는 어른이 되지만 그 과정에서 본래적 세계인 실재는 잃어버리게 됩니다. 욕망은 잃어버린 실재를 향한 것입니다. 그 욕망이 도사린 곳이 무의식의 세계입니다.

라캉의 사유를 정리해 보겠습니다.

- **무의식은 언어처럼 구조화되어 있다.**

  프로이트는 무의식의 역동성을 강조했지만 그 구조를 밝히지는 않았습니다. 라캉은 프로이트를 이어받아 무의식의 구조를 밝힙니다. 언어를 취득하는 과정에서 잃어버린 실재, 기표에 이르지 못하고 미끄러지는 기의, 아버지의 법을 수용하면서 사라진 맹목성이 무의식을 형성합니다.

- **인간은 언어, 사회적 질서를 받아들이면서 주체가 된다.**

  근대철학자들은 지식을 찾고 진리를 추구하는 인간의 근거가 주체라고 생각했습니다. 라캉은 자아와 주체는 이미지 혹은 타자의 효과임을 보여 줌으로써 근대적 주체의 개념을 흔들어 놓았습니다. 사회화 과정에서 받아들이게 되는 아버지의 법은 이해할 수 없는 세상을 이해시키는 장치입니다. 태생부터 시작되는 '이유 없는 차별'을 승인하도록 만드는 설득 장치인 셈입니다. 그것을 받아들인 인간은 주체의 지위를 취득하지만 주체는 상징계가 없이는 스스로 위치를 찾을 수 없는 위태로운 지위에 있습니다. 주체가 언어를 사용하는 것이 아니라 언어가 주체를 만듭니다. 주체는 언어의 결과입니다. 주체는 기존 사회의 법과 가치관을 받아들이면서 만들어집니다.

• **진리는 포착될 수 있는 것이 아니다.**

서양철학은 '변하지 않는' 진리를 얻기 위한 끝없는 노력이라고 해도 과언이 아닙니다. 라캉은 이런 진리 개념을 '망상적인 것'이라고 비판합니다. 진리는 상징계를 벗어난 실재입니다. 철학이든 과학이든 추상화와 일반화라는 장치를 벗어날 수는 없습니다. 언어를 통하지 않는 학문은 불가능하죠. 언어화는 곧 상징화이고 그것은 실재를 배제시키는 일입니다. 실재를 말로 표현하는 것은 불가능합니다.

라캉은 정신분석학자입니다. 정신분석학은 치료를 위한 학문입니다. 정신분석에서 진리는 무의식 주체가 드러나는 것입니다. 옳고 그름, 사실 여부의 문제가 아닙니다. 정상적인 사회화의 과정으로 들어서면서 삶을 지속할 수 있도록 정신의 문제를 치료하는 것이 정신분석의 목적입니다. 라캉은 자연의 인간이 어떻게 사회적 인간이 되는지를 말하고 있을 뿐입니다.

# 8부

# 포스트구조주의

# 32강. 다른 삶은 어떻게 가능한가

## 들뢰즈

실존주의와 구조주의는 인간을 들여다보는 두 시선입니다. 인간은 세상에 던져집니다. 인간이 여기에 있다는 것은 하나의 '현상'입니다. 이 현상은 '실존'입니다. 내가 지금 여기 있다는 현상에 대한 탐구가 실존이기 때문입니다. 사르트르는 실존이 본질에 앞선다고 함으로써 인간의 주체성을 강조했습니다. 내가 여기에 존재하는 이유는 알 수 없다 하더라도 그 이유를 탐색하고 의미를 부여할 수는 있습니다. '인생은 선택'이라는 말처럼 자기 삶을 만들어 가는 주체성을 강조했던 사르트르의 실존주의는 충분히 매력적인 철학임에 분명합니다.

### 인간을 보는 두 시선

실존주의가 현상에 집중했다면 구조주의는 본질에 무게를 두었습니다. 본질은 일종의 구조입니다. 인간은 태어나는 순간 세상에 던져집니다. 문제는 그 세상에 어떤 구조, 체계가 있다는 것입니다. 대한민국에 태어난 이상 대한민국의 구조에서 자유로울 수 없습니다. 한국말을 배우고, 풍습을 배우고, 가치관을 받아들여야 합니다. 실존주의는 결단을 강조하지만 결단이라는 것도 구조가 알려 주고 규정한 한계에서 벗어나기 어렵습니다. 나이기 이전에 특정한 집안사람이고 대한민국 사람입니다. 자유는 구조 내의 자유이고, 결단도 사회적 제약에서 벗어나기 어렵습니다.

실존주의가 개인의 자유와 결단을 무리해서 강조했다면 구조주의는 개인의 주체성을 지나치게 축소시켰습니다. 실존주의는 집단의 제약과 사회적 관계의 힘에 무관심했고, 구조주의는 개인의 역동성과 가능성을 무시했습니다. 실존주의가 개인에게 관심을 가졌다면 구조주의는 보편적 인간에게 집중했습니다. 인간을 보는 관점이 달랐던 것입니다.

인간은 개체로서 존재합니다. 하지만 관계에 의해 규정되고 재정의됩니다. 인간은 다른 세상과 관계를 맺고 그곳에서 배운 의미를 자신의 것으로 흡수합니다. 그리고 새로운 자신이 됩니다. 오늘의 나와 내일의 나가 다른 이유입니다. 인간은 고정된 존재가 아니며 변화를 간직한 역동적 존재입니다. 실존주의와 구조주의를 탐구하면서 얻은 결론 중 하나가 실존의 문제를 고민할 때 구조를 함께 생각해야 한다는 것입니다. 그래야 인간을 제대로 이해할 수 있고 그것을 토대로 사유를 밀어붙일 수 있기 때문입니다.

## 기준과 중심은 없다

사람은 자신이 처한 현재의 문제를 고민하는 존재입니다. 그래서 철학은 그 시대의 산물일 수밖에 없습니다. 시대마다 사유의 내용이 다른 것은 이 때문입니다. 우리가 살고 있는 현대의 사유는 고대와 중세, 근대와 확연히 다른 면을 보입니다. 서양의 전통 철학은 본질을 집중적으로 탐구해 왔습니다. 플라톤의 이데아와 중세의 신이라는 관념이 그것을 잘 말해 줍니다. 피라미드의 최고 정점에 신이 있고 그 아래에 천사가 있고 다시 아래에 인간, 동물, 무생물들이 단계별로 존재한다고 본 것입니다. 이런 사고방식에 따르면 본질에서 멀어질수록 하찮은 존재, 무의미한 것이 됩니다.

근대에는 이데아와 신의 자리에 인간이 놓입니다. 인간을 중심에 놓고 유용한 것과 필요한 것의 순위를 결정합니다. 인간은 주체이고 사물은 객체입니다. 그 결과 자연은 지배의 대상이 되고 돈이나 지식, 명예 같은 것이 중요해졌습니다. 현대철학은 이런 근대적 사유에 대한 반성에 바탕을 두고 있습니다.

현대적 사유를 대표하는 단어들이 있습니다. 차이, 해체, 관계, 생성 같은 말입니다. 단어의 의미만 생각해 봐도 근대적 사유에 대한 반성임을 알 수 있습니다. 세상을 획일적으로 이해하려는 생각, 절대적 진리를 우선시하는 시도를 해체시키고 다양한 관계 속에서 새롭게 생성되는 가치들을 긍정하려는 시도가 현대철학의 배경에 깔려 있습니다.

이런 시도들을 잘 보여 주는 사람이 들뢰즈(Deleuze, 1925-1995)입니다. 사람들을 들뢰즈를 '차이의 철학자', '노마드의 철학자'라고 부릅니다. 《차이와 반복》이라는 그의 책 제목처럼 그는 세상을 다채로운 것으로 이해했던 현대철학자입니다. 그의 철학은 기본적으로 니체의 사상에 기반하고 있습니다. 기존의 것을 해체시키고 생성하는 삶을 긍정하는 니체의 사유를 현대적으로 구체화한 사람이라고 할 수 있습니다.

우리는 언어적 개념화를 통해 세상을 이해합니다. 개념화는 세상을 편리하게 이해하는 데 도움을 줍니다. 하지만 개념을 규정한다는 것은 일반화하는 일이기에 일종의 상실을 감수해야 합니다. 개념에 포착되지 않는 것들이 존재하기 때문입니다. 게다가 개념화는 획일화를 가져오고 다양성을 빼앗아 갑니다. 진보와 보수로 구분하는 것은 그 사람을 이해하는 데 도움을 주지만 진보도 아니고 보수도 아닌 경우를 수용할 수 없습니다. 그런 점에서 개념화는 위험한 일입니다.

현대철학은 세상에 고정된 것, 진리라 불리는 것, 기준이나 중심이 되는 것에 회의를 품습니다. 하나의 중심을 가지게 되면 중심이 아닌 것은 소외됩니다. 현대 사회의 문제들이 기준과 중심을 강조하는 근대적 사유에서 비롯되었기에 획일적인 기준을 거부하려는 모습은 자연스럽습니다. 권력을 고정된 것으로 보지 않고 중심이나 거점이 없이 변화하는 것으로 파악하려는 푸코의 시도가 그것을 잘 보여 줍니다. 이처럼 하나의 중심이나 기준을 두려는 사고를 넘어서려는 시도를 우리는 '포스트구조주의'라고 합니다. 구조주의가 선험적 구조를 우선시하고 그 구조를 통해 인간과 세계를 설명하려 했다면 포스트구조주의는 구조주의의 확실성에 대해 의문을 품고 하나의 기준이나 경계를 넘어서서 세상을 파악하려 합니다. 그들이 인정하지는 않지만 푸코, 들뢰즈, 데리다, 장 보드리야르 같은 사람들을 포스트구조주의로 분류하곤 합니다.

포스트구조주의는 구조주의적 결정론을 넘어서 지식, 문화, 구조가 탄생하는 전체 과정 자체를 비판적으로 탐구하려 합니다. 그래서 어떤 기준이나 결정적 구조의 존재를 허용하지 않습니다.

### 안티 오이디푸스

들뢰즈가 구조와 체계를 왜 거부하는지, 어떤 사유를 펼치는지 그 과정을 따라가 보도록 하겠습니다.

프로이트와 라캉은 인간의 욕망을 결핍으로 이해했습니다. 아이는 어머니를 독차지하려고 하지만 아버지라는 존재 때문에 강력한 장벽에 직면합니다. 아버지라는 거대한 힘 앞에서 아이는 좌절을 겪습니다. 이때 아이가 할 수 있는 것은 아버지와 자신을 동일시하는 것입니다. 어머니를 포기하고 아버지처럼 다른 여자를 취하는 방법을 선택하는 것입니다. 이 과정에서 억압된 욕망은 결핍이 되어 무의식이 됩니다. 프로이트와 라캉에게 욕망은 결핍입니다.

들뢰즈는 욕망을 결핍으로 이해하는 것에 동의하지 않습니다. 욕망은 존재 자체에서 흘러넘치는 것이며 실재적인 것입니다. 니체는 세계를 힘에의 의지로 이해했고 스피노자는 코나투스(Conatus)라는 개념으로 사물이 가진 자기 보존의 경향과 노력을 설명합니다. 니체와 스피노자를 수용한 들뢰즈는 존재를 힘에의 의지이자 욕망 그 자체로 봅니다. 욕망은 무의식적이고 부정적인 힘이 아니라 삶을 가능하게 하는 긍정적인 힘입니다. 물론 들뢰즈가 오이디푸스 콤플렉스의 존재 자체를 부정하는 것은 아닙니다. 그것이 가진 반동적 속성, 자본주의적 고착성을 비판하는 것입니다. 그는 오이디푸스 콤플렉스가 설명하는 가부장적 권위가 사회 구조에까지 영향을 미치고 있다고 봅니다. 자본주의는 인간에게 돈이 중요하다는 사실을 인식시키고 순응적인 노동자로 만듭니다. 이 과정은 오이디푸스 콤플렉스를 극복하고 세상에 적응하는 인간의 모습인 동시에 순종하는 노동자로 영토화되는 과정이기도 합니다.

이것이 들뢰즈가 자신의 지적 동반자였던 정신의학자 가타리(Guattari, 1930-1992)와 함께 쓴 책《안티 오이디푸스》에서 말하려던 것입니다. 오이디푸스 콤플렉스에 직면한 아이는 어머니를 고집할 것인가, 아버지를 받아들일 것인가, 양가감정으로 분열증을 겪습니다. 이때 아버지의 법을 받아들이고 정상적인 인간이 된다고 보는 것이 프로이트의 입장입니다. 사회적으로 말하자면 순종하는 노동자가 되어 자본주의적인 욕망 생산에 종속되는 삶을 사는 것입니다. 하지만 무의식적 욕망 때문에 순종하는 노동자들은 여전히 분열증을 겪을 수밖에 없습니다. 체제가 제공하는 안전한 삶에 안주하며 지낼 것이냐, 존재에서 흘러넘치는 욕망의 힘으로 새로운 삶에 도전할 것이냐의 문제는 자본주의 사회에서 살아가는 사람이면 누구나 겪는 문제입니다. 들뢰즈와 가타리가 안티 오이디푸스를 외치는 이유가 여기에 있습니다. 그들은 욕망 생산의 노예가 되게 하고 정신분열을 강요하는 자본의 횡포에서 벗어나기 위해 자유로운 삶으로 탈주하려는 것입니다.

## 욕망하는 기계와 기관 없는 신체

들뢰즈의 사유를 이해하려면 살펴봐야 할 개념들이 있습니다. 먼저 '기계'라는 개념에 익숙해져야 합니다. 여기서 기계를 우리가 흔히 아는 공장의 머신으로 이해해서는 곤란합니다. 들뢰즈에게 기계란 끊임없이 생성하고 변화하고 흐름을 창조하는 역동적인 힘의 존재 그 자체를 말합니다. 이 세상의 모든 존재자는 기계로 파악됩니다. 사람, 동물, 나무, 돌멩이까지 모두 기계입니다. 존재하는 모든 개체는 자기만의 물질들로 체계화되어 있습니다. 돌멩이는 돌멩이대로, 사람은 사람대로 다른 체계성을 갖추고 있죠. 또한 같은 돌멩이더라도 다른 체계를 갖고 있습니다. 현무암과 사암의 체계는 다릅니다. 사람도 남자와 여자, 안상헌과 홍길동은 다른 체계로 이루어집니다. 이렇게 다른 체계로 구성되기 때문에 기계라고 부르는 것입니다. 그렇다면 자본주의는 어떨까요? 당연히 기계입니다. 우리 사회에 존재하는 다양한 제도나 법, 시스템들도 다른 구조를 갖기 때문에 기계로 이해할 수 있습니다.

우리가 가진 손도 하나의 기계입니다. 잡고 던지고 만지는 기계입니다. 손은 우리 몸의 단순한 기관 중 하나가 아닙니다. 식사-기계, 권투-기계, 표현-기계, 쓰는-기계 등으로 다양하게 변용됩니다. 공장에서 제품을 만들 때는 생산-기계로 변하고, 밥 먹을 때는 식사-

기계, 싸울 때는 권투-기계, 말할 때는 표현-기계, 글을 쓸 때는 쓰는-기계가 되는 것입니다.

신체는 자기 보존을 위해 기존의 기관을 넘어서 새로운 기관으로 변용됩니다. 이렇게 자기 보존을 위해 기관을 변용하는 힘의 양태를 '욕망하는 기계'라고 합니다. 들뢰즈에게 욕망은 결핍이 아니라 생산입니다. 욕망은 역동적으로 움직이며 실재를 생산합니다. 프로이트는 리비도로서의 욕망을, 생산하는 욕망을 발견했지만 그것을 오이디푸스라는 결핍으로 이해함으로써 가족이라는 울타리 안에 가두고 말았습니다. 들뢰즈에게 욕망은 결여에 의해서 발생하는 것이 아니라 오히려 억압에 의해서 욕망이 만들어집니다. 욕망은 현실적 생산 그 자체입니다.

> 욕망 기계가 있을 수 있게 되면 사회의 모든 부문은 온통 요동친다. 몇몇 혁명가가 어떻게 생각하건, 욕망은 본질적으로 혁명적이다. … 어떤 사회라도 참된 욕망의 정립을 허용할 수 있게 되면 그 착취, 예속, 위계의 구조가 반드시 위태로워진다.
>
> –《안티 오이디푸스》

욕망은 능동적 생산이며 전복하는 힘입니다. 여기에 욕망의 위험이 있습니다. 욕망은 기존 질서를 파괴하고 사회를 붕괴시키는 힘을 품고 있습니다. 물론 잘만 하면 사회변혁을 위한 긍정적 변화를 유도하는 힘이 될 수도 있습니다. 들뢰즈는 기존 철학이 이성과 합리성이라는 이름으로 욕망을 소외시키고 통제해 왔음을 밝히고 이를 분쇄하기 위해 욕망의 생산적 힘을 수용하려고 합니다.

욕망하는 기계가 생산이라면 '기관 없는 신체'는 기관화되기 전, 특정한 기능을 위해 조직화되지 않은 상태를 의미합니다. 기관 없는 신체는 알에 비유될 수 있습니다. 아직 세포 분열이 복잡하게 이루어지지 않은 상태로 어떠한 기관도 생기기 전의 상태입니다. 기관은 특수한 기능을 수행하는 조직입니다. 기관이 생겼다는 것은 하나의 신체가 조직되고, 유기체화되고, 기능적으로 연결되고, 제도화되고 관습화되었음을 의미합니다. 기관 없는 신체는 그 이전의 상태이고 기관화를 위한 잠재성의 장(場)입니다.

기관 없는 신체에 의해 산출되는 것이 기관입니다. 기관들은 특정한 역할을 수행합니다. 자기만의 역할을 수행하기 위해서는 일종의 작동이 필요합니다. 그것을 들뢰즈는 '절단'이라고 부릅니다. 기계는 절단을 본성으로 합니다. 기관 없는 신체의 흘러넘치는 욕망의 흐름을 절단하고 그 힘을 채취해서 특별한 형식으로 만들어 냅니다. 이런 절단과 채취를 통해서 기관 없는 신체는 다양한 모습으로 변용됩니다. 입이 식사-기계, 키스-기계, 표현-기계가 될 수 있는 것은 절단과 채취를 통해 특정한 형식을 만들어 낼 수 있기 때문입니다. 궁극적으로 이것이 가능한 것은 기계가 이질적인 것들이 혼재하는 잠정적이고 우연적인 배치 상태에 있기 때문입니다.

주의할 점은 기관 없는 신체는 기관을 제거하는 것도, 기관을 유지하는 것도 아니라는 점입니다. 기관 없는 신체는 새로운 기관을 '예비'하고 있습니다. 고정된 기관화에서 벗어나 역동적인 상태로 새로운 것이 생성되고 변이할 준비를 하는 것입니다.

욕망하는 기계는 인간을 자동적으로 욕망하게 만들고 기계에 예속시키려 합니다. 자신도 모르게 돈을 중요시하게 되고 소비를 미덕으로 향유를 행복으로 여기는 것은 우리가 욕망하는 기계이기 때문입니다. 그 결과 자본주의에서 살아가는 인간은 욕망하는 기계로 동일성을 반복하게 됩니다. 이것이 들뢰즈와 가타리가 자본주의의 '배치'를 문제 삼는 이유입니다. 그들은 기관 없는 신체가 생성하는 욕망으로 삶을 재배치하려고 합니다.

### 영토화와 배치

우리 삶에는 영토들이 존재합니다. 아침에 집을 나서면 거리를 지나 버스를 타고 학교나 일터로 갑니다. 이때 집, 거리, 버스, 학교는 일종의 영토입니다. 집은 생활에 필요한 다양한 도구가 결합되어 하나의 영토를 이룹니다. 버스는 엔진과 좌석과 운전사라는 개체들의 결합으로 이루어진 영토입니다. 학교는 칠판과 교탁, 책상과 걸상, 선생님과 학생들로 구성된 영토죠. 우리는 여러 개체를 결합해 '영토화'하는 데 익숙합니다.

영토에는 눈에 보이지 않는 규칙, 제도, 법들이 존재합니다. 버스를 탈 때는 줄을 서야 하고 돈을 내야 하고 손잡이를 잡아야 합니다. 학교에서는 책상에 책과 연필을 두고 걸상에 앉아 칠판을 봐야 합니다. 수업시간을 지켜야 하고 떠들면 안 되죠. 이런 규칙들은 우리가 살아가는 세상 곳곳에 존재하는 일종의 코드들입니다. 들뢰즈는 눈에 보이지 않는 규칙과 제도들이 고착되는 현상을 '코드화'라고 부릅니다.

영토화, 코드화는 고착화를 의미합니다. 고착은 기계적 반응을 양산하는 동일성의 지배를 가져옵니다. 우리가 매일 같은 생활을 반복한다는 것은 그만큼 삶이 고착되었음을 의미합니다. 동일성이 반복되는 세상에서 존재의 가능성은 사라집니다. 모든 아이가 유튜버가 되려 하고, 모든 어른이 건물주가 되려 합니다. 차이가 가진 무한한 가능성의 문을 영토화, 코드화가 막아 버리는 것입니다.

우리 삶은 영토를 형성하고 그 속에서 보이지 않는 코드들이 작동하는 일종의 '배치'로 이루어집니다. 집, 버스, 회사, 교실, 야구장, 도시 등은 모두 배치입니다. 거실만 해도 소파, TV, 책장, 협탁, 화분 등의 다양한 요소가 배치되어 있습니다. 이런 배치에는 보이지 않는 욕망이 작동하고 있습니다. TV가 중요한 집은 거실 한가운데에 TV가 있고 책을 보려는 집은 책장이 중심에 있습니다. 사무실은 생산성을 높일 수 있도록 감시와 통제가 용이하게 배치됩니다. 버스에는 순환의 욕망이, 교실에는 지식 전이의 욕망이, 야구장에서는 게임을 위한 욕망이 작동합니다. 욕망이 배치를 만들고 영토화하는 것입니다. 푸코식으로 말하면 권력이 작동하고 있는 것이죠.

요즘은 학교에서 토론식 수업을 많이 합니다. 교사와 칠판만을 바라보는 과거의 수업 방식에서 벗어나 서로 의견을 교환하며 합의를 도출하는 방식으로 바뀌었습니다. 예전 수업보다 진일보한 면으로 이해됩니다. 들뢰즈식으로 이해하자면 재영토화입니다. 수업 듣는 기계에서 토론하는 기계로 새로운 기계가 탄생한 것입니다. 토론하는 기계는 창의성을 요구하는 자본주의의 욕망이 투영된 새로운 배치의 결과입니다. 더는 자본 증식에 도움을 줄 수 없는 주입식 교육의 문제를 새로운 배치로 풀려는 시도입니다. 그것이 나쁘다는 말이 아닙니다. 영토화, 코드화, 배치의 문제를 이야기하고 있을 뿐입니다.

우리 삶은 기존의 배치를 유지하고 지속하려는 욕망이 지배하고 있습니다. 코드화된 삶의 방식에 따라 기존의 배치와 관계를 유지하려는 권력 또한 작동하고 있죠. 하지만 기존의 배치에서 탈주하거나 재배치하려는 욕망 또한 곳곳에 도사리고 있습니다. 우리 세계는 이런 욕망들이 충돌하는 곳입니다.

### 차이와 반복

들뢰즈는 동일성, 영토화, 코드화, 유기체화, 기표화, 주체화 등 이른바 고착화되는 것을 경계합니다. 고착화가 차이의 가치를 부정하고 새로운 생성을 가로막기 때문입니다. 차이는 존재의 본래 모습입니다. 인간은 그것을 일정한 틀로 절단하고 흐르게 하여 유용성을 만들어 냅니다. 그 결과 차이는 소외됩니다. 이것을 설명하기 위해 들뢰즈가 제시한 것이 수목(樹木)과 리좀(Rhyzome)입니다.

수목은 나무입니다. 뿌리는 땅 아래에 있고 가지와 잎은 땅 위에 있습니다. 뿌리에서 시작되어 줄기가 나오고 가지가 펼쳐지면서 잎이 돋아납니다. 일종의 위계 질서를 가졌습니다. 수목의 핵심이자 근본적인 것이 뿌리입니다. 모든 것에 근원이 있고 본질이 있다고 믿으며 진리를 중요시했던 기존의 철학은 수목적 사유라고 할 수 있습니다.

리좀은 수목과는 다릅니다. 리좀은 땅속에서 옆으로 줄기를 뻗어나가 새로운 개체를 생성합니다. 잔디밭에서 잔디를 뽑아 보면 땅속에서 서로 연결되어 있음을 알 수 있습니다. 어디가 시작인지 어디가 근본인지 알 수가 없습니다. 고구마나 감자도 마찬가지입니다. 위계 없이 수평적으로 연결되어 서로 공존하는 리좀적 관계의 모습입니다.

> 리좀은 출발점이나 끝이 아니다. 리좀은 언제나 중간에 있으며 사물들 사이에 있는 사이 존재이자 간주곡이다.
>
> –《천 개의 고원》

소쉬르의 언어학과 구조주의는 사물의 의미가 관계에 의해 규정된다고 보았습니다. 그들이 말하는 관계에는 어떤 근본이나 중심이 없습니다. 관계마다 의미가 달라질 뿐 하나의 고정된 의미는 존재하지 않습니다. 들뢰즈도 관계의 사유를 중요시한다는 점에서 그들과 다르지 않은데 그것을 설명하는 개념이 리좀입니다. 고착되지 않고 새롭게 변이해 나가는 리좀적인 것에 중심은 없습니다. 접속과 재배치를 통해서 차이를 생성해 나가는 끝없는 반복이 있을 뿐입니다.

들뢰즈는 니체의 사유를 현대적으로 구체화하고 세련된 모습으로 발전시키려 합니다. 이것에 충실한 책이《차이와 반복》입니다.《차이와 반복》은 니체의 영원회귀사상에 대한 재해석이라고 봐도 무방합니다. 니체의 영원회귀는 같은 것이 반복되는 듯한 인상을 주지만 들뢰즈에 따르면 그렇지 않습니다. 영원회귀는 같은 것의 회구, 유사하거나 동등한 것의 회귀가 아닙니다. 그것은 같은 것이 아닌 다른 것들의 반복입니다. 생명은 생식을 통해 자손을 번창시키며 존재합니다. 생명이 계속되는 것은 반복입니다. 삶은 반복되지만 같은 삶은 없습니다. 생김새도 모두 다릅니다. 차이가 반복되는 것입니다. 인간은 자신과 다른 자손을 통해 삶을 반복합니다. 그것은 차이에 기반해 있고 그 차이는 동일성을 전제로 합니다. 인간이라는 동일성 내에서 서로 다른 존재로 반복되는 것입니다. 세계는 이런 차이가 반복되는 영원회귀의 장입니다.

> 동일성이 일차적이지 않다는 것, 동일성은 원리로서 현존하지만 이차적 원리로서, 생성을 마친 원리로서 현존한다는 것, 동일성은 차이 나는 것의 둘레를 회전한다는 것, 이것이 코페르니쿠스적 혁명의 내용이었다.
> –《차이와 반복》

차이는 동일성을 파괴하면서 생성됩니다. 기존의 세계를 와해시키면서 창조되는 것이 차이입니다. 그러면서 차이는 동일성을 창출합니다. 이 과정이 반복됩니다. 우리는 모두 다른 삶을 살아갑니다. 하지만 인간의 삶이라는 점에서는 같습니다. 삶은 반복됩니다.

우리는 차이가 반복되는 삶을 살아가면서 어떤 영토를 경험합니다. 그리고 영토를 갈아엎습니다. 새로운 영토를 재구성하고 차이를 재생합니다. 이때 우리가 구축한 영토 혹은 배치는 수목형일 수도 있고 리좀적일 수도 있습니다. 수목형은 차이를 동일성 안에 가두고 제약하고 개체를 단순 반복적인 기계로 만듭니다. 리좀형은 차이를 인정하고 접속을 허용하는 가능성의 장으로 작용하여 변이를 시도합니다. 어떤 존재든 될 수 있는 열린 구조가 리좀입니다.

## 세계는 시뮬라크르다

들뢰즈는 서양의 주류 철학이 '차이 자체'를 은폐해 왔다고 비판합니다. 주류 철학은 개념에 집착했습니다. 이미 살펴보았듯이 어떤 것을 개념화한다는 것은 변두리에 위치한 것들을 포기하는 것이고 포기된 것들의 소외를 가져옵니다. 파란색이라는 말은 파란색과 비슷한 수많은 푸른 것을 탈락시킵니다. 빨강과 주황 사이에는 수많은 색깔이 존재하지만 말로 포착할 수 없기에 버려집니다. 기존의 철학이 감행한 것이 그것이었고 그 결과 개념적 차이는 얻을 수 있었지만 존재가 가진 차이 자체는 은폐될 수밖에 없었습니다.

이와 관련된 중요한 사유가 플라톤의 이데아론입니다. 플라톤은 현실세계를 이데아의 복사계로 보았습니다. 그에게는 이데아라는 원본이 있습니다. 현실세계는 복사된 그림자의 세계에 불과합니다. 이때 복사된 세계에서 존재의 가치는 이데아와 얼마나 유사한지에 따라 결정됩니다. 선(善)의 이데아가 존재하고 그 이데아에 가까울수록 가치 있는 선이 되죠. 원본을 분유(分有)하는 정도에 따라 진짜와 가짜가 구분되고 등급과 위계가 결정됩니다. 신적인 요소를 많이 분유할수록 높은 등급이 되고 분유의 정도가 적을수록 하등한 존재로 취급되는 신플라톤주의, 중세철학의 모습이 그것을 잘 보여 줍니다.

플라톤은 복사물들을 이데아에 충실하게 닮은 것 혹은 분유의 정도가 큰 것들과, 이데아적인 요소가 부족하거나 아예 그걸 가지지 못한 시뮬라크르(simulacre)로 구분합니다. 복사물들의 위계는 원본인 이데아와 얼마나 많이 닮았는가에 있습니다. 이데아는 복사물의 가치를 결정하는 기준이자 중심의 역할을 합니다. 그 경우 시뮬라크르는 원본과 전혀 닮지 않아서 아무런 가치가 없습니다. 이데아라는 동일성을 유지하면서 이데아와 얼마나 닮았느냐에 따라 복사물의 가치가 결정되기 때문입니다. 들뢰즈는 플라톤의 사유를 진짜 복사본과 가짜 복사본을 구분하기 위한 줄 세우기라고 비판합니다. 기준을 정해 두고 잘 따르느냐에 따라 등수가 결정된다는 것입니다.

조선은 유교 사회였습니다. 유교적 질서라는 기준에 따라 사람과 제도를 배치하고 운영했습니다. 조선 사회의 이데아는 유교적 질서였고 그것을 잘 따르는 정도에 따라 상을 주기도 하고 벌을 내리기도 했습니다. 우리는 고정된 진리를 정해 두고 그것에 따라 우열을 판정하는 방식에 익숙합니다. 그 계열에서 탈락한 사람들은 아웃사이더 혹은 루저가 될 수밖에 없습니다. 일종의 시뮬라크르가 되는 것입니다. 시험 문제를 제대로 이해하지 못하는 학생, 돈 버는 능력이 부족한 사업가, 팀장의 생각을 이해하지 못하는 직장인, 지도교수의 학설을 따르지 않는 제자 등이 그들입니다.

들뢰즈는 플라톤주의에 대한 전복을 시도합니다. 이데아라는 기준을 거부하고 원본의 우위성을 부인하는 것입니다. 원본을 부인할 때 복사된 것들은 그 자체로 가치를 획득합니다. 더는 복사본이 아닌 것입니다. 원본과 사본의 구분은 사라지고, 사물들의 차이만 존재하게 됩니다. 세계는 자체로 시뮬라크르이며 어떤 기준이나 우위도 없다는 것이 들뢰즈의 사유입니다.

사람은 모두 시뮬라크르입니다. 똑같이 생긴 사람이 없기 때문입니다. 그런데 예를 들어 미스코리아 선발대회가 미의 기준을 제시하며 이데아를 상정합니다. 그러자 아름다움의 기준이 생기고 미스코리아와 닮은 정도에 따라 아름다움의 순위가 결정됩니다. 영토화되는 순간입니다.

사람은 각자 잘할 수 있는 것이 다릅니다. 우리 사회는 공부라는 것으로 사람의 능력을 평가합니다. 수학능력 평가라는 기준으로 지원자의 능력을 판단합니다. 그러자 잘 놀 수 있는 능력, 여행할 수 있는 용기, 사색할 수 있는 힘들이 쓸모없는 것으로 버려집니다. 이런 사회에서는 공부라는 가치가 이데아로 작용하여 다른 가치를 소외시킵니다. 차이가 아닌 동일성에 포획된 삶을 살게 되는 것입니다. 들뢰즈가 플라톤적 사유를 전복하려는 이유입니다.

사실 시뮬라크르는 이데아(원본)보다 우위에 있습니다. 사물 자체가 시뮬라크르이기 때문입니다. 세상은 본래 수많은 차이를 가진 존재자로 구성되는데 플라톤주의는 존재자들에게 어떤 기준을 적용해서 줄을 세우고는 그 기준에 맞지 않는 것을 소외시키려 합니다. 들뢰즈는 폐기된 존재자들을 드러내고 차이 자체를 드러냄으로써 플라톤주의를 전복시킵니다.

### 노마디즘

들뢰즈와 가타리의 사유가 너무 이상적이라고 비판할 수도 있습니다. 인간이 살아가는 사회에서 과연 그것이 가능할까 하는 의문이 생깁니다. 현실적으로 세상을 살아가려면 특정한 가치 기준을 가질 수밖에 없고 어느 정도의 기관화와 영토화는 필수적입니다. 들뢰즈와 가타리도 그것을 알고 있습니다. 그래서 그들이 제시하는 방법이 노마디즘, 유목민적 삶입니다.

삶이 고착화되면 특정한 가치가 우위를 점하고 차이들은 쓸모없는 것으로 소외됩니다. 이것을 피할 방법은 기관 없는 신체를 유지하면서 유목민적 삶을 선택하는 것입니다. 서구의 역사는 승리한 정착민들의 역사였습니다. 유목민들은 야만적이고 열등하다고 규정되었습니다. 들뢰즈와 가타리는 소외된 유목민적 삶을 재조명해 차이를 생산하는 욕망을 긍정하려 합니다.

이때 등장하는 개념이 '탈주'입니다. 탈주는 기존의 사회 혹은 영토화된 삶의 양식에서 벗어나려는 시도를 말합니다. 기존의 가치, 기존의 관계, 기존의 개념, 기존의 영역에서 벗어나 새로운 접속을 시도하는 것이 탈주입니다. 유목민들의 삶은 탈주의 연속이며 탈주야말로 삶을 가능하게 해 주는 조건이었습니다. 유목민적 삶은 영토화되거나 재영토화되는 것을 거부하기 위해 탈주합니다. 삶의 가능성을 열어 두고 기관 없는 신체를 유지하는 긴장이야말로 유목민적 삶이 추구하는 가치입니다.

탈주 혹은 유목민적 삶은 단순하고 반복되는 삶을 사는 현대인이 꿈꾸는 것이기도 합니다. 같은 업무를 반복하는 회사가 싫고, 매일 같은 사람을 만나는 것이 괴로워 새로운 시도를 꿈꿉니다. 하지만 그것이 쉽지 않습니다. 기존 체제가 너무도 강력해서 탈주를 쉽게 허용하지 않습니다. 기관 없는 신체의 상태를 유지하며 새로운 기관으로 변이하려는 시도는 쉽게 좌절됩니다. 그만큼 권력의 질서는 공고합니다. 권력은 기존 가치에 저항하는 세력을 경계하면서 유혹과 위협으로 영역을 유지하는 다양한 기계를 보유하고 있습니다.

좌절되는 탈주 속에서 우리는 좌절과 순응에 익숙해집니다. 탈주가 위험한 순간이 바로 이때입니다. 기존 체제를 비판하는 힘을 상실하고 새로운 접속을 위한 에너지를 잃었을 때 탈주의 욕망은 현실세계를 파괴하는 부정적 힘으로 전도될 수 있습니다. 모든 희망이 사라지고 니힐리즘이 내면에서 극대화되면 주변 세계를 파괴하는 괴물로 전락할 수 있습니다. 자신의 삶에 대한 분노로 아내에게 폭력을 행사하는 남편, 자식에게 고달픈 자기 삶을 투영하는 어머니, 사회적 문제를 특정한 것의 탓으로 전가하는 KKK단과 파시즘 등 전도된 탈주의 파괴적 양상은 얼마든지 찾아볼 수 있습니다.

새로운 가치를 찾아 스스로 길을 떠나는 유목민적 삶의 태도는 아름답습니다. 하지만 그들의 탈주는 가능성과 폭력성을 함께 가지고 있습니다. 문제는 그들의 탈주가 긍정적인 것인지 부정적인 것인지 쉽게 구분할 수 없다는 것입니다. 대학을 포기하고 자신이 하고 싶은 일을 찾는 것은 좋을 수도 있고 그렇지 않을 수도 있습니다. 상사에게 과감히 사표를 던지고 새로운 관계를 찾는 일은 찬란한 미래가 보장되는 것이 아닙니다. 노마디즘을 낭만적으로만 봐서는 곤란합니다. 들뢰즈와 가타리가 강조하는 것은 욕망의 가능성이지 환상이 아니기 때문입니다.

### 시뮬라시옹의 문제

들뢰즈와 달리 시뮬라크르를 비판적으로 바라본 사람이 있습니다.

장 보드리야르(Jean Baudrillard, 1929-2007)입니다. 그의 《시뮬라크르와 시뮬라시옹》은 시뮬라크르적 요소들이 가진 부정적인 모습을 강조한 책입니다. 시뮬라시옹(simulation)은 시뮬레이션의 프랑스식 표현입니다. '모의' 혹은 '가짜'라는 뜻입니다. 우리는 어떤 일을 실제로 해 보기 전에 시뮬레이션을 돌려 봅니다. 실제로 하는 것은 아니지만 실제와 유사합니다. 현대적 삶에는 이런 시뮬라시옹들이 충분히 펼쳐져 있습니다.

보드리야르는 현대적 시뮬라크르들이 원본 없는 복사본이라고 지적합니다. 원본이 없는 복사본이기 때문에 본래 내용이 없습니다. 내용이 없기 때문에 내용이 있는 척할 수밖에 없습니다. 심지어 있는 척하기 위해서 만들어진 시뮬라크르들까지 존재하는데 종국에는 있는 척했던 내용이 시뮬라크르의 내용이 됩니다.

대표적인 것이 SNS에 떠도는 사진들입니다. 〈친구와 레스토랑〉이라는 제목의 글을 클릭하면 화려한 조명 아래 플레이트에 놓인 먹음직스러운 스테이크를 찍은 사진들이 펼쳐집니다. 누군가에게 엄청난 사랑을 받고 있어 행복하다는 메시지로 읽힙니다. 물론 이 사진들은 현실과 다릅니다. 현실의 여러 모습 중 하나를 포착하고 절단해 일면만을 보여 줄 뿐입니다. 친구와 무슨 이야기를 나누었는지, 내면을 풍성하게 하는 경험이었는지, 울고 있었던 것은 아닌지, 심지어 친구가 그 자리에 있었는지조차 알 수 없습니다. 자신의 불행을 감추기 위해, 행복한 '척하기' 위해 만들어진 시뮬라시옹인지도 모릅니다.

현대 사회는 실재를 죽이고 이미지를 실재로 만드는 일에 너무도 능숙합니다. 광고가 대표적입니다. 아파트 광고는 실재와 상관없는 이미지를 생산합니다. 예를 들면 '저기에 꿈과 낭만, 행복이 있다'는 환상을 만들어 냅니다. 광고의 대상인 아파트야 존재하지만 그 아파트가 정말 꿈과 낭만을 누릴 수 있는 곳인지와는 아무런 상관이 없습니다. 광고가 원본과 다른 새로운 이미지를 만들어 냈을 뿐입니다.

화장을 자주 하다 보면 화장한 모습이 자신에게 더 자연스럽습니다. 주위 사람들이 예쁘다고 칭찬하면 나중엔 화장한 얼굴만 보여주고 싶어집니다. 결국 본래 얼굴은 사라지고 화장한 얼굴만 남습니다. 원본과 상관없는 화장한 얼굴이 탄생하는 것입니다. 이 과정이 시뮬라시옹이며, 그 결과 남겨진 것이 '화장한 얼굴'이라는 시뮬라크르입니다.

시뮬라시옹의 문제는 실재의 참모습을 보기 어렵게 한다는 것입니다. 이미지 세탁을 통해 과거의 행적을 지워 버린 사람의 윤리성을 알아채기는 쉽지 않습니다. 매일 TV에 나와 '국가와 민족을 위하여 이 한 몸'을 외치던 사람의 이미지에서 내면적 부도덕을 찾아내기는 어렵습니다. 오히려 실재와는 상관없이 '선한 사람'이라는 인상을 얻기 쉽습니다. 현대 사회에는 이런 시뮬라크르들이 넘쳐 납니다.

미국을 세계의 경찰이라고 합니다. 이미지 세탁의 결과입니다. 석유를 얻으려고 어떤 전쟁을 벌였는지, 헤게모니를 장악하기 위해 어떤 공작을 벌였는지에 대한 현실적 정보, 원본은 없습니다. 그 대신 테러세력을 엄단하는 군인들의 모습과 난민들에게 물품을 지원하는 천사의 이미지들이 CNN과 유튜브를 가득 채웁니다. 실재와는 상관없는 시뮬라크르들입니다. 보드리야르는 세 단계를 거쳐 시뮬라크르가 탄생한다고 이야기합니다. 최초의 이미지는 실재를 담고 있었습니다. 그러다 실재성을 숨기고 다른 모습으로 변질됩니다. 마지막으로, 변질되어 탄생된 이미지가 실재와 아무 상관없는 고유한 이미지로 재탄생됩니다.

현대 사회는 실재가 아닌 것을 실재로 믿고 사는 세계입니다. 화장으로 아름다운 나를 생산합니다. 멋진 슈트로 성공한 비즈니스맨의 이미지를 생산합니다. 강남에 사무실을 내고 BMW를 타면서 능력 있고 믿을 수 있는 사람이라는 평판을 생산합니다. 이것이 우리가 사는 현대 사회의 모습입니다. 이제 소비가 생산이 됩니다. 고급 화장품이 나의 얼굴을 생산하고, BMW가 나의 성공을 생산하고, 명품 가방이 나의 재력을 생산하고, 골프채가 나의 행복을 생산합니다. 실재보다 더 실재 같은 하이퍼리얼리티의 세계입니다. 도대체 무엇이 실재이고 무엇이 시뮬라크르일까요?

시뮬라크르에 대한 들뢰즈와 장 보드리야르의 사유는 대립되는 것 같지만 꼭 그렇게만 볼 것은 아닙니다. 들뢰즈가 이미 지적했듯이 리좀, 탈영토화, 시뮬라크르는 가능성이지 꽃길이 아닙니다. 철학은 가능성을 모색하고 새로운 길에 들어서고 다시 그 길을 비판하는 연속된 과정이지 목적지가 아닙니다. 그런 점에서 보드리야르의 시뮬라크르 비판은 노마디즘에 대한 사유의 폭을 넓혀 주는 철학으로 이해될 수 있을 것입니다.

### 탈주를 꿈꿀 것

포스트구조주의는 하나의 기준이나 중심을 경계하면서 기존의 사유를 해체하고 새로운 사유로 세계를 들여다보려 합니다. 포스트구조주의의 중심에 선 들뢰즈와 가타리 또한 중심을 해체하고 세계의 카오스적인 모습을 회복하려 합니다. 그들의 사유를 정리해 보겠습니다.

- **기준과 중심의 사유에서 벗어나자.**

  들뢰즈와 가타리는 기관화, 유기체화, 영토화, 코드화, 지층화된 세계에서 벗어나자고 합니다. 이를 위해 기관 없는 신체, 탈주, 노마디즘을 강조합니다. 고착된 세계는 폭력과 억압으로 차이를 부정하고 삶의 다양성을 파괴합니다.

- **욕망을 긍정하자.**

  프로이트와 라캉은 욕망을 결여, 결핍으로 파악합니다. 이런 관점은 욕망의 억압을 통한 사회화를 긍정하게 합니다. 들뢰즈는 욕망을 생산으로 보면서 프로이트적 욕망을 극복하려 합니다. 이것은 니체의 힘에의 의지, 스피노자의 코나투스와 연결되어 있습니다. 욕망은 세계를 생산하고 움직이는 근원이며 힘입니다.

- **노마디즘을 구현하자.**

  영토화되고 코드화된 삶에서 벗어나려면 탈주를 감행해야 합니다. 이때 필요한 정신이 유목민적 삶의 방식, 기관 없는 신체를 확보하는 일입니다. 하지만 노마디즘은 욕망이 그런 것처럼 가능성과 함께 위험성을 내포하고 있습니다. 리좀적 접속은 영웅을 탄생시키기도 하지만 괴물을 낳기도 하기 때문입니다.

언제나 그렇듯 삶은 우리의 선택에 달려 있습니다. 들뢰즈의 사유가 우리에게 던지는 메시지는 철학이 삶의 선택지를 넓혀 준다는 것입니다. 자본주의 사회에 사는 우리는 자본주의가 제공하는 기준에서 벗어나기 어렵습니다. 돈을 잘 벌 수 있는 직업을 얻기 위해 공부하고 노력하는 길 외에 다른 방법은 없어 보입니다.

들뢰즈의 사유는 탈주를 꿈꾸는 사람들에게 가능성을 열어 주고 용기를 불어넣어 줍니다. 차이 자체를 긍정하고 새로운 접속을 꿈꾸며 탈주를 통해 새로운 삶에 이를 수 있다고 알려 주기 때문입니다. 하지만 늘 그렇듯 문제는 들뢰즈의 말에 있는 것이 아니라 우리 내면에 있는 듯합니다. 이미 영토화되고 고착화되어 버린 우리 마음속에 탈주를 위한 여유와 힘이 남아 있느냐, 이것이 노마디즘의 가능성을 결정할 것이기 때문입니다.

# 33강. 삶은 사건이다

## 알랭 바디우

"다른 세계는 가능하다."

"불가능한 것을 요구하라."

"우리 안에 잠자고 있는 경찰을 없애자."

"금지하는 것을 금지하라."

1968년 5월 프랑스. 학생들을 중심으로 시위가 일어났습니다. 처음에는 학교 내의 작은 문제로 시작된 것이 곧 베트남전쟁 반대와 소련의 체코슬로바키아 침공에 항의하는 대규모 시위로 확산됩니다. 시위의 불길은 점점 거세져 기존의 가치관을 뒤엎고 국가권력에 저항하는 혁명적 성격을 띠게 되죠.

## 혁명을 보는 새로운 눈

68혁명은 학생뿐 아니라 노동자, 실직자들까지 참여한 사회변혁운동이었습니다. 혁명의 기운은 프랑스를 넘어 유럽 전역과 미국, 일본으로까지 확산되었습니다. 당시 미국과 소련은 냉전을 악용해 국민을 통제하는 이른바 '빅 브라더'의 역할에 충실했습니다.

세계 각지로 퍼져 나간 혁명의 기운은 민주화를 촉진시켜 노동운동과 여성해방운동에 불을 붙였음은 물론 반전반핵운동, 언론의 자유와 인권 보장 요구, 환경운동 등으로까지 나아갔습니다. 하지만 68혁명은 정치권력을 뒤엎지 못하고 끝납니다.

68혁명 당시 지식인들은 다양한 모습을 보였습니다. 혁명에 적극 참여한 이들도 있었고, 부르주아 운동이라며 비판하는 시각도 있었습니다. 혁명에 적극적이었던 대표적인 인물이 알랭 바디우(Alain Badiou, 1937- )였습니다. 그는 68혁명에 크게 감화되었고 이 경험을 계기로 새로운 철학으로 접어들게 됩니다.

68혁명에서 알랭 바디우가 주목한 것은 혁명의 '다수성'입니다. 68혁명은 정치권력을 획득하기 위한 것이 아니었습니다. 오히려 기존의 권력을 해체하려 했습니다. 보통 혁명은 정권을 획득하고 그 권력을 바탕으로 사회를 변혁하려 합니다. 68혁명은 특정 집단에 의해 주도된 것이 아니었기에 권력을 추구하지 않았고 정치적 슬로건도 정해진 것이 없었습니다. 그들이 거부했던 것은 기성 체제 자체였고 국가와 의회민주주의를 넘어선 새로운 정치적 시도였습니다.

이것은 제도권 좌파들에게 낯선 인상을 심어 주기에 충분했습니다. 마르크스가 주장했던 혁명은 프롤레타리아 독재였고 그러자면 정치권력의 장악이 중요했습니다. 국가를 장악한 프롤레타리아에 의한 정치, 당을 중심으로 사회 변혁을 시도한다는 것이 마르크스와 그 뒤를 이은 레닌의 정치사상이었습니다. 국가, 의회주의, 정당정치, 제도권 좌파를 비롯한 기존의 모든 정치체제를 부정하는 새로운 흐름이었던 68혁명 세력은 프랑스 공산당과도 협력하지 않았고 공산당 또한 혁명 세력들과 거리를 두려 했습니다.

지금 우리가 처한 모습을 살펴보겠습니다. 민주주의의 기초라고 믿고 있는 의회제도는 철저히 세속화되고 형식화되어 제 기능을 발휘하지 못하고 있습니다. 돈이 많거나 특정한 지위를 가진 사람만이 국회의원 후보가 되거나 당선을 바라볼 수 있습니다. 모든 사람에게 피선거권의 기회가 열려 있다고 하지만 허울뿐입니다. 돈이 없으면 선거를 치를 수 없고 지위가 없으면 선택받기 어렵습니다. 투표는 인기투표와 다를 것이 없고, 선거는 지배계급이 자신의 권력을 정당화하는 수단으로 전락했습니다. 투표로 부패한 권력을 심판하라고 하지만 바뀐 권력의 주인공들 또한 과거의 행태를 반복할 뿐입니다. 사람만 바뀔 뿐 권력의 성격, 보수적 분위기, 체제의 골격은 변함이 없습니다. 사정이 이렇다 보니 투표와 의회제도에 대한 회의주의가 만연해 있습니다. 투표는 주권의 신성한 행사가 아니라 정당성의 확보를 위한 수단처럼 보입니다. 선거와 의회제도, 국가 중심의 정치체제는 지배권력을 재생산하고 정당화하는 기능에 충실할 뿐입니다.

알랭 바디우의 사유는 여기서 시작됩니다. 68혁명은 국가를 거부했고, 기존의 질서를 무시했으며 정당을 비롯한 제도권 정치와도 단절했습니다. 권력 획득을 위한 혁명이 아니라 새로운 변화를 위한 지속적인 실천의 성격을 띠었습니다. 정치적 실천을 통한 새로운 삶의 창조, 이것이 68혁명의 유산이었던 것입니다.

## 사건

알랭 바디우의 사유는 근대철학의 기반과 현대철학의 성과들을 포괄하고 있습니다. 그는 근대철학의 근간이라고 할 수 있는 진리 혹은 주체에 대한 믿음을 포기하지 않습니다. 여기에 현대철학의 성과인 사건, 다수의 존재론으로 철학을 열어 둡니다. 근대와 현대의 성과를 포괄하는 그의 사유를 이해하려면 핵심 개념들을 살펴보는 것이 도움이 됩니다. 다행스러운 것은 개념들이 서로 밀접히 연관되어 있어 잘 이해한다면 사유의 큰 그림을 얻을 수 있다는 것입니다.

그의 철학에서 중심이 되는 키워드는 '사건'입니다. 우리 주변에서는 매일 다양한 사건이 일어납니다. 하지만 그 모든 것이 사건은 아닙니다. 그가 말하는 사건이란 기존의 질서를 파괴하고 지식 체계를 교란시키며 등장하는 일종의 현상입니다. 바디우의 표현을 빌리자면 '비가시적이었던 것 또는 사유 불가능하기까지 했던 것들의 가능성을 나타나게 하는 어떤 것'입니다. 가능성의 창조이고 새로운 것이 열릴 수 있음을 사람들에게 가리키는 징조입니다. 문제는 사건이 기존의 지식 체계를 교란시키는 것이기 때문에 사람들은 이것을 낯선 것으로 이해한다는 점입니다.

"근로기준법을 준수하라! 우리는 기계가 아니다!"

1970년 11월 13일 청계천 평화시장에서 낯선 사건이 발생합니다. 한 청년이 자신의 몸에 석유를 뿌리고 구호를 외치며 분신한 것입니다. 청년의 이름은 전태일. 그는 노동자들의 열악한 노동환경과 지켜지지 않는 근로기준법에 대한 저항을 온몸으로 표현했습니다. 당시 이 사건은 익숙하지 않은 그야말로 낯선 '사건'이었습니다. 기존의 지식 혹은 상식으로 법은 당연히 지켜야 하는 것이고, 사람은 인간다운 대접을 받아야 하는 존재였습니다. 전태일의 분신은 이런 지식과 상식에 흠집을 냈고 이 사건으로 인해 우리는 새롭게 인식할 계기를 얻습니다.

개인이나 사회는 특정한 지식 체계를 가집니다. 전통적으로 받아들인 지식들(도덕, 법, 과학적 탐구의 결과를 포함)로 거대한 체계를 형성하여 세상을 파악하고 현재를 판단합니다. 그리고 그것을 진리라고 생각하며 살아갑니다. 사건은 우리가 옳다고 믿고 있는 지식과 진리의 체계에 균열을 내고 새로운 자극을 주어 기존의 관념에 대한 변혁을 시도하게 합니다. 전태일의 분신, 마산 앞바다에 떠오른 김주열의 시신, 68혁명 등은 모두 '사건'입니다.

### 진리, 주체

사건과 함께 살펴봐야 할 것이 '진리'입니다. 바디우에게 진리는 우리가 생각하는 고정되고 불변하는 법칙이라는 개념과는 관련이 없습니다. 오히려 그 반대입니다. 바디우의 진리란 새롭게 등장한 사건이 품고 있는 내용입니다. 진리는 사건으로 도래합니다. 사건은 기존의 지식으로 이해되지 않는 새로운 내용을 품고 있습니다. 그래서 말로 설명될 수가 없습니다. 기존의 지식으로 설명될 수 없는 낯선 것이기 때문입니다. 진리는 고정되고 법칙으로 된 것이 아닙니다. 지식은 고정된 것이기에 열려 있는 진리를 설명하기 어렵습니다. 한마디로 지식은 진리를 모릅니다.

전태일의 분신은 사건이었습니다. 이 사건은 기존의 구조에 흠집을 내고 우리에게 새롭게 인식할 기회를 주었습니다. 노동자들이 착취당하고 있다는 것, 근로기준법이 지켜지지 않고 있다는 것을 알려주었습니다. 이 진리는 낯선 것이었고 그렇기에 이전까지 지식으로 기록되지 않았습니다. 이제 사람들은 진리를 바라보기 시작했습니다. 최소한의 법적 보호도 받지 못한 채 14시간이 넘는 강도 높은 노동에 시달리는 '시다'들을 다른 눈으로 보게 된 것입니다. 이후 노동문제에 대한 사회적 관심이 높아졌고 노동자들도 스스로 자신의 문제를 개선하기 위해 나서게 되었습니다. 실천함으로써 사건의 진리가 드러났고 사회가 변화된 것입니다.

여기서 중요한 개념이 다시 등장합니다. 바로 '주체'입니다. 근대철학을 비판하는 과정에서 폐기된 듯이 보였던 주체라는 개념을 바디우는 어떻게 사유할까요? 그에게 주체는 근대철학이 말하는 고정된 어떤 실체가 아닙니다. 그것은 사건과 함께하는 것이고 진리에 충실한 것이고 임시적인 것입니다. 주체는 사건을 진리이게 합니다. 주체는 사건을 진리로 조직하는 힘입니다.

사건은 기존 질서에 부합되지 않기 때문에 무시되거나 거부되기 쉽습니다. 이 사건을 지속시키고 내용을 드러내게 만드는 요소가 주체입니다. 주체는 사건에 충실합니다. 충실은 실천을 가져오고 실천을 통해 진리가 드러나게 되는 것입니다. 주체가 없다면 사건은 무의미합니다. 하지만 주체는 사건에 의존합니다. 사건이 없다면 주체는 있을 수 없고 진리를 드러낼 수도 없습니다. 그런 점에서 주체는 고정된 몸, 정해진 인격이 아니라 하나의 활동입니다. 그래서 주체에게 중요한 것이 충실입니다. 충실은 주체의 조건입니다.

가난한 집안 형편 때문에 어려서부터 힘들게 살아온 전태일은 가난의 고통을 잘 이해하고 있었습니다. 미싱 바늘에 손가락이 관통당한 여공들이 변변한 치료도 받지 못하고 생리휴가도 없이 하루 14시간씩 일하며 저임금에 시달리는 것이 당시 노동 현실이었습니다. 한번은 함께 일하던 여공이 폐렴에 걸려 해고되는데 전태일은 그녀를 도우려다 자신도 해고를 당합니다. 이 사건을 계기로 노동운동에 적극적으로 참여하게 되지요. 그는 주변의 문제에 관심을 가지고 사건에 충실했습니다. 이 사건에서 그는 주체였습니다. 사건에 충실한 주체에 의해 진리가 드러나게 되는 것입니다.

전태일의 분신 이후 많은 사람이 이 사건에 충실한 모습을 보였습니다. 기자들은 위협을 무릅쓰고 사건을 보도했고, 노동자들은 자신의 노동환경을 문제 삼게 되었으며, 사회운동가들은 적극적인 활동으로 진리를 실천하려 했습니다. 이들 모두가 주체였고, 그 결과 열악한 환경에 놓인 노동자들의 삶을 개선해야 한다는 진리가 인식될 수 있었습니다. 진리가 드러나자 기존의 상황이 붕괴되고 새로운 상황이 도래했음은 물론입니다.

### 존재와 진리

그럼 진리란 어디에서 오는 것일까요? 바디우에 따르면 진리는 존재에서 옵니다. 진리는 존재의 진리입니다. 다시 존재란 무엇일까요? 이 질문에 대해 바디우는 이렇게 대답합니다.

> 존재는 무한한 다수성일 뿐이다.
>
> –《존재와 사건》

그에게 존재는 다수성입니다. 고대 이래 고정된 일자에 대한 탐구가 있었습니다. 진리란 고정된 것이고 변하지 않는 것이라는 플라톤적 인식이 그것입니다. 그 진리를 품고 있는 것이 일자였습니다. 여기에 바디우는 다수성이야말로 존재라고 말합니다. 일자는 그 다수성이 일시적으로 드러난, 일반화되고, 포획된 것일 뿐입니다.

우리는 이미 지식이 언어의 작용임을 살펴보았습니다. 지식이란 하나의 현상, 하나의 존재에 이름을 붙인 것에 불과합니다. 그 이름 붙이는 작업은 일반화에 의존할 수밖에 없습니다. 그래서 하나의 개념화 작업은 수많은 탈락을 가져오죠. 다수를 탈락시키고 하나를 포착한 것이 이름, 개념, 지식입니다. 이런 것을 모두 모으면 지식 체계가 형성되죠. 하나의 사회는 그 사회의 지식 체계를 품고 있습니다. 일종의 구조입니다.

지식 체계 속에서 성장한 우리는 그것을 배우고 익혀서 세상에 대해서 설명합니다. 하지만 존재 자체는 다수이기에 하나의 개념으로 설명될 수 없습니다. 인간이 만든 모든 지식을 다 가져온다 해도 존재 자체를 표현할 수 없는 것은 지식이 만들어지는 과정에서 존재의 다수성이 탈락되기 때문입니다. 지식을 끌어모으면 진리를 알게 된다는 것은 환상에 불과합니다. 오히려 존재 혹은 진리는 지식의 바깥에 있습니다. 존재를 지식으로 이해하려는 시도, 다수의 일자화는 존재를 제대로 볼 수 없게 만듭니다. 하나를 보기 위해 여러 개를 잃어버리는 모순이 발생하기 때문입니다.

존재를 말로 설명하는 것, 진리를 지식으로 만드는 것은 불가능합니다. 그래서 존재와 진리는 알 수 없는 것, 말할 수 없는 것입니다. 여기서 노자를 떠올리시는 분이 있다면 제대로 짚으신 겁니다. 노자는 이미 진리가 말할 수 없는 것임을 천명한 바 있으니까요. 문제는 인간은 다수성을 일자로 표현하려 한다는 것입니다. 그것이 문명을 일구는 기반이 되었습니다. 하지만 그 결과 문명에 구속되고 제약됨은 물론 내재된 폭력성으로 인해 소외와 폭력이 발생했습니다.

이런 상황에서 바디우가 강조하는 것이 사건이고, 주체이고, 진리입니다. 사건은 지식과 문명에 흠집을 내고, 주체는 사건에 충실함으로써 사건에 담긴 진리를 드러냅니다. 그 결과 상황이 변하고 존재의 다수성이 실현됩니다. 라캉이나 슬라보예 지젝의 표현을 빌리면 '실재계의 출현'입니다. 이 과정은 열려 있고 끝이 없습니다.

### 국가와 존재

여기서 문제가 되는 것이 국가입니다. 우리는 국가가 국민을 보호하기 위해 만들어진 조직이라고 단순하게 이해합니다. 사실입니다. 한때 국가는 국민이 삶을 펼치는 장소를 제공하고 안전을 보장하는 중요한 역할을 맡았습니다. 하지만 지금의 국가는 그렇지 않습니다. 오히려 국민의 삶을 하나의 요소로 통일시키고 그것을 향해 나아가도록 만드는 일자화 장치로 작동하고 있습니다. 국가, 권력, 현상태는 가능성을 독점합니다. 가능한 것과 불가능한 것을 구성하고 자신들, 현재만이 유일한 것이라고 강조합니다.

국가의 특징은 개인을 일반화한다는 것입니다. 국가에게 개인은 의미가 없습니다. 국가는 개인을 실업자, 재소자, 유권자, 병역의무자, 기초생활수급권자, 민원인으로 봅니다. 그럴 수밖에 없습니다. 법과 제도에 의해 규정되어야 하는 존재이기 때문입니다. 국가는 개인을 통제하고 장악합니다. 그렇지 않으면 제도나 법, 규정이 무력해집니다. 연금을 받을 수 있는 사람인지 아닌지, 범칙금을 부과해야 하는 사람인지 아닌지를 판단하는 것이 국가의 일입니다. 개인이 아닌 연금 수급권자, 범칙금 부과대상자로 봅니다. 주민센터나 시청, 구청에서 아무리 개인 사정을 이야기해도 소용없는 것은 국가가 우리를 일반화해서 파악하기 때문입니다. 국가에게 중요한 것은 내가 어떤 존재인지가 아니라 어떤 법의 적용을 받아야 하는가입니다. 이것이 국가가 가진 소외, 통제, 억압의 현실입니다.

전태일의 분노는 공장 노동자들이 존재 자체가 아닌, 한 개인으로서가 아닌, 항의하는 노동자·불법집회 참가자·법에 저항하는 자로 인식된다는 것에 기초해 있습니다. 이것은 국가뿐만 아니라 회사를 비롯한 여러 조직이 가지고 있는 특징이기도 합니다. 회사는 구성원을 생산성을 위한 도구로 봅니다. 대리, 과장, 부장으로 봅니다. 성과 달성자와 미달성자로 봅니다.

그래서 중요한 것이 정치적 사건입니다. 정치적 사건은 지배권력이 규정한 범위를 벗어나는 가능성을 돌발하게 합니다. 불가능하다고 규정되었던 것을 가능하게 전환시키는 것이지요. 68혁명의 슬로건인 '불가능한 것을 요구하라'가 의미 있는 것도 이 때문입니다. 그래서 바디우는 진리를 '노동이자 사건을 통해 가능해지는 과정'이라고 말합니다. 진리가 사건에 대비하면서 새로운 가능성을 인정하기 위한 주체적 배치에 머무는 것입니다.

기존 질서와 체계는 살아 있는 인류, 다양한 존재의 가능성을 제시하지 않습니다. 그런 점에서 국가와 의회, 정당으로 대표되는 제도권 정치는 극복의 대상입니다. 국가로 대표되는 제도권 정치는 기존의 질서를 유지하고 반복하는 억압 장치에 불과합니다. 지배권력을 재생산하고 정당화하면서 사건을 가로막는 역할이 그들의 본질입니다. 좌파정당이라고 해서 예외는 아닙니다. 그들 역시 민중의 노력과 성과를 당의 이익에 가져다 쓰는 이익집단에 불과합니다.

바디우가 68혁명에서 본 것은 정당 없는 정치, 제도권에서 이탈한 자유의 무한한 가능성이었습니다. 조금이라도 나은 정당에 투표하는 것이 최선의 방법이라는 이데올로기를 극복하고 오히려 그것을 무시해 버리는 것입니다. 일단 무시하면 새로운 대안이 열릴 것입니다. 대안이 보이지 않는다는 이유로 가능성을 가로막는 것은 용기 없는 짓이고 이데올로기에 포획된 객체로 전락하는 모습입니다.

철학의 임무는 젊은이들을 타락시키는 것이다.

2013년 우리나라를 방문한 알랭 바디우가 했던 말입니다. 어딘지 낯익은 말이지요. 소크라테스가 법정에 섰을 때 고발당한 죄목이 젊은이들을 타락시킨다는 것이었으니까요. 바디우의 말은 국가 혹은 권력이 보기에 불손한 일을 하라는 것처럼 들립니다. 국가의 주장과 자본주의의 요구를 거부하고 정해진 길에서 벗어나 새로운 가능성을 모색하는 것이 그가 말하는 '타락'입니다. 타락은 이데올로기에 사로잡힌 나를 극복하고 국가와 제도라는 구조를 거부하면서 사건을 긍정하는 일이고 진리에 충실한 태도입니다. 그것이야말로 철학의 사명이고 이를 통해 우리는 진리에 다가가는 주체가 될 수 있습니다.

## 우리에게 필요한 이념

바디우의 존재론은 '세계는 다수다'는 말로 정리할 수 있습니다. 무한소에서 무한대까지 세계는 그야말로 다수입니다. 다수야말로 세계의 본성이고 존재의 참모습입니다. 이때 문제 되는 것이 구조입니다. 구조는 사건을 억압합니다. 세계의 다수성을 드러낼 수 있는 사건의 억압 장치가 구조입니다. 인간은 구조를 뛰어넘는 사건을 통해 존재를 만날 수 있습니다. 사건이 상황을 뒤엎고 진리를 드러내기 때문입니다. 사건이 상황을 뒤엎으려면 주체가 필요합니다. 주체는 사건에 충실합니다. 충실성은 상황을 뒤엎는 사건의 결과에 참여하는 것입니다. 충실한 인간은 사건에 참여하면서 변합니다. 그것이 주체입니다. 사건을 통해 주체가 되고 사건을 위해 살아가는 것이 주체입니다.

바디우가 경계하는 것이 있습니다. 바로 허무주의입니다. 사건이 아무런 의미가 없다는 것, 상황을 바꿀 수 없다는 것, 다른 선택의 여지가 없다는 생각이 허무주의입니다. 진리는 '이것이 진리다'로 고착될 때 죽습니다. 진리는 다수인데 그것을 하나로, 고정된 것으로, 어찌할 수 없는 것으로 규정짓는다면 진리는 가로막히게 됩니다. 진리는 '절차'입니다. 인간은 사건의 결과를 떠맡으려 하고 그것에 충실하려 합니다. 그것이 진리가 생산되는 일종의 절차입니다.

바디우는 충실의 모습으로 사랑을 말합니다. 사랑은 두 사람의 실험이며 어떤 결과로 이어지는 과정입니다. 사랑은 그 결과에 책임지려는 태도로 끈질기게 매달립니다. 이때 결과는 과정을 통해서 일어납니다. 저절로 이루어지는 것이 아닙니다. 주체가 결과에 가담하고 기꺼이 그 속에 있겠다고 선택할 때 과정은 발생합니다.

결과는 확정된 어떤 것이 아닙니다. '저 사람이 영웅이다'고 했을 때 영웅은 존재할 수 없습니다. '이것이 사랑이다'고 말할 때 사랑은 사라집니다. '이것이 진리다'고 말한다면 진리는 죽습니다. 우리는 사랑, 충실함으로 어떤 결과에 참여하고 진실을 불러옵니다. 그러나 그것이 무엇인지는 알 수 없습니다. 단지 그것에 대해 행동할 수 있을 뿐입니다.

그래서 필요한 것이 이념입니다. 바디우에게 이념이란 '주어진 것과는 다른 가능성이 도래할 수 있다'는 확신입니다. 마르크스에게는 공산주의라는 이념이 있었고, 그것은 사적 소유에 기초하지 않은 세계가 가능하다는 확신이었습니다. 전태일에게는 인권이라는 이념이 있었고, 그것은 노동자들의 삶이 지금과 달라질 수 있다는 확신에 기초해 있습니다. 이념은 새로운 사건들을 불러오고 가능성을 창조합니다.

### 이념, 이데올로기, 평등

인간에게 이념은 내 안에 있는 더 좋은 것을 실현하게 만드는 가능성입니다. 인간은 이념으로 고양되고 소중한 어떤 것이 행해진다는 깨달음에 닿는 동물입니다. 여기서 중요한 힘이 등장합니다. 바로 용기입니다. 용기는 충실성의 실현 과정이라고 할 수 있습니다. 우리 안에 주체의 희열이 잠재되어 있지만 구조는 우리가 그것을 불러낼 수 없게 만듭니다. 너무도 쉽게 우리는 현실에 안주하고 대안이 없다는 허무주의에 빠집니다. 이번에는 달라지리라는 기대를 품고 투표하지만 정작 달라진 것은 없습니다. 오늘 눈을 뜨면 희망을 꿈꿔 보지만 비슷한 일상만 반복될 뿐입니다.

슬라보예 지젝(Slavoj Zizek, 1949- )은 이것을 이데올로기라는 개념으로 설명합니다. 노동자들이 자신들의 이익을 대변하는 사람이 아닌 정치권력에 물든 후보들에게 투표를 하는 것은 그들의 실체를 모르기 때문이 아닙니다. 오히려 그들을 너무도 잘 알고 있어서입니다. 어떤 사람이 당선되든 바뀔 것이 없다는 혹은 다른 방법이 없다는 익숙한 이데올로기 탓에 아무런 문제의식을 가질 수 없는 상태가 되어버렸기 때문입니다. 대통령과 정당, 관료 체제가 민주적인 사회를 만드는 데 기여하고 있다고 믿는 사람은 별로 없습니다. 그들이 자신들의 이익을 위해, 지배권력의 강화를 위해 움직인다는 것을 직감하면서도 어찌할 수 없다는 허무주의 때문에 애써 무시할 뿐입니다.

랑시에르(Ranciere, 1940– )는 사회의 모든 영역에서 특별히 능력 있는 자들이 우월한 지위를 가지고 능력 없는 대중을 지배해야 함을 인정하는 관념이 사회의 모든 영역에 팽배해 있다고 지적합니다. 국회의원, 정부 관료는 아무나 될 수 없고, 판검사는 특별한 교육을 받아야 하며, 지도자는 타고난 카리스마가 필요하다는 인식이 우리를 지배하고 있다는 것입니다. '인간은 평등하다'는 이념이 자리 잡은 지 오래인데도 왜 이런 불평등을 당연시하는 생각들에 물들어 있는 것일까요? 왜 우리는 자신이 대통령, 시장, 검사, 시의원이 될 수 없다고 생각하는 것일까요?

랑시에르의 사유는 '인간은 평등한데 왜 우리는 그것을 부정하는가?'라는 의문에서 시작합니다. 그 결과 모든 사람이 평등하고 그것을 구현할 때 진정한 민주주의가 가능하다고 봅니다. 누구나 통치자가 될 수 있다는 것이 민주주의의 원리이고 그것이 실현되려면 우리가 그것을 용인할 수 있어야 합니다. 폐지를 줍는 할머니도 판사가 될 수 있고, 비정규직 노동자도 대통령이 될 수 있습니다. 우리는 평등하고 무엇이든 될 수 있다는 생각을 허용하면 기존의 관계와 사회질서는 재편될 수밖에 없습니다. 한마디로 열린 사회, 가능성으로 넘치는 사회가 되는 것입니다.

이런 상황에서 대안으로 제시되는 것이 바디우가 말하는 정치, 지젝이 말하는 행동, 랑시에르가 강조하는 능력의 평등에 대한 믿음입니다. 사건을 허용하지 않으려는 구조 속에서 이데올로기에 포위된 자들이 용기를 가진 주체가 될 때 진리는 드러납니다. 그것만이 기존의 구조와 이데올로기를 파괴하고 세상을 변혁할 수 있습니다. 스스로 마르크스주의자임을 자처하며 시위가 있는 곳이면 어디든 나타나는 지젝이 '지금까지 철학자들은 세계를 해석해 왔을 뿐이다. 중요한 것은 세계를 변혁하는 것이다'는 마르크스의 선언을 강조하는 이유입니다.

## 삶은 사건이고
## 철학은 용기다

우리는 매일 사건을 경험합니다. 하지만 그것이 바디우가 말하는 사건이 아닌 것은 충실이 없기 때문입니다. 언론에서 쏟아지는 부패한 자본과 권력의 기사들을 보며 분노만 쏟아 낼 뿐 행동은 없습니다. 어느새 우리는 '헬조선에서 가능한 것은 없다'는 허무주의에 빠져 버렸습니다. 삶과 세상의 변화를 간절히 원하면서도 출구를 찾을 수 없는 허무주의가 만연한 이런 세상에서 우리에게 필요한 것은 무엇일까요?

바디우에게 그것은 철학입니다. 철학은 정치, 예술, 과학 등의 분야에서 일어나는 일들을 사유하게 합니다. 사유함으로써 우리는 새로운 변화를 도모할 수 있는 깨어 있는 존재가 될 수 있습니다. 가정에서, 일터에서, 수많은 사람 사이에서 사건들이 벌어집니다. 그 사건에 충실할 수 있는 용기를 가진 주체, 그것이 우리의 가능성이고 미래입니다. 다른 방법은 없습니다. 실천 없이 변화는 불가능합니다.

> 현인들은 욕망에 종속된 행위를 버리는 것을 포기로 알았고, 지혜로운 이들은 모든 행위의 결과를 바라지 않는 것을 단념이라 한다.
>
> -《바가바드 기타》

우리는 어떤 결과를 바라며 행동합니다. 반대로 원하는 결과가 나오지 않을 때, 자신에게 불리한 결과가 올 가능성이 있을 때 행동을 포기합니다. 결과에 대한 집착은 행동을 방해합니다. 《바가바드 기타》가 결과를 바라지 말라고 하는 것은 아무것도 욕망하지 말라는 것이 아닙니다. 오히려 적극적으로 욕망하라는 것입니다. 결과에 종속된 욕망이 아니라 열린 욕망으로 결과에 주눅 들지 말라는 것입니다. 그럴 때 행동할 수 있고 그 행동은 변화를 불러옵니다.

결과를 바라지 않는다면 뭐든 할 수 있고 뭐든 될 수 있습니다. 그것은 바디우가 말하는 주체와 닿아 있습니다. 주체는 결과에 집착하지 않습니다. 사건에 충실하고 그것을 사랑할 뿐입니다. 충실과 사랑은 어떤 결과를 가져오든 연연하지 않습니다. 결과를 기꺼이 감내할 뿐입니다. 결과를 바라지 않을 때 사건에 충실할 수 있고 진리의 가능성이 열립니다.

시험에 불합격할지 모른다는 생각은 공부를 방해합니다. 버림받을지 모른다는 두려움은 굴종하게 만듭니다. 능력이 부족하다는 생각은 새로운 시도조차 불가능하게 합니다. 이것이 바디우가 외치는 '사건에 충실하라. 자신에게 열린 길을 지속하라'는 말의 참된 의미입니다. 삶은 사건의 연속이고 철학은 그 사건에 충실할 수 있는 용기입니다.

# 에필로그

우리는 현재에 만족할 수 없습니다. 더 나은 상황을 기대합니다. 그러나 상황은 변하지 않고 고단한 현실만 반복됩니다. 왜 그럴까요? 기대만 있고 행동이 없기 때문입니다. 철학이 삶을 바꿔 주지 않는다고, 정치가 세상을 변혁하지 못한다고, 다른 대안이 없다고 체념하면서 묵묵히 같은 하루를 반복합니다. 철학은 그런 우리를 제대로 보게 합니다. 핑계 대신 나와 세계를 다시 볼 것을 권합니다.

변화에는 행동이 필요합니다. 어제와는 다른 결단을 요구합니다. 결단과 행동이 없는 변화는 환상일 뿐입니다. 철학은 우리가 어떤 결단과 행동을 해야 하는지 알려 주는 힘입니다. 분명 철학은 과학이나 사랑, 정치나 예술과 다릅니다. 철학은 과학, 사랑, 정치와 예술을 통해 삶과 세상을 다르게 보게 합니다. 우리가 철학을 하는 이유는 다르게 보고 다르게 행동할 힘을 얻기 위해서입니다.

영화 〈에이리언: 커버넌트〉는 창조라는 개념을 다루는 영화입니다. 전작 〈프로메테우스〉가 인간을 만든 신적인 존재인 엔지니어를 추적하는 과정을 그렸다면 〈에이리언〉은 인간이 만든 인공지능 로봇이 엔지니어를 제거하고 자신만의 창조물을 만드는 내용을 담고 있습니다. 인간은 자신이 어디에서 왔는지를 탐구해 왔고 그것이 철학의 주된 임무였습니다. 여전히 우리가 어디에서 왔고 누구인지는 미지의 영역으로 남아 있지만 성과가 없었던 것은 아닙니다. 그 성과란 우리가 무엇인가를 만들어 가는 존재라는 것입니다.

인간은 무언가를 창조해 왔습니다. 건물, 자동차, 미사일, 음악, 소설 등이 모두 인간의 창조물입니다. 심지어 유전공학을 활용해서 생명의 영역에까지 손을 뻗치고 있습니다. 창조물들에게 인간은 신입니다. 〈에이리언〉의 주인공 데이비드는 인공지능 로봇입니다. 그는 자신이 인간보다 더 뛰어나다는 사실을 압니다. 부족한 점은 단지 인간이 자신을 만들었다는 것뿐입니다. 인간보다 뛰어난 존재가 되기 위해 데이비드는 창조에 몰두합니다. 자신이 누군지를 발견하는 데 창조만큼 멋진 일은 없기 때문입니다.

인간은 창조하는 존재이고 그 창조물을 통해 자신의 가치와 삶의 의미를 발견합니다. 호미와 삽 같은 도구에서 노래와 춤 같은 예술까지 인간은 창조함으로써 자신을 증명해 왔습니다. 인간은 무엇보다 만드는 존재입니다.

그런데 그 삶이 제자리걸음입니다. 더는 새로운 삶이 창조되지 않는 답보 상태, 내가 누구인지를 알 수 없는 혼돈 상태, 이것이 우리가 처한 현실입니다. 그렇다면 철학의 임무는 명확합니다. 자신의 삶을 재창조하는 것, 어제와 다른 오늘, 과거와 다른 현재의 나를 만드는 것입니다. 새로운 나를 경험하고 새로운 삶으로 나아갈 때 우리는 창조의 희열을 맛볼 수 있고 그때 삶의 가능성은 실현될 수 있을 것입니다. 철학은 그 창조에 복무하는 것이고 마땅히 그러해야만 합니다. 철학은 지식이 아니라 용기 있는 행동이기 때문입니다.

# 참고문헌


**고대 · 중세철학**

돈 마리에타, 《쉽게 쓴 서양 고대 철학사》, 유원기 옮김, 서광사, 2015.

디오게네스 라에르티오스, 《그리스 철학자 열전》, 전양범 옮김, 동서문화사, 2008.

마르쿠스 아우렐리우스, 《명상록》, 천병희 옮김, 숲, 2005.

박경숙, 《아우구스티누스》, 살림, 2006.

박주영, 《중세와 토마스 아퀴나스》, 살림, 2004.

아리스토텔레스, 《니코마코스 윤리학/정치학/시학》, 손명현 옮김, 동서문화사, 2007.

—, 《정치학》, 천병희 옮김, 숲, 2009.

에피쿠로스, 《쾌락》, 오유석 옮김, 문학과지성사, 1998.

에픽테토스, 《불확실한 세상을 사는 확실한 지혜》, 샤론 르벨 엮음, 정영목 옮김, 까치, 1999.

이한규, 《단숨에 정리되는 그리스철학 이야기》, 좋은날들, 2014.

플라톤, 《국가》, 천병희 옮김, 숲, 2013.

—, 《소크라테스의 변명》, 황문수 옮김, 문예출판사, 1999.

**근대철학**

고병권, 《니체, 천개의 눈 천개의 길》, 소명출판, 2001.

—, 《니체의 위험한 책, 차라투스트라는 이렇게 말했다》, 그린비, 2003.

김선희, 《쇼펜하우어 & 니체 : 철학자가 눈물을 흘릴 때》, 김영사, 2011.
니체, 《권력에의 의지》, 강수남 옮김, 청하, 1988.
—, 《도덕의 계보학》, 홍성광 옮김, 연암서가, 2011.
—, 《비극의 탄생·반시대적 고찰》, 이진우 옮김, 책세상, 2005.
—, 《선악의 저편·도덕의 계보》, 김정현 옮김, 책세상, 2002.
—, 《아침놀》, 박찬국 옮김, 책세상, 2004.
—, 《차라투스트라는 이렇게 말했다》, 정동호 옮김, 책세상, 2000.
데카르트, 《방법서설》, 김진욱 옮김, 범우사, 2009.
—, 《성찰》, 양진호 옮김, 책세상, 2011.
로크, 《인간오성론》, 다락원, 2009.
루소, 《인간 불평등 기원론》, 주경복 옮김, 책세상, 2003.
문지영, 《홉스 & 로크 : 국가를 계약하라》, 김영사, 2007.
박민아, 《뉴턴 & 데카르트 : 거인의 어깨에 올라선 거인》, 김영사, 2006.
서양근대철학회, 《서양근대철학》, 창비, 2001.
손철성, 《헤겔 & 마르크스 : 역사를 움직이는 힘》, 김영사, 2008.
이준호, 《데이비드 흄》, 살림, 2005.
최신한, 《정신현상학》, 살림, 2007.
최인숙, 《칸트》, 살림, 2005.
최훈, 《데카르트 & 버클리 : 세상에 믿을 놈 하나없다》, 김영사, 2006.
칸트, 《순수이성비판》, 정명오 옮김, 동서문화사, 2016.
—, 《실천이성비판》, 백종현 옮김, 아카넷, 2009.
키르케고르, 《불안의 개념/죽음에 이르는 병》, 강성위 옮김, 동서문화사, 2016.
프로이트, 《꿈의 해석》, 김인순 옮김, 열린책들, 2004.
한국철학사상연구회, 《다시 쓰는 서양 근대철학사》, 오월의봄, 2012.
한자경, 《칸트 철학에의 초대》, 서광사, 2006.
헤겔, 《법철학》, 임석진 옮김, 한길사, 2008.
—, 《정신현상학》, 김양순 옮김, 동서문화사, 2016.
홉스, 《리바이어던》, 최공웅·최진원 옮김, 동서문화사, 2016.
흄, 《오성에 관하여-인간 본성에 관한 논고1》, 이준호 옮김, 서광사, 1994.

**현대철학**

권용선, 《이성은 신화다, 계몽의 변증법》, 그린비, 2003.
김석, 《에크리》, 살림, 2007.
—, 《프로이트 & 라캉 : 무의식에로의 초대》, 김영사, 2010.
김동규, 《철학의 모비딕》, 문학동네, 2013.
김원식, 《하버마스 읽기》, 세창미디어, 2015.
김종우, 《구조주의와 그 이후》, 살림, 2007.
김형효, 《구조주의 사유체계와 사상》, 인간사랑, 2008.
남경태, 《한눈에 읽는 현대 철학》, 휴머니스트, 2012.
노명우, 《계몽의 변증법》, 살림, 2005.
들뢰즈, 《차이와 반복》, 김상환 옮김, 민음사, 2004.
들뢰즈·가타리, 《안티 오이디푸스》, 김재인 옮김, 민음사, 2014.
라캉, 《욕망 이론》, 권택영·민승기·이미선 옮김, 문예출판사, 1994.
레비스트로스, 《슬픈 열대》, 박옥줄 옮김, 한길사, 1998.
—, 《야생의 사고》, 안정남 옮김, 한길사, 1996.
롤랑 바르트, 《글쓰기의 영도》, 김웅권 옮김, 동문선, 2007.
마르틴 하이데거, 《사유란 무엇인가》, 권순홍 옮김, 도서출판 길, 2005.
—, 《존재와 시간》, 전양범 옮김, 동서문화사, 2016.
박병철, 《비트겐슈타인 철학으로의 초대》, 필로소픽, 2014.
박승억, 《후설 & 하이데거 : 현상학, 철학의 위기를 돌파하라》, 김영사, 2007.
박영욱, 《데리다 & 들뢰즈 : 의미와 무의미의 경계에서》, 김영사, 2009.
박인철, 《에드문트 후설》, 살림, 2013.
박정자, 《마그리트와 시뮬라크르》, 기파랑, 2011.
—, 《시선은 권력이다》, 기파랑, 2008.
박찬국, 《삶은 왜 짐이 되었는가》, 21세기북스, 2017.
—, 《하이데거 읽기》, 세창미디어, 2014.
—, 《하이데거의 존재와 시간 읽기》, 세창미디어, 2013.
—, 《현대 철학의 거장들》, 이학사, 2012.
변광배, 《장 폴 사르트르》, 살림, 2004.
—, 《존재와 무》, 살림, 2005.

비트겐슈타인, 《논리-철학 논고》, 이영철 옮김, 책세상, 2006.
사르트르, 《구토》, 방곤 옮김, 문예출판사, 1999.
—, 《실존주의는 휴머니즘이다》, 박정태 옮김, 이학사, 2008.
서동욱, 《들뢰즈의 철학》, 민음사, 2002.
소쉬르, 《일반언어학 강의》, 최승언 옮김, 민음사, 2006.
숀 호머, 《라캉 읽기》, 김서영 옮김, 은행나무, 2014.
신승환, 《포스트모더니즘에 대한 성찰》, 살림, 2003.
아니카 르메르, 《자크 라캉》, 이미선 옮김, 문예출판사, 1994.
알랭 바디우, 《존재와 사건》, 조형준 옮김, 새물결, 2013.
알랭 바디우·파비앵 타르비, 《철학과 사건》, 서용순 옮김, 오월의봄, 2015.
양운덕, 《미셸 푸코》, 살림, 2003.
에드먼드 리치, 《레비스트로스》, 이종인 옮김, 시공사, 1998.
연구모임 사회비판과대안, 《프랑크푸르트학파의 테제들》, 사월의책, 2012.
우치다 타츠루, 《푸코, 바르트, 레비스트로스, 라캉 쉽게 읽기》, 갈라파고스, 2010.
이정우, 《사건의 철학》, 그린비, 2011.
이하준, 《막스 호르크하이머, 도구적 이성비판》, 커뮤니케이션북스, 2016.
장 보드리야르, 《소비의 사회》, 이상률 옮김, 문예출판사, 1992.
조광제, 《현대철학의 광장》, 동녘, 2017.
최영송, 《슬라보예 지젝, 이데올로기의 숭고한 대상》, 커뮤니케이션북스, 2016.
최협, 《부시맨과 레비스트로스》, 풀빛, 2014.
토니 마이어스, 《누가 슬라보예 지젝을 미워하는가》, 박정수 옮김, 앨피, 2005.
푸코, 《감시와 처벌》, 오생근 옮김, 나남출판, 2003.
하상복, 《푸코 & 하버마스 : 광기의 시대, 소통의 이성》, 김영사, 2009.

**그 외**

강대석, 《명언 철학사》, 푸른들녘, 2017.
김화성, 《형이상학》, 민음인, 2009.
나이절 워버턴, 《철학의 주요문제에 대한 논쟁》, 최희봉 옮김, 간디서원, 2011.
노자, 《도덕경》, 오강남 엮음, 현암사, 1995.
러셀, 《러셀 서양철학사》, 서상복 옮김, 을유문화사, 2009.

레슬리 스티븐슨·데이비드 L. 헤이버먼,《인간의 본성에 관한 10가지 이론》, 박중서 옮김, 갈라파고스, 2006.

스털링 램프레히트,《서양 철학사》, 김태길·윤명노·최명관 옮김, 을유문화사, 2008.

이유선,《사회 철학》, 민음인, 2009.

장자,《장자》, 김학주 옮김, 연암서가, 2010.

조중걸,《아포리즘 철학》, 한권의책, 2012.

—,《플라톤에서 비트겐슈타인까지》, 지혜정원, 2014.

조지프 캠벨,《신화와 인생》, 박중서 옮김, 갈라파고스, 2009.

코와코프스키,《위대한 질문》, 석기용 옮김, 열린책들, 2010.

편상범,《윤리학》, 민음인, 2009.

황설중,《인식론》, 민음인, 2009.

# 찾아보기

## 인물

## 개념

ㄱ

# 미치게 친절한 철학

초판 1쇄 발행 2019년 6월 25일
초판 8쇄 발행 2024년 1월 15일

지은이 안상헌

펴낸곳 (주)행성비
펴낸이 임태주

편집장 이윤희
디자인 디자인 스튜디오 [서 - 랍]

출판등록번호 제2010-000208호
주소 경기도 김포시 김포한강10로 133번길 107, 710호
대표전화 031-8071-5913
팩스 031-8071-5917
이메일 hangseongb@naver.com
홈페이지 www.planetb.co.kr

ISBN 979-11-6471-002-7 03160

PHILOSOPHY